Studies in Contemporary Economics

Hans Joachim Schalk

Differenzierte Globalsteuerung

Eine empirische Analyse mit einem disaggregierten ökonometrischen Modell

Springer-Verlag
Berlin Heidelberg New York Tokyo

Autor

Prof. Dr. Hans Joachim Schalk
Institut für Siedlungs- und Wohnungswesen der
Westfälischen Wilhelms-Universität Münster
Am Stadtgraben 9, D-4400 Münster, FRG

ISBN-13: 978-3-540-16045-8 e-ISBN-13: 978-3-642-82648-1
DOI: 10.1007/978-3-642-82648-1

2142/3140-543210

Vorwort

Das Ziel der vorliegenden Untersuchung ist die Überprüfung der Frage, ob mit einer "differenzierten Globalsteuerung" die gesamtwirtschaftlichen Ziele besser erreicht werden können. Voraussetzung für eine derartige Steuerung sind quantitative Informationen über die strukturellen Wirkungen des globalpolitischen Instrumentariums, die wegen der Komplexität der zu berücksichtigenden Zusammenhänge aus einem disaggregierten ökonometrischen Modell gewonnen werden müssen. Die Erstellung eines solchen Modells war deshalb ein wichtiger Teil der Untersuchung. Ein anderer Teil bestand in der Auswertung des Modells zur Beantwortung der gestellten Frage. Dazu wurde von dem ökonometrischen Modell ein ganz bestimmter Gebrauch gemacht: Es wurde als Entscheidungsmodell formuliert und unter Verwendung der linearen Programmierung als Lösungsverfahren der Handlungsspielraum der Globalpolitik bestimmt. Daraus wurde die "beste" Wirtschaftspolitik ausgewählt und geprüft, inwieweit sie eine Verbesserung gegenüber der tatsächlich realisierten Situation darstellt.

Zu besonderem Dank bin ich meinem Lehrer, Prof. Dr. Rainer Thoss, Universität Münster, verpflichtet, von dem ich den entscheidenden Anstoß zu dieser Arbeit und stets konstruktive Kritik erhalten habe. Großen Dank schulde ich auch meinem Freund, Prof. Dr. Wolfgang Franz (Universität Stuttgart), mit dem ich viele anregende Diskussionen über die Arbeit geführt habe und der mich bei der Lösung einiger Probleme beraten und unterstützt hat. Zu danken habe ich auch allen Professoren der Volkswirtschaftslehre des Fachbereichs Wirtschafts- und Sozialwissenschaften der Universität Münster, mit denen ich Teile der Arbeit in mehreren Sitzungen diskutieren konnte, für wertvolle Kritik, die ich in der endgültigen Fassung der Arbeit berücksichtigt habe. Unter ihnen gilt mein besonderer Dank Prof. Dr. Jochen Schumann (Universität Münster), Prof. Dr. Ulrich Meyer (Universität Bamberg) und Prof. Dr. Bernd Meyer (Universität Osnabrück), von deren Erfahrungen mit der Erstellung und Auswertung disaggregierter ökonometrischer Modelle ich nicht unerheblich profitiert habe. Schließlich schulde ich Dank meinem Kollegen Dr. rer. pol. Peter Fleischer für das Lesen des Manuskripts und eine Reihe kritischer sehr hilfreicher Anmerkungen und Frau Holstein-Mölleck sowie den studentischen Hilfskräften am Institut für Siedlungs- und Wohnungswesen der Universität Münster, die mir bei der Aufbereitung der Daten und der technischen Abwicklung der Arbeit behilflich waren.

Münster, im September 1985. Hans Joachim Schalk

G L I E D E R U N G

Seite

Seite

Seite

Seite

Einleitung und Überblick

Die auf der keynesianischen Wirtschaftstheorie basierende Globalpolitik zielt darauf ab, durch die Niveausteuerung makroökonomischer Kreislaufgrößen die Erfüllung gesamtwirtschaftlicher Ziele, nämlich stetiges und angemessenes Wirtschaftswachstum, hoher Beschäftigungsstand, Stabilität des Preisniveaus und außenwirtschaftliches Gleichgewicht gleichzeitig zu gewährleisten. Spätestens seit dem Wachstumseinbruch und dem Verlust der Vollbeschäftigung von 1974/75 wird dieser in der Bundesrepublik Deutschland mit dem "Gesetz zur Förderung der Stabilität und des Wachstums der Wirtschaft"[1] im Jahre 1967 sanktionierten wirtschaftspolitischen Konzeption mangelnde Effizienz vorgeworfen. U.a. wird eingewandt, daß die Ausrichtung der Globalsteuerung an makroökonomischen Aggregaten ungeeignet sei für die Lösung von Stabilitätsproblemen, die nicht nur gesamtwirtschaftlich, sondern immer mehr auch strukturell bedingt seien. Hinzu komme, daß die Globalpolitik zwar die Strukturen, d.h. die innere Zusammensetzung gesamtwirtschaftlicher Größen verändere, diese Struktureffekte bei der Dosierung ihrer Maßnahmen jedoch kaum beachtet würden. Dies kann zur Folge haben, daß durch eine expansive Globalsteuerung auch die Nachfrage nach den Gütern von Branchen mit bereits ausgelasteten Produktionskapazitäten angeregt wird und eine kontraktive globale Wirtschaftspolitik auch die Produktion in solchen Sektoren noch zusätzlich drosselt, die sich bereits in einem konjunkturellen Abschwung befinden. Daraus resultiert dann eine Verschärfung der gesamtwirtschaftlichen Zielkonflikte und ein Effizienzverlust der Globalsteuerung.

In Anbetracht dieser Problematik wird u.a. vorgeschlagen, die Globalsteuerung durch eine gezielte Strukturpolitik zu erweitern oder sogar zu ersetzen bzw. durch ihre Differenzierung zu verbessern. Die Ansichten darüber, wie eine solche Politik konkret auszugestalten sei, gehen allerdings weit auseinander.

---

1 Vgl. BGBl. I (1967),S. 581 ff.

In der Arbeit wird aus dieser an der Globalsteuerung geäußerten Teilkritik heraus ein Steuerungskonzept vorgeschlagen, das zu einer besseren Erreichung der Globalziele beitragen soll und als "differenzierte Globalsteuerung" bezeichnet wird. Seine wichtigsten Merkmale sind:

1. Da zu jedem Zeitpunkt in den Teilbereichen einer Volkswirtschaft gleichzeitig "Engpässe" und "Überkapazitäten" auftreten können, muß die Globalsteuerung mehr als bisher an <u>disaggregierten</u> wirtschaftlichen Größen ausgerichtet werden.

2. Die Identifikation von Engpässen und Überkapazitäten setzt die Berücksichtigung der Nachfrage- <u>und</u> der Angebotsseite voraus.

3. Die Globalsteuerung muß also die Wirkungen ihrer Instrumente auf Niveau <u>und</u> Struktur der gesamtwirtschaftlichen Größen beachten.

4. Der Einsatz aller wirtschaftspolitischen Instrumente muß <u>aufeinander abgestimmt</u> erfolgen.

Der ordnungspolitische Rahmen wird durch das vorgeschlagene Steuerungskonzept nicht tangiert. Das Konzept der differenzierten Globalsteuerung verwendet dasselbe wirtschaftspolitische Instrumentarium wie die Globalpolitik. Es werden also nur wirtschaftspolitische Instrumente berücksichtigt, die, wie es in unserer Wirtschaftsordnung üblich ist, direkt (z.B. Staatsausgaben) und indirekt (z.B. steuer- und geldpolitische Maßnahmen) gesamtwirtschaftliche Größen beeinflussen, dagegen keine speziellen strukturellen Instrumente (z.B. Subventionen), mit denen eine gezielte Steuerung wirtschaftlicher Teilaggregate möglich wäre.

Durch die differenzierte Globalsteuerung soll die Effizienz des globalpolitischen Instrumentariums dadurch gesteigert werden, daß die bestehenden Engpässe bzw. Überkapazitäten in den Teilbereichen der Volkswirtschaft mehr als dies bisher der Fall war, beachtet werden. Wir wollen überprüfen, ob überhaupt und in welchem Umfang mit diesem Steuerungskonzept, d.h. ohne Flankierung der Globalsteuerung durch eine gezielte Strukturpolitik, kurzfristig eine Verbesserung der gesamtwirtschaftlichen Entwicklung erreicht werden kann und welche globalpolitischen Maßnahmen hierzu ergriffen werden müssen. Damit soll ein Beitrag für eine Versachlichung der sehr kontrovers geführten Diskussion um die Strukturalisierung der Globalsteuerung geleistet werden.

Die Lösung der Fragestellung setzt voraus, daß quantitative Angaben über die Struktureffekte der globalpolitischen Instrumente gemacht werden können. Diese Informationen werden auf der Grundlage eines disaggregierten mathematischen Modells gewonnen, das die interdependenten Wirkungszusammenhänge zwischen den Instrumenten und Niveau und Struktur der gesamtwirtschaftlichen Größen erfaßt. Ein weiteres Ziel dieser Arbeit ist es deshalb, ein solches Modell ökonometrisch zu bestimmen. Für die Bundesrepublik Deutschland existieren bereits mehrere disaggregierte ökonometrische Modelle. Die Fragestellungen, die wir zu untersuchen beabsichtigen, erfordern jedoch eine von diesen Modellen abweichende und teilweise weiter gefaßte Konzeption. Die wichtigsten Unterschiede sind: Die Investitionsnachfrage des Staates ist tiefer disaggregiert. Der Arbeitsmarkt, der in den meisten anderen Modellen nur sehr rudimentär erfaßt wird oder sogar ganz fehlt, wird sehr viel umfassender berücksichtigt und differenzierter behandelt. Sowohl Produkt- als auch Faktorpreise sind endogenisiert. Es werden Beschränkungen berücksichtigt, die sich für die wirtschaftlichen Aktivitäten aufgrund der Knappheit vorhandener Faktorbestände ergeben. Vor allem aber enthält das Modell wirtschaftspolitische Aktionsparameter, mit denen die Wirkungen der Globalpolitik auf die gesamtwirtschaftlichen Aggregate und ihre Zusammensetzung analysiert werden können.

Das erstellte disaggregierte Modell ist ein sog. integriertes Modell, das die gesamtwirtschaftlichen und strukturellen Größen simultan, d.h. unter Berücksichtigung ihrer gegenseitigen Beeinflussung erklärt. In solchen Modellen wird der gesamtwirtschaftliche Effekt einer wirtschaftspolitischen Maßnahme oder Veränderung von Daten nicht einfach proportional auf alle Teilaggregate aufgeteilt, wie es in sog. gekoppelten Modellen der Fall ist, sondern es werden umgekehrt die gesamtwirtschaftlichen Wirkungen durch Summation der für die disaggregierten Größen erklärten Teilwirkungen bestimmt. Erst mit einer solchen Modellkonzeption ist es möglich, die in der Realität zu beobachtende Tatsache zu berücksichtigen, daß sich gesamtwirtschaftliche Größen und ihre Teilaggregate zwar nicht unabhängig voneinander, aber unterschiedlich und auch entgegengesetzt entwickeln können.

Die theoretische Herleitung und ökonometrische Schätzung der Verhaltensfunktionen eines derart konzipierten Modells ist ein wichtiger Teil dieser Arbeit. Zur Spezifikation der Verhaltensfunktionen wird teilweise von anderen theoretischen Überlegungen ausgegangen als in den bisher existierenden disaggregierten Modellen für die Bundesrepublik Deutschland, wobei versucht wurde, bekannte makroökonomische Theorien auf die disaggregierte Ebene zu übertragen. Dadurch finden in das Modell sowohl keynesianische als auch neoklassische Elemente Eingang. Die Funktionen für die Erklärung von Niveau und Struktur der Faktornachfrage (Nachfrage nach Kapitalgütern, Arbeitskräften und Arbeitsstunden) wurden z.B. aus einem geschlossenen neoklassischen Ansatz abgeleitet, in dem die Faktorpreisrelationen als Determinanten eine wichtige Rolle spielen. Preisrelationen sind auch in den meisten anderen Funktionen für die Endnachfrage als Erklärungsgrößen enthalten.

Durch die Endogenisierung der Güterpreise enthält das Modell implizit auch preisabhängige Angebotsfunktionen. Da außerdem die innerhalb einer Periode maximal mögliche Produktion durch Angebotsrestriktionen, die sich aufgrund der Knappheit verfügbarer Produktionsfaktoren ergeben können, begrenzt wird, ist unsere Modellkonzeption sowohl nachfrageorientiert als auch angebotsorientiert.

Die Auswertung des ökonometrischen Modells ist ein weiterer Schwerpunkt der Arbeit und wird für unterschiedliche wirtschaftspolitische Fragestellungen durchgeführt. Ausführlich wird in einer empirischen Wirkungsanalyse aufgezeigt, welche quantitativen Effekte von fiskal- und geldpolitischen Instrumenten nicht nur auf das Niveau, sondern auch auf die Strukturen wirtschaftlicher Größen ausgehen. Außerdem wird analysiert, welche globalen und strukturellen Wirkungen durch die Veränderung von Faktoren ausgelöst werden, die wie z.B. die Löhne, die Arbeitszeit und die Importpreise, von der globalen Wirtschaftspolitik nicht beeinflußt werden können. Unser eigentliches Anliegen ist jedoch die Untersuchung der Frage, ob mit dem vorgeschlagenen Steuerungskonzept eine Verbesserung der Globalsteuerung möglich ist. Die Lösung dieser Problemstellung erfolgt auf der Grundlage eines linearen Entscheidungs- bzw. Programmierungsmodells. Die theoretische Konzeption solcher Modelle ist nicht neu, ihre empirische Anwendung aber selbst in der Makroökonomie immer noch selten. Die bisher auf Fragestellungen der Strukturpolitik angewandten disaggregierten Modelle konzentrieren sich meist nur auf das Instrument der direkten Staatsausgaben. Mit dem hier erstellten Modell können dagegen auch die Wirkungen steuer- und geldpolitischer Maßnahmen analysiert werden.

Zur Bearbeitung der gestellten Thematik sind wir nach folgendem Plan vorgegangen:

Ausgehend von der an der Globalsteuerung geäußerten Kritik werden im grundlegenden I. Kapitel zunächst einige Vorschläge für ihre Verbesserung vorgestellt und daraus unsere Konzeption einer differenzierten Globalsteuerung entwickelt. Sodann werden die Grundzüge der beabsichtigten methodischen Behandlung der Problemstellungen erläutert und dabei auch auf einige kritische Einwände gegen unsere Vorgehensweise eingegangen (1. Abschnitt). Eine allgemein gehaltene Beschreibung des ökonometrischen Modells, das im II. Kapitel empirisch erstellt und im III. Kapitel für die Lösung wirtschaftspolitischer Fragestellungen verwendet werden soll, und ein Vergleich mit einigen anderen für die Bundesrepublik Deutschland bereits erstellten disaggregierten Modellen folgt im 2. Abschnitt. Im 3. Abschnitt werden die "traditionellen" Verwendungsmöglichkeiten ökonometrischer Modelle für die Wirtschaftspolitik nur kurz gestreift. Ausführlicher werden die Bestandteile des linearen Programmierungsmodells dargestellt, das für die Bestimmung einer effizienten Globalpolitik im III. Kapitel verwendet werden soll. Um das Modell und unsere methodische Vorgehensweise auch anhand von Graphiken besser veranschaulichen zu können, wird den Darstellungen eine sehr vereinfachte Modellversion zugrunde gelegt.

Im II. Kapitel wird das vollständige Gleichungssystem des disaggregierten ökonometrischen Modells dargestellt und die zu seiner empirischen Erstellung angewandten Schätzmethoden und verwendeten Daten beschrieben. Ausführlich werden die theoretische Herleitung und ökonometrische Bestimmung der Verhaltensfunktionen des Modells erläutert. Dabei beschränken wir uns auf die Darstellung derjenigen Ansätze, für die sich die "besten" Schätzergebnisse ergeben haben und die schließlich auch in dem Modell verwendet wurden, das den empirischen Auswertungen im III. Kapitel zugrunde liegt. Es sei aber der Hinweis erlaubt, daß es sich hierbei nur um einen Bruchteil aller von uns durchgeführten Hypothesentests handelt, deren ausführliche Beschreibung und Interpretation dieser Arbeit einen anderen Charakter als den beabsichtigten gegeben hätten. Das letzte Jahr des Schätzzeitraums ist 1974. Die für die Schätzungen der Verhaltensfunktionen benötigten disaggregierten Daten standen uns zur Zeit der Erstellung des Modells nur bis zu diesem Jahr zur Verfügung.

Im III. Kapitel wird das disaggregierte Modell für die im 3. Abschnitt des I. Kapitels entwickelten Konzeptionen zur Beantwortung verschiedener wirtschaftspolitischer Fragestellungen herangezogen. Diese empirischen Analysen beschränken sich auf das Jahr 1974, das letzte Jahr des Schätzzeitraums. Da es sich dabei um ein Jahr handelt, in dem die wirtschaftlichen Probleme bereits stark zugenommen hatten, erscheint es als Analysejahr, speziell für die Untersuchung unserer auf kein bestimmtes Jahr bezogenen Fragen, nicht uninteressant.

Die Arbeit schließt mit einer zusammenfassenden Darstellung der empirischen Ergebnisse und einigen kritischen abschließenden Bemerkungen zu der Untersuchung.

I. Kapitel: Grundlegung

1. Einführung

1.1 Problemstellung: Mangelnde Effizienz der Globalsteuerung

Mit dem Gesetz zur Förderung der Stabilität und des Wachstums der Wirtschaft von 1967 wurde in der Bundesrepublik die Grundlage für die Anwendung des Prinzips der Globalsteuerung geschaffen. Dieses Verfahren ist darauf ausgerichtet, mit Hilfe globalpolitischer Maßnahmen makroökonomische Kreislaufgrößen zu beeinflussen, mit dem Zweck, die gesamtwirtschaftlichen Ziele Preisniveaustabilität, Vollbeschäftigung, außenwirtschaftliches Gleichgewicht und angemessenes und stetiges Wachstum der Wirtschaft gleichzeitig zu erreichen[1]. Nach anfänglichen Erfolgen werden seit Beginn der 70er Jahre zunehmend Zweifel an der Wirksamkeit dieser Konzeption laut. Insbesondere scheint es nicht möglich zu sein, mit Hilfe globaler Maßnahmen die Beschäftigung und die Preise auf befriedigenden Niveaus zu stabilisieren.

Für dieses Versagen der Globalsteuerung werden spätestens seit Beginn der anhaltend hohen Arbeitslosigkeit im Jahre 1974 verstärkt "strukturelle" Ursachen verantwortlich gemacht. Es wird von einer zunehmenden branchenmäßigen Differenzierung der Konjunkturentwicklung gesprochen[2], von "gespaltenen Konjunkturen"[3], in denen "verschiedene Branchen ... unterschiedlich stark

---

1 Vgl. BGBl. I (1967), S. 582.

2 Vgl. A.E. OTT (1976), S. 360 ff. und für eine umfassende Darstellung weiterer Teilprobleme der Konjunkturpolitik S. 351 ff.; ferner: H. SCHLESINGER (1980), S. 39 ff. Für empirische Untersuchungen zur Entwicklung der industriellen Branchenstrukturen in der Bundesrepublik Deutschland vgl. die bei A.E. OTT (1976) in Fußnote 26 angegebene Literatur und G. WILLKE (1978). Der regionale Aspekt der Globalsteuerung bleibt in dieser Arbeit außer Betracht; vgl. dazu z.B. K. KEINATH (1978), G. MAMMEN (1978), H. WILHELM (1975).

3 Vgl. SACHVERSTÄNDIGENRAT (1974), Ziff. 83.

und sogar noch zeitlich versetzt von Nachfragerückgängen betroffen sind"[1]. Während in einigen Wirtschaftszweigen die Produktionskapazitäten ausgelastet sind, die Beschäftigungssituation noch gut ist und sogar ein Mangel an bestimmten Fachkräften besteht, werden in anderen Branchen die Kapazitäten nicht voll genutzt und es herrscht Arbeitslosigkeit. "Unterbeschäftigung und Vollbeschäftigung bestehen zum Teil - sektoral, regional, qualifikationsmäßig etc. - nebeneinander. Das macht den Einsatz globaler Instrumente heikler und schwieriger"[2]. Expansive Maßnahmen zur Beseitigung der Arbeitslosigkeit führen dann nämlich aufgrund struktureller Engpässe lange vor Erreichen der Vollbeschäftigung zu nicht akzeptablen Inflationsraten und umgekehrt müßten restriktive Maßnahmen erheblich stärker dosiert sein, um die Inflationsrate zu senken, wobei allerdings eine hohe Arbeitslosigkeit in Kauf zu nehmen ist[3].

Die Freigabe des Wechselkurses und die Rohstoffverteuerungen seit 1973/74 haben die im Grunde schon immer bestehenden Unterschiede in der Branchenentwicklung abrupt verschärft, da die Sektoren von diesen außenwirtschaftlichen "Schocks" ganz unterschiedlich betroffen wurden. Die Globalpolitik steht in dieser Situation vor einem zusätzlichen Problem: Aufgrund der dämpfenden Wirkungen, die von den außenwirtschaftlichen Einflüssen auf Produktion und Beschäftigung ausgehen, müßte sie expansiv eingesetzt werden, wegen der preissteigernden Effekte aber kontraktiv. Restriktive Maßnahmen können jedoch zur Folge haben, daß sich aus den "lediglich" verschärften Differenzierungen der Branchenkonjunkturen "Strukturkrisen" entwickeln.

---

1 V. TIMMERMANN (1977), S. 285.

2 K.W. ROTHSCHILD (1980), S. 15; vgl. auch H. SCHLESINGER (1980), S. 42; R. THOSS (1975), S. 32.

3 Vgl. E. BÖTTCHER (1974), S. 22, G. WILLKE (1978), S. 10, H. KOCK u.a. (1976), S. 17.

1.2 Grundlegende Vorschläge für eine Änderung des Steuerungskonzepts

Dieses Versagen der Globalsteuerung hat zu sehr unterschiedlichen Forderungen für ihre zukünftige Handhabung und Ausgestaltung geführt. Die zwei völlig gegensätzlichen Ansichten, die hierbei vertreten werden, lassen sich kurzgefaßt wie folgt darstellen[1]:

- Die Globalsteuerung wird als bereits im Grundansatz verfehlt hingestellt. Die interventionistischen Eingriffe der Politik in den Wirtschaftsablauf seien wirkungslos bzw. selbst für die aufgetretenen Instabilitäten verantwortlich[2]. Es wird deshalb gefordert, die Steuerung des Wirtschaftsablaufs durch das Instrumentarium der Globalpolitik einzuschränken oder ganz zu unterlassen und sich auf die Schaffung der Rahmenbedingungen zur Stärkung der Marktkräfte zu beschränken.

- Ein anderer Vorschlag geht davon aus, daß eine Beeinflussung des Wirtschaftsablaufs notwendig sei. Die bisherigen globalen Steuerungsmöglichkeiten reichten jedoch nicht mehr aus, die unerwünschten Ergebnisse des Marktprozesses zu korrigieren und müßten deshalb durch weitergehende strukturelle Eingriffsmöglichkeiten der Wirtschaftspolitik ergänzt werden[3].

Gegen den zweiten Vorschlag kann eingewandt werden, daß vor der Forderung nach einer Erweiterung der Steuerungsmöglichkeiten doch zunächst einmal der Nachweis erbracht werden müßte, daß die vorhandenen bisher auch "richtig" genutzt wurden. Denn, wenn das Versagen der Globalpolitik in einer "falschen" Steuerung begründet liegt, so ist nicht einzusehen, wieso "mehr"

---

1 Vgl. auch G. WILLKE (1978), S. 3 ff.

2 Vgl. G. BOMBACH (1976), S. 329 und für eine ausführliche Kritik des Konzepts der Globalsteuerung in der Bundesrepublik E. TUCHTFELDT(1973). Zur Diskussion der von monetaristischer Seite geübten Kritik, auf die in dieser Arbeit nicht eingegangen wird, vgl. z.B. F. MODIGLIANI (1977).

3 Zu den Anhängern dieses auf eine direkte "Investitionslenkung" hinauslaufenden Vorschlags zählt z.B. Meißner; vgl. W. MEISSNER (1974 und 1980). Eine umfassende Darstellung und Kritik von Modellen zur Investitionslenkung gibt D. TIEGEL (1980); vgl. auch die bei A.E. OTT (1976) in Fußnote 10 angegebene Literatur.

Steuerung eine Verbesserung bringen sollte[1]. Auf der anderen Seite erscheint uns die Frage, ob durch "weniger Steuerung", worauf der erste Vorschlag hinausläuft, die wirtschaftspolitischen Probleme besser gelöst werden können, im Grunde falsch gestellt. Der Staat hat "auch in einer vorwiegend marktwirtschaftlichen Ordnung ... bestimmte Ziele mit geeigneten Mitteln zu verwirklichen"[2] und wird wohl kaum darauf verzichten können zu versuchen, im Falle gravierender Verletzungen von Zielen steuernd in den Wirtschaftsablauf einzugreifen; dann kann sich doch aber nur die Frage stellen, wie der Staat seine wirtschaftspolitischen Entscheidungen, die er ohnehin zu treffen hat, planvoll gestalten kann, d.h. wie seine Mittel am zweckmäßigsten zur Erreichung der Ziele einzusetzen sind[3].

In dieser Arbeit geht es deshalb nicht um die Frage, ob mit "mehr" oder "weniger" Steuerung die Ziele der Wirtschaftspolitik besser erreicht werden können. Es sollen keine neuen wirtschaftspolitischen Steuerungsinstrumente eingeführt, alte aber auch nicht abgeschafft werden. Im Mittelpunkt der Arbeit steht vielmehr das bisher wenig diskutierte Problem, ob und wie mit den gegebenen Steuerungsmöglichkeiten auch unter den veränderten Voraussetzungen für die Wirksamkeit der wirtschaftspolitischen Instrumente die gesamtwirtschaftlichen Ziele besser erreicht werden können. Es geht m.a.W. nicht um eine neue wirtschaftspolitische Konzeption, sondern um die Erforschung einer möglichen Effizienzsteigerung der bisher schon praktizierten Wirtschaftspolitik durch den optimalen Einsatz und die optimale Ausgestaltung ihrer Instrumente[4].

---

1 Vgl. E. HELMSTÄDTER (1978), S. 17.

2 E. SCHNEIDER (1964), S. 4.

3 Vgl. ebenda.

4 Vgl. H. GERFIN (1979), S. 97.

1.3 Konsequenzen für die globale Wirtschaftspolitik

Rationale Wirtschaftspolitik fragt danach, welche Instrumente geeignet sind, bestimmte Ziele zu erreichen und wie groß die Veränderungen von Instrumentvariablen sein müssen, um die gewünschten Effekte auf die Zielvariablen zu erzielen, m.a.W. wie Maßnahmen kombiniert werden müssen, um bestimmte Zielbündel zu realisieren[1]. Damit die Wirtschaftspolitik diese Aufgabe besser erfüllen kann, muß sie die Effizienzverluste vermeiden, die sich aufgrund der veränderten Voraussetzungen für die Wirksamkeit ihres Instrumentariums ergeben bzw. verschärft haben. Im Vordergrund unserer Analyse stehen drei Quellen möglicher Effizienzverluste:

1) Aufgrund gespaltener Konjunkturen können in unterschiedlichen Bereichen einer Volkswirtschaft zu einem bestimmten Zeitpunkt gleichzeitig "Engpässe" und "Überkapazitäten" bestehen[2]. Maßnahmen der Globalpolitik, die z.B. zur Beseitigung der Arbeitslosigkeit ergriffen werden, können aber nur dann auch zu einer tatsächlichen Zunahme der Beschäftigung führen, wenn die benötigten Arbeitskräfte vorhanden sind und auch die erforderlichen Fähigkeiten aufweisen. Andernfalls werden Nachfragesteigerungen in denjenigen Sektoren, in denen Arbeitskräfte bestimmten Typs, z.B. Arbeitskräfte mit bestimmter beruflicher Ausbildung, den Engpaßfaktor bilden, zu Lohn- und Preissteigerungen führen, ohne daß die Arbeitslosigkeit insgesamt nennenswert abgebaut wird.

   Außer einem Mangel an Fachkräften können zum anderen nicht ausreichende Produktionskapazitäten die Wirksamkeit primär nachfragestimulierender Maßnahmen auf die Beschäftigung beschränken. Ein staatliches Investitionsprogramm zur Beseitigung der Arbeitslosigkeit wird weitgehend wirkungslos bleiben, wenn die Sachkapazitäten der Bauwirtschaft, auf die be-

1 Vgl. T. PÜTZ (1979), S. 16.

2 Vgl. zu den Begriffen "Engpaß" und "Überkapazität" auch E. TUCHTFELDT (1964).

kanntlich der größte Teil der Ausgaben solcher Programme entfällt[1], bereits ausgelastet sind. Aufgrund dieses Sachverhalts ist zu vermuten, daß die Produktions- und Beschäftigungseffekte von Konjunkturprogrammen überschätzt, ihre Auswirkungen auf die Preise unterschätzt werden können, wenn "bottle necks" nicht berücksichtigt werden.

Die Globalpolitik muß deshalb die Restriktionen, die sich von der Angebotsseite her für die Wirksamkeit ihres Instrumentariums ergeben können, beachten, damit die Wirkung ihrer Maßnahmen nicht falsch eingeschätzt wird.

2) Es ist zwar das Prinzip der globalen Steuerung des Wirtschaftsablaufs, daß ihre Mittel "grundsätzlich alle Wirtschaftssubjekte mit gleichartigen Merkmalen betreffen (müssen)"[2], z.B. alle Investoren, alle Konsumenten etc. Da aber je nach Maßnahme Wirtschaftssubjekte mit verschiedenen Merkmalen tangiert werden, die die Produkte der Unternehmen in unterschiedlicher Zusammensetzung nachfragen und auf die Maßnahmen unterschiedlich stark reagieren, wird die Wirkung der Globalsteuerung niemals nur "global", sondern immer auch gleichzeitig strukturdifferenzierend sein, d.h. das Verhältnis der Teile der gesamtwirtschaftlichen Aggregate bzw. ihre innere Zusammensetzung[3] nicht unberührt lassen. Dies ergibt sich z.B. daraus, daß der Staat die Güter der einzelnen Sektoren in einem anderen Verhältnis nachfragt als die Privaten. Von Veränderungen staatlicher Sach- und Investitionsausgaben sind deshalb andere Effekte auf die Produktions-, Preis- und Arbeitsmarktstrukturen zu erwarten als von steuer- und zinspolitischen Maßnahmen, durch die das Ausgabenverhalten der privaten Konsumenten und Investo-

---

1 Der auf die Bauwirtschaft entfallende Anteil hängt allerdings auch davon ab, für welche Zwecke die Investitionsausgaben getätigt werden. Wird im Bereich "Verkehr" investiert, entfallen ca. 90 vH der Ausgaben direkt auf die Bauwirtschaft, für "Bildung und Wissenschaft" sind es nur (aber immerhin) noch 50 vH; vgl. dazu auch Tabelle III.4.

2 H.-J. SCHMAHL (1973), S. 217.

3 Vgl. zu diesem hier verwendeten statistischen Strukturbegriff J. NIEHANS (1964), S. 19.

ren beeinflußt wird. Diese Struktureffekte der Globalsteuerung werden jedoch bei der Dosierung ihrer Maßnahmen zu wenig beachtet oder als sekundär angesehen[1]. Bei gespaltenen Konjunkturen werden sich dann die gewünschten Effekte der Globalpolitik auf Produktion, Beschäftigung und Preise nicht oder nur in beschränktem Maße einstellen, wenn expansive Maßnahmen Nachfragesteigerungen in Sektoren mit bereits ausgelasteten Kapazitäten hervorrufen und kontraktive Maßnahmen gerade die Produktion in Branchen mit unterausgelasteten Kapazitäten drosseln. Ganz im Gegenteil werden in diesem Fall die Preis- und Beschäftigungsinstabilitäten und strukturellen Entwicklungsunterschiede durch die Globalsteuerung noch verschärft oder überhaupt durch sie selbst erst herbeigeführt.

Die Maßnahmen der Globalpolitik beeinflussen nicht nur die Nachfrageseite, sondern bewirken direkt oder auch indirekt Veränderungen auf der Angebotsseite. Variationen der staatlichen Investitionsausgaben führen zu Schwankungen im Auslastungsgrad der Produktionskapazitäten, die Anreiz für den Ausbau oder Anlaß für den Abbau vorhandener Produktionsanlagen, insbesondere in der Bauwirtschaft, sein können. Eine Änderung der Steuer auf das Einkommen aus Unternehmertätigkeit und Vermögen beeinflußt direkt die private Investitionstätigkeit und damit die Entwicklung der Produktionskapazitäten. Eine restriktive Geldpolitik wirkt nicht nur preisdämpfend, sondern gleichzeitig investitions- und damit angebotshemmend, eine expansive Geldpolitik wirkt nicht nur nachfragestimulierend, sondern erhöht auch die Anlagekapazitäten (und kann dadurch Arbeitskräfte verdrängen). Wegen der unterschiedlichen sektoralen Zinselastizitäten der Investitionsnachfrage sind gleichzeitig differenzierende Wirkungen der Geldpolitik auf die Entwicklung des Angebotspotentials in den Wirtschaftszweigen zu erwarten. Vernachläs-

1 In der Regel wird bei Ausgabenprogrammen des Staates zwar eine Differenzierung nach Sektoren und Regionen vorgenommen, "die Aufteilung der Ausgaben ... erfolgt dabei aber eher nach Gefühl" (R. THOSS (1975), S. 32); vgl. auch E. HELMSTÄDTER (1978), S. 13 f., H. KOCK u.a. (1977), S. 47.

sigt die Globalsteuerung diese Auswirkungen auf die Angebotsseite, besteht die Gefahr, daß sie, je nach Höhe der Dosierung und Dauer der ergriffenen Maßnahmen, bei expansiver Politik strukturelle Überkapazitäten schafft, bei restriktiver Politik Engpässe verursacht und damit selbst zu Strukturkrisen beiträgt.

3) Die Entscheidungen über den Einsatz von Instrumenten und die Dosierung von Maßnahmen, durch die Niveau und Struktur gesamtwirtschaftlicher Größen beeinflußt werden, werden von verschiedenen wirtschaftspolitischen Instanzen getroffen. Dabei wird oft von der irrigen Vorstellung ausgegangen, "daß eine direkte und ausschließliche Beziehung zwischen Zielen und Instrumenten bestehe, das heißt, jedes Instrument einem bestimmten Ziel zu dienen habe"[1]. Die Träger der Wirtschaftspolitik treffen deshalb ihre Entscheidungen über die anzustrebenden Zielwerte und die Höhe der Dosierung ihrer Maßnahmen oft unabhängig voneinander. "So werden bei globalpolitischen Entscheidungen die strukturellen Wirkungen und vice versa bei strukturpolitischen Entscheidungen die gesamtwirtschaftlichen Wirkungen nicht genug ins Kalkül einbezogen"[2]. Die Folge davon ist, daß Maßnahmen in einem Teilbereich der Wirtschaftspolitik lediglich dazu ergriffen werden müssen, um die unerwünschten Nebeneffekte der Politik anderer Bereiche zu verhindern. Die eine Teilpolitik konterkariert, was die Maßnahmen eines anderen Teilbereichs zu bewirken versuchen.

Aus diesen Überlegungen ergeben sich zusammenfassend folgende Konsequenzen für eine Verbesserung der Effizienz des wirtschaftspolitischen Instrumentariums:

---

1 J. TINBERGEN (1968), S. 94. An dieser Vorstellung scheint sich bis heute in der praktischen Wirtschaftspolitik nicht allzuviel geändert zu haben; vgl. z.B. J. KROMPHARDT (1982), S. 77.

2 W. FRERICHS, W. NAUJOKS (1976), S. 27.

- Die Globalpolitik muß nicht nur die Nachfrageeffekte ihrer Maßnahmen, sondern gleichzeitig auch die Angebotsbeschränkungen beachten, die sich aufgrund der Knappheit von Produktionsfaktoren kurzfristig in Teilbereichen der Volkswirtschaft ergeben und die Wirksamkeit ihrer Instrumente beeinträchtigen können.

- Bei der Dosierung wirtschaftspolitischer Instrumente müssen ihre Auswirkungen auf Niveau und Struktur gesamtwirtschaftlicher Größen ins Kalkül einbezogen werden.

Außerdem müßte darauf hingewirkt werden, daß

- für dieselben Zielvariablen von den wirtschaftspolitischen Instanzen gleiche Zielwerte angestrebt und

- die Nebenwirkungen von Maßnahmen eines Politikbereiches auf die Zielvariablen anderer Politikbereiche berücksichtigt werden[1].

1.4 Grundkonzeption der Untersuchung

1.4.1 Differenzierte Globalsteuerung

Welche Ausgestaltung bzw. Ergänzung sollte nun die Globalsteuerung erfahren, um die Effizienz ihrer Maßnahmen zu steigern? Die Globalpolitik ist darauf ausgerichtet, durch Niveausteuerung der einzelnen Komponenten der Gesamtnachfrage kurzfristige Schwankungen im Auslastungsgrad des gesamtwirtschaftlichen Produktionspotentials zu vermindern[2]. Dadurch sollen zu starke Beschäftigungsrückgänge bei Unterauslastung und zu hohe Inflationsraten bei Überauslastung des Produktionspotentials verhindert werden. Mit dieser Strategie wird gleichzeitig "dem

1 Vgl. R. THOSS (1975), S. 33 f.

2 Vgl. SACHVERSTÄNDIGENRAT (1976), S. 131.

Wachstumsziel indirekt dadurch entsprochen, daß keine Wachstumsverluste durch unbeschäftigte Produktionsfaktoren oder inflationsbedingte Effizienzminderungen entstehen"[1].

Da aber in unterschiedlichen Teilen der Volkswirtschaft gleichzeitig Engpässe und Überkapazitäten bestehen können, wird die Globalpolitik, wie gezeigt wurde, versagen. In einer solchen Situation ist es notwendig, das Stabilisierungsziel nicht mehr als Problem des gesamtwirtschaftlichen Ausgleichs von Angebot und Nachfrage zu betrachten. Die Aufgabe der Wirtschaftspolitik muß vielmehr darin bestehen, nach Möglichkeit die in den Teilbereichen[2] der Volkswirtschaft aufgetretenen Disproportionalitäten zu beseitigen: Es "ist eine gezielte Steuer- und Ausgabenpolitik notwendig, die ein Anheizen der Nachfrage in Engpaßbereichen (mit nachfolgenden Preisauftriebstendenzen) möglichst vermeidet. Sie muß vor allem in jenen Bereichen ansetzen, wo freie Kapazitäten und Arbeitslosigkeit stark ausgeprägt sind"[3]. Konkret heißt dies, daß versucht werden soll, durch geeignete Dosierung der globalen Maßnahmen bzw. Maßnahmenbündel eine möglichst gute Übereinstimmung der Nachfragestrukturen mit den realen Angebotsmöglichkeiten herbeizuführen. Wir wollen dieses Steuerungskonzept als differenzierte Globalsteuerung bezeichnen.

Unser Konzept unterscheidet sich vom Prinzip der Globalsteuerung lediglich darin, daß die Strukturwirkungen globaler Instrumente in das wirtschaftspolitische Kalkül einbezogen werden. Eine prinzipielle Änderung der Globalsteuerung ergibt sich daraus nicht[4]. Die ergriffenen Maßnahmen betreffen alle

1 W. MANSFELD (1980), S. 506.

2 Wir argumentieren hier meistens mit Wirtschaftssektoren, dem wichtigsten Disaggregationskriterium in dieser Arbeit. Ein Teil der Argumente paßt aber auch auf "Berufe", einem weiteren in dieser Untersuchung berücksichtigten Unterscheidungsmerkmal des Faktors Arbeit. Der regionale Aspekt bleibt unberücksichtigt.

3 K.W. ROTHSCHILD (1983), S. 28.

4 Vgl. U. BRÖSSE (1980), S. 44.

Wirtschaftssubjekte mit gleichartigen Merkmalen, d.h. sie bleiben "global". Der Einsatz der Instrumente soll nur differenzierter unter Berücksichtigung ihrer Wirkungen auf die Strukturen der gesamtwirtschaftlichen Aggregate erfolgen und dadurch effizienter gemacht werden.

In der Literatur wird bei einer Differenzierung der Globalsteuerung mehr an eine direkte Beeinflussung sektoraler (und regionaler) Aggregate vor allem durch die staatlichen Investitionsausgaben gedacht[1]. Dagegen wird hier unter diesem Konzept eine indirekte Steuerung der Strukturen über die gesamten Investitionsausgaben staatlicher Funktionsbereiche (Verkehr, Bildung und Wissenschaft etc.) verstanden[2]. Außerdem werden weitere Instrumente der Fiskal- und Geldpolitik einbezogen, die in bisherigen Betrachtungen unberücksichtigt blieben, weil man über ihre strukturdifferenzierenden Wirkungen kaum Kenntnisse besaß[3].

Gegen die vorgeschlagene Art der Globalsteuerung könnte eingewandt werden, daß sie der optimalen Allokation der Produktionsfaktoren zuwiderlaufe, da nachfragestimulierende Maßnahmen in schrumpfenden Branchen die Freisetzung und Umverteilung von Ressourcen verhinderten und damit bei längerfristiger Betrachtung zu Wachstumsverlusten führten[4]. Da aber die differenzierte Globalsteuerung eine indirekte Steuerung ist, kann sie nur Anreize zu einer Anpassung der Nachfrage an die

---

1 In der wirtschaftspolitischen Praxis spielte zumindest der regionale Gesichtspunkt bei Konjunkturprogrammen des Staates schon immer eine gewisse Rolle; vgl. z.B. H. SCHLESINGER (1980), S. 46 f.

2 Auf dieses Konzept wird in dieser Arbeit noch eingegangen; vgl. Abschnitt 3.5.4. in diesem Kapitel; ferner F.S. JONES, A.A. KUBURSI (1973), S. 84 ff.

3 Vgl. H. KOCK u.a. (1976), S. 56 f.

4 Vgl. A. LINDBECK (1970), S. 29.

sektoralen Produktionsmöglichkeiten geben[1]. Aufgrund der kurzfristig begrenzten Variierbarkeit ihrer Instrumente wird sie lediglich zu schnelle sektorale Schrumpfungsprozesse etwas aufhalten und zu starke Expansionsprozesse dämpfen können. Als Erfolg gegenüber der bisher praktizierten Globalsteuerung wäre es sogar zu betrachten, wenn sie unerwünschte Preis- und Mengeneffekte im Konjunkturverlauf nicht noch verschärfen würde. Dadurch dürfte sie aber immerhin dazu beitragen zu verhindern, daß während einer Rezession wegen zu geringer Nachfrage in bestimmten Branchen Kapazitäten vernichtet werden, die in einem späteren Aufschwung wieder genutzt werden könnten[2], und in Boomphasen Überkapazitäten entstehen, die bei normaler Konjunktur brach liegen. Die differenzierte Globalsteuerung wirkt somit sektoralen Disproportionalitäten, Engpässen bzw. Überkapazitäten, entgegen, wodurch sie den reibungslosen Ablauf des Strukturwandels, die optimale Allokation der Produktionsfaktoren und damit das wirtschaftliche Wachstum fördert und nicht hindert[3].

Langfristig sollten natürlich die sektoralen Produktionsmöglichkeiten der Nachfrage angepaßt werden. Der damit einhergehende Strukturwandel erfordert aber Zeit, da z.B. erst Arbeitskräfte umgeschult und Investitionen getätigt werden müssen. Es wäre aber sinnlos, Arbeitskräfte während dieses Anpassungsprozesses unbeschäftigt zu lassen, die bei einer differenzierten Globalsteuerung zum Teil weiterbeschäftigt oder in einer anderen Verwendung sofort wieder beschäftigt werden könnten[4].

Die Struktursteuerung unterscheidet sich von der differenzierten

---

1 Wir stellen in der folgenden Argumentation in erster Linie auf die Nachfragewirkungen der Globalsteuerung ab. Dabei ist allerdings zu beachten, daß kurzfristig wegen der Wirkungen der Globalpolitik auf die private Investitionstätigkeit gleichzeitig auch die Produktionskapazitäten in bestimmtem Umfang geändert werden.

2 Hier sei z.B. wieder die Bauwirtschaft erwähnt, die wohl die größe Anpassungslast globalpolitischer Bremsaktionen zu tragen hat.

3 Vgl. H.S. SEIDENFUS (1972), S. 206 und S. 212 f.

4 Vgl. J. TINBERGEN (1968), S. 135.

Globalsteuerung dadurch, daß sie sich spezifischer strukturbeeinflussender Maßnahmen bedient und bestimmte strukturelle Ziele verfolgt[1]. Sie "(wirkt) gewollt und bewußt auf ökonomische Strukturen (ein)"[2]. Als typische strukturelle Steuerungsstrategien können z.B. Maßnahmen zur Beeinflussung der sektoralen Produktionskapazitäten durch die gezielte Förderung der Investitionstätigkeit in einzelnen Sektoren und arbeitsmarktpolitische Maßnahmen zur Beeinflussung des Arbeitsangebots, also Umschulungsmaßnahmen, Förderung der Mobilität etc. betrachtet werden. Solche Maßnahmen, die sich in der Regel erst längerfristig voll auswirken[3], werden in unserer Arbeit, die auf den kurzfristigen Aspekt abstellt, nicht berücksichtigt.

1.4.2 Koordination der Globalsteuerung

Die gesamtwirtschaftliche und strukturelle Entwicklung der Wirtschaft wird von den wirtschaftspolitischen Entscheidungen verschiedener öffentlicher Instanzen und privater Interessenverbände[4] - Gebietskörperschaften, Bundesbank, Arbeitsmarktverbände - beeinflußt. Sie alle entwickeln eigene Vorstellungen darüber, welche Ziele mit welcher Priorität zu verfolgen sind und setzen zur Erreichung der Ziele eigene Instrumente ein. Selbst dann, wenn alle wirtschaftspolitischen Entscheidungsträger dieselben Informationen über die Wirkungsweise ihrer Maßnahmen haben, d.h. auf der Grundlage desselben "Modells" agieren, können Effizienzverluste auftreten, weil

- die wirtschaftspolitischen Instanzen für dieselben Zielvariablen unterschiedliche Zielwerte verfolgen,

1 Vgl. H.S. SEIDENFUS (1972), S. 207 und W. HAMM (1977), S. 479.

2 H.-R. PETERS (1974), S. 1343.

3 Vgl. H.S. SEIDENFUS (1972), S. 209.

4 Vgl. T. PÜTZ (1979),S. 231 zu dem hier verwendeten Begriff der Träger der Wirtschaftspolitik.

- die Wirkungen der Maßnahmen einer Instanz auf die Zielvariablen anderer Entscheidungsträger nicht berücksichtigt werden.

Unter Koordination der Globalsteuerung soll hier verstanden werden, daß die wirtschaftspolitischen Entscheidungsträger einheitliche Zielwerte verfolgen und ihre Instrumente aufeinander abgestimmt für die Erreichung der Ziele einsetzen. Letzteres heißt "(1), daß keine Einzelmaßnahme allein zur Verwirklichung eines einzelnen Zieles eingesetzt werden sollte, und (2), daß der Wert jedes einzelnen Instruments nicht festgelegt werden kann, ohne gleichzeitig die Werte aller Instrumente zu bestimmen"[1]. Unsere Modellberechnungen werden unter der Voraussetzung einheitlicher Zielwerte und des simultanen Einsatzes von Maßnahmenbündel durchgeführt, d.h. unsere Ergebnisse stellen Situationen dar, die bei vollständiger Koordination der Wirtschaftspolitik erreichbar wären[2]. Dieses Verfahren kann nur als technische Hilfe für die "externe Koordination" dienen, denn die Abstimmung von Zielen und Maßnahmen zwischen den verantwortlichen wirtschaftspolitischen Akteuren ist primär ein organisatorisches und politisches Problem[3], mit dem wir uns hier nicht beschäftigen wollen.

1.4.3 Analyse auf der Grundlage eines ökonometrischen Modells

Rationale Wirtschaftspolitik setzt Informationen darüber voraus, ob und wie die Ziele mit bestimmten Instrumenten erreicht werden können[4]. Welche Ziele mit dem vorhandenen wirtschaftspolitischen Instrumentarium grundsätzlich realisierbar sind,

---

1 T.F. DERNBURG, D.M. McDOUGALL (1972), S. 252.

2 Zur Lösung des Koordinationsproblems bei alternativen Verhaltensweisen der wirtschaftspolitischen Akteure mit Hilfe ökonometrischer Modelle vgl. ausführlicher z.B. J. TINBERGEN (1954), H. ALBECK (1969) und P. KUHBIER (1981).

3 Vgl. H. ALBECK (1969), S. 45.

4 Vgl. F. SCHNEIDER (1964), S. 20.

hängt u.a. von dessen Wirkungsgrad ab, d.h. der Stärke des Einflusses der Instrumente auf die Ziele. Zur Beantwortung der gestellten Frage benötigen wir also Informationen über den Grad des Zusammenhangs zwischen den Ziel- und Instrumentvariablen. Da es unser Ziel ist, hierzu quantitativ bestimmte Aussagen zu treffen, verwenden wir ein ökonometrisches Modell, in dem die interdependenten Wirkungsbeziehungen zwischen den wirtschaftlichen Größen der Volkswirtschaft numerisch spezifiziert sind. "Sicher ist in der Welt der Wirtschaft nicht alles rechenhaft; aber wesentliche Zusammenhänge sind nun einmal quantitativer Natur und müssen deshalb, so gut es geht, in Zahl und Maß ausgedrückt werden"[1]. Die als notwendig erachtete Aufdeckung der strukturellen Auswirkungen wirtschaftspolitischer Maßnahmen und von Engpässen erfordert die disaggregierte Erfassung der Zusammenhänge und Interdependenzen zwischen den Modellvariablen. Nur bei ausreichender Kenntnis dieser Zusammenhänge ist auch die Beantwortung der zweiten hier interessierenden Frage einer rationalen Wirtschaftspolitik möglich: "... wie groß die ablaufspolitischen Instrumentvariablen bzw. ihre Veränderungen sein müssen, um eine optimale Zielverwirklichung zu gewährleisten"[2].

Die Grenzen der Leistungsfähigkeit ökonometrischer Modelle, aber auch ihre Vorteile, sind hinlänglich bekannt[3]. Die bisherigen Erfahrungen mit ökonometrischen Modellen gebieten, ihre Ergebnisse mit Skepsis zu betrachten[4]. Selbst mit den ausgefeiltesten ökonometrischen Verfahren ist es nicht möglich, ökonomische Theorien eindeutig zu falsifizieren[5]. In

---

1 E. SCHNEIDER (1964), S. 20.

2 T. PÜTZ (1979), S. 156.

3 Vgl. dazu z.B. T. PÜTZ (1979), S. 208 und S. 211 und W. KRELLE (1975 und 1980).

4 Vgl. A. OCKER (1977), S. 522.

5 Vgl. auch H. SCHELBERT, M. CHASSOT, M. GRANZIOL (1981), S. 382.

all jenen Fällen aber, in denen es um die Abschätzung der Folgen einer oder sogar mehrerer Maßnahmen geht, die zudem gegenläufige Effekte haben können, kommt man ohne quantitative ökonomische Modelle nicht aus. Die Gesamtwirkung der Maßnahmen läßt sich dann nur mit einem numerischen Verfahren feststellen. "Verzichtet man auf die Ökonometrie, bleibt alles dem subjektiven Meinen überlassen. Das führt i.a. zu fruchtlosen, ideologisch bestimmten Streitigkeiten, bei denen nicht die Realität, sondern eine vorgefaßte Meinung den Standpunkt bestimmt"[1].

Ein ökonometrisches Modell, mit dem die Auswirkungen wirtschaftspolitischer Maßnahmen nicht nur auf das Niveau, sondern auch die Zusammensetzung der gesamtwirtschaftlichen Aggregate analysiert und auf dessen Grundlage wirtschaftspolitische Überlegungen bezüglich des Gesamtprozesses der Wirtschaft angestellt werden sollen, muß auch ein möglichst umfassendes, die Interdependenzen der gesamten Volkswirtschaft umfassendes System darstellen. In disaggregierter Form ergeben sich dabei eine Vielzahl von Beziehungen, zu deren empirischen Erstellung aufwendige ökonometrische Schätzungen durchzuführen sind und ein umfangreiches statistisches Datenmaterial benötigt wird. Um den Umfang der Arbeiten zu beschränken, aber auch aufgrund mangelnder statistischer Daten, war es unumgänglich, bestimmte Teilaspekte der Volkswirtschaft einer weniger intensiven Betrachtung zu unterziehen. Der Schwerpunkt der ökonometrischen Arbeiten lag auf der differenzierten Analyse der Produktions- und Endnachfragestrukturen, der Faktornachfrage- und Preisstrukturen. Dagegen wurde z.B. der Geldmarkt nur sehr rudimentär erfaßt, der monetäre außenwirtschaftliche Bereich blieb unberücksichtigt und bei der Spezifizierung der Einkommensentstehung wurde auf eine Disaggregierung teilweise verzichtet[2]. Die Vernachlässigung dieser Interdependenzen wirkt

---

1 W. KRELLE (1980), S. 189.

2 Eine genauere Beschreibung des Modells wird im nächsten Abschnitt gegeben. Die Ergebnisse der empirischen Schätzung werden im II. Kapitel dargestellt.

sich natürlich auf die Modellergebnisse aus, was bei ihrer Interpretation nicht vergessen werden sollte.

Zum Zeitpunkt der Schätzung des Modells standen die in disaggregierter Form benötigten Daten für die Jahre von 1960 bis 1974 zur Verfügung. Die Auswertung des Modells bezieht sich ausschließlich auf das letzte Jahr des Schätzzeitraums. Die Anwendung auf ein aktuelleres Jahr oder sogar mehrere Jahre wäre mit einem erheblichen zusätzlichen Arbeitsaufwand verbunden gewesen, der für den Zweck der Untersuchung nicht gerechtfertigt gewesen wäre. Uns geht es darum zu zeigen, ob mit einer differenzierten Globalsteuerung eine bessere Erreichung der gesamtwirtschaftlichen Ziele möglich gewesen wäre. Zur Überprüfung dieses Vorschlags bedienen wir uns eines ökonometrischen Modells, um unsere Aussagen empirisch zu untermauern. Das gewählte Jahr 1974 ist das aktuellste (des Schätzzeitraums) und eignet sich für unsere Analyse auch deshalb besonders gut, weil in ihm zum ersten Mal die auch noch bis in die Gegenwart andauernden wirtschaftlichen Probleme verstärkt auftraten.

Für das Untersuchungsziel ist die Darstellung und Anwendung bestimmter statistischer und mathematischer Methoden erforderlich. Es ist aber nicht unsere Absicht, das Modell lediglich für die Illustration einer Methode zu verwenden. Hierzu wäre der betriebene ökonometrische Aufwand nicht erforderlich gewesen. Auf der einen Seite wollten wir die Möglichkeiten und Probleme der empirischen Implementierung disaggregierter, für wirtschaftspolitische Fragestellungen nutzbarer Modelle aufzeigen, auf der anderen Seite aber auch ein ökonometrisches Modell erstellen, auf dessen Grundlage einigermaßen zuverlässige quantitative Aussagen für die Wirtschaftspolitik möglich sind. Wir sind deshalb der Ansicht, daß unsere Ergebnisse mehr als nur beispielhafte Bedeutung beanspruchen können, auch wenn sie sich auf einen bestimmten historischen Zeitpunkt beziehen.

In letzter Zeit ist die Verwendung ökonometrischer Modelle für die Analyse der Konsequenzen wirtschaftspolitischer Maßnahmen von den Vertretern der Theorie rationaler Erwartungen scharf angegriffen worden[1]. Ökonometrische Modelle, so wird argumentiert, sollen die wirtschaftlichen Verhaltensweisen der privaten Haushalte, d.h. ihre Entscheidungen über z.B. die Höhe von Konsum-, Investitionsausgaben etc. beschreiben. Die gegenwärtigen Entscheidungen der Wirtschaftssubjekte werden aber nicht nur von den aktuellen Werten der Variablen beeinflußt, die in die ökonometrischen Modelle eingehen, sondern auch von ihren Erwartungen über die zukünftige Entwicklung dieser Variablen[2]. Die Erwartungen werden wiederum auf der Grundlage von Informationen über die in der Zukunft geplanten wirtschaftspolitischen Aktionen gebildet[3]. So werden z.B. die Wirtschaftssubjekte eine höhere Inflationsrate erwarten und sich infolgedessen anders verhalten, wenn expansive wirtschaftspolitische Maßnahmen angekündigt werden, als wenn eine Politik der Haushaltskonsolidierung betrieben werden soll. Dies bedeutet, daß die Form ökonometrischer Modelle selbst als Funktion des jeweils eingeschlagenen wirtschaftspolitischen Kurses zu betrachten ist, da sich die Erwartungen der Wirtschaftssubjekte und damit ihre Verhaltensweisen ändern, wenn die Wirtschaftspolitik geändert wird. Daraus wird gefolgert, daß ökonometrische Modelle, in denen die Effekte von Erwartungen nicht in geeigneter Weise berücksichtigt werden, für die Analyse der Wirtschaftspolitik wertlos, ja sogar gefährlich sind[4].

---

1 Vgl. zu den folgenden Ausführungen auch C.A. SIMS (1982), S. 111.

2 Zum Beispiel wird mit der permanenten Einkommenshypothese die Abhängigkeit des gegenwärtigen Konsums auch von in der Zukunft erwarteten Einkommensgrößen unterstellt.

3 Die Annahme rationaler Erwartungen ist nicht notwendig. Es genügt "that agents have some knowledge of how policymakers' decisions will change" (F.E. KYDLAND, E.C. PRESCOTT (1977), S. 474).

4 "... modern macroeconomic models are of no value in guiding policy" (R.E. LUCAS, T.J. SARGENT (1981), S. 296). "... the use of existing econometric models for policy evalution is dangerous since the parameters of such models can be expected to change with policy" (S. FISCHER (1975), S. 164).

Streng genommen setzt die Gültigkeit dieser Kritik eine einschneidende Änderung der bisher praktizierten Wirtschaftspolitik voraus, die dann über mehrere Perioden konsequent beibehalten wird[1]. Nur dann dürfte von einer signifikanten Änderung der Erwartungen der Wirtschaftspolitik und damit auch der Strukturgleichungen des ökonometrischen Modells ausgegangen werden können. Es stellt sich deshalb die Frage, inwieweit die genannten Voraussetzungen in der Realität erfüllt sind.

Wirtschaftspolitik wird von verschiedenen Gebietskörperschaften mit zum Teil unterschiedlichen Ziel-Präferenzen und weitgehend eigenständigen wirtschaftspolitischen Entscheidungsmöglichkeiten betrieben. Ihre Maßnahmen sind deshalb nicht immer gleichgerichtet und aus wahltaktischen Gründen oft kurzfristig angelegt, so daß sich eine deutlich erkennbare Richtungsänderung der Wirtschaftspolitik gesamtwirtschaftlich nur bedingt durchsetzen lassen wird. Zudem hat die Erfahrung gelehrt, daß angekündigte Maßnahmen aufgrund des Einspruchs von Interessengruppen wieder zurückgenommen, erst mit einer zeitlichen Verzögerung oder erheblich modifiziert durchgeführt werden. Selbst wenn die in Zukunft geplanten Aktionen der Wirtschaftspolitik angekündigt werden, erscheint es deshalb realistisch davon auszugehen, daß die Wirtschaftssubjekte die Möglichkeit der Durchsetzbarkeit eines geänderten wirtschaftspolitischen Kurses gering einschätzen und deshalb ihre Erwartungsbildung nicht grundlegend ändern.

---

1 In der Literatur wird in diesem Zusammenhang auch von "policy rule changes" gesprochen, "in other words, patterns of monetary and fiscal behavior to be followed for a number of periods" (B. McCALLUM (1980), S. 39). Auch unter der Ankündigung einer Folge in Zukunft zu treffender Maßnahmen könnte eine Veränderung der Wirtschaftspolitik verstanden werden, wenn es für die Sequenz der wirtschaftspolitischen Aktionen keine Parallele in der Vergangenheit gibt; vgl. auch C.A. SIMS (1982), S. 118.

Hinzu kommt, daß sich veränderte Erwartungen der Wirtschaftssubjekte über die zukünftige wirtschaftliche Entwicklung nicht sofort auch in einer Veränderung der wirtschaftlichen Entscheidungen niederschlagen müssen, da diese zum Teil - z.B. Lohn- und Preisabschlüsse - festgelegt und kurzfristig nicht ohne weiteres revidiert werden können. Außerdem beeinflussen veränderte Erwartungen nicht unbedingt die Verhaltensparameter von Modellgleichungen, sondern teilweise nur die erwarteten Werte der ökonomischen Variablen. In unserer Arbeit geht es schließlich nicht um die Veränderung der Wirtschaftspolitik oder bestimmter wirtschaftspolitischer Regeln, sondern vielmehr um eine andere Dosierung der Instrumente im Rahmen einer Wirtschaftspolitik, die sich von der bisher praktizierten nicht allzusehr entfernt. Die Annahme einer relativ stabilen Modellstruktur erscheint aus diesen Gründen zumindest für die kurzfristige Analyse vertretbar.

1.4.4 Auswertung des ökonometrischen Modells

Das ökonometrische Modell soll zur Beantwortung der wirtschaftspolitischen Fragestellungen herangezogen werden, welche Ziele mit einem bestimmten wirtschaftspolitischen Instrumentarium erreichbar sind und wie die Maßnahmen zur Verwirklichung der Ziele dosiert sein müssen. Die unterschiedlichen Fragestellungen entsprechen verschiedenen Anwendungsformen des ökonometrischen Modells. Im ersten Fall handelt es sich um die Fragestellung der Wirtschaftstheorie und das Modell wird als Prognose- bzw. Politik-Simulations-Modell verwendet, im zweiten Fall geht es um die Fragestellung der Theorie der Wirtschaftspolitik und das ökonometrische Modell findet als Entscheidungsmodell Anwendung[1].

---

1 Vgl. J. TINBERGEN (1975), S. 14. Genau genommen handelt es sich bei der hier angesprochenen Modellform um das "fixed target model". Auf die verschiedenen Anwendungsformen wird im dritten Abschnitt dieses Kapitels noch ausführlicher eingegangen.

Beide Anwendungsformen ökonometrischer Modelle sind für die Analyse der gestellten Fragen ungeeignet, wenn - wie es hier notwendig ist - Kapazitätsgrenzen für die sektorale Produktion und Engpässe auf dem nach Berufen differenzierten Arbeitsmarkt zu berücksichtigen sind. Mit Politik-Simulations- und Entscheidungsmodellen können sich für die Produktion und Beschäftigung Lösungswerte ergeben, die mit den vorhandenen Produktionskapazitäten überhaupt nicht realisierbar sind bzw. das verfügbare Arbeitsangebot übersteigen. Um solche Lösungen von vornherein aus der Betrachtung auszuschließen, muß verhindert werden, daß Variable bestimmte, als unrealistisch betrachtete Werte annehmen können. Dies wird durch Erweiterung des ökonometrischen Modells um die Variablenwerte einschränkende Ungleichungen erreicht. Das Modell wird dann als Programmierungsmodell formuliert und mit der Methode der linearen Programmierung gelöst[1].

Bei dieser Modellform handelt es sich um ein "flexible target"-Modell im Sinne Tinbergens[2]. Modelle dieser Form besitzen Freiheitsgrade, d.h. mehr Unbekannte als Gleichungen und lassen deshalb mehrere Lösungen zu. Zur Auswahl einer bestimmten Lösung wird dann ein Kriterium in Form einer Zielfunktion benötigt. Ist das Kriterium eine Wohlfahrts- bzw. Nutzenfunktion, so handelt es sich um ein Entscheidungsmodell im eigentlichen entscheidungstheoretischen Sinne[3]. Die Bestimmung einer Lösung erfolgt dann in der Weise, daß die Wohlfahrtsfunktion unter Beachtung der Nebenbedingungen, die durch das Modell und die Variablenrestriktionen gegeben sind, maximiert wird. Die errechnete Lö-

1 Wir werden es in dieser Arbeit nur mit linearen Modellen und linearen Zielfunktionen zu tun haben, so daß die lineare Programmierung das geeignete Lösungsverfahren darstellt.

2 Vgl. J. TINBERGEN (1954), S. 7 ff.

3 Vgl. H. ALBECK (1969), S. 18 f. und die dort in Fußnote 43 angegebene Literatur zur Entscheidungstheorie.

sung ist die "beste" bzw. "optimale" unter den grundsätzlich möglichen Alternativen, die den höchsten gesellschaftlichen Nutzen stiftet[1].

Unsere Vorgehensweise unterscheidet sich hiervon im Prinzip nicht. Mathematisch gesehen wird eine Zielfunktion unter Nebenbedingungen maximiert bzw. minimiert. Wir verfügen jedoch nicht über eine gesellschaftliche Wohlfahrtsfunktion und müssen deshalb zur Auswahl einer Lösung andere Kriterien heranziehen. Das Ergebnis darf deshalb nicht als die Lösung des wirtschaftspolitischen Problems mißverstanden werden. Es handelt sich nur um eine von vielen möglichen Lösungen. Sie ist diejenige Alternative, die von den unter ganz bestimmten Voraussetzungen (den durch die Gleichungen und Ungleichungen des Modells gesetzten Nebenbedingungen bzw. Restriktionen) als Lösung in Frage kommenden ein bestimmtes Kriterium am besten erfüllt. Ändern sich die Voraussetzungen und/oder das Auswahlkriterium, erhält man u.U. auch eine andere (beste) Lösung.

Das vorgeschlagene Lösungsverfahren macht somit die Bewertung und das Abwägen der Alternativen durch den wirtschaftspolitischen Entscheidungsträger nicht überflüssig. Es stellt eine Methode dar, mit der sich aus dem Modell Lösungen errechnen lassen, die gleichzeitig bestimmten Randbedingungen genügen. Auf diese Weise ist es möglich, mit dem wirtschaftspolitischen Instrumentarium nicht realisierbare Zielerreichungsgrade von vornherein zu eliminieren, oder anders ausgedrückt, den Handlungsspielraum der Wirtschaftspolitik abzustecken. Damit kann festgestellt werden, welche Ziele erreichbar sind. Gleichzeitig mit den Zielen liefert unser Lösungsverfahren

---

1 Die grundlegende Konzeption wirtschaftspolitischer Optimierungsmodelle wird hier als bekannt vorausgesetzt. Für eine ausführliche Darstellung vgl. z.B. H. KLEINEWEFERS, A. JANS (1983), 10. Kapitel.

aber auch die Werte für die Instrumentvariablen[1]. Somit erhalten wir auch für die zweite Problemstellung der rationalen Wirtschaftspolitik eine Lösung, nämlich wie die Instrumente zur Verwirklichung der Ziele dosiert sein müssen.

Die Auswertung eines ökonometrischen Modells für die genannten Fragestellungen kann für die kurze oder lange Frist erfolgen. Unsere Betrachtungsweise ist kurzfristig, d.h. Untersuchungsobjekt ist die Stabilisierung der Wirtschaft innerhalb einer Periode, genauer, ein Jahr, und nicht die Stabilität der wirtschaftlichen Entwicklung über einen mehrjährigen Zeitraum hinweg. Wir können deshalb von der Konstanz bestimmter Strukturkoeffizienten ausgehen, die sich bekanntermaßen nur sehr langsam verändern und deren Entwicklung erst bei einer Auswertung des Modells für eine mittel- und längerfristige Wirtschaftspolitik berücksichtigt werden müßte[2]. Ziele und Maßnahmen werden unabhängig von der wirtschaftlichen Entwicklung in den Folgejahren bestimmt. Ihre explizite Berücksichtigung wäre erst im Rahmen einer dynamischen Analyse möglich gewesen, bei der ein bestimmter Zeitraum in seiner Gesamtheit betrachtet wird[3]. Eine dynamische Analyse hätte das Problem aber wesentlich kompliziert. Die Betrachtung nur einer Periode erscheint uns aber aus folgenden Gründen nicht weniger wichtig: Auch in der Praxis werden wirtschaftspolitische Probleme jährlich behandelt und Maßnahmen, selbst bei einem mehrere Perioden umfassenden Planungszeitraum, von Jahr zu Jahr ergriffen. U.E. besitzt auch das Argument von Christ noch Gültigkeit, der die Betrachtung

---

1 Dies wird bei der Darstellung des Verfahrens im dritten Abschnitt dieses Kapitels noch gezeigt.

2 Wir denken hier in erster Linie an die Input- und Investitionskoeffizienten in Input-Output-Modellen; vgl. dazu K. KÜBLER (1977). Empirische Tests zeigten jedoch, daß sich die Veränderungen von Input-Koeffizienten bei einer analytischen Auswertung des Modells auf die Ergebnisse (Output- und Einkommensmultiplikatoren) nur unwesentlich auszuwirken brauchen; vgl. z.B. R.C. JENSEN, G.R. WEST (1980).

3 Vgl. für die theoretischen Grundlagen und Anwendung dieser Verfahren mit makroökonomischen Modellen u.a. G.C. CHOW (1975), R.S. PINDYCK (1973), H.P. GALLER (1976) und S. STÖPPLER, C. DEISSENBERG (1977).

nur der ersten Periode wie folgt verteidigt: "... a system never reaches the later stages of a time-path because exogenous changes set it off on a new time-path ... Hence it is at least as important to study the first two or three years of a time-path as to study its later stages"[1].

2. Allgemeine Beschreibung des ökonometrischen Modells und Vergleich mit anderen Modellen für die Bundesrepublik Deutschland

2.1 Vorbemerkungen

Die ausführliche Darstellung der theoretischen Herleitung, empirischen Bestimmung und des vollständigen Gleichungssystems des Modells erfolgt im II. Kapitel. Hier seien nur die grundlegende Konzeption, der Aufbau und die wichtigsten Eigenschaften des Modells skizziert sowie einige Unterschiede zu ähnlichen, bereits existierenden Modellen herausgestellt.

Die strukturelle Betrachtungsweise erfordert die Zerlegung der gesamtwirtschaftlichen Größen in Teilaggregate. Dies darf allerdings nicht dazu führen, daß das Modell seinen Charakter als gesamtwirtschaftliches Modell verliert, denn es soll nicht für partielle strukturelle Fragestellungen Verwendung finden, sondern in erster Linie für die Lösung gesamtwirtschaftlicher Probleme herangezogen werden. Das Strukturmodell enthält deshalb in disaggregierter Form alle Variablen, die auch in einem makroökonometrischen Modell zur Analyse der Wirkungszusammenhänge zwischen den wirtschaftspolitisch relevanten Ziel- und Instrumentvariablen zu berücksichtigen sind. Die gesamtwirtschaftlichen Aggregate werden dann durch Zusammenfassung der disaggregierten Größen gewonnen.

1 C.F. CHRIST (1956), S. 388, zitiert nach H. ALBECK (1969), S. 28.

Im Vergleich zu makroökonomischen Modellen müssen die Vorteile der disaggregierten Betrachtungsweise mit einigen Nachteilen erkauft werden. Letztere bestehen vor allem in der schwierigeren ökonometrischen Bestimmung der Verhaltensgleichungen aufgrund der für die Erstellung eines disaggregierten Modells immer noch unzureichenden Datenlage. Hinzu kommt, daß das Datenmaterial zum Zeitpunkt der Erstellung des Modells bereits an Aktualität eingebüßt hat, was insbesondere die Verwendung des Modells als ex-ante Prognoseinstrument in Frage stellt. Dies ist allerdings hier nicht beabsichtigt.

2.2 Variablen des Modells

Übersicht 1 enthält eine Zusammenstellung der wichtigsten Modellvariablen. Wir unterscheiden zunächst die Instrumentvariablen und Datenvariablen, die nach methodischen Gesichtspunkten zu den exogenen Variablen gezählt werden[1]. Unter den Instrumentvariablen sind alle Variablen aufgeführt, die im Modell gurndsätzlich als Instrumente verwendet werden können. Zu den wichtigsten Instrumenten des Staates zählen hier die ausgabenwirksamen Maßnahmen, die Sachkäufe und die Investitionen des Staates, letztere differenziert nach neun Funktionsbereichen[2], und die steuerpolitischen Instrumente. Als Instrument der Geldpolitik betrachten wir den Diskontsatz.

Zu den Daten zählen wir die Variablen, die durch die inländische Wirtschaftspolitik nicht beeinflußt werden können, hauptsächlich demographische und ausländische Komponenten. Hinzu kommen Variablen, deren Werte durch die Arbeitsmarktverbände (Unternehmerverbände, Gewerkschaften) festgelegt werden können[3] und zeitverzögerte Variablen, die im einzelnen nicht aufgeführt werden. Der Block Zustandsvariablen enthält einen Teil der im Modell endogen erklärten wichtigsten Strukturvariablen.

---

1 Vgl. für unterschiedliche Einteilungskriterien der Variablen D. FRIEDRICH (1974), S. 329 ff.

2 Zur Definition der staatlichen Funktionsbereiche siehe Anhang C.

3 Damit beschränken wir Wirtschaftspolitik auf die Maßnahmen staatlicher Instanzen und der Bundesbank; vgl. auch A. STOBBE (1974), S. 405.

Übersicht 1: Skizze der Modellvariablen und Modellbeziehungen

EXOGENE VARIABLEN	MODELL	ENDOGENE VARIABLEN: Zustandsvariablen	ENDOGENE VARIABLEN: Zielvariablen
Instrumentvariablen Sachkäufe des Staates Investitionsausgaben des Staates, differenziert nach neun Funktionsbereichen Steuern - bzw. Steuerabschläge auf - Einkommen aus unselbst. Arbeit, - Einkommen aus Untern. u. Vermögen Veränderung des indirekten Steuersatzes Beschäftigte beim Staat Diskontsatz **Daten (-variablen)** Angebot an Erwerbspersonen, differenziert nach Berufen Bevölkerung Welthandel Preisindices für ausländische Güter Veränderung der Löhne und der Arbeitszeit Zeitverzögerte Variablen	⇒ Input-Output- Modell und mit Verfahren der Ökonometrie geschätzte strukturelle Beziehungen zwischen den Variablen ⇒	Endnachfrage und Produktion - Sektoraler Konsum - Sektorale Investitionen - Sektorale Exporte - Sektorale Importe - Sektorale Produktion Güter und Faktorpreise - Sektorale Preise für Inlandslieferungen - Sektorale Exportpreise - Sektorale Arbeitskosten - Sektorale Kapitalkosten Einkommen - aus unselbst. Arbeit - aus Untern. u. Vermögen - Transfereinkommen Faktornachfrage - Sektorale Investitionsgüternachfrage - Sektorale Arbeitsnachfrage - Sektorale Arbeitszeit - Arbeitsnachfrage und Arbeitslose in beruflicher Gliederung	⇒ Wachstum (Bruttoinlandsprodukt) Inflation (Konsumgüterpreisindex) Arbeitslosigkeit (Arbeitslosenquote) Außenhandel (Außenhandelsquote)

Sie sind die Bindeglieder zwischen den Instrument- und Zielvariablen und können bei Verwendung des Modells für Fragestellungen der Wirtschaftspolitik, die sich nur für die Ziele und Instrumente interessiert, eliminiert werden. In der Terminologie Tinbergens bezeichnet man sie auch als irrelevante Variablen, die Wirkungen der Instrumente auf diese Irrelevanten als Nebenwirkungen, an denen für das zu untersuchende wirtschaftspolitische Problem kein Interesse besteht[1]. Diese Bezeichnung ist in unserem Fall etwas irreführend[2]. Denn erstens sind die Zustandsvariablen zum Teil nur Untergliederungen der gesamtwirtschaftlichen Zielvariablen (sektorale Produktion, sektorale Preise, sektorale bzw. berufliche Beschäftigung, sektorale Ex- und Importe), also keineswegs als irrelevant zu betrachten, und zweitens werden wir fordern, daß bestimmte Nebenwirkungen wirtschaftspolitischer Maßnahmen auf die Struktur gesamtwirtschaftlicher Größen eben nicht vernachlässigt werden, so daß einigen Zustandsvariablen mehr die Bedeutung von Zielvariablen als die einer "Nebensächlichkeit" zukommt. Um Mißverständnissen vorzubeugen, werden wir deshalb den Begriff "irrelevante Variablen" hier nicht verwenden.

Unter den Zielvariablen werden nur die wichtigsten gesamtwirtschaftlichen Ziele aufgeführt. Natürlich lassen sich weitere, auch strukturelle Zielindikatoren aus den Zustandsvariablen ableiten und in der Analyse berücksichtigen.

Das Modell enthält insgesamt 348 endogene und 84 exogene Variablen (ohne Zielvariablen und zeitverzögerte Variablen). Von den exogenen Variablen werden 69 als durch die Wirtschafts-

---

1 Vgl. J. TINBERGEN (1975), S. 7 f.

2 Vgl. auch P. KLEMMER u.a. (1978), S. 55.

politik nicht beeinflußbar betrachtet. Es handelt sich dabei in erster Linie um Größen, die durch ausländische Volkswirtschaften determiniert werden, wie z.B. die Importpreise, das Preisniveau im Ausland, der Welthandelt etc., und um einige inländische Variablen, die quantitativ unbedeutend sind, wie z.B. die Investitionen der privaten Organisationen ohne Erwerbscharakter. Die verbleibenden 15 Variablen können durch die Wirtschaftspolitik manipuliert werden, d.h. sie sind Instrumentvariablen[1].

2.3 Bestandteile des Modells

Durch das Modell werden die Wirkungsbeziehungen zwischen den Instrumentvariablen und Daten einerseits und den Zustands- bzw. Zielvariablen andererseits hergestellt. Übersicht 2 gibt eine schematische Darstellung der wichtigsten Wirkungszusammenhänge.

Wir unterteilen das Modell in vier Blöcke. Im ersten Block (I) werden Niveau und Struktur der realen Größen bestimmt. Er enthält im Kern einen Input-Output-Teil, mit dessen Hilfe die durch Verhaltensfunktionen geschätzten bzw. exogen vorgegebenen Komponenten der Endnachfrage in die sektorale Produktionsstruktur X_i transformiert werden. Der private Konsum CP_i, die privaten Bruttoanlageinvestitionen IU_j und die Exporte E_i werden durch sektorale Funktionen erklärt. Die Ausgaben des Staates für Sachgüter und Dienstleistungen ASGR sowie die staatlichen Investitionsausgaben, differenziert nach Funktionsbereichen, $ISFR_k$, (bzw. deren nominellen Größen ASGN und $ISFN_k$) sind exogen. Sie werden im Modell als Instrumentvariablen behandelt. ASGR, IU_j und $ISFR_k$ sind mit Hilfe von Koeffizientenmatrizen aus ihrer Verwendungsstruktur in sektorale Lieferstrukturen $ASGR_i$, IP_i bzw. IS_i zu überführen[2].

---

1 Eine vollständige Aufstellung der Variablen findet sich im Anhang E.

2 Hierauf wird im II. Kapitel bei der Darstellung der Modellgleichungen noch genauer eingegangen; vgl. Abschnitt 4.2 im II. Kapitel.

Übersicht 2: Flußdiagramm des disaggregierten ökonometrischen Modells[1]

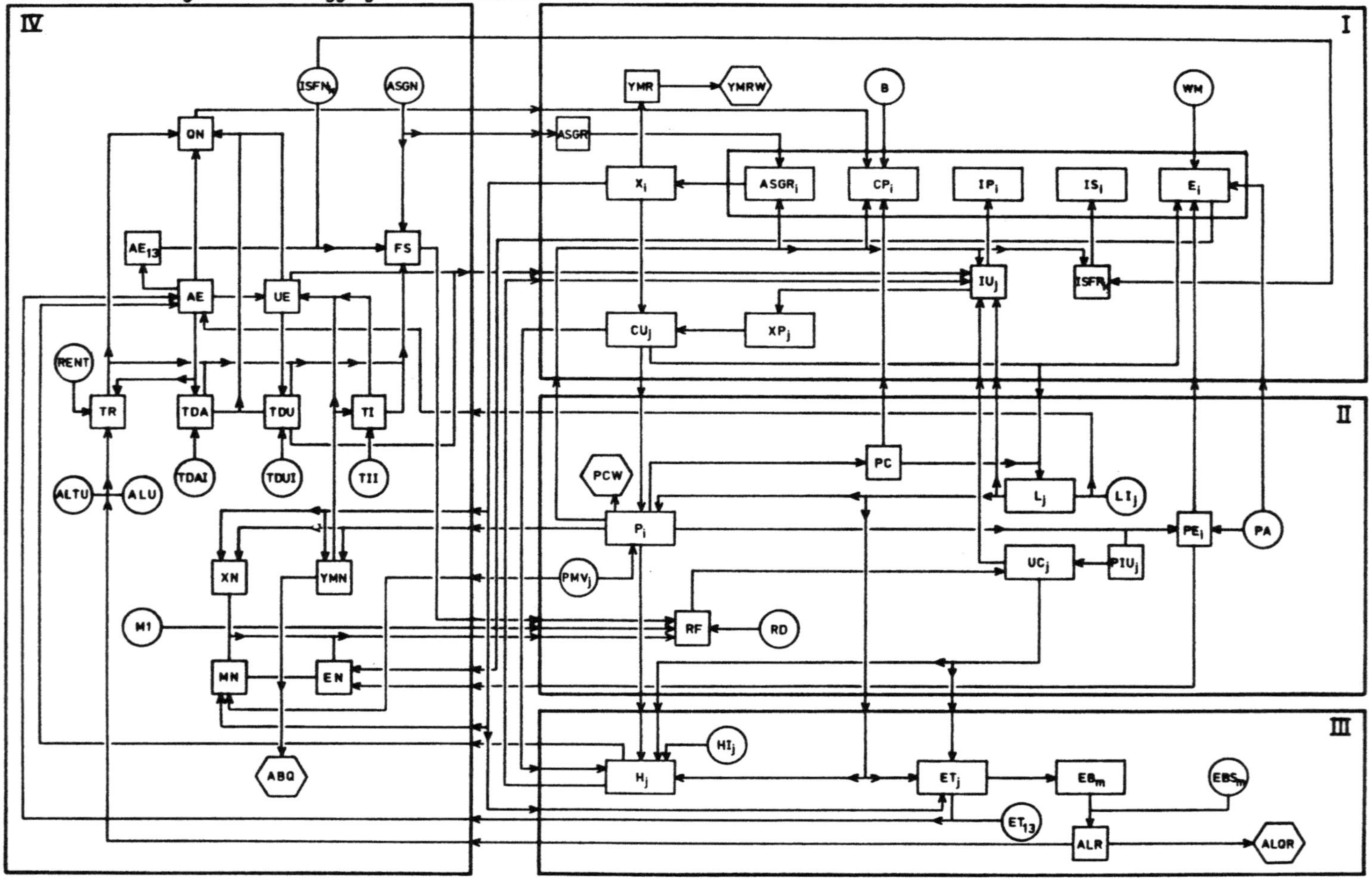

1 ○ = Instrumentvariablen und Daten ▭ = Zustandsvariablen ⬡ = Zielvariablen; zur Symbolik vgl. Anhang E

Ein weiterer Bestandteil des realen Modellteils sind die Bestimmungsgleichungen für das sektorale Produktionspotential XP_j, durch die die maximal mögliche sektorale Produktion aufgrund der vorhandenen Kapitalausstattung begrenzt wird.

Im zweiten Block (II) stehen die Bestimmungsgleichungen für die Güter- und Faktorpreise. Die sektoralen Preise für Inlandslieferungen P_i, die sektoralen Exportgüterpreise PE_i, die sektoralen Löhne L_i und der langfristige Zinssatz RF werden durch Verhaltensgleichungen erklärt. Alle anderen im Modell verwendeten sektoralen Güter- und Faktorpreise, z.B. die Investitionsgüterpreise PIU_j, die Kapitalnutzungskosten UC_j und die Preise für die gesamtwirtschaftlichen Aggregate können durch definitorische Beziehungen aus den durch die Schätzgleichungen bestimmten Größen gewonnen werden.

Der dritte Block (III) enthält den Arbeitsmarkt. Die in den Branchen geleisteten Arbeitsstunden H_j und die sektorale Arbeitsnachfrage ET_j werden durch ökonometrisch geschätzte Funktionen bestimmt. Mit Hilfe einer Wirtschaftszweige-Berufe-Matrix wird die sektorale Nachfrage nach Arbeitskräften in eine Nachfrage nach Berufen EB_m transformiert[1].

Im nominellen Block (IV) werden nur gesamtwirtschaftliche Größen aufgeführt. Wie man am Pfeilschema erkennen kann, bestimmen sich die meisten Variablen durch Multiplikation (und anschließende Summation) zweier Größen, die in den Blöcken I - III erklärt werden. Nur die Steuern TDA, TDU, TI und die Transferausgaben des Staates TR werden durch ökonometrisch geschätzte Funktionen bestimmt.

Das Modell enthält insgesamt 348 Gleichungen. In dieser Form kann es für prognostische Zwecke bzw. die Simulation von

1 Vgl. dazu ausführlicher Abschnitt 7.2 im II. Kapitel.

wirtschaftspolitischen Maßnahmen genutzt werden. In unserem Auswertungskonzept wird es um Ungleichungen bzw. Restriktionen erweitert, auf die noch einzugehen sein wird. 193 Gleichungen sind Verhaltensgleichungen im engeren Sinne (Konsum-, Investitionsfunktionen usw.), 84 "technische" Beziehungen (Input-Output-Gleichungen, Produktionsfunktionen, Gleichungen zur Transformation der sektoralen Erwerbstätigen in Erwerbstätige nach Berufen) und 4 "institutionelle" Gleichungen (Steuer- und Transferausgabenfunktionen). Die verbleibenden 155 Gleichungen sind definitorische Beziehungen.

2.4 Eigenschaften des Modells

Es sollen nun einige Eigenschaften des Modells noch etwas näher erläutert und die wichtigsten Unterschiede unserer Modellkonzeption im Vergleich zu anderen, für die Bundesrepublik bereits erstellten disaggregierten Modellen aufgezeigt werden (vgl. auch Übersicht 3)[1].

2.4.1 Modelltyp

Bei dem Modell handelt es sich um ein nicht-lineares, dynamisches Gleichungssystem mit voller Interdependenz und Simultaneität zwischen den endogenen Variablen. Nicht-Lineari-

---

1 Die Übersicht enthält nur eine Auswahl disaggregierter Modelle für die Bundesrepublik. Im Vordergrund unserer Betrachtung stehen sektorale (und nicht regionale) und mit ökonometrischen Verfahren erstellte Modelle. Hierzu wären auch noch das Modell von B. MEYER (1981) zu zählen, das jedoch aufgrund seiner Konzeption und der hier gewählten Unterscheidungskriterien mit den dargestellten Modellen nur schwer vergleichbar ist und die Arbeiten einer Bamberger Forschungsgruppe (vgl. G. DIECKHEUER, U. MÜLLER, H. NÖDINGER (1981)), die auf dem in Münster erstellten Modell von G. DIECKHEUER, U. MEYER, J. SCHUMANN (1979) aufbauen. Für eine Übersicht über ökonometrische Input-Output-Modelle für die Bundesrepublik Deutschland vgl. auch E. HELMSTÄDTER u.a. (1983), S. 150 ff.

Übersicht 3: Synpose ausgewählter disaggregierter ökonometrischer Modelle für die Bundesrepublik Deutschland

Unterscheidungskriterien	Prognosemodell 22[1]	Bonner-Modell[2]	DMS-Modell[3]	RWI-Modell[4]	DIW-Modell[5]	Eigene Konzeption
Modelltyp	gekoppelt	überwiegend integriert	integriert	gekoppelt/ integriert	gekoppelt	integriert
Endogenisierung der Endnachfrage	Globale Funktionen für: - staatlichen Konsum - staatliche Investitionen - private Investitionen - Exporte	Globale Funktion für privaten Konsum Sektorale Funktionen für: - staatl. Konsum - staatl. Investitionen - private Bruttoinvestitionen - Exporte	Sektorale Funktionen für: - priv. Konsum - priv. Investitionen - Exporte Staatl. Konsum u. Investitionen exogen	Globale Funktionen für: - staatl. Konsum - priv. Konsum - priv. Investit. Sektorale Exportfunktionen Staatliche Investitionen exogen	Globale Funktion für privaten Konsum Alle anderen Komponenten der Endnachfrage exogen	Sektorale Funktionen für: - priv. Konsum - priv. Investitionen - Exporte Staatliche Sachkäufe und Investitionen exogen
Input-Output-Strukturen	Grobe Anpassung der Inputkoeffizienten mittels Korrekturfaktor	Variable Input- und Investitionskoeffizienten	Konstante Input- und Investitionskoeffizienten	Variable Inputkoeffizienten	Konstante Inputkoeffizienten	Konstante Input- u. Investitionskoeffizienten
Preisbestimmung	Globale Funktionen für Preisindices der Endnachfragekomponenten und das Bruttoinlandsprodukt	Sektorale Preisfunktionen für: - Inlandslieferungen - Exporte	Sektorale Preisfunktionen für: - Inlandslieferungen - Exporte	Sekt. Preisfunktionen für: - Inlandslieferungen - Exporte - Importe	Enthält kein Preismodell	Sekt. Preisfunktionen für: - Inlandslieferungen - Exporte - Faktorpreise (Arbeit und Kapital)
Arbeitsnachfrage	Ableitung der Arbeitsnachfrage mittels sektoraler Arbeitskoeffizienten	Ableitung der Arbeitsnachfrage mittels sektoraler Arbeitskoeffizienten	Enthält keine Arbeitsnachfrage	Ableitung der Arbeitsnachfrage mittels sektoraler Arbeitsproduktivitätsfunktionen	Ableitung der Arbeitsnachfrage mittels auslastungsbereinigter sekt. Arbeitsproduktivitäten	Sekt. Arbeitsnachfragefkt. berufl. Arbeitsnachfrage, sekt. Funktionen für geleist. Arbeitsstunden
Angebotsbeschränkungen	Keine	Keine	Keine	Keine	Keine	Beschränkung durch sekt. Produktionskapaz. u. berufl. Arbeitsangebot
Verwendung	Prognose	Prognose, Simulation der Auswirkungen wirtschaftspolitischer Maßnahmen	(Ex-post) Prognose, Simulation der Auswirkungen von Konjunkturprogrammen	Prognose	Simulation der Beschäftigungseffekte von Konjunkturprogrammen	Simulation der Auswirkungen wirtschaftspol. Maßnahmen, Programmierungsmodell (Entscheidungsmodell)
Wichtigste Datenbasis Schätzzeitraum	Globale Größen: 1957-1975; Sektorale Größen: 1954-1967 (DIW-Input-Output-Tabellen); Input-Output-Tabellen 1962 u. 1966 von D. EISENHAMMER (1974)	Input-Output-Tabellen des DIW 1960-1974	Input-Output-Tabellen des DIW 1960-1974	Input-Output-Tabellen des RWI 1960-1978	Input-Output-Tabellen des DIW (jeweils aktuellste Version)	Input-Output-Tabellen des DWI 1960-1974

1) W. FRERICHS, W. NAUJOKS (1976),
2) W. FRERICHS (1975), K. KÖBLER (1977), W. KRELLE (1980), W. JÄGER (1980), P.M. KIY (1981)
3) G. DIECKHEUER, U. MEYER, J. SCHUMANN (1979), U. MEYER, N. PINNO, J. SCHUMANN (1981)
4) R. RETTIG (1982),
5) R. STÄGLIN, R. PISCHNER (1976), DIW-ARBEITSKREIS ARBEITSMARKTPERSPEKTIVEN (1978)

täten entstehen z.B. durch die Berechnung der Wertgrößen aus Mengen und Preisen[1]. Die Dynamik wird durch die Berücksichtigung von Erwartungs- und Anpassungshypothesen sowie die Einbeziehung von Wachstumsraten erzeugt. Dadurch wird z.B. auch der Tatsache Rechnung getragen, daß sich wirtschaftspolitische Maßnahmen nicht in vollem Umfang in derselben Periode auswirken, in der sie ergriffen werden.

Das Modell enthält sowohl keynesianische als auch neoklassische Elemente. Der Modellrahmen ist insofern keynesianisch ausgerichtet, als die Darstellung der Märkte dem IS-LM-Paradigma folgt: Der Gütermarkt wird aufgrund von Mengenreaktionen in jeder Zeitperiode geräumt, beim Geldmarkt wird diese Räumung durch Zinsreaktionen gewährleistet. Der Arbeitsmarkt ist prinzipiell nicht geräumt, da das Arbeitsangebot exogen ist und Lohngleichungen formuliert werden, die nicht markträumend sein müssen. Neoklassisch ist das Modell insoweit, als die Güter- und Faktornachfragefunktionen von Relativpreisen anstelle von Preisniveaus abhängig sind.

Das Modell ist voll integriert[2]. Das heißt, daß die ökonometrische Bestimmung der Wirkungszusammenhänge auf der disaggregierten, hier also der sektoralen Ebene erfolgt und die Teilaggregate untereinander und mit den gesamtwirtschaftlichen Größen durch das Input-Output-Modell verknüpft sind.
Dadurch werden nicht nur die gesamtwirtschaftlichen Auswirkungen auf die Sektorstrukturen erfaßt, sondern umgekehrt auch der rückwirkende Einfluß von Strukturveränderungen auf die Entwicklung der gesamtwirtschaftlichen Aggregate berücksichtigt.

---

1 Auf das Problem der Behandlung von Nicht-Linearitäten im Modell wird später eingegangen; vgl. dazu den Abschnitt 2.1 im III. Kapitel.

2 Zur Unterscheidung zwischen integrierten und gekoppelten Modellen vgl. W. FRERICHS, K. KÜBLER (1977), S. 283.

Demgegenüber zählt ein Teil der für die Bundesrepublik bisher konzipierten Modelle zu den gekoppelten Modellen. Hierbei handelt es sich um makroökonometrische Modelle, die an einen Input-Output-Teil angeschlossen sind. Der makroökonomische Teil erklärt die gesamtwirtschaftlichen Größen, die dann mit dem Input-Output-Teil auf die Sektoren aufgeteilt werden. Dabei lassen sich die Wirkungen, die von Strukturveränderungen auf die Entwicklung der gesamtwirtschaftlichen Aggregate ausgehen, nur sehr grob berücksichtigen[1]. Von ihrer Wirkungsweise her gesehen unterscheiden sich gekoppelte disaggregierte Modelle nicht allzu sehr von makroökonometrischen Modellen. Eine den theoretischen Anforderungen besser entsprechende Strukturanalyse erfordert deshalb integrierte Modelle[2].

2.4.2 Endogenisierung der Endnachfrage

Unsere Konzeption weist in diesem Modellteil formal Ähnlichkeit mit dem von Dieckheuer, Meyer und Schumann erstellten Modell (DMS-Modell)[3] auf. Die Ableitung der Nachfragefunktionen erfolgte jedoch teilweise aufgrund anderer theoretischer Überlegungen und führte demzufolge auch zur Einbeziehung anderer erklärender Variablen in die Schätzgleichungen. Unseren Konsumfunktionen liegt z.B. die permanente Einkommenshypothese zugrunde, während im DMS-Modell von der habit-persistence Hypothese ausgegangen wird. Wir haben versucht, auch den Einfluß der Einkommensverteilung auf die Konsumgüternachfrage durch die Einbeziehung von drei verschiedenen Einkommensarten (netto) zu berücksichtigen. Im DMS-Modell werden zwei verschiedene Einkommensarten (brutto) alternativ verwendet. Die Investitionsfunktionen werden in unserem Fall simultan mit den Arbeitsnachfragefunktionen aus einem neoklassischen Ansatz abgeleitet. Dies führt z.B. auch zur Einbe-

---

1 Vgl. W. FRERICHS, K. KÜBLER (1977), S. 283. Außerdem tritt bei gekoppelten Modellen das Problem von Inkonsistenzen auf; vgl. dazu W. FRERICHS, W. NAUJOKS (1976), S. 107 f.

2 Auf den Nachteil integrierter Modelle, auch des vorliegenden Modells, war bereits hingewiesen worden: Integrierte Modelle sind auf die Verfügbarkeit von Daten aus Input-Output-Tabellen angewiesen, die erst mit einer erheblichen Zeitverzögerung erstellt werden. Dagegen kann das Makromodell bei der gekoppelten Modellkonzeption mit den verfügbaren globalen Daten relativ aktuell gehalten werden; vgl. W. FRERICHS, K. KÜBLER (1977), S. 284.

3 (Fortsetzung der Fußnoten nächste Seite).

ziehung des Verhältnisses von Kapitalnutzungs- und Arbeitskosten als Determinante der Investitionsnachfrage, die in den Investitionsfunktionen des DMS-Modells nicht enthalten sind. Der entscheidende Unterschied liegt jedoch u.E. darin, daß unsere Konzeption wirtschaftspolitisch orientiert ist und die Spezifikationen der Modellgleichungen den direkten Bezug zu wirtschaftspolitischen Entscheidungsgrößen zur Beeinflussung von Angebot und Nachfrage, den steuerpolitischen Parametern und dem Zinssatz, herstellt.

2.4.3 Input-Output-Strukturen

In mehreren empirischen Untersuchungen für die Bundesrepublik wurde festgestellt, daß die Annahme konstanter Input- und Investitionskoeffizienten zwar auf kurze Frist bis zu zwei Jahren, nicht aber für mittel- und langfristige Analysen aufrecht erhalten werden kann[1]. Bei der Erstellung von Modellen, die für mittel- und langfristige Prognosen Verwendung finden sollen, werden deshalb umfangreiche Schätzungen von Funktionen für die Input- bzw. Investitionskoeffizienten durchgeführt.

Da die Auswertung unseres Modells nur für eine Periode erfolgt, haben wir auf die aufwendige Endogenisierung der Input- und Investitionskoeffizienten verzichtet und dafür andere Modellteile intensiver bearbeitet. Für die laufenden Inputs und die Investitionsverflechtung wurden konstante und limitationale Strukturen unterstellt. Dagegen werden für die primären Inputs Arbeit und Kapital Faktornachfragefunktionen geschätzt und von den relativen Faktorpreisen abhängige Substituierbarkeit zugelassen.

Fortsetzung der Fußnoten von S. 41

3 Vgl. G. DIECKHEUER, U. MEYER, J. SCHUMANN (1979). Für eine leicht veränderte Version des Modells und Schätzung mit neueren Daten vgl. U. MEYER, N. PINNO, J. SCHUMANN (1981).

1 Vgl. hierzu z.B. die Arbeiten von K. KÜBLER (1977) und B. MEYER (1981).

2.4.4 Preisbestimmung

Mit einer Ausnahme enthalten alle in der Übersicht 3 aufgeführten Modelle auch ein Preismodell. Das RWI-Modell ist in diesem Teil zwar ebenfalls voll integriert, jedoch unterscheidet sich der Preisteil von dem im DMS-Modell und der eigenen Konzeption dadurch, daß die Produktpreise nur durch den Lohnkostendruck und außenwirtschaftliche Komponenten (Importpreise, Wechselkurs) beeinflußt werden, während in den beiden zuletzt genannten Modellen auch Nachfragesog-Elemente als Erklärungsfaktoren enthalten sind. Im Bonner Modell wird zur Bestimmung der Inlandspreise von der Annahme einer Aufschlagskalkulation ausgegangen[1]. Damit sind nur im DMS-Modell und in der eigenen Konzeption die Preise auch von Mengen abhängig[2]. Beide Modelltypen unterscheiden sich allerdings wiederum darin, daß im DMS-Modell die Mengen erst mit einer zeitlichen Verzögerung auf die Preise einwirken, während in unserem Modell vollständige Interdependenz zwischen Mengen und Preisen auch in der laufenden Periode besteht.

2.4.5 Arbeitsnachfrage

In disaggregierten Modellen wird die Arbeitsnachfrage in der Regel auf der Grundlage sektoraler Arbeitskoeffizienten bzw. Arbeitsproduktivitäten abgeleitet. Dazu werden mit Hilfe des Input-Output-Modells zunächst die Produktionswerte errechnet, die für die Befriedigung einer bestimmten Endnachfrage erstellt werden müssen, und dann durch Multiplikation mit den Arbeitskoeffizienten bzw. inversen Arbeitsproduktivitäten der Bedarf an Arbeitskräften ermittelt, der für die Herstellung der Produktion benötigt wird[3].

1 Vgl. W. KRELLE, W. FRERICHS, K. KÜBLER (1979), S. 45.

2 Die Abhängigkeit der Mengen von den Preisen besteht in allen Modellen.

3 Teilweise werden die Arbeitskoeffizienten selbst wieder durch Funktionen geschätzt, so z.B. im Bonner-Modell.

Bei dieser Methode wird die Möglichkeit der Substitution zwischen Arbeit und Kapital ausgeschlossen. Diese Vorgehensweise zur Bestimmung der Arbeitsnachfrage konnte hier nicht gewählt werden, da sie zu Inkonsistenzen mit den Investitionsfunktionen geführt hätte, deren Ableitung unter der Annahme der Substituierbarkeit zwischen Arbeit und Kapital erfolgt ist. In unserem Modell wird deshalb die Arbeitsnachfrage direkt durch sektorale Arbeitsnachfragefunktionen bestimmt, die auf der Grundlage derselben neoklassischen Theorien abgeleitet wurden wie die Investitionsfunktionen. Neben dem Output finden dabei auch die (relativen) Faktorpreise für Arbeit und Kapital Eingang in die Bestimmungsgleichungen für die Arbeitsnachfrage. Auch bei konstantem Output ändert sich dann die Nachfrage nach Arbeitskräften, wenn die Faktorpreise variieren, d.h. daß sich Arbeit und Kapital gegenseitig ersetzen können.

Aus der sektoralen Arbeitsnachfrage wird mit Hilfe sog. Berufsstrukturkoeffizienten der Bedarf an Arbeitskräften, differenziert nach Berufen, abgeleitet. Hierzu wurde von der Limitationalitätshypothese Gebrauch gemacht, d.h. von der Annahme, daß sich die Arbeitskräfte innerhalb einer Branche in ganz bestimmten festen Proportionen nach Berufen zusammensetzen[1].

2.4.6 Angebotsbeschränkungen

Alle bisher erstellten disaggregierten Modelle sind insofern rein nachfrageorientiert, als bei den mit ihnen durchgeführten Prognosen oder Simulationen wirtschaftspolitischer Maßnahmen völlig unbeachtet bleibt, ob die errechneten Produktions- und Beschäftigungswerte auch tatsächlich realisiert werden können.

---

1 Mehr dazu bei der ausführlichen Darstellung der Modellgleichungen im II. Kapitel, Abschnitt 7.2.

Bei der Analyse der Auswirkungen eines staatlichen Konjunkturprogramms, zum Beispiel, muß deshalb immer davon ausgegangen werden, daß ausreichend ungenutzte Produktionskapazitäten vorhanden sind, um den aufgrund des Programms errechneten zusätzlichen Bedarf an Produktion zu erstellen, und daß die Nachfrage nach Arbeitskräften durch ein entsprechendes Arbeitsangebot gedeckt werden kann[1]. In der Wirklichkeit treten aber strukturelle Engpässe auf. Das heißt, daß in bestimmten Branchen eine Erhöhung der Produktion nicht mehr möglich ist, da Arbeitsplätze (Kapital) fehlen, oder Arbeitsplätze nicht besetzt werden können, weil es an bestimmten Fachkräften mangelt. Konjunkturprogramme laufen dann Gefahr, kaum Arbeitslosigkeit zu beseitigen, sondern lediglich die Inflation anzuheizen[2].

Zur Berücksichtigung von Angebotsbeschränkungen werden in das Modell zusätzliche Restriktionen in Form von Ungleichungen eingeführt, durch die solche Lösungen ausgeschlossen werden, die mit den vorhandenen sektoralen Produktionsanlagen und dem verfügbaren beruflichen Arbeitsangebot nicht vereinbar sind. Da diese Angebotsbeschränkungen für jeden einzelnen Produktionsfaktor zu beachten sind, kann aufgrund der Interdependenz des Systems die Knappheit eines einzigen Faktors die Nutzung bzw. Beschäftigung aller anderen Faktoren verhindern. Unsere Modellkonzeption erlaubt somit die Berücksichtigung struktu-

---

1 Von dieser Voraussetzung wird jedenfalls implizit in den DIW-Untersuchungen über die Beschäftigungseffekte von Konjunkturprogrammen ausgegangen; für eine genauere Beschreibung der Vorgehensweise des DIW vgl. z.B. R. STÄGLIN, R. PISCHNER (1976).

2 So dürften sich z.B. die vom DIW berechneten Beschäftigungseffekte des Konjunkturprogramms von 1975 in der Realität kaum in vollem Umfang eingestellt haben, denn bereits wenige Monate nach dem "Programm zur Stärkung von Bau- und anderen Investitionen" vom August 1975 berichtete die Bundesanstalt für Arbeit über Engpässe im Baugewerbe. Mangel herrschte vor allem an Malern, Verputzern, Fliesenlegern und Klempnern. Dennoch waren 1976 immerhin noch ca. 73 000 Personen in der Bauindustrie arbeitslos. Für weniger qualifizierte Bewerber blieben offenbar die Anstellungschancen wegen des Facharbeitermangels gering; vgl. R. STÄGLIN u.a. (1976), BUNDESANSTALT FÜR ARBEIT (1976), S. 1239 f.

rell bedingter Unterbeschäftigung der Produktionsfaktoren[1]. Dieser Sachverhalt wird in allen anderen in der Übersicht 3 aufgeführten Modellen nicht berücksichtigt.

2.5 Wirkungsweise des Modells und Konsequenzen für die Wirtschaftspolitik

Wir wollen die Wirkungsweise unseres Modells an zwei Beispiele demonstrieren und dabei die Unterschiede zu gekoppelten bzw. makroökonomischen Modellen noch etwas verdeutlichen. In der zweiten Spalte der Übersicht 4 ist dargestellt, wie die Wirkung öffentlicher Ausgaben auf die private Investitionsnachfrage in den verschiedenen Modelltypen erfaßt wird.

In einem makroökonomischen Modell wirkt eine staatliche Ausgabenänderung für Investitionen IST oder Sachgüter und Dienstleistungen AST auf die private Investitionstätigkeit I indirekt über die Veränderung des gesamtwirtschaftlichen Produktionsniveaus X. Dabei ist es für die Höhe der Veränderung der Investitionsnachfrage gleichgültig, ob IST oder AST oder irgendeine andere autonome Nachfragekomponente verändert werden. Bei gleich großen autonomen Nachfrageveränderungen ist der Effekt auf die privaten Investitionen immer derselbe.

Auch im gekoppelten Modell hängt die Höhe der privaten Investitionsnachfrage von X ab. Absolut gleich große Veränderungen von IST und AST können jetzt aber unterschiedlich hohe Niveauänderungen von X und damit auch von I bewirken, da die Multiplikatoren der beiden Ausgabenarten in bezug auf X differieren können. Es ist in diesem Fall möglich, allein durch eine Veränderung der Zusammensetzung der staatlichen Endnachfragekomponenten bei konstanten Gesamtausgaben, z.B. mehr

---

1 Hierauf wird im dritten Abschnitt dieses Kapitels noch etwas ausführlicher eingegangen.

Übersicht 4: Wirkungsanalyse alternativer Modelltypen, dargestellt an der Faktornachfrage

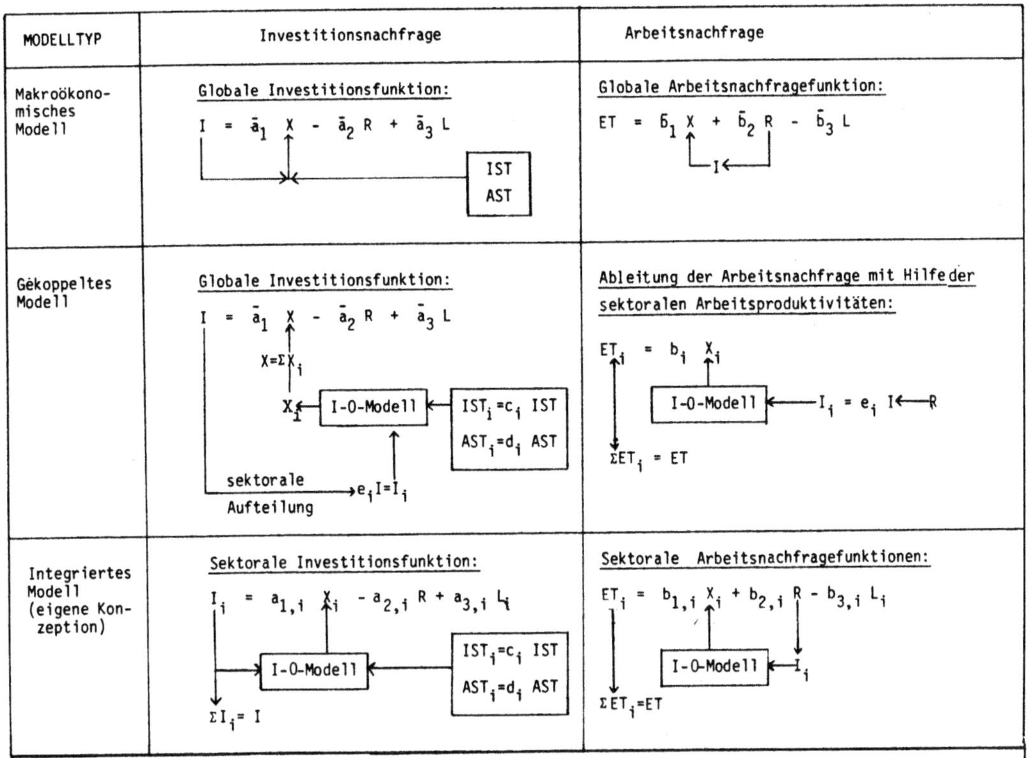

I = private Investitionen	AST = staatliche Sachkäufe	$\bar{a}, a_i, \bar{b}, b_i$ = gesamtwirtschaftliche bzw. sektorale Schätzparameter
X = Produktion	R = Zinssatz	c_i, d_i, e_i = sektorale Anteilskoeffizienten (z.B. $c_i = \frac{IST_i}{IST}$ und $\Sigma c_i = 1$)
IST = staatliche Investitionen	L = Lohnsatz	
	ET = Erwerbstätige	i = Sektor

öffentliche Investitionen und weniger Sachausgaben, die private Investitionsnachfrage zu beeinflussen. Dieser Effekt läßt sich in einem makroökonomischen Modell nicht erfassen. Dagegen wird auch hier Unabhängigkeit der sektoralen Investitionsstruktur von der Produktionsstruktur unterstellt[1].

Im integrierten Modell werden die Investitionen durch sektorale Investitionsfunktionen erklärt. Niveau und Struktur der Investitionsnachfrage hängen sowohl vom Niveau als auch von der Struktur der Produktion ab[2]. Für die Höhe und Struktur der gesamtwirtschaftlichen Investitionsnachfrage kommt es deshalb jetzt auch darauf an, in welchen Sektoren die Produktion durch die staatlichen Ausgaben angeregt wird. Anders als im gekoppelten Modell wird hier berücksichtigt, daß eine Veränderung der gesamtwirtschaftlichen Investitionstätigkeit auch bei konstanter Gesamtproduktion lediglich durch eine Umstrukturierung der sektoralen Produktnachfrage bewirkt werden kann. Da der Staat durch sein Ausgabenverhalten die sektorale Produktionsstruktur nicht unbeeinflußt läßt, kann er bei Beachtung dieser Struktureffekte durch eine entsprechende Ausgestaltung seiner Ausgaben die Entwicklung der gesamtwirtschaftlichen privaten Investitionstätigkeit unterstützen oder zumindest negative Wirkungen vermeiden und dadurch zu einer Effizienzsteigerung seiner Ausgabenpolitik beitragen.

Besonders auffällig treten die Unterschiede der verschiedenen Modellkonzeptionen zutage, wenn es um die Erfassung gegenläufiger Effekte von Maßnahmen geht "und es auf die relative Stärke von ihnen ankommt, welcher Effekt überwiegt"[3]. Dies

1 Jedenfalls bei der unterstellten Form der Koppelung, wie sie z.B. auch von W. FRERICHS, W. NAUJOKS (1976) vorgenommen wurde.

2 Dies gilt natürlich nur bei sektoral unterschiedlichen Investitionsfunktionen. Wären sie identisch, bräuchte man auch kein integriertes Modell.

3 W. KRELLE u.M. von K. KÜBLER (1980), S. 189.

wird in Übersicht 4 am Beispiel der Arbeitsnachfrage aufgezeigt.

Wir gehen davon aus, in einem makroökonomischen Modell werde die Arbeitsnachfrage von denselben Variablen bestimmt wie die Investitionsgüternachfrage[1]. Aufgrund der hinter der Ableitung der Faktornachfragefunktionen stehenden Theorie sind vom Zinssatz und Lohnsatz jeweils entgegengesetzte Effekte auf die Investitions- bzw. Arbeitsnachfrage zu erwarten. Eine Senkung des Zinssatzes bedeutet z.B., daß die Arbeitsnachfrage sinkt und die Investitionsgüternachfrage steigt[2]. Letzteres bewirkt c.p. über die Erhöhung der Produktion eine Steigerung der Arbeitsnachfrage. Ob die Beschäftigung deshalb bei einer Zinssenkung zu- oder abnimmt, hängt davon ab, welcher der beiden Effekte überwiegt. Hierfür kommt es auch darauf an, wie die restlichen Beziehungen des Modells konzipiert sind.

In gekoppelten Modellen wird die Arbeitsnachfrage meistens in der dargestellten Weise unter Verwendung von Arbeitskoeffizienten bzw. Arbeitsproduktivitäten aus der sektoralen Produktion abgeleitet[3]. In solchen Modellen wird deshalb der Einfluß von Zinssenkungen auf die Arbeitsnachfrage eindeutig positiv sein. In integrierten Modellen ist der gesamtwirtschaftliche Beschäftigungseffekt einer Zinssatzveränderung wie im makroökonomischen Ansatz offen. Es ist aber durchaus möglich, daß in einigen Teilbereichen der Volkswirtschaft der positive, in anderen der negative Effekt überwiegt, in einigen Sektoren also die Arbeitsnachfrage steigt, während sie in anderen zurückgeht. Dies hängt in erster Linie von

---

1 Dies ist z.B. dann der Fall, wenn, wie es in dieser Arbeit geschieht, die Faktornachfragefunktionen simultan aus einem neoklassischen Ansatz abgeleitet werden.

2 Arbeit wird relativ teurer und durch Kapital ersetzt. Analog könnte im folgenden auch mit Lohnsatzänderungen argumentiert werden.

3 Dazu werden allerdings etwas anspruchsvollere Ansätze verwendet werden als die hier aus Vereinfachungsgründen gewählten. Entscheidend ist, daß diese Ansätze meistens auf eine ausschließliche Abhängigkeit der Beschäftigung von der Produktion hinauslaufen; vgl. z.B. W. FRERICHS, W. NAUJOKS (1976), S. 281 f. und R. STÄGLIN, R. PISCHNER (1976).

den sektoralen Zins- und Outputelastizitäten der Investitions- und Arbeitsnachfrage ab, aber natürlich auch von den Modellzusammenhängen insgesamt. Durch Maßnahmen, von denen entgegengesetzte Wirkungen ausgehen, können deshalb starke strukturell differenzierende Effekte auf Teilmärkten, in unserem Beispiel dem Arbeitsmarkt, ausgelöst werden. Dies kann auch, oder gerade, bei sogenannten globalen Maßnahmen der Fall sein, durch die, wie bei geldpolitischen Maßnahmen, alle Sektoren gleichermaßen betroffen werden.

Solche Struktureffekte können natürlich nur mit einem voll integrierten Modell erfaßt werden. Es schafft die Voraussetzung dafür, daß die wirtschaftspolitischen Maßnahmen auch hinsichtlich ihrer strukturellen Auswirkungen besser aufeinander abgestimmt werden können, wodurch sich strukturelle Fehlentwicklungen vermeiden lassen und die Effizienz der Wirtschaftspolitik gesteigert wird. In unserem Beispiel könnte die Fiskalpolitik die ungewollten strukturellen Beschäftigungseffekte der Geldpolitik dadurch zu konterkarieren versuchen, daß sie durch eine geeignete Variation ihrer Ausgaben oder auch mit Hilfe von Umschichtungen verschiedener Ausgabearten bei konstanten Gesamtausgaben entsprechende Produktionseffekte in den Branchen mit Beschäftigungsrückgängen induziert.

Keines der in Übersicht 3 enthaltenen anderen Modelle erfaßt die Faktornachfrage nach Arbeit und Kapital simultan in der dargestellten Weise. Wir halten unsere Konzeption für eine wichtige Erweiterung der bisherigen Ansätze, mit der es u.a. möglich ist, die in engem Zusammenhang stehende Problematik struktureller Arbeitslosigkeit und privater Investitionstätigkeit zu analysieren.

3. Theoretische und methodische Grundlagen der Auswertung des disaggregierten ökonometrischen Modells für die Wirtschaftspolitik

3.1 Vorbemerkungen

In diesem Abschnitt werden die Grundlagen für die im III. Kapitel durchzuführende Politik-Auswertung des ökonometrischen Modells dargestellt. Hierzu wird zunächst auf einige Grundbegriffe der wirtschaftspolitischen Modellbildung eingegangen und die zwei grundlegend verschiedenen Auswertungsmöglichkeiten ökonometrischer Modelle für die Wirtschaftspolitik vorgestellt (Abschnitt 3.2 bis 3.4). Sodann wird eine eigene Auswertungskonzeption anhand einer vereinfachten Modellversion schrittweise erläutert (Abschnitt 3.5). Bei der Darstellung der theoretischen und methodischen Grundbegriffe wirtschaftspolitischer Modellbildung fassen wir uns kurz, da sie als weitgehend bekannt vorausgesetzt werden können[1].

3.2 Ökonometrisches Modell

In einem ökonometrischen Modell sind die funktionalen Beziehungen zwischen ökonomischen Variablen einer Volkswirtschaft numerisch spezifiziert dargestellt. In allgemeiner Form läßt es sich wie folgt schreiben:

$$(1) \qquad f_i(X_i, Z_k, U_l) = 0 \qquad \begin{array}{l}(i = 1, \ldots, N)\\(k = 1, \ldots, K)\\(l = 1, \ldots, L)\end{array}$$

Zu den endogenen Variablen X_i gehören die Zustands- und Zielvariablen. Wir wollen im folgenden davon ausgehen, daß die

---

1 Vgl. dazu z.B. die einführenden Lehrbücher von P. KUHBIER (1981) und H. KLEINEWEFERS, A. JANS (1983).

endogenen Variablen nur Zielvariablen sind[1]. Z_k und U_l sind die exogenen Instrumentvariablen bzw. Daten. Zu den Daten wollen wir auch alle zeitverzögerten endogenen und exogenen Variablen zählen. Es wird unterstellt, daß das Gleichungssystem (1) linear sei.

Das ökonometrische Modell (1) kann nun für die Analyse unterschiedlicher wirtschaftspolitischer Fragestellungen genutzt werden, je nachdem welche Variablen als gegeben und welche als die unbekannten Größen betrachtet werden.

3.3 Politik-Simulationsmodell

Meistens wird ein ökonometrisches Modell für die Beantwortung der Frage zu nutzen versucht, wie sich alternative wirtschaftspolitische Maßnahmen (oder Veränderungen der Daten) auf die Zielgrößen auswirken (Politik-Simulationsmodell). In diesem Problem sind die K Instrumentvariablen und L Daten die bekannten, die N Zielvariablen die unbekannten Größen. Da die Zahl der Gleichungen genau der Zahl der Unbekannten entspricht, erhält man in der Regel eine eindeutige Lösung. Die Auswertung erfolgt am besten mit Hilfe der sog. reduzierten Form, in der die N endogenen Variablen als lineare Funktionen nur der Instrumentvariablen und Daten ausgedrückt werden:

(2) $X_i = r_i(Z_k, U_l)$

Die Koeffizienten der reduzierten Form sind die sog. Impact-Multiplikatoren[2]. Sie geben an, wie sich die endogenen Variab-

---

1 Wir können (1) dann auch als vereinfachte Version ("simplified version", J. TINBERGEN (1954), S. 5) des ursprünglichen Strukturgleichungssystems auffassen, das man durch Eliminierung der Zustandsvariablen erhält.

2 Vgl. A.S. GOLDBERGER (1970), S. 14 ff.

len bei partieller Variation der exogenen Größen um eine Einheit direkt und indirekt im ersten Jahr ändern[1], also:

(3) $\frac{\partial X_i}{\partial Z_k}$, $\frac{\partial X_i}{\partial U_l}$: Impact-Multiplikatoren.

Da sie für Ziel- und Instrumentvariablen angeben, wie stark die Zielwertänderung ist, die durch eine Instrumentenvariation bewirkt wird, werden sie auch als Maß für den Wirkungsgrad der Instrumente betrachtet.

Wegen der Interdependenz der Modellgleichungen werden in der Regel alle Zielvariablen bei Variation einer Instrumentvariablen verändert und jede Zielvariable durch alle Instrumente gleichzeitig beeinflußt. Der Gesamteffekt von Veränderungen der Instrumentvariablen auf die Zielvariablen ergibt sich dann für ein lineares Gleichungssystem durch folgenden Ausdruck:

(4) $$\Delta X_i = \sum_{k=1}^{K} \frac{\partial X_i}{\partial Z_k} \cdot \Delta Z_k$$

Wie man sieht, hängt der Effekt der Wirtschaftspolitik von der Größe der Impact-Multiplikatoren, der absoluten Höhe der Mittel-Veränderung und der Anzahl der eingesetzten Mittel bzw. der Mittel-Kombination ab.

Mit (4) lassen sich nun die Auswirkungen alternativer Mittel-Dosierungen auf die Ziele simulieren, d.h. die möglichen Konsequenzen alternativer wirtschaftspolitischer Aktionen aufzeigen. Welcher der auf diese Weise simulierten Wirtschaftspolitiken der Vorzug gegeben werden soll, kann mit dem Modell nicht beurteilt werden. Zur Beantwortung dieser Frage müßten die Alternativen "auf den gleichen Nenner gebracht, das heißt, sie müssen bewertet werden"[2]. Dies ist nur auf der Grundlage

---

1 Vgl. A.S. GOLDBERGER (1970), S. 15 f.

2 J. TINBERGEN (1968), S. 104.

einer Nutzen- bzw. Zielfunktion möglich, die nicht expliziter Bestandteil des Politik-Simulationsmodells ist. Die Bewertung der Alternativen und die Auswahl einer "besten" Wirtschaftspolitik muß deshalb außerhalb des Modells, z.B. durch den Politiker selbst erfolgen. Aus der präsentierten "Speisekarte" möglicher wirtschaftspolitischer Alternativen soll er jenes "Menü" auswählen, das seinen Präferenzen am besten entspricht[1].

3.4 Entscheidungsmodell mit fest vorgegebenen Zielen (fixed-target-Modell)

Die zweite Variante der wirtschaftspolitischen Auswertung des ökonometrischen Modells geht von der Umkehrung der bisherigen Fragestellung aus. Es wird jetzt nicht danach gefragt, wie sich bestimmte Maßnahmen auf die Zielvariablen auswirken, sondern wie die Maßnahmen dosiert sein müssen, wenn bestimmte Zielkombinationen erreicht werden sollen. Jetzt sind die Werte für die Zielvariablen gegeben und die Dosierung der Instrumente gesucht, die zur Erreichung der Ziele führen soll. In diesem "fixed target"-Modell[2] sind die N Zielvariablen und L Daten die Bekannten, die K Instrumentvariablen die Unbekannten. Die Zahl der Gleichungen beträgt wieder N, so daß für die Existenz einer eindeutigen Lösung gelten muß:

(5) $N = K,$

d.h. die Zahl der Ziele muß genau der Zahl der Instrumente

---

1 Dies ist jedenfalls der Vorschlag, wie das ökonometrische Modell für die praktische Wirtschaftspolitik nutzbar gemacht werden könnte; vgl. auch W. KRELLE u.a. (1969), S. 5 ff., W. KRELLE (1975), S. 40 ff., M.D. INTRILIGATOR (1978), S. 550.

2 Vgl. zu dieser Modellform ausführlicher J. TINBERGEN (1975).

entsprechen[1]. In diesem Fall kann die reduzierte Form (2) nach den Instrumenten aufgelöst werden:

$$(6) \quad Z_k = r_n^{-1}(X_i, U_l)$$

Die Ausdrücke $\partial Z_k/\partial X_i$ geben an, wie die Instrumentvariablen variiert werden müßten, wenn sich der Wert einer Zielvariablen um eine Einheit ändern soll. Ihre reziproken Werte $1/(\partial Z_k/\partial X_i)$ geben wieder Auskunft über den Wirkungsgrad der Instrumente. Sie stimmen allerdings nicht mit den entsprechenden Impact-Multiplikatoren $\partial X_i/\partial Z_k$ in (3) überein. Bei der Berechnung der Multiplikatoren bleiben alle Instrumentvariablen bis auf jeweils eine unverändert, in (6) sind dagegen alle Instrumente variable Größen und die Zielvariablen, bis auf eine, auf bestimmte Werte fixiert. Die Wirkungskoeffizienten der Instrumente sind somit keine konstanten Größen. Ihre Werte hängen von dem jeweils zu untersuchenden wirtschaftspolitischen Problem ab, d.h. welche Variablen als fix und welche als variabel betrachtet werden sollen.

Sind die gewünschten Werte für die Zielvariablen bekannt, läßt sich mit Hilfe von (6) ermitteln, wie die wirtschaftspolitischen Entscheidungsgrößen, d.h. die Instrumentvariablen, dosiert werden müssen, um die fixierten Ziele zu verwirklichen. Anders als im Politik-Simulationsmodell sind also hier die Präferenzen des Wirtschaftspolitikers von vornherein mit dem ökonometrischen Modell kombiniert: Aus den vielen möglichen

---

1 Ist die Zahl der Instrumente größer, entstehen Freiheitsgrade, die eine Auswahl zwischen den Instrumenten erlauben oder die Erreichung zusätzlicher Ziele ermöglichen, ist sie kleiner, existiert in der Regel keine Lösung des Problems. Für das Erreichen aller Ziele ist jedoch die Gleichheit von N und K weder eine notwendige noch eine hinreichende Bedingung. Für einen Beweis und Einzelheiten hierzu sei auf die Literatur verwiesen: J. TINBERGEN (1975), S. 40 f. und derselbe (1954), S. 4 ff., W. KRELLE (1975), S. 48 f., P. KUHBIER (1981), S. 27 ff.

wirtschaftspolitischen Handlungsalternativen, die mit dem ökonometrischen Modell simuliert werden können, wird anhand des Präferenzsystems des Politikers, das hier durch die fixierten Ziele zum Ausdruck kommt, eine bestimmte ausgewählt. Tinbergen und Frisch bezeichnen solche ökonometrischen Modelle, die mit einer Technik zur Auswahl einer wirtschaftspolitischen Alternative gekoppelt sind, als Entscheidungsmodelle[1].

3.5 Verwendete Modellkonzeption

3.5.1 Mängel der dargestellten Modelle

In den dargestellten Formen weisen das Politik-Simulations- und Entscheidungsmodell für unsere Untersuchung einige Mängel auf, die Modifikationen notwendig machen:

1. In den beiden Modellformen muß für die Existenz von Lösungen unterstellt werden, daß die Variablen beliebig variiert werden können. In unserer strukturellen Analyse ist jedoch von Beschränkungen (Restriktionen, Rand-, Nebenbedingungen) für die Veränderung ökonomischer Größen auszugehen, die sich aufgrund von Kapazitätsgrenzen und Engpässen in Teilbereichen der Volkswirtschaft ergeben. Auch die Manipulierbarkeit der Mittel kann begrenzt sein durch z.B. institutionelle, psychologische sowie partei- und interessenpolitische Faktoren[2]. Und schließlich sind Effizienzkriterien zu beachten, die darin bestehen, daß bestimmte Aktivitäten keine negativen Werte annehmen können. Die Nicht-Berück-

---

1 "The model must make it possible to study and compare alternative lines of action. The comparison between such alternatives and a technique for selecting the optimal one is the raison d'être of a decision model" (R. FRISCH (1957), S. 1); vgl. auch J. TINBERGEN (1952), S. 234.

2 Vgl. T. PÜTZ (1979), S. 167 ff.

sichtigung solcher Beschränkungen im Politik-Simulations- und Entscheidungsmodell kann dazu führen, daß Ziele formuliert werden, die mit den vorhandenen Ressourcen nicht realisiert werden können, unzulässige Maßnahmenveränderungen erfordern und Effizienzbedingungen verletzen. Die Variablenbeschränkungen müssen deshalb integrierter Bestandteil des Modells sein, um unrealistische wirtschaftspolitische Handlungsalternativen von vornherein aus der Betrachtung auszuschließen.

2. Im fixed-target-Modell besteht die Möglichkeit, daß Zielwerte fixiert werden, bei denen die vorhandenen Ressourcen nicht voll genutzt werden, m.a.W., daß die Zielvorgaben ineffizient (zu wenig ehrgeizig) sind[1]. Außerdem wird für die Lösbarkeit des Problems vorausgesetzt, daß die Anzahl von Ziel- und Instrumentvariablen einander entsprechen. Wir interessieren uns jedoch nur für effiziente Zielvorgaben und wollen das Modell auch in Fällen anwenden, in denen Zielvariablen und Instrumente zahlenmäßig nicht übereinstimmen.

3. Die wirtschaftspolitischen Ziele werden in der Praxis meistens nicht auf bestimmte numerische Werte fixiert, sondern als Ober- und Untergrenzen formuliert, die nicht über- bzw. unterschritten werden sollen. Wir benötigen deshalb eine Modellform, mit der sich diese begrenzte Flexibilität der Ziele explizit berücksichtigen läßt.

Die Berücksichtigung dieser Forderungen führt zu dem in dieser Arbeit verwendeten Modell- und Auswertungskonzept, das im folgenden beispielhaft an einer vereinfachten Version des Modells dargestellt werden soll.

---

1 Vgl. H. KLEINEWEFERS, A. JANS (1983), S. 216.

3.5.2 Beschränkungen für die Realisierbarkeit von Zielen

Wir wollen zunächst der Frage nachgehen, durch welche Faktoren und wie die Werte für die Zielvariablen eingeschränkt werden. Ersetzt man der Einfachheit halber die Zielvariablen durch die Produktion der Wirtschaftssektoren[1], dann kann auch danach gefragt werden, wovon die Realisierbarkeit sektoraler Produktionswerte abhängt. Wir gehen davon aus, daß Niveau und Struktur der sektoralen Outputgrößen und damit auch die Werte für die Zielvariablen durch folgende Faktoren begrenzt werden können: durch bestimmte Effizienzbedingungen, denen die sektoralen Produktionswerte unterliegen, durch die vorhandenen sektoralen Produktionskapazitäten, durch die Verfügbarkeit von Arbeitskräften bestimmter Qualifikation und durch die Möglichkeiten der Veränderung der Angebotsbeschränkungen und die Beeinflussung der Nachfrage durch das wirtschaftspolitische Instrumentarium.

3.5.2.1 Effizienzbedingungen

Durch das Input-Output-System des Modells wird die Verbindung zwischen der Endnachfrage nach den Gütern und Dienstleistungen der einzelnen Sektoren $i = 1, \ldots, n$, N_i, und der sektoralen Bruttoproduktion X_i hergestellt. Für zwei Sektoren $(i = 1,2)$ lauten diese Beziehungen:

$$(7)\quad \begin{aligned} (1 - a_{11})\, X_1 - a_{12}\, X_2 &= N_1 \\ - a_{21}\, X_1 + (1 - a_{22})\, X_2 &= N_2 , \end{aligned}$$

worin a_{ij} die Input-Koeffizienten sind. Abbildung I.1 enthält die graphische Darstellung dieser Beziehungen für gegebene Endnachfragegrößen $\bar{N}_1$ und $\bar{N}_2$. Im Schnittpunkt P der Geraden wird von beiden Sektoren genau die Menge produziert, die zur Befriedigung der Endnachfrage und der Nachfrage nach Vorleistungsgütern benötigt wird. Die Lage von P hängt von der je-

---

1 Dies stellt keine zu starke Vereinfachung dar, da alle im Modell enthaltenen Zielvariablen tatsächlich in irgendeiner Form mit den sektoralen Produktionswerten verknüpft sind (vgl. Übersicht 1).

weiligen sektoralen Endnachfrage N_i ab. Jede Endnachfrage läßt sich deshalb durch einen Punkt im X_1, X_2 - Koordinatensystem darstellen.

Abbildung I.1

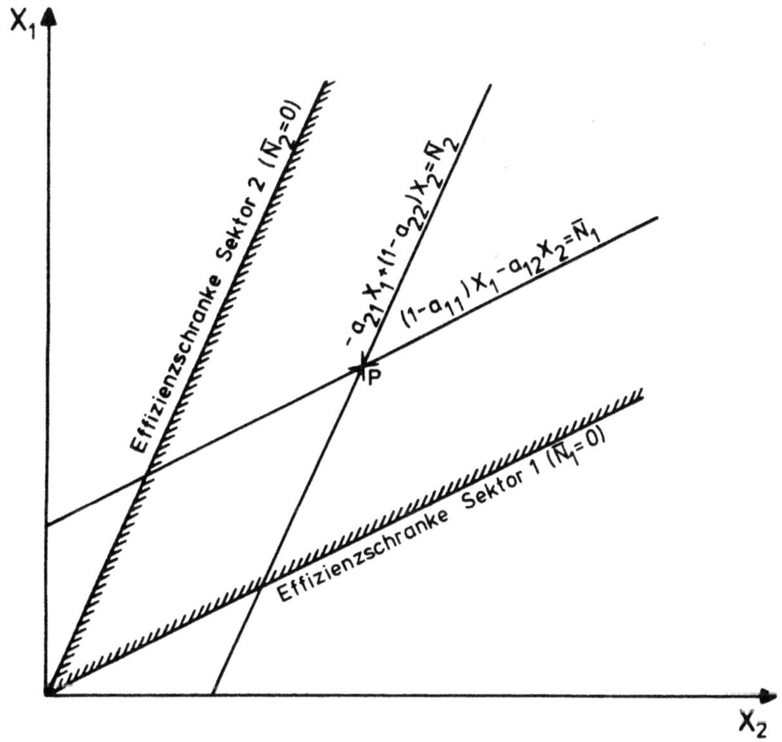

Da die Endnachfrage nach den Gütern der Sektoren nicht negativ sein kann, ist der Variationsbereich für Kombinationen von X_1 und X_2 durch sog. Effizienzschranken der beiden Sektoren begrenzt, die man aus (7) für $N_i = 0$ erhält[1]. Die möglichen Kombinationen von X_1 und X_2 sind deshalb auf den Bereich zwischen den beiden Effizienzschranken beschränkt.

1 Vgl. E. HELMSTÄDTER (1981), S. 127.

Werte für Zielvariablen, die Produktionswerte links oder oberhalb der Effizienzschranke für Sektor 2 und rechts und unterhalb der Effizienzschranke für Sektor 1 erfordern würden, sind somit nicht realisierbar.

Die Lage der Effizienzschranken hängt von den Werten der Input-Koeffizienten ab. Da wir in dieser Arbeit davon ausgehen, daß zumindest für die betrachtete kurzfristige Periode (ein Jahr) die Input-Koeffizienten konstant sind, wird ausgeschlossen, daß die realisierbaren Produktionswerte und damit auch die Werte für die Zielvariablen durch Veränderung der Vorleistungsverflechtung beeinflußt werden können.

3.5.2.2 Beschränkungen durch die sektoralen Produktionskapazitäten

Unter der Produktionskapazität eines Sektors verstehen wir den Realwert der Produktion, der mit den vorhandenen Produktionsanlagen - dem Kapitalstock - in einer Periode maximal hergestellt werden kann[1]. Die unterstellen folgende Beziehung zwischen der sektoralen Produktionskapazität XP_j und dem Kapitalstock K_j des Sektors:

$$(8) \quad XP_j = b_j \, K_j \qquad (j = 1, \ldots, n)$$

Darin sind b_j die mit einem empirischen Schätzverfahren gewonnenen potentiellen Kapitalproduktivitäten. Mit (8) ist nicht impliziert, daß andere Produktionsfaktoren außer Kapital die Höhe der Produktionskapazität nicht beeinflussen. Die Größe des Koeffizienten b_j hängt nämlich ganz entscheidend davon ab, bis zu welchem Grad die Produktionsanlagen in dem der Schätzung zugrunde liegenden Zeitraum z.B. durch den Faktor Arbeit ausgelastet waren. Mit Domar können wir deshalb auch sagen, "daß σ (entspricht unserem b_j, d.V.) sich auf eine Kapazitätszunahme bezieht, die von Investitionen begleitet ist, die aber nicht von ihnen hervorgerufen sein muß"[2].

Die tatsächliche Produktion X_j kann nicht größer sein als die durch (8) gegebene Produktionskapazität. Für jeden Sektor muß deshalb

1 Die empirisch geschätzte Kapazität bezieht sich nicht von vornherein auf die maximale, sondern die höchste Auslastung des Kapitalstocks in dem Beobachtungszeitraum, die den Schätzungen zugrunde lag. Sie kann niedriger sein, als die maximale und auch die Produktionskapazität bei "normaler" Nutzung des Kapitalstocks messen, wenn diese im Beobachtungszeitraum die höchste war. Vgl. zu den Schätzungen ausführlicher Abschnitt 4.3 des II. Kapitels.

2 E.D. DOMAR (1946), Übersetzung zitiert nach H. KÖNIG (1968), S. 57. Die Ver- (Fortsetzung der Fußnote nächste Seite)

gelten:

(9) $X_j \leqq XP_j$

Die Beschränkung der Produktion und damit auch der Werte für die Zielvariablen durch die sektoralen Produktionskapazitäten ist in der graphischen Darstellung der Abbildung I.2 verdeutlicht, in der die Beziehung (8) für gegebene Kapitalbestände und zusammen mit den Effizienzschranken für zwei Sektoren eingezeichnet sind. Die realisierbaren Kombinationen von X_1 und X_2 werden außer durch die Effizienzschranken jetzt auch noch durch die sektoralen Produktionskapazitäten bzw. Kapitalbestände auf den schraffiert eingezeichneten Bereich begrenzt. Da

Abbildung I.2

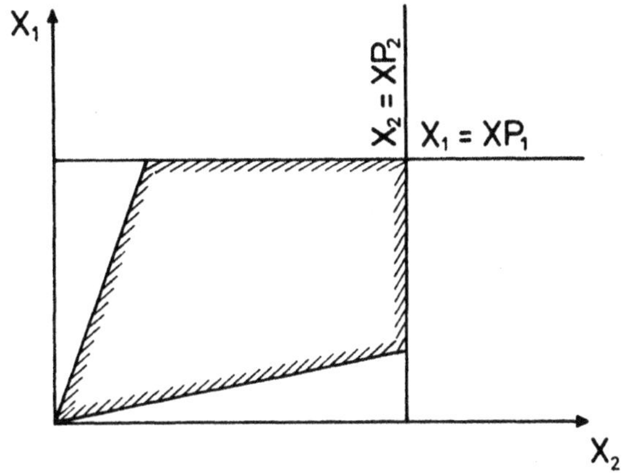

(10) $K_j = IU_j + (1 - \delta_j) K_{j,-1}$ mit δ_j = jährlicher Abschreibungssatz,

verändern sich die Produktionskapazitäten eines Sektors in Abhängigkeit von den im Laufe einer Periode getätigten sektoralen Bruttoinvestitionen IU_j.

In unserem Modell werden die Bestimmungsgleichungen für den Arbeits- und Kapitaleinsatz auf der Grundlage der neoklassischen Theorie abgeleitet[1]. Diese liefert Funktionen für die sektorale Investitionsnachfrage IU_j, in denen die Höhe des sektoralen Outputs X_j, die Nutzungskosten für Kapital und Arbeit UC_j bzw. W_j, sowie, bei Berücksichtigung flexiblen Anpassungsverhaltens der

Fortsetzung der Fußnoten von S. 60
wendung von Beziehung (8) als Bestimmungsgleichung der sektoralen Produktionskapazitäten anstelle einer Produktionsfunktion, die Substitutionalität zwischen den Produktionsfaktoren zuläßt, wird in Abschnitt 4.3 des II. Kapitels noch ausführlicher begründet.

1 Vgl. dazu ausführlicher Abschnitt 4.2.2 des II. Kapitels.

Unternehmen, die verfügbaren Finanzmittel CF (Cash-Flow) als Determinanten auftreten. Z.B. erhalten wir folgende linarisierte Form für die Investitionsfunktion:

$$(11)\quad IU_j = b_{o,j} + b_{1,j}\, X_j - b_{2,j}\, UC_j + b_{3,j}\, W_j + b_{4,j}\, CF$$

Bei diesem Ansatz geht von den Lohnkosten W_j eine positive, von den Kapitalnutzungskosten UC_j eine negative Wirkung auf die Investitionstätigkeit aus[1]. Die Beschränkungen für die Produktion eines Sektors durch den Faktor Kapital in (8) bzw. Abbildung I.2 verändern sich somit innerhalb einer Periode in Abhängigkeit von den Determinanten der Investitionsnachfrage in (11).

3.5.2.3 Beschränkungen durch die berufliche Struktur des Arbeitsangebots

Die Beschränkungen, die sich für die realisierbaren Kombinationen von X_j aus der Knappheit von Arbeitskräften ergeben, werden wie folgt abgeleitet:

Der Faktor Arbeit wird nach p Berufen und n Sektoren disaggregiert. Für die einzelnen Sektoren werden zwar unterschiedliche, aber konstante Berufsstrukturkoeffizienten z_{mj} unterstellt[2]:

$$(12)\quad \frac{ET_{mj}}{ET_j} = z_{mj} \qquad (m = 1, \ldots, p;\ j = 1, \ldots, n),$$

worin ET_{mj} die Erwerbstätigen in der Branche j mit der Berufsqualifikation m und ET_j die Gesamtzahl der sektoralen Erwerbstätigen sind. Mit Hilfe von (12) läßt sich die sektorale Arbeitsnachfrage in einen nach Sektoren und Berufen differenzierten Arbeitskräftebedarf transformieren:

$$(13)\quad ET_{mj} = z_{mj} ET_j$$

Die sektorale Nachfrage nach Arbeitskräften ET_j wird durch Arbeitsnachfragefunktionen erklärt, mit dem sektoralen Output X_j und den Kosten für die Produktionsfaktoren Arbeit und Kapital W_j bzw. UC_j als Bestimmungsgrößen. In linearisierter Form erhalten wir z.B. folgende Beziehung für die sektorale Arbeitsnachfra-

---

1 Diese Wirkungsweise der Faktorkosten leitet sich aus dem unterstellten "Kostenminimierungsmodell" mit substitutionaler Produktionsfunktion ab; vgl. zu der theoretischen Herleitung Abschnitt 4.2.2 im II. Kapitel.

2 Eine detailliertere Darstellung und Begründung der im folgenden verwendeten Beziehungen folgt in Abschnitt 7.2 des II. Kapitels; vgl. auch R. THOSS (1978), S. 339 f.

ge[1].

$$(14)\quad ET_j = c_{o,j} + c_{1,j}\, X_j + c_{2,j}\, UC_j - c_{3,j}\, W_j$$

(14) in (13) für ET_j eingesetzt, ergibt:

$$(15)\quad ET_{mj} = d_{o,mj} + d_{1,mj}\, X_j + d_{2,mj}\, UC_j - d_{3,mj}\, W_j$$

$$\text{mit } d_{k,mj} = z_{mj} \cdot c_{k,j} \quad (k = 0, \ldots, 3)$$

Durch Summation über alle Sektoren (j = 1, ..., n) erhält man daraus die gesamte Nachfrage nach Arbeitskräften mit dem Beruf m:

$$(16)\quad \sum_{j=1}^{n} ET_{mj} = EB_m = \sum_{j=1}^{n} (d_{o,mj} + d_{1,mj}\, X_j + d_{2,mj}\, UC_j - d_{3,mj}\, W_j)$$

Für zwei Sektoren läßt sich aus (16) folgende Beziehung zwischen den Outputvariablen ableiten:

$$(17)\quad X_1 = C - \frac{d_{1,m2}}{d_{1,m1}}\, X_2,$$

worin

$$(18)\quad C = \frac{1}{d_{1,m1}} (EB_m - \sum_{j=1}^{2} d_{o,mj} - \sum_{j=1}^{2} d_{2,mj}\, UC_j + \sum_{j=1}^{2} d_{3,mj} W_j)$$

Die Höhe der Beschäftigung in einem bestimmten Beruf EB_m wird durch das verfügbare Angebot EBS_m begrenzt, d.h. es muß gelten:

---

1 Vgl. zu den Arbeitsnachfragefunktionen ausführlicher Abschnitt 7.1 im II. Kapitel.

(19) $EB_m = EBS_m$

Betrachtet man EBS_m, UC_j und W_j als gegeben und setzt EB_m = EBS_m, so ist C in (18) eine Konstante und wir erhalten für (17) die in Abbildung I.3 z.B. mit C_0 gekennzeichnete Beziehung zwischen den sektoralen Outputgrößen. Punkte auf der Geraden C_0 stellen

Abbildung I.3

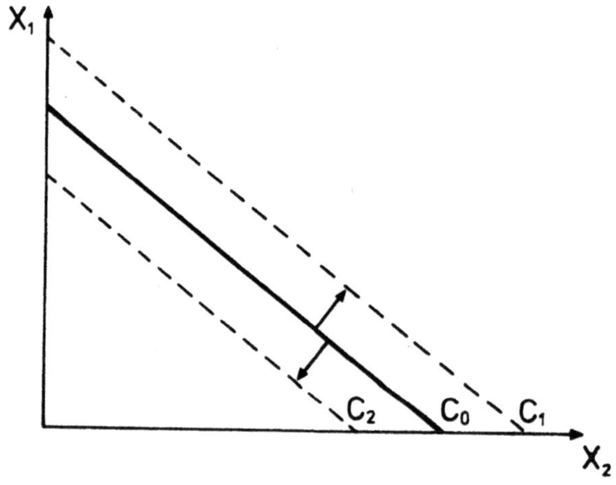

Outputkombinationen dar, bei denen der Beruf m immer gerade voll beschäftigt ist. Outputkombinationen links und unterhalb der Geraden implizieren Arbeitslosigkeit im Beruf m, Kombinationen rechts und oberhalb von C_0 sind mit dem gegebenen Angebot an Arbeitskräften der Berufsqualifikation m nicht realisierbar. Die dargestellte Gerade C_0 gibt somit die alternativen Produktionswerte an, die mit einem bestimmten Arbeitskräfteangebot der Qualifikation m bei gleichzeitig gegebenen Kosten für Arbeit und Kapital und ohne Berücksichtigung weiterer möglicher Beschränkungen für den sektoralen Output maximal erzielt werden können.

Die Erhöhung des Angebots an Arbeitskräften mit Beruf m bewirkt eine Verschiebung der Restriktionsgeraden in Abbildung I.3 nach rechts oben, z.B. von C_0 nach C_1, d.h. es wird möglich, mehr von beiden Outputs zu produzieren. Umgekehrt verhält es sich bei einer Verknappung des Arbeitskräfteangebots der Berufsqualifikation m (Verschiebung der Restriktionsgeraden von C_0 nach C_2).

Auch bei konstantem Arbeitsangebot verschiebt sich die Restriktionsgerade in Abbildung I.3, wenn die Faktorpreise sich verändern. Steigen z.B. die Arbeitskosten W_j und/oder sinken die Kapitalnutzungskosten UC_j, erhöht sich C (vgl. Gleichung (18)) und die Gerade für die Beschränkung der sektoralen Produktionsmöglichkeiten durch den Beruf m wird nach rechts oben verschoben. Dies ist die Folge der unterstellten Substituierbarkeit zwischen Arbeit und Kapital: Die gestiegenen Arbeits- bzw. gesunkenen Kapitalnutzungskosten bewirken, daß die Arbeitsnachfrage im Vergleich zur Nachfrage nach Kapital zurückgeht, Arbeit durch Kapital ersetzt wird. Die freigesetzten Arbeitskräfte stehen dann für eine Erhöhung des Outputs zur Verfügung.

Umgekehrt verschiebt sich die Restriktionsgerade zum Nullpunkt hin, wenn die Arbeitskosten sinken bzw. die Kapitalnutzungskosten steigen Bei konstanter Produktion wird dann der verbilligte Faktor Arbeit verstärkt nachgefragt, was gleichbedeutend damit ist, daß Arbeitskräfte relativ knapper werden, wodurch sich der Angebotsspielraum für die Produktion verengt. War vor der Veränderung der Faktorpreise $EB_m = EBS_m$, müßte bei gleichbleibendem Angebot an Arbeitskräften der Berufsqualifikation m der Output in einem der beiden Sektoren oder beiden Sektoren sinken, wenn Vollbeschäftigung in diesem Beruf beibehalten und keine <u>Über</u>beschäftigung entstehen soll.

Die Beschränkungen für die sektoralen Produktionsmöglichkeiten und damit für die Realisierbarkeit wirtschaftspolitischer Ziele aufgrund des verfügbaren beruflichen Arbeitsangebots werden somit in bestimmtem Umfange auch durch die Höhe der Faktorpreise bestimmt.

3.5.3 Unterschiedliche Arten von Arbeitslosigkeit - nachfragebedingte versus strukturelle Arbeitslosigkeit

3.5.3.1 Grundlegung

In Abbildung I.4 ist für zwei Sektoren und drei verschiedene Berufe dargestellt, wie die sektoralen Produktionsmöglichkeiten durch den Faktor Kapital, das berufliche Arbeitsangebot und die Effizienzbedingungen gleichzeitig beschränkt werden. Die realisierbaren Kombinationen von X_1 und X_2 werden jetzt auf den schraffiert eingezeichneten Bereich begrenzt. Die Beschränkung durch den Faktor Kapital ist stärker als durch das berufliche Arbeitsangebot, da der

Abbildung I.4

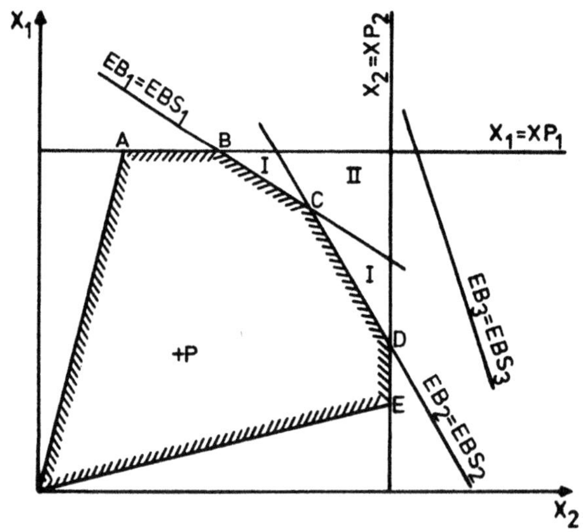

Kapitalstock jeweils nur in dem Sektor verwendet werden kann, in dem er einmal installiert wurde, also ex post intersektoral immobil ist, während die Berufe grundsätzlich in allen Sektoren eingesetzt werden können. Allerdings kann diese völlige intersektorale Mobilität eines Berufs nur innerhalb der Grenzen auch tatsächlich zum Zuge kommen, die durch die anderen Restriktionen gesetzt sind, d.h. in der Abbildung I.4 z.B. zwischen B und C für Beruf 1 und C und D für Beruf 2.

Welcher der beiden Faktoren Arbeit oder Kapital die Rolle des die Produktion beschränkenden Engpaßfaktors spielt, hängt vom Niveau und der Struktur der Endnachfrage ab. Wird sie durch P gegeben, stellen weder Arbeit noch Kapital einen Engpaßfaktor dar. Alle Berufe sind unterbeschäftigt und auch die sektoralen Produktionsanlagen werden nicht voll genutzt. An der Kapazitätsgrenze, im Bereich AB(DE), ist eine Produktionssteigerung des Sektors 1 (2) nur möglich, wenn gleichzeitig auch seine Produktionsanlagen erweitert werden. Hier ist mangelndes Kapital im jeweiligen Sektor der Engpaßfaktor für wirtschaftliches Wachstum. Dagegen ist im Abschnitt BCD, in dem der Beruf 1 (BC) bzw. Beruf 2 (CD) die Produktionsmöglichkeiten begrenzt, die Erhöhung der Produktion jeweils eines Sektors auch ohne Erweiterung des Kapitalbestands immerhin dann noch möglich, wenn gleichzeitig die Produktion des anderen Sektors eingeschränkt wird. Die Erhöhung der Produktion beider Sektoren scheitert am Mangel an Beruf 1 (BC) oder Beruf 2 (CD) oder beiden Berufen (in C). Beruf 3 stellt bei keiner der möglichen Produktkombinationen einen Engpaßfaktor dar und ist immer im Überfluß vorhanden.

3.5.3.2 Arbeitslosigkeit aufgrund von Nachfragemangel

Unsere Konzeption erlaubt nun die Unterscheidung und Identifikation unterschiedlicher Arten der Arbeitslosigkeit. Bei Nachfragekombinationen, die durch Punkte innerhalb des schraffiert eingezeichneten Bereichs der Abbildung I.4 gegeben sind, herrscht nachfragebedingte Arbeitslosigkeit bzw. Arbeitslosigkeit aufgrund von Nachfragemangel. In dieser Situation, z.B. in P, ist es möglich, durch Steigerung der Nachfrage die Produktion zu erhöhen und dadurch Arbeitslosigkeit abzubauen. Nach Möglichkeit ist eine Nachfragesituation auf der Kapazitätsgrenze ABCDE anzustreben, wo immer mindestens ein Faktor vollbeschäftigt ist[1].

In einer solchen Situation kann eine Wirtschaftspolitik, die auf eine Veränderung der Angebotsrestriktionen abstellt, nur geringe bzw. überhaupt keine Wirkung auf die Beschäftigung der Produktionsfaktoren haben, wenn sie nicht gleichzeitig auch die Nachfrage erhöht. Eine Senkung der Kapitalkosten z.B. verschiebt die Kapazitätsrestriktionen nach außen. Falls die Nachfrage mit dieser Kapa-

1 Welcher Punkt auf ABCDE realisiert werden soll, kann erst unter Zuhilfenahme einer Zielfunktion bestimmt werden.

zitätserweiterung nicht Schritt hält, wird aber der Auslastungsgrad der Produktionsanlagen sogar sinken und Arbeit aufgrund des Substitutionseffekts verdrängt[1]. Die Umschulung von Arbeitskräften würde lediglich zu einer anderen beruflichen Struktur der Arbeitslosen führen und wäre in einer Situation, in der keiner der Berufe einen Engpaßfaktor darstellt, eine völlig unsinnige Maßnahme. Am ehesten wäre noch von einer Lohnsenkung ein positiver Effekt auf die Beschäftigung der Arbeitskräfte zu erwarten. Sie bewirkt bei konstantem Arbeitsangebot eine Linksverschiebung der Berufe-Restriktionen, womit eine höhere Arbeitsnachfrage auch bei konstanter Produktion impliziert ist. Da die aufgrund der gesunkenen Löhne relative Verteuerung von Kapital dämpfend auf die Investitionsnachfrage und damit auch auf die Produktion wirkt, dürfte sich aber der Auslastungsgrad der Produktionsanlagen kaum erhöhen.

3.5.3.3 Unterschiedliche Arten struktureller Arbeitslosigkeit

Nachfrageveränderungen, die über die Kapazitätsgrenze BCD hinaus zu Produktkombinationen in den Bereichen I und II führen müßten, haben keinen Beschäftigungseffekt mehr. Zwar sind die zur Erstellung der Produktion benötigten Produktionsanlagen (die Arbeitsplätze) vorhanden, jedoch fehlt es an genügend Fachkräften zur Besetzung der Arbeitsplätze: In I bilden Beruf 1 oder 2, in II beide Berufe den Engpaß für die Erhöhung von Produktion und Beschäftigung. Wir wollen deshalb die nach Erreichen der Kapazitätsgrenze BCD noch bestehende Arbeitslosigkeit als <u>strukturelle Arbeitslosigkeit aufgrund eines Mangels an Fachkräften</u> bezeichnen. Diese Situation ist dadurch gekennzeichnet, daß mindestens ein Beruf vollbeschäftigt ist. In Abbildung I.4 ist sie bei der durch C gegebenen Produktkombination am niedrigsten: Berufe 1 und 2 sind vollbeschäftigt und es herrscht nur noch in Beruf 3 Arbeitslosigkeit.

Für die Höhe dieser Form der strukturellen Arbeitslosigkeit kommt es offensichtlich darauf an, welche Produktionsstruktur auf BCD realisiert wird. Wie noch gezeigt wird, hängt dies von den Mög-

---

1 Die Arbeitsnachfrage geht zurück. Für eine gegebene Vollbeschäftigungsnachfrage ($EB_m = EBS_m$) verschieben sich die Berufsrestriktionen nach außen: Mit den vorhandenen Arbeitskräften kann jetzt mehr produziert werden.

lichkeiten der Beeinflussung von X_1 und X_2 durch das wirtschaftspolitische Instrumentarium und davon ab, welche Werte für die gesamtwirtschaftlichen Zielvariablen angestrebt werden sollen. Mit nur einem Instrument sind die Realisationsmöglichkeiten für X_1 und X_2 geringer, als wenn mehrere Instrumente gleichzeitig eingesetzt werden. Eine Wirtschaftspolitik, die dem Beschäftigungsziel höchste Priorität einräumt, erfordert u.U. eine andere Produktionsstruktur als eine Politik, die das Wirtschaftswachstum forcieren möchte. Darf bei der Bekämpfung der Arbeitslosigkeit eine bestimmte Inflationsrate nicht überschritten werden, müssen evtl. bestimmte Produktkombinationen auf BCD, die mit diesem Preisziel nicht zu vereinbaren sind, aus der Betrachtung ausgeschlossen werden. Die Höhe der als strukturell bezeichneten Arbeitslosigkeit ist deshalb keine fest vorgegebene Größe. Sie hängt von den Restriktionen ab, denen z.B. die Instrumente unterliegen und wird auch durch normative Vorstellungen über die wirtschaftliche Entwicklung mitbestimmt[1].

Wir können noch eine weitere Form der strukturellen Arbeitslosigkeit unterscheiden, die dann entsteht, wenn nicht die Berufe, sondern die Arbeitsplätze (Kapital) zum Engpaß werden. Diese Situation ist in Abbildung I.5 dargestellt. Weder Beruf 1 noch Beruf 2 können durch nachfragesteigernde Maßnahmen vollbeschäftigt werden, da eine Erhöhung der sektoralen Produktion über die durch den vorhandenen Kapitalbestand gegebene Kapazitätsgrenze hinaus nicht möglich ist. Wir bezeichnen die in diesem Fall durch Nachfragesteigerungen nicht mehr zu reduzierende Arbeitslosigkeit als strukturelle Arbeitslosigkeit aufgrund eines Mangels an Kapital. In dieser Situation sind in mindestens einem Sektor die Produktionskapazitäten voll ausgelastet.

Beide hier unterschiedenen Formen struktureller Arbeitslosigkeit können teilweise durch ausschließlich an der Nachfrageseite ansetzende wirtschaftspolitische Maßnahmen beeinflußt werden.

1 Auch Berman und Lipsey beziehen in ihre Definitionen und Messung der strukturellen Arbeitslosigkeit normative Gesichtspunkte ein; vgl. B.R. BERMAN (1965), S. 256 ff., R.G. LIPSEY (1965), S. 210 ff.; siehe auch A. HERMANN, F. PLOGMANN, H.J. SCHALK (1979), S. 20 ff.

Abbildung I.5:

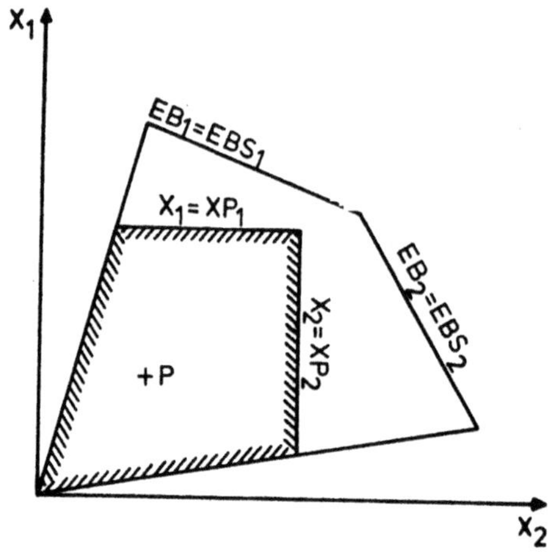

So könnte z.B. von der Situation B in Abbildung I.4 ausgehend, in der strukturelle Arbeitslosigkeit aufgrund eines Mangels an Fachkräften der Berufsqualifikation 1 herrscht, die Beschäftigung noch gesteigert werden, wenn es gelingt, die Produktionsstruktur in Richtung C zu ändern. Allerdings wäre hierzu eine Umstrukturierung der sektoralen Endnachfrage notwendig, die u.U. mit dem verfügbaren wirtschaftspolitischen Instrumentarium zur Beeinflussung der Nachfrage nicht bewirkt werden kann. Zur Reduzierung der Arbeitslosigkeit sind dann Maßnahmen erforderlich, die die Knappheit an Arbeitskräften bestimmter Qualifikation beseitigen. In unserem Beispiel kann dies durch Umschulung des "Überschußberufs" 3 in die knappen Berufe 1 und 2 bewirkt werden. In Abbildung I.4 verschieben sich dadurch die Restriktionsgeraden für die Berufe 1 und 2 nach rechts oben und für Beruf 3 zum Ursprung hin. Auf diese Weise wird auf der einen Seite die Arbeitslosigkeit in Beruf 3 direkt verringert und auf der anderen Seite die Voraussetzung für die Steigerung der Produktion geschaffen, die für eine weitere Erhöhung der Beschäftigung erforderlich ist.

Auch bei konstantem beruflichen Arbeitsangebot läßt sich die Knappheit der Berufe durch die Erhöhung der Kosten für den Faktor Arbeit aufheben[1]. Da in unserem Modell aber nur sektorale Faktorpreisveränderungen möglich sind, bedeutet eine Zunahme der Arbeitskosten auch die Rechtsverschiebung der Restriktion für Beruf 3, was einen Rückgang der Nachfrage nach Arbeitskräften mit dem Beruf impliziert, in dem die Arbeitslosigkeit ohnedies bereits hoch ist. Mit einer

1 Vgl. dazu die Darstellung der Auswirkung einer relativen Verteuerung des Faktors Arbeit auf die Berufsrestriktionen in Abschnitt 3.5.2.3.

"Lohndifferenzierung" für Berufe könnte dies vermieden werden: Die Entlohnung für die knappen Berufe 1 und 2 wäre dann zu erhöhen, für den Überschußberuf 3 zu senken. Auf diese Weise ließe sich der gleiche Effekt wie mit der oben dargestellten Umschulung der Berufe bewirken. Die Begrenzung der Lohndifferenzierung engt somit auch die Möglichkeiten ein, strukturelle Arbeitslosigkeit aufgrund eines Mangels an Fachkräften zu bekämpfen.

Bei struktureller Arbeitslosigkeit aufgrund eines Mangels an Kapital (vgl. Abbildung I.5) müssen die Produktionskapazitäten erhöht, d.h. die Kapazitätsschranken nach außen verschoben werden, um zunächst einmal die für eine Erhöhung der Beschäftigung erforderlichen Arbeitsplätze zu schaffen. Hierzu kommen in erster Linie solche Maßnahmen in Frage, die eine Reduzierung der Kapitalnutzungskosten und dadurch eine Erhöhung der privaten Investitionsnachfrage bewirken.

Diese Maßnahmen allein sind aber in der Regel nicht geeignet, die strukturelle Arbeitslosigkeit zu beseitigen. Sie schaffen lediglich die Voraussetzungen für eine Erhöhung der Beschäftigung, die sich erst dann auch tatsächlich einstellen wird, wenn der geschaffene Angebotsspielraum durch eine entsprechende Nachfrage ausgenutzt wird. Es müssen deshalb grundsätzlich Maßnahmen, die auf der Nachfrageseite ansetzen, flankierend zu den angebotsorientierten Maßnahmen hinzutreten[1]. Mit anderen Worten "es muß beachtet werden, daß selbst für den Fall, daß die These, nach der eine Nachfrageausweitung die Arbeitslosigkeit nicht beseitigen könne, eine gewisse Gültigkeit hätte, das Problem ohne eine derartige Erhöhung der Nachfrage nicht zu bewältigen ist"[2].

---

1 Vgl. dazu auch R. THOSS (1978), S. 346.

2 T.F. DERNBURG, D.M. McDOUGALL (1972), S. 275.

3.5.4 Möglichkeiten zur Beeinflussung der Nachfrage und der Angebotsbeschränkungen durch die Wirtschaftspolitik

Niveau und Struktur der Produktion, d.h. die Lage von P im X_1, X_2-Koordinatensystem, hängen von der Endnachfrage N_i ab. Ihre wichtigsten, im Modell unterschiedenen Komponenten sind: die sektorale private Konsumnachfrage CP_i, die staatlichen Sachausgaben ASG, die Investitionen der privaten Unternehmen, differenziert nach 12 investierenden Wirtschaftszweigen, IU_j, die Investitionen des Staates, differenziert nach 9 Funktionsbereichen, ISF_k und die sektoralen Exporte E_i . N_i bestimmt sich dann wie folgt:

$$(20)\quad N_i = CP_i + c_i\, ASG + \sum_{j=1}^{12} b_{ij}\, IU_j + \sum_{k=1}^{9} g_{ik}\, ISF_k + E_i \qquad (i = 1, \ldots, n)$$

c_i, b_{ij} und g_{ik} sind darin Koeffizienten, mit deren Hilfe die Endnachfragekomponenten von der Verwendungsstruktur in die sektorale Lieferstruktur transformiert werden[1]. Wir gehen davon aus, daß diese Koeffizienten zumindest kurzfristig konstant sind und auch nicht durch wirtschaftspolitische Eingriffe geändert werden können.

1 Bei CP_i und E_i handelt es sich bereits um sektorale Lieferungen.

Niveau und Struktur der Nachfrage N_i und damit auch gleichzeitig der sektoralen Produktion können über die einzelnen Komponenten der Endnachfrage wie folgt durch die Wirtschaftspolitik indirekt gesteuert werden:

- Der Staat kann seine Ausgaben für Sachgüter und Dienstleistungen ASG und die Investitionsausgaben in den einzelnen Funktionsbereichen ISF_k ändern,

- die sektorale private Konsumgüternachfrage CP_i kann durch steuerpolitische Maßnahmen und staatliche Einkommenstransfers,

- die sektoralen privaten Investitionen IU_j durch steuerpolitische Maßnahmen und Maßnahmen, die eine Veränderung der relativen Faktorpreise bewirken, beeinflußt werden.

Eine direkte Beeinflußbarkeit der sektoralen Exporte E_i, z.B. über den Wechselkurs, besteht nicht[1]. Wie stark Niveau und Struktur der Produktion beeinflußt werden können, hängt ab

- vom Grad des Wirkungszusammenhangs zwischen den Instrumenten, den Endnachfragekomponenten und der Produktion,

- von der Höhe der Dosierung der Maßnahmen und davon,

- welche Maßnahmen ergriffen bzw. welche Instrumente miteinander kombiniert werden.

Um zeigen zu können, wie der Bereich möglicher Zielerfüllungsgrade durch diese Faktoren begrenzt wird, unterstellen wir folgende vereinfachte Beziehungen zwischen den beiden Zielvariablen X_1, X_2 und den Instrumentvariablen staatliche Aus-

1 In den ökonometrischen Tests ließ sich kein signifikanter Einfluß des Wechselkurses auf die sektorale Exportnachfrage feststellen.

gaben für Sachgüter ASG sowie dem Zinssatz R:

$$(21)\quad \begin{aligned} X_1 &= e_1\,ASG - f_1\,R + k_1 \\ X_2 &= e_2\,ASG - f_2\,R + k_2 \end{aligned}$$

Dieses System kann man sich als vereinfachte Version der reduzierten Form des aus den Gleichungen (7) und (20) bestehenden Modellbeispiels vorstellen, wobei die hier nicht interessierenden Größen in den Konstanten k_i $(i = 1, 2)$ zusammengefaßt werden. Der Zinssatz R gelangt dabei in die Gleichungen, indem die privaten Investitionen IU_j durch Investitionsfunktionen ersetzt werden, in denen unter anderem R als Determinante auftritt. Es wird ein positiver Effekt der Staatsausgaben und ein negativer Effekt des Zinssatzes auf die beiden Zielvariablen unterstellt. Der Grad der Wirkungszusammenhänge zwischen den Ziel- und Instrumentvariablen hängt von den Werten der Koeffizienten e_i und f_i ab.

Aus (18) lassen sich nun folgende Zielbeziehungsgleichungen ableiten:

$$(22\text{ a})\quad X_1 = \frac{e_1}{e_2} X_2 + \frac{e_1 f_2 - e_2 f_1}{e_2} R + \left(k_1 - \frac{e_1}{e_2} k_2\right),$$

$$(22\text{ b})\quad X_1 = \frac{f_1}{f_2} X_2 + \frac{e_1 f_2 - e_2 f_1}{f_2} ASG + \left(k_1 - \frac{f_1}{f_2} k_2\right)$$

Für gegebenen Zinssatz $\bar{R}$ erhält man aus (22 a) die in Abbildung I.6 dargestellte Gerade. Sie gibt die Zielkombinationen an, die mit alternativen Staatsausgaben realisiert werden können, wenn der Zinssatz auf dem Wert $\bar{R}$ fixiert bleibt. Wird der Zinssatz auf $\bar{\bar{R}}$ erhöht, verschiebt sich die Kurve in der dargestellten Weise nach links[1]. Mit dem Instrument Staats-

1 Es wird $e_1 f_2 - e_2 f_1 > 0$ unterstellt.

Abbildung I.6

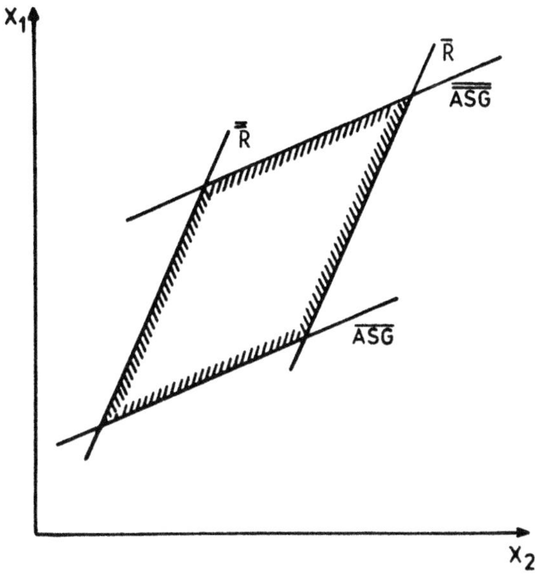

ausgaben können jetzt nur noch die niedrigeren Zielerfüllungsgerade für beide Zielvariablen auf der Geraden $\bar{\bar{R}}$ erreicht werden. Analog dazu sind die beiden anderen in der Abbildung dargestellten Geraden zu interpretieren, die für gegebene Staatsausgabenwerte ($\overline{ASG} \leq \overline{\overline{ASG}}$) aus Gleichung (22 b) abgeleitet werden.

Mit einem Instrument sind also nur ganz bestimmte Kombinationen von Zielwerten möglich, die sich für zwei Zielvariablen graphisch durch eine Gerade darstellen lassen. Kommen beide Instrumente gleichzeitig zum Einsatz, wobei ihre Variierbarkeit auf die Bereiche $\bar{R} \leq R \leq \bar{\bar{R}}$ und $\overline{ASG} \leq ASG \leq \overline{\overline{ASG}}$ eingeschränkt wird, können alle Zielkombinationen innerhalb der in der Abbildung I.6 schraffiert eingezeichneten Fläche realisiert werden. Die Größe dieser Fläche hängt von den Wirkungskoeffizienten und den Begrenzungen für den Einsatz der Instrumente ab. Sie stellt die Möglichkeiten der Steuerung der Nachfrageseite mit dem verfügbaren wirtschaftspolitischen Instrumentarium dar.

Die maximal mögliche Produktion eines Sektors wird, wie in den Abschnitten 3.5.2.2 und 3.5.2.3 dargestellt wurde, durch den sektoralen Kapitalbestand und das vorhandene Angebot an Arbeitskräften in den einzelnen Berufen begrenzt. Der sektorale Kapitalbestand kann durch Maßnahmen, die auf die Determinanten der privaten Investitionstätigkeit einwirken, wie z.B. Zinssatzänderungen und ausgabenpolitische Maßnahmen des Staates, beeinflußt werden. Aufgrund der Substituierbarkeit von Arbeit und Kapital lassen sich durch diese Maßnahmen, wie gezeigt wurde[1], gleichzeitig auch die Angebotsbeschränkungen, die aufgrund der Knappheit der Berufe bestehen, verändern. Insgesamt gesehen sind aber diese Steuerungsmöglichkeiten der Angebotsseite durch wirtschaftspolitische Instrumente in unserer Modellkonzeption relativ begrenzt. Für die unserer Analyse zugrunde liegende kurze Frist von einem Jahr sind nur geringfügige Veränderungen der Beschränkungen auf der Angebotsseite möglich.

Das Angebot an Arbeitskräften kann durch verschiedene arbeitsmarktpolitische Maßnahmen, wie z.B. Förderung der beruflichen Mobilität, Veränderung der Lebensarbeitszeit und veränderte Gastarbeiterpolitik beeinflußt werden. Die Wirkungen solcher Maßnahmen lassen sich graphisch als Verschiebung der Restriktionsgeraden für die Berufe darstellen (vgl. Abbildung I.3)[2]. Dadurch werden die Angebotskapazität der Produktion und die Beschäftigungsmöglichkeiten des Faktors Arbeit ver-

1 Vgl. Abschnitt 3.5.2.3 in diesem Kapitel.

2 Wir wollen hier von Maßnahmen zur Veränderung der Technologie absehen, die sich auch in einer Drehung der Restriktionsgeraden auswirken könnten; vgl. für eine graphische Darstellung der Auswirkungen solcher arbeitsmarktpolitischer Maßnahmen A. HERMANN, F. PLOGMANN, H.J. SCHALK (1979), S. 24 ff.

ändert und somit auch die Erreichbarkeit der Ziele beeinflußt.

Das Modell enthält keine expliziten Wirkungsbeziehungen zwischen dem beruflichen Arbeitsangebot und arbeitsmarktpolitischen Maßnahmen. Die möglichen Effekte solcher Maßnahmen könnten aber dadurch berücksichtigt werden, indem die Angebotsbeschränkungen durch die Berufe gelockert, d.h. innerhalb bestimmter Grenzen Verschiebungen der Restriktionsgeraden für die Berufe in Abbildung I.2 zugelassen werden. In Umkehrung der analytischen in die wirtschaftspolitische Fragestellung ließe sich dann feststellen, wie die Berufsstruktur des Arbeitsangebots geändert werden müßte, um beschäftigungshindernde Engpässe auf dem Arbeitsmarkt zu beseitigen, d.h. die strukturelle Arbeitslosigkeit abzubauen[1]. Hierauf wird in dieser Arbeit aber nicht eingegangen[2].

3.5.5 Formulierung realistischer Ziele

In Abbildung I.7 sind die Beschränkungen, die sich aufgrund der Effizienzbedingungen, der verfügbaren Produktionsfaktoren und der Steuerungsmöglichkeit durch die Wirtschaftspolitik für die Realisierbarkeit der Ziele ergeben, zusammen dargestellt. Durch den schraffiert umrandeten Bereich I werden diejenigen Zielkombinationen angegeben, die bei Beachtung aller Beschränkungen für die Variablen des Modells realisiert werden können. Zielkombinationen im Bereich II sind wegen des zu geringen Faktorpotentials und aus Effizienzgründen nicht realisierbar, solche im Bereich III wegen nicht ausreichender wirtschaftspolitischer Steuerungskapazität. Die

1 Vgl. dazu R. THOSS (1970).

2 Für die empirische Anwendung dieses Konzepts auf eine Region vgl. R. THOSS, H. KLEINSCHNEIDER (1982).

Abbildung I.7

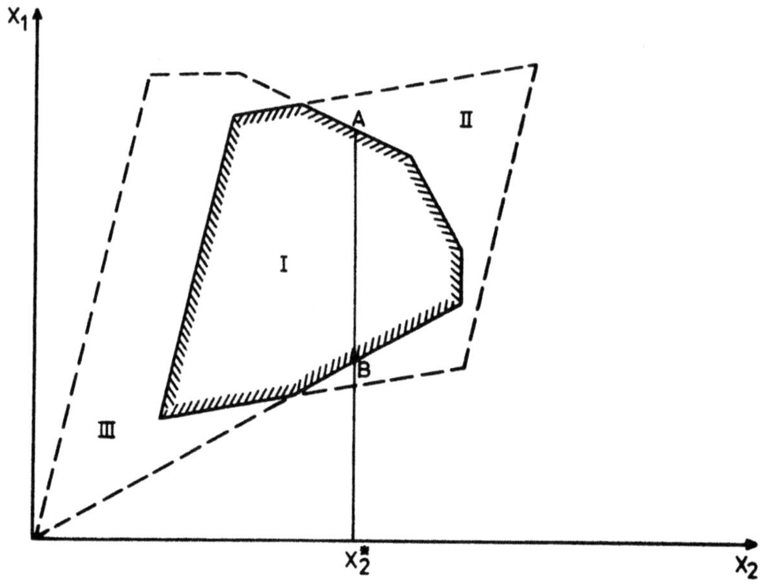

Fläche I "drückt die Grenze aus, die der Wirtschaftspolitik bei Ausnutzung ihrer gesamten Möglichkeiten für die Zielverwirklichung gesetzt ist"[1].

Es stellt sich nun das Problem, wie konkrete Lösungen ermittelt werden sollen. Die Vorgehensweise des Politik-Simulationsmodells und des fixed-target-Modells ist hier nicht geeignet. Denn im ersten Fall werden die Wirkungen von Maßnahmen überschätzt, wenn sie zu Werten für die Zielvariablen im

---

1 G. KUCERA (1975), S. 107.

Bereich II führen, und im zweiten Fall werden unzulässige Instrumentendosierungen bestimmt, wenn die Zielwerte im Bereich III fixiert werden.

Wir interessieren uns zunächst für Lösungswerte auf dem Rand des zulässigen Lösungsbereichs I in Abbildung I.7, der den Rahmen darstellt, innerhalb dessen realistische Werte für die Zielvariablen formuliert werden können. Die Vorgehensweise zur Bestimmung von "Randlösungen" sei an unserem Modellbeispiel mit zwei Ziel- und Instrumentvariablen erläutert. Werden für die Ziel- und Instrumentvariablen keine konkreten Werte vorgegeben, besitzt das ökonometrische Modell

(1) $f_i(X_i, Z_k, U_l) = 0$ $(i,k = 1, 2; l = 1, ..., L)$

für gegebene U_l zwei Freiheitsgerade. Als Nebenbedingungen sind jedoch die Restriktionen zu beachten, die den Bereich realistischer Werte für X_1 und X_2 auf die Fläche I (vgl. Abbildung I.7) beschränken. Wir legen nun die Zielvariable X_2 auf den Wert X_2^* fest und erhalten damit ein Modell mit einem Freiheitsgrad. Dies bedeutet, daß die Zielvariable X_1 beliebige Werte zwischen A und B annehmen kann (vgl. Abbildung I.7). Die beiden auf dem Rand liegenden Lösungswerte erhalten wir durch Maximierung bzw. Minimierung von X_1:

(23) Zielfunktion: $X_1 \rightarrow$ Max. bzw. Min.

Dieses Verfahren wird mit alternativen Werten für X_2 wiederholt[1]. Auf diese Weise läßt sich der Rahmen abgrenzen, innerhalb dessen realistische Wert für die Zielvariablen formuliert werden können. Dieser Rahmen für die Verwirklichung von Zielkombinationen ist kein Datum. Er hängt bei kurzfristiger Konstanz der Strukturkoeffizienten von der Höhe der Dosierbarkeit und Anzahl der Instrumente ab, die zum Einsatz gelangen sollen sowie der Variierbarkeit der Angebotsfaktoren und den Werten für die Datenvariablen.

3.5.6 Bestimmung konsistenter und effizienter Wirtschaftspolitiken

Es soll nun gezeigt werden, auf welche Weise das Modell für die Beantwortung der Frage ausgewertet werden kann, wie die wirtschaftspolitischen Maßnahmen dosiert werden müssen, wenn bestimmte gesamtwirtschaftliche Ziele bzw. Zielbündel realisiert werden sollen. Zur Lösung dieses Problems müßten zunächst einmal ganz bestimmte Werte für die Zielvariablen formuliert werden. Wir wollen uns dabei an Zielformulierungen der praktischen Wirtschaftspolitik orientieren, in der es aber keine auf bestimmte numerische Werte fixierten Ziele gibt[2]. Vielmehr lassen sich in den meisten Fällen die wirtschaftspolitischen Ziele als Ober- bzw. Untergrenzen formulieren, welche nicht über- bzw. unterschritten werden dürfen. Das Preisniveau soll zum Beispiel um nicht mehr als einen bestimmten Prozentsatz im Jahr zunehmen, der Beschäftigungsgrad nicht unter einem vorgegebenen Wert liegen etc.

---

1 Praktisch läuft dies auf eine parametrische Programmierung hinaus, wobei der "Parameter" X_2 solange verändert wird, bis die Lösung "infeasible" wird. Auf die Technik des "Linear Programming" und seine Anwendung auf wirtschaftspolitische Fragestellungen kann hier im einzelnen nicht eingegangen werden. Es sei auf die Literatur verwiesen; vgl. z.B. R. DORFMAN, P.A. SAMUELSON, R.M. SOLOW (1968), W. DINKELBACH (1969).

2 Auf die Zielformulierungen der praktischen Wirtschaftspolitik wird in Abschnitt 3.2 des III. Kapitels noch ausführlicher eingegangen.

Die Konsequenzen, die sich aus dieser Art der Zielformulierungen für den zulässigen Lösungsbereich ergeben, sind in der Abbildung I.8 für unser Beispiel graphisch dargestellt. Sie enthält den Bereich der zulässigen Lösungen aus der Abbildung I.7, der jetzt aber noch zusätzlich durch Untergrenzen für beide Zielvariablen und eine Obergrenze für X_2 eingegrenzt wird. Die Zielvariablen X_1 und X_2 dürfen die Werte $\bar{X}_1$ bzw. $\bar{X}_2$ nicht unterschreiten, die Werte für X_2 sollen außerdem nicht über $\bar{\bar{X}}_2$ liegen. Lösungen im zulässigen Bereich I repräsentie-

Abbildung I.8

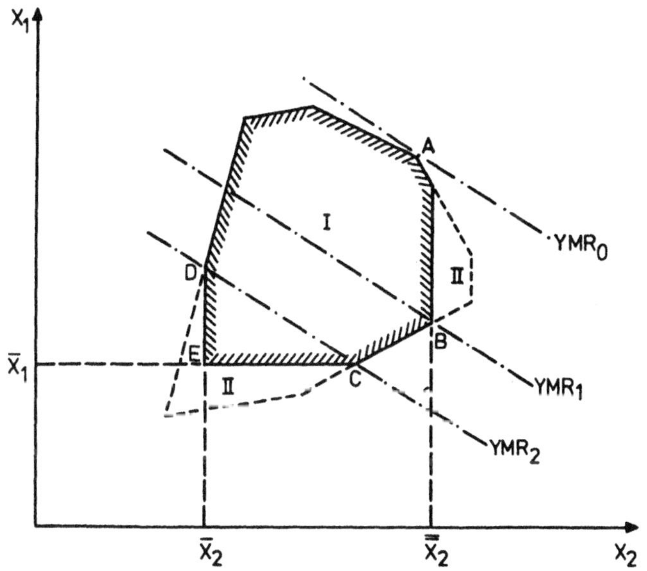

ren realistische und in sich widerspruchsfreie Zielkombinationen, das heißt, Wirtschaftspolitiken, bei denen die Ziele der wirtschaftspolitischen Entscheidungsträger koordiniert und die Maßnahmen zu ihrer Erreichung aufeinander abgestimmt sind. M.a.W.: Der zulässige Lösungsbereich beschreibt konsistente Wirtschaftspolitiken[1]. Zielkombinationen im Bereich II sind zwar realisierbar, aber inkonsistent, da sie im Widerspruch zu den gegebenen Zielvorstellungen stehen. Ebenso sind alle anderen Zielkombinationen außerhalb des in Abbildung I.8 schraffiert eingezeichneten Bereichs inkonsistent, da sie mit dem vorhandenen wirtschaftspolitischen Instrumentarium bzw. den verfügbaren Ressourcen nicht realisiert werden können.

Aus dem Bereich konsistenter Wirtschaftspolitiken sollen nun numerische Lösungen bestimmt werden. Hierzu wird ein Kriterium benötigt, das die Bewertung der Alternativen im zulässigen Lösungsbereich und die Auswahl einer "ganz bestimmten" erlaubt. In Ermangelung der Kenntnis der Nutzenfunktion des Wirtschaftspolitikers, aus der die "natürlichste" Bewertung entnommen werden könnte[2], ist ein anderes Kriterium festzulegen, auf dessen Grundlage sich eine in bestimmter Hinsicht optimale Auswahl treffen läßt. Wir gehen dazu von dem Grundgedanken der globalen Wirtschaftssteuerung aus, "die volkswirtschaftliche Gesamtnachfrage stets auf das Niveau zu führen, welches dem ... (aufgrund) des vorhandenen Produktionspotentials produzierbaren gesamtwirtschaftlichen Angebot entspricht"[3]. Aus dieser Forderung kann abgeleitet werden, daß unter den zulässigen wirtschaftspolitischen Alternativen diejenige ausgewählt werden soll, welche die Summe der sektoralen Endnachfragegrößen N_i, also die gesamtwirtschaftliche Nachfrage bzw. das Bruttoinlandsprodukt YMR maximiert[4]:

$$(24) \quad YMR = \sum_{i=1}^{n} N_i \rightarrow \text{Max.}$$

1 Vgl. zu dem hier verwendeten Konsistenzbegriff auch P. KLEMMER u.a. (1978), S. 8 ff.

2 Vgl. J. TINBERGEN (1968), S. 104.

3 W. MANSFELD (1980), S. 506.

4 Vgl. R. THOSS (1978), S. 341.

Wird für N_i aus den Beziehungen des Input-Output-Modells (7) eingesetzt, erhält man

$$(25) \quad YMR = \sum_{i=1}^{n} \sum_{j=1}^{n} (e_{ij} - a_{ij})X_j = \sum_{j=1}^{n} w_j X_j \text{ mit } e_{ij} = \begin{cases} 1 \text{ für } i = j \\ 0 \text{ für } i \neq j \end{cases}$$

$$\text{und} \quad \sum_{i=1}^{n} (e_{ij}-a_{ij}) = w_j$$

w_j sind die sektoralen Wertschöpfungsquoten, die sich im wesentlichen aus den Anteilen der Einkommen aus unselbständiger Arbeit und Unternehmertätigkeit und Vermögen am Bruttoproduktionswert der Sektoren zusammensetzen. (25) ist unter Beachtung des ökonometrischen Modells (1) und der Variablenbeschränkungen

$$(26) \quad \begin{aligned} \bar{X}_i &\leq X_i \leq \bar{\bar{X}}_i \\ \bar{Z}_k &\leq Z_k \leq \bar{\bar{Z}}_k \end{aligned}$$

bei gegebenen Werten für die Datenvariablen U_l zu maximieren. Das heißt, daß die Maximierung des Bruttoinlandsprodukts nur insoweit erfolgen soll, als alle Restriktionen für die Modellvariablen und damit auch die in Form von Nebenbedingungen konkretisierten Werte für die Zielvariablen eingehalten werden. Man erhält als Lösung konkrete Zielwerte und die Dosierung der Instrumente, die zur Erreichung der Ziele ergriffen werden müssen.

Die Lösung des Problems ist in Abbildung I.8 graphisch dargestellt. Die zu maximierende Zielfunktion lautet für zwei Sektoren:

$$(27) \quad YMR = w_1 X_1 + w_2 X_2 \quad \rightarrow \quad \text{Max.}$$

Für konstantes Bruttoinlandsprodukt erhält man aus (27) die Geraden YMR_0, YMR_1 und YMR_2 ($YMR_0 > YMR_1 > YMR_2$). Sie geben die alternativen sektoralen Produktionswerte bzw., wenn X_1 und X_2 als Zielvariablen betrachtet werden, die unterschiedlichen Zielkombinationen an, die mit einem bestimmten Bruttoinlandsprodukt vereinbar sind. Punkt A repräsentiert die X_1, X_2-Kombination mit dem höchsten Wert für das Bruttoinlandsprodukt, der mit den verfügbaren Produktionsmitteln (Arbeit und Kapital) erzielt werden kann. Mit Hilfe der Maximierungsvorschrift (27) wird somit unter den konsistenten wirtschaftspolitischen Alternativen diejenige ausgewählt, die dem ökonomischen Prinzip genügt, mit den vorhandenen Mitteln den höchsten Ertrag zu erzielen[1]. Dadurch werden die Produktionsfaktoren ihrer effizienten Verwendung zugeführt und dem gesamtwirtschaftlichen Wachstumsziel so gut wie möglich entsprochen[2]. Wir bezeichnen deshalb Alternativen, die Kriterium (27) erfüllen, als effiziente oder "beste" Wirtschaftspolitiken[3].

In Abbildung I.8 ist an zwei Beispielen dargestellt, wodurch die Effizienz der Wirtschaftspolitik beeinflußt wird. Kann z.B. zur Erreichung der Ziele bei gegebenen staatlichen Ausgaben $\overline{ASG}$ nur der Zinssatz eingesetzt werden, schrumpft der Lösungsbereich auf die Gerade BC zusammen. Mit Hilfe der Zielfunktion wird nun B als "beste" Wirtschaftspolitik ausgewählt. In B ist das Bruttoinlandsprodukt niedriger als in A und es bleiben jetzt mehr Produktionsfaktoren ungenutzt. Das heißt, daß aufgrund der geringeren wirtschaftspolitischen Steuerungsmöglichkeiten ein Effizienzverlust eingetreten ist, der in entgangenen Sozialproduktseinheiten $YMR_0 - YMR_1$ gemessen werden kann. Außerdem wird der Zielerreichungsgrad für X_1 beeinträchtigt, der für X_2 dagegen erhöht, Ziel 1 und 2 also substituiert. B ist unter den möglichen Alternativen diejenige mit der höchsten Effizienz, da alle anderen X_1, X_2-Kombinationen auf BC zu einem geringeren Sozialprodukt führen würden. Unter den gegebenen Umständen (nur ein Instrument) wird also wieder von den vorhandenen Produktionsfaktoren der bestmögliche Gebrauch gemacht.

1 Vgl. G. GÄFGEN (1968), S. 102.

2 Vgl. W. MANSFELD (1980), S. 506.

3 Vgl. zu diesem Effizienzbegriff auch P. KLEMMER u.a. (1978), S. 16 ff.

Die Effizienz der Wirtschaftspolitik kann auch dadurch beeinflußt werden, wie anspruchsvoll Ziele formuliert werden. Dies wird in Abbildung I.8 durch den Punkt D angezeigt, der die "beste" Wirtschaftspolitik für den Fall repräsentiert, daß die Produktion den Wert $\bar{X}_2$ nicht überschreiten soll, damit etwa die Inflationsrate nicht weiter steigt. Diese Zielsetzung hat gegenüber A Wachstumseinbußen in Höhe der Differenz $YMR_0 - YMR_2$, Unterbeschäftigung der Produktionsfaktoren und einen geringeren Zielerfüllungsgrad auch von X_1 zur Konsequenz. Das Beispiel macht besonders deutlich, daß die Einführung der Zielfunktion nicht Wachstum des Sozialprodukts "um jeden Preis" bedeutet. Wirtschaftswachstum kann nur insoweit erfolgen, als es das Ziel $\bar{X}_2$ erlaubt. Ziele genießen somit höchste Priorität.

Jeder Punkt auf DE erfüllt die Norm $\bar{X}_2$ exakt, aber nur in D ist das Sozialprodukt am größten. Die Maximierung der Zielfunktion führt also zur Auswahl derjenigen Wirtschaftspolitik, bei der das nach Erfüllung aller Ziele noch ungenutzte Faktorpotential für eine möglichst hohe Zunahme des Bruttoinlandsprodukts herangezogen wird[1]. Von den zulässigen Alternativen repräsentiert D somit wieder die mit der größten Effizienz.

Aus den dargestellten Beispielen geht hervor, daß eine <u>eindeutige</u> Lösung des Problems, welche Werte für die Zielvariablen möglich sind und wie die Maßnahmen zu ihrer Erreichung dosiert sein müssen, nicht möglich ist. Sie hängt von den Restriktionen ab, denen die Variablen unterworfen werden und der Art der gewählten Zielfunktion. Das vorgeschlagene Lösungsverfahren macht somit die Bewertung und das Abwägen der wirtschaftspolitischen Alternativen durch den Politiker keineswegs überflüssig. Es bietet aber die Möglichkeit, die Konsequenzen der wirtschaftspolitischen Entscheidungen aufzuzeigen und damit ihre Beurteilung zu erleichtern.

---

1 Wie die Abbildung zeigt, muß dies nicht bedeuten, daß auch alle Faktoren <u>voll</u> genutzt werden. Der von uns verwendete Effizienzbegriff bezieht sich also nur auf die beste Nutzung der tatsächlich <u>eingesetzten</u> Faktoren.

II. Kapitel: Das Gleichungssystem des disaggregierten ökonometrischen Modells

1. Vorbemerkungen

In diesem Kapitel wird das vollständige Gleichungssystem des disaggregierten ökonometrischen Modells dargestellt. Dabei wird insbesondere auf die theoretische Herleitung und die empirische Bestimmung der im Modell enthaltenen Verhaltensfunktionen eingegangen. Es werden aber nur diejenigen Funktionen dargestellt, für die wir die besten Schätzergebnisse erhalten haben und die schließlich auch im Modell verwendet wurden. Hierbei handelt es sich nur um eine sehr kleine Auswahl der insgesamt getesteten Hypothesen und durchgeführten Schätzungen, deren detaillierte Darstellung uns im Rahmen dieser Arbeit nicht angemessen erschien. Das gesamte Modellgleichungssystem ist noch einmal, allerdings mit einer anderen Numerierung als im Text, im Anhang G zusammengestellt.

Zunächst werden die wichtigsten Quellen angegeben, aus denen die zur Erstellung des Modells benötigten Daten stammen und die gewählte Disaggregierung der Modellvariablen sowie die verwendete Symbolik kurz erläutert (2. Abschnitt). Detailliertere Informationen dazu sind den Anhängen A - E zu entnehmen. Danach wird auf die methodische Vorgehensweise bei der empirischen Bestimmung der Modellparameter eingegangen (3. Abschnitt). Schließlich werden in den Abschnitten 4 - 7 die den Ableitungen der Verhaltensfunktionen zugrunde liegenden Theorien, die empirischen Schätzergebnisse und, jeweils im letzten Unterabschnitt, die definitorischen Beziehungen des Modells dargestellt. Die Gliederung dieses Teils des Kapitels folgt der in Übersicht 2 auf Seite 36 gewählten Unterteilung des Modells in Blöcken: Abschnitt 4 enthält die Bestimmungsgleichungen für die realen Größen (Block I in Übersicht 2), der 5. und 6. Abschnitt das Gleichungssystem für die Güter- und Faktorpreise (Block II) bzw. die nominalen Größen (Block IV) und Abschnitt 7 schließlich die Modellgleichungen für den Arbeitsmarkt (Block III).

2. Datenbasis, strukturelle Differenzierungen und Symbolik

Die zur empirischen Ermittlung der Modellbeziehungen verwendeten Daten können wie folgt gruppiert werden:

(1) Real (in Preisen von 1970) und nominal (in laufenden Preisen) gemessene Größen, untergliedert nach Wirtschaftssektoren,

(2) Angaben über die Investitionsausgaben des Staates, differenziert nach Funktionsbereichen,

(3) Arbeitsmarktstatistische Informationen in sektoraler und beruflicher Disaggregation,

(4) Daten für gesamtwirtschaftliche Aggregate.

Die wichtigsten Quellen für die Daten der 1. Gruppe und die empirische Bestimmung der Beziehungen im 4. Abschnitt sind die vom Deutschen Institut für Wirtschaftsforschung (DIW) Berlin erstellten realen und nominalen Input-Output-Tabellen[1]. Division der nominalen durch die realen Größen ergibt die Preisindices, die zur Schätzung von Preisfunktionen (5. Abschnitt) und Bestimmung der nominalen Größen (6. Abschnitt) benötigt werden.

Statistische Informationen über die Investitionsausgaben des Staates (2. Datengruppe) können zwar ebenfalls nach liefernden Sektoren den DIW-Tabellen entnommen werden, aber nicht in einer Differenzierung nach empfangenden staatlichen Funktionsbereichen. Diese wurde mit Hilfe von Daten berechnet, die vom Rheinisch-Westfälischen Institut für Wirtschaftsforschung (RWI) Essen zur Verfügung gestellt werden[2].

Die arbeitsmarktstatistischen Angaben (3. Datengruppe), die insbesondere zur empirischen Ermittlung der Beziehungen im 7. Abschnitt benötigt werden, wurden in erster Linie verschiedenen Veröffentlichungen des Instituts für Arbeitsmarkt- und Berufsforschung (IAB) Nürnberg entnommen. Die dort verarbeiteten Zahlen

---

1 Vgl. Quellen Ia und Ib im Anhang A.

2 Vgl. Quelle III im Anhang A.

stammen wiederum aus Veröffentlichungen des Statistischen Bundesamtes und der Bundesanstalt für Arbeit. Drei Quellen waren von besonderer Bedeutung: erstens die Zeitreihendaten über Beschäftigung und Arbeitslosigkeit in sektoraler und/oder beruflicher Gliederung, zweitens die auf der Grundlage der Volks- und Berufszählung erstellten Wirtschaftszweige-Berufe-Matrizen und drittens eine Untersuchung über die zeitliche Entwicklung von Arbeitszeit- und Arbeitsvolumen[1].

Der größte Teil der im Modell auftretenden gesamtwirtschaftlichen Aggregate (4. Gruppe) konnte durch Summation der jeweiligen disaggregierten Größen gewonnen werden. Insbesondere zur Erstellung der Beziehungen im 6. Abschnitt wurden aber auch Daten für Variablen benötigt, die im Modell ausschließlich gesamtwirtschaftlich erfaßt werden. Die statistischen Informationsquellen für diese Variablen waren in erster Linie die Volkswirtschaftliche Gesamtrechnung und das Statistische Jahrbuch des Statistischen Bundesamtes Wiesbaden[2].

Neben den genannten vier großen Datengruppen wurden weitere statistische Angaben aus verschiedenen Veröffentlichungen herangezogen, die im Anhang A unter den Quellen V aufgeführt sind.

Die Möglichkeiten der strukturellen Differenzierung der Modellbeziehungen werden durch das verfügbare Datenmaterial begrenzt.
Da die Verhaltensfunktionen des Modells durch ökonometrische Schätzverfahren zu bestimmen sind, hängt die Tiefe der Disaggregation auch davon ab, daß genügend lange Zeitreihen vorliegen.
Unter dieser Einschränkung waren folgende Untergliederungen des Modells möglich:

- Die Produktions- und Preisstrukturen wurden nach 14 Sektoren differenziert[3]. Diese Unterteilung war durch eine der wichtigsten Datenquellen des Modells, die Input-Output-Tabellen des

1 Vgl.Quellen IIa, IIb und IIc im Anhang A.

2 Vgl. Quellen IVa und IVb im Anhang A.

3 Zur sektoralen Gliederung vgl. Anhang B.

DIW, vorgegeben, die nur in dieser relativ groben Branchengliederung auch als Zeitreihe vorliegen.

- Die staatlichen Investitionsausgaben wurden auf 13 liefernde Sektoren[1] aufgeschlüsselt und nach 9 öffentlichen Funktionsbereichen disaggregiert[2].

- Die Investitionstätigkeit der Unternehmen konnte nach 12 liefernden Sektoren und 12 investierenden Bereichen differenziert werden. Auch hier war die Disaggregationsmöglichkeit durch die Investitionsmatrizen des DIW vorgegeben.

- Der Arbeitsmarkt ließ sich nach 14 Sektoren und 28 Berufen strukturieren. Die Differenzierung der Berufe entspricht der Untergliederung des IAB nach Berufsabschnitten[3]. Diese Abgrenzung nach den formalen Gliederungskriterien des IAB und die Wahl für die Anzahl der Berufe hat folgende Gründe[4]: Erstens ist die "ideale" Zusammenfassung der Berufe, die einen reibungslosen Berufswechsel innerhalb der gewählten Gruppen voraussetzt, anhand der verfügbaren statistischen Informationen (noch) nicht möglich. Zweitens ist eine tiefere berufliche Gliederung bei dem vorgegebenen relativ hohen sektoralen Aggregationsgrad aus modelltheoretischen Gründen nicht sinnvoll[5].

Alle Variablen des Modells werden durch Großbuchstaben gekennzeichnet. Die Namen von Variablen, die sowohl real als auch no-

---

1 Sektor 14, Priv. Haushalte und priv. Org. o. Erwerbscharakter, liefert keine Investitionsgüter.

2 Zur Systematik der Funktionsbereiche vgl. Anhang C.

3 Zur Klassifizierung der Berufe vgl. Anhang D.

4 Vgl. auch A. HERMANN (1981), S. 7 f.

5 Die im Modell verwendete Hypothese limitationaler Beziehungen zwischen der sektoralen Arbeitsnachfrage und dem daraus abgeleiteten Bedarf an Berufen erscheint mit zunehmender Disharmonie zwischen sektoraler und beruflicher Disaggregation immer weniger plausibel; vgl. auch Abschnitt 7.2 und A. HERMANN (1981), S. 7.

minal auftreten können, enden mit einem 'R' bzw. 'N'. Die Indizes i und j bezeichnen sektorale Größen, der Index m steht für Berufe und k für staatliche Funktionsbereiche. Die Indizierung der Variablen durch den Zeitindex t unterbleibt. Für die laufende Periode wird t = 0 unterstellt, zeitverzögerte Variablen werden dann mit -1, -2 usw. indiziert.

Es sind zwei Typen von Koeffizienten bzw. Parametern zu unterscheiden. Koeffizienten, die durch Bildung der Relation zweier Variablen aus den Daten für ein bestimmtes Jahr, wie z.B. die Input-Koeffizienten, gewonnen wurden, werden mit lateinischen Kleinbuchstaben bezeichnet und mittels ökonometrischer Verfahren geschätzte Parameter mit α.

3. Methodische Vorgehensweise

Zur empirischen Bestimmung der Parameter des Modells stehen Jahresdaten für den Zeitraum 1960 bis 1974, also insgesamt 15 Beobachtungen, zur Verfügung. Drei Schätzverfahren kommen zur Anwendung: nicht-stochastische und stochastische Schätzverfahren sowie die lineare Programmierung als Methode der Parameterschätzung.

3.1 Nicht-stochastische Schätzung

Die nicht-stochastische Schätzung wurde bei der Erstellung der "technologischen" Gleichungen des Modells angewendet. Die technischen Koeffizienten werden hierbei auf der Grundlage der Proportionalitätshypothese mittels Division eines Teilaggregats durch das entsprechende Gesamtaggregat aus den Daten eines einzigen Jahres ermittelt. Auf diese Weise wurde insbesondere zur Bestimmung der Koeffizienten im Input-Output-Teil des Modells, z.B. der Input-Koeffizienten, vorgegangen. Da sich die mit dem Modell durchzuführenden Simulationsrechnungen ausschließlich auf das Jahr 1974 beziehen, wurden auch die Koeffizienten mit Daten dieses Jahres berechnet.

3.2 Stochastische Schätzung und statistische Prüfmaße

Die Verhaltensgleichungen wurden mit stochastischen Verfahren unter Verwendung der Daten für den gesamten Zeitraum 1960 - 1974 geschätzt. Die Schätzung der Parameter erfolgte mit der gewöhnlichen Methode der kleinsten Quadrate, d.h. die Gleichungen wurden einzeln geschätzt[1]. Da bei diesem Verfahren die Simultaneität der Modellgleichungen nicht berücksichtigt wird, können sich inkonsistente und verzerrte Schätzwerte ergeben[2]. Die Anwendung statistischer Schätzverfahren, die wie z.B. die zweistufige Methode der kleinsten Quadrate zur Schätzung interdependenter Gleichungssysteme entwickelt wurden und zu Schätzwerten mit den wünschenswerten statistischen Eigenschaften führen, kann aber wegen der im Vergleich zur Anzahl der zu schätzenden Parametern geringen Anzahl von Beobachtungen auf Schwierigkeiten stoßen[3]. Unter bestimmten Voraussetzungen, die hier weitgehend erfüllt sein dürften, ist das Ausmaß der Verzerrung bei Anwendung der Kleinste-Quadrate-Methode allerdings gering[4]. Auch hat sich in vielen empirischen Untersuchungen gezeigt, daß die Einzelschätzung der Gleichungen simultaner Systeme zu keinen wesentlichen anderen Ergebnissen führt als die Simultanschätzung[5].
Die wichtigsten Kriterien für die Auswahl der "besten" unter den mit dem Kleinste-Quadrate-Verfahren geschätzten Funktionen sind ihre ökonomische Plausibilität und die theoretische Fundierung der den Regressionsansätzen zugrunde liegenden Hypothesen. Daneben werden verschiedene statistische Prüfmaße für die Beurteilung der Güte der Schätzresultate herangezogen, und zwar die Durbin-Watson-Statistik (DW), die t-Werte für die geschätzten Parameter (in Klammern unter den Regressionskoeffizienten), das um die Freiheitsgrade bereinigte Bestimmtheitsmaß ($\bar{R}^2$) und der Standardfehler der Regression (SER). Diesen Teststatistiken wird, wie noch ausgeführt wird, unterschiedliche Bedeutung bei der Auswahl

1 Zu den ökonometrischen Schätzmethoden vgl. z.B. J. JOHNSTON (1972), R.S. PINDYCK, D.L. RUBINFELD (1976), H. SCHNEEWEISS (1978).
2 Zum Beweis vgl. z.B. H. SCHNEEWEIS (1978), S. 273 f.
3 Vgl. dazu z.B. W. FRERICHS, K. KÜBLER (1980), S. 126 f.
4 Vgl. H. SCHNEEWEISS (1978), S. 274 ff.
5 Vgl. W. FRANZ (1974), S. 69 und F.E. MÜNNICH (1977), S. 59 und S. 80.

der "besten" Schätzfunktion beigemessen.

Der DW-Test dient zur Überprüfung auf Autokorrelation der Residuen, die darauf zurückgeführt werden kann, daß die Form des funktionalen Zusammenhangs zwischen den Variablen falsch spezifiziert wurde, eine wichtige Einflußgröße nicht berücksichtigt wurde oder die Residuen einem autoregressiven Prozeß unterworfen sind[1]. Zwischen der DW-Statistik und dem Autokorrelationskoeffizienten ρ besteht folgende Beziehung[2]:

(1) $DW \approx 2\,(1-\rho)$

Da ρ Werte zwischen +1 und -1 annehmen kann, liegen die Werte für DW zwischen null und vier. Für DW << 2 liegt positive Autokorrelation vor, während im Falle negativer Autokorrelation DW Werte >> 2 annimmt. Ein Wert für $DW \approx 2$ deutet auf Abwesenheit von Autokorrelation erster Ordnung hin. Genauere Aussagen können anhand speziell entwickelter Prüftabellen getroffen werden[3]: Bei 15 Beobachtungen und zwei erklärenden Variablen kann unter Zugrundelegung einer Irrtumswahrscheinlichkeit von 5 vH die Hypothese, daß keine Autokorrelation ersten Grades vorliegt, nicht verworfen werden, wenn $1.54 \leq DW \leq 2.46$, bei drei erklärenden Variablen muß der Durbin-Watson-Koeffizient im Bereich $1.75 \leq DW \leq 2.25$ liegen, wenn die Nullhypothese nicht abgelehnt werden soll. Unseren Signifikanztests liegen meistens diese beiden Bereiche für die DW-Statistik zugrunde[4].

Liegt Autokorrelation der Residuen vor, so werden die Parameter der Schätzfunktion mit dem gewönlichen Kleinste-Quadrate-Verfahren zwar unverzerrt geschätzt, nicht aber ihre Standardfehler[5]. Bei positiver Autokorrelation, die gerade in Zeitreihen-

---

1 Vgl. dazu z.B. H. GOLLNICK (1968), S. 152 ff. und J. JOHNSTON (1972), S. 243 f. Es wird hier nur ein autoregressiver Prozeß 1. Ordnung zwischen den Residuen angenommen, also $u = \rho\, u_{-1} + v$, wobei ρ der Autokorrelationskoeffizient ersten Grades ist.

2 Zur Beweisführung vgl. z.B. R.S. PINDYCK, D.L. RUBINFELD (1976), S. 115.

3 Eine solche, von Durbin und Watson erstellte Tabelle findet sich wiederabgedruckt z.B. bei H. GOLLNICK (1968), S. 314.

4 Der DW-Test ist allerdings für Regressionen mit zeitverzögerten Variablen (Fortsetzung der Fußnoten nächste Seite)

analysen häufig vorkommt, werden die Standardfehler der Regressionskoeffizienten unterschätzt, die t-Statistik dadurch günstiger dargestellt als sie es tatsächlich ist und die Nullhypothese verworfen, obwohl sie nicht abgelehnt werden sollte[1]. Die Schätzungen sind deshalb, soweit erforderlich, um die Autokorrelation der Residuen zu bereinigen.

In dieser Arbeit wird das Cochrane-Orcutt-Verfahren zur Ausschaltung der Autokorrelation erster Ordnung angewandt[2]. Nach diesem Verfahren wird zunächst die ursprüngliche Regressionsgleichung

$$(2) \qquad Y = \alpha_0 + \alpha_1 X_1 + \dots + \alpha_k X_k + u$$

mit der einfachen Methode der kleinsten Quadrate geschätzt. Mit den Residuen dieser Gleichung wird dann folgende Regression berechnet:

$$(3) \qquad \hat{u} = \rho \hat{u}_{-1} + v$$

Unter Verwendung des Schätzwertes für den Autokorrelationskoeffizienten $\hat{\rho}$ wird (2) in Quasi-Differenzen transformiert:

$$(4) \qquad Y - \hat{\rho} Y_{-1} = \alpha_0(1-\hat{\rho}) + \alpha_1(X_1 - \hat{\rho} X_{1,-1}) + \dots + \alpha_k(X_k - \hat{\rho} X_{k,-1}) + u - \hat{\rho} u_{-1}$$

oder

$$(4') \qquad Y^* = \alpha_0 \, (1-\hat{\rho}) + \alpha_1 X_1^* + \dots \alpha_k X_k^* + v$$

Schätzung von (4'), deren Residuen jetzt frei von Autokorrelation sind, liefert revidierte Parameterschätzwerte $\hat{\alpha}_0$, $\hat{\alpha}_1$, ..., $\hat{\alpha}_k$, die zur Neuberechnung der Residuen in der ursprünglichen Gleichung (2) verwendet werden:

Fortsetzung der Fußnoten von S. 92
verzerrt; vgl. dazu J. JOHNSTON (1972), S. 307 ff.

5 Zum Beweis vgl. z.B. J. JOHNSTON (1972), S. 246 ff. Wenn zeitverzögerte endogene Variablen in der Regressionsgleichung enthalten sind, werden auch die Regressionsparameter verzerrt geschätzt; vgl. R.S. PINDYCK, D.L. RUBINFELD (1976), S. 146 f.

1 Vgl. auch R.S. PINDYCK, D.L. RUBINFELD (1976), S. 107 f.

2 Vgl. D. COCHRANE, G.H. ORCUTT (1949), R.S. PINDYCK, D.L. RUBINFELD (1976), S. 111.

(5) $\hat{u} = Y - \hat{\alpha}_0 - \hat{\alpha}_1 X_1 - \ldots - \hat{\alpha}_k X_k$

Mit diesen Residuen wird ein neuer Schätzwert für ρ berechnet. Diese Prozedur wird solange wiederholt, bis sich der Schätzwert für ρ vom Wert der vorangegangenen Schätzung um nicht mehr als 0.005 unterscheidet.

Die t-Statistik, das Verhältnis der Regressionskoeffizienten zu seinem Standardfehler, wird zur Prüfung der geschätzten Parameter gegen die Nullhypothese herangezogen. Ist der empirische t-Wert größer als der kritische aus der Tabelle der t-Verteilung[1], kann mit einer bestimmten Irrtumswahrscheinlichkeit behauptet werden, daß der Regressionskoeffizient signifikant verschieden von Null ist. Die Höhe des kritischen t-Wertes hängt von der Zahl der Freiheitsgrade und der zugrunde gelegten Irrtumswahrscheinlichkeit ab. Die Zahl der Freiheitsgrade schwankt bei den einzelnen Schätzfunktionen zwischen 10 und 13. Betrachtet man eine Irrtumswahrscheinlichkeit von 5 bzw. 10 vH (zweiseitig) als ausreichend, so müssen die empirischen t-Werte mindestens 2.2 bzw. 1.8 betragen, um die Nullhypothese verwerfen zu können. Diese Aussage gilt allerdings nur unter der Voraussetzung normalverteilter Residuen. Bei dem für die Schätzungen zur Verfügung stehenden Stichprobenumfang von 15 Beobachtungen kann davon ausgegangen werden, daß diese Voraussetzung annähernd erfüllt ist[2].

Als drittes Test-Kriterium wird das um die Anzahl der Freiheitsgrade korrigierte Bestimmtheitsmaß $\bar{R}^2$ verwendet, das angibt, wieviel Prozent der zu erklärenden Varianz der abhängigen Variablen durch die Regressionsgleichung erklärt wird. Die Interpretation des Bestimmtheitsmaßes ist allerdings schwierig, wenn die Regressionsgleichung ohne Absolutglied spezifiziert wird. In diesem Fall kön-

---

1 Eine Tabelle mit den Werten der t-Verteilung findet sich z.B. bei H. GOLLNICK (1968), S. 310.

2 Vgl. H. GOLLNICK (1968), S. 50.

nen sich, wie D.J. AIGNER (1971) gezeigt hat, voneinander völlig verschiedene und unsinnige Resultate für das Bestimmtheitsmaß ergeben, je nachdem, welches der möglichen Berechnungsverfahren angewendet wird[1]. $\bar{R}^2$ wird deshalb in dieser Arbeit für Regressionsgeraden, die durch den Ursprung verlaufen, nicht ausgewiesen[2].

Das vierte statistische Test-Kriterium ist der Standardfehler der Regression SER, der sich berechnet als

$$(6) \qquad SER = \sqrt{\frac{\Sigma \hat{u}^2}{\text{Freiheitsgrade}}}$$

Er kann einmal als Ersatz für das nicht ausgewiesene Bestimmtheitsmaß im Falle einer Regression durch den Ursprung betrachtet werden: je niedriger SER, desto höher der Anteil der durch die Regressionsgleichung erklärten Varianz an der Gesamtvarianz der abhängigen Variablen. Zum anderen wird SER in dieser Arbeit auch als Kriterium für die Güte der Schätzungen bei der iterativen Bestimmung von Parameterschätzwerten im Falle nicht-linearer Regressionsansätze herangezogen. Das iterative Verfahren wird dann abgebrochen, wenn die Veränderung eines Parameterwertes zu keiner weiteren Reduzierung von SER führt.

Die Auswahl der "besten" Schätzfunktionen erfolgt auf der Grundlage einer bestimmten Rangordnung der beschriebenen Teststatistiken. Die höchste Priorität haben die t-Werte, da uns der Grad der Zuverlässigkeit der getesteten Hypothesen und der geschätzten Parameterwerte für die Analyse der Auswirkungen wirtschaftspolitischer Maßnahmen und wirtschaftlicher Ereignisse besonders wichtig erscheint. An zweiter Stelle rangiert die DW-Statistik, für die sich zufriedenstellende Werte ergeben müssen, damit die t-Werte als zuverlässig betrachtet werden können. Das Bestimmtheitsmaß und den Standardfehler der Regression haben wir als weniger wichtig für die Beurteilung der Schätzergebnisse betrachtet, da

---

1 Vgl. D.J. AIGNER (1971), S. 85 ff.

2 In dem verwendeten Regressionsprogramm, Vers. 3.4 des TSP, wird die Berechnung von $\bar{R}^2$ programmintern unterdrückt, wenn die Regressionsgerade durch den Nullpunkt "gezwungen" wird.

das Modell nicht für prognostische Zwecke genutzt wird, wofür man eine möglichst gute Erklärung der Entwicklung der endogenen Variablen durch die Regressionsgleichungen, also z.B. hohe $\bar{R}^2$, fordern würde.

Die Auswahl einer bestimmten Schätzfunktion allein anhand der statistischen Testkriterien kann aber dann nicht befriedigen, wenn eine theoretisch "schwache" Hypothese statistisch besser gesichert ist als eine konkurrierende Hypothese mit "starkem" theoretischen Gehalt. In diesem Fall entschieden wir uns ungeachtet der besseren statistischen Absicherung für den stärkeren theoretischen Erklärungsansatz.

3.3 Die lineare Programmierung als Schätzverfahren

Die lineare Programmierung wurde zur Schätzung sektoraler Produktionsfunktionen angewandt[1]. Mit diesem Verfahren läßt sich dem theoretischen Konzept der Produktionsfunktion, Punkte maximalen Outputs bei gegebenen Inputs zu beschreiben, genau Rechnung tragen. Die mit der Kleinste-Quadrate-Methode geschätzte Funktion verstößt gegen dieses Konzept, da ein Teil der tatsächlich realisierten <u>über</u> den geschätzten Outputgrößen liegt.

Die produktionstheoretische Konzeption verlangt nach einem Schätzverfahren, das Abweichungen von der Schätzfunktion nur in Richtung auf niedrigere Produktionsniveaus zuläßt, d.h. es muß für alle Beobachtungswerte folgende Bedingung erfüllt sein:

$$(7) \quad \alpha_0 + \alpha_1 X_1 + \dots + \alpha_k X_k \geqq Y \quad ,$$

wobei die linke Seite von (7) die lineare Form einer Produktionsfunktion mit den Produktionsfaktoren $X_1, \dots, X_k$ und Y der tatsächliche Output seien. Zur Schätzung der Parameter $\alpha_0, \alpha_1, \dots, \alpha_k$ wird die Summe der Abweichungen zwischen den tatsächlich

1 Zur methodischen und empirischen Vorgehensweise vgl. auch D.J. AIGNER, S.F. CHU (1968), H. BROCKHOFF (1970) und H.J. SCHALK (1976).

beobachteten und den geschätzten Produktionswerten minimiert, also

$$(8) \quad \Sigma\, u = \Sigma(\alpha_0 + \alpha_1 X_1 + \ldots + \alpha_k X_k - Y) \rightarrow \text{Min.},$$

und zwar unter der Nebenbedingung (7). Dieses Problem kann mit der linearen Programmierung gelöst werden. Als Ergebnis erhält man eine sog. Randfunktion, die alle Produktionswerte umhüllt, wie in Abbildung II.1 graphisch dargestellt ist.

Abbildung II.1

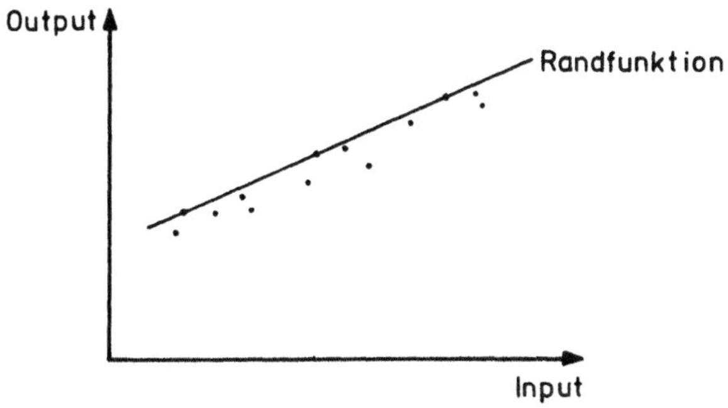

Punkte auf der Randfunktion repräsentieren die "potentielle" Produktion, die bei der für den Beobachtungszeitraum festgestellten höchsten Nutzung der Produktionsfaktoren maximal realisiert werden kann. Der Quotient, der sich für gegebene Inputs aus der tatsächlichen Produktion und dem entsprechenden Wert auf der Randfunktion berechnet, kann deshalb auch als Auslastungsgrad des Produktionspotentials interpretiert werden.

Anstelle von (8) kann auch die Summe der quadrierten Abweichungen minimiert werden[1], analog zur Vorgehensweise bei der Kleinste-Quadrate-Schätzmethode. In diesem Fall werden allerdings extreme Beobachtungswerte stärker gewichtet, wodurch die Gefahr verzerrter Schätzungen aufgrund von Fehlern in den Variablen zunimmt.

---

1 Dies würde zu einem quadratischen Programmierungsproblem führen; vgl. dazu D.J. AIGNER, S.F. CHU (1968), S. 827.

Wir halten deshalb die Zielfunktion (8), in der alle Abweichungen gleich gewichtet werden, für das geeignetere Kriterium.

Die statistischen Prüfmaße für die mit der Methode der kleinsten Quadrate geschätzten Funktionen lassen sich auf die Schätzungen mit der linearen Programmierung nicht anwenden. Teststatistiken, die auf das Randkonzept angewendet werden können, sind bisher noch nicht entwickelt worden[1].

4. Bestimmungsgleichungen für die realen Größen

4.1 Bestimmung der Produktion (Das Input-Output-Modell)

Niveau und Struktur der sektoralen Produktion werden mit Hilfe eines Input-Output-Modells aus dem Niveau und der Struktur der Endnachfrage abgeleitet. Wir unterstellen die in der Input-Output-Analyse übliche proportionale Beziehung zwischen den laufenden Inputs eines Sektors j, X_{ij} und seinem Output X_j, also[2]

$$(1) \quad X_{ij} = a_{ij} X_j ,$$

worin a_{ij} die aus der Input-Output-Tabelle ermittelten Inputkoeffizienten sind. Unter Verwendung von (1) wird der Zusammenhang zwischen den Komponenten der Endnachfrage und den Bruttoproduktionswerten der Sektoren des Unternehmensbereichs durch folgende Bilanzgleichungen hergestellt:

$$(2) \quad X_i = \sum_{\substack{j=1 \\ j \neq 13}}^{14} a_{ij} X_j + \hat{a}_{i,13} \, ASGR + CP_i + IP_i + IS_i + E_i \quad (i=1, \ldots, 12)$$

ASGR ist die Summe der laufenden Ausgaben des Staates für Güter und Dienste, die er von anderen Sektoren und aus dem Ausland bezieht, CP_i, IP_i, IS_i und E_i bezeichnen die private Konsumnachfrage, die private und staatliche Investitionsnachfrage resp. Exportnachfrage nach den Gütern des Sektors i. Die laufenden Sachausgaben

---

1 Einige Vorschläge hierzu macht K. BROCKHOFF (1970), S. 255.

2 Vgl. im folgenden zu den Grenzen für die Laufindices, sofern nicht angegeben, (Fortsetzung der Fußnote nächste Seite)

des Staates ASGR werden hierbei aus dem intermediären Bereich der Input-Output-Tabelle herausgenommen und in die Endnachfrage einbezogen[1]. Für den sektoralen Bezug wird Proportionalität zu dem Gesamtbetrag der staatlichen Sachausgaben unterstellt, d.h. es gilt

$$(3) \quad \hat{a}_{i,13} = \frac{X_{i,13}}{ASGR}$$

Der reale Bruttoproduktionswert des Staates XR_{13} wird im Modell definiert als nominaler Bruttoproduktionswert XN_{13} dividiert durch den Preisindex P_{13} (vgl. Gleichung (7) in Abschnitt 4.4). Die folgende Gleichung

$$(4) \quad XR_{13} = \sum_{\substack{j=1 \\ j \neq 13}}^{14} a_{13,j} X_j + \hat{a}_{13,13} \, ASGR + CP_{13} + IS_{13} + E_{13} + CSR$$

ist deshalb nicht als Bestimmungsgleichung für den realen Bruttoproduktionswert des Staates zu betrachten, sondern als Definitionsgleichung für den staatlichen Konsum CSR, der sich als Saldo aus allen Käufen (linke Seite von (4)) und Verkäufen (rechte Seit von (4) ausgenommen CSR) des Staates ergibt.

Sektor 14 liefert nur an den Privaten Konsum und den Staat Güter und Dienstleistungen. Die Budgetgleichung lautet also:

$$(5) \quad X_{14} = \hat{a}_{14,13} \, ASGR + CP_{14}$$

Die in den Gleichungen (2), (4) und (5) indizierten Endnachfragekomponenten bedeuten "Lieferungen des Sektors i an die Endnachfrage" bzw. "Nachfrage nach den Gütern des Sektors i". Diese sektorale Lieferstruktur läßt sich für die privaten Bruttoanlageinvestitionen auch auf empfangende, d.h. investierende Bereiche aufgliedern. Für die Bruttoinvestitionen IP_i kann dann geschrie-

---

Fortsetzung der Fußnote von S. 98
das alphabetisch geordnete Symbolverzeichnis der Variablen im Anhang E. Auf dieses Symbolverzeichnis sei auch in all jenen Fällen verwiesen, in denen die genaue Bezeichnung und Definition von Variablen im Text nicht angegeben wird. Das vollständige Gleichungssystem ist in Anhang G noch einmal zusammengestellt.

1 Zu dieser Vorgehensweise vgl. auch H. GERFIN, W. KIRNER, J. WULF (1972), S. 29 f. und die Input-Output-Tabelle hinter S. 32.

ben werden:

$$(6) \quad IP_i = \sum_{j=1}^{12} I_{ij} + IO_i + IV_i ,$$

wobei I_{ij} die Nachfrage des Sektors j, IO_i die Nachfrage des Sektors 14 nach Bruttoanlageinvestitionen des Sektors i und IV_i die Vorratsveränderungen des Sektors i bedeuten. Unter Verwendung konstanter Investitionskoeffizienten

$$(7) \quad b_{ij} = \frac{I_{ij}}{IU_j} \text{ bzw. } b_{io} = \frac{IO_i}{IO} \quad \text{mit} \quad IU_j = \sum_{i=1}^{12,M} I_{ij} \text{ und } IO = \sum_{i=1}^{12,M} IO_i$$

erhält man für (6) die Beziehungen

$$(8) \quad IP_i = \sum_{j=1}^{12} b_{ij} IU_j + b_{io} IO + IV_i$$

In Analogie zu den privaten Bruttoanlageinvestitionen wird auch die staatliche Nachfrage nach Investitionsgütern eines Sektors i, IS_i, mittels einer Verflechtungsmatrix auf öffentliche Funktionsbereiche aufgeschlüsselt:

$$(9) \quad IS_i = \sum_{k=1}^{9} IS_{ik} ,$$

worin IS_{ik} die Nachfrage des staatlichen Funktionsbereichs k nach Investitionsgütern des Sektors i bedeuten. Unterstellt man auch hier proportionale Beziehung zwischen der gesamten Investitionsnachfrage eines Funktionsbereichs $ISFR_k = \sum_{i=1}^{13,M} IS_{ik}$ und den sektoralen Lieferungen IS_{ik}, so kann für (9) auch geschrieben werden

$$(10) \quad IS_i = \sum_{k=1}^{9} g_{ik} \, ISFR_k$$

mit

$$(11) \quad g_{ik} = \frac{IS_{ik}}{ISFR_k}$$

Unter Verwendung von (8) und (10) ergeben sich nun für die Budgetgleichungen (2) und (4) folgende geänderte Beziehungen:

$$(12)\quad X_i = \sum_{\substack{j=1 \\ j\neq 13}}^{14} a_{ij}X_j + \hat{a}_{i,13}\,ASGR + CP_i + \sum_{j=1}^{12} b_{ij}IU_j + b_{io}IO + IV_i + \sum_{k=1}^{9} g_{ik}\,ISFR_k + E_i$$

$$(13)\quad XR_{13} = \sum_{\substack{j=1 \\ j\neq 13}}^{14} a_{ij}X_j + \hat{a}_{13,13}\,ASGR + CP_{13} + \sum_{k=1}^{9} g_{13,k}\,ISFR_k + E_{13} + CSR$$

Die Importe werden in der Input-Output-Tabelle als Importzeile erfaßt. Entsprechend werden im Modell die Importe nach ihrer Verwendung berücksichtigt. Der Bedarf an Importgütern für die einzelnen Verwendungsarten wird durch folgende Gleichungen bestimmt:

$$(14)\quad MV = \sum_{\substack{j=1 \\ j\neq 13}}^{14} a_{Mj}X_j + \hat{a}_{M,13}\,ASGR$$

$$(15)\quad MCP = c_M CPR$$

$$(16)\quad MIP = \sum_{j=1}^{12} b_{Mj}IU_j + b_{Mo}\,IO$$

$$(17)\quad MIS = \sum_{k=1}^{9} g_{Mk}\,ISFR_k$$

$$(18)\quad ME = e_M ER$$

Durch die Gleichungen (12), (13), (5) und (14) - (18) wird der Zusammenhang zwischen Niveau und Struktur der Endnachfrage und Niveau und Struktur der Nachfrage nach inländischer und ausländischer Produktion hergestellt. ASGR, $ISFR_k$ (bzw. deren nominalen Größen ASGN und $ISFN_k$) sowie IO und IV_i sind exogen (Instrumentvariablen bzw. Daten), CP_i, IU_j und E_i werden durch Verhaltensfunktionen erklärt, deren theoretische Ableitung und ökonometrische Bestimmung im folgenden dargestellt werden[1].

4.2 Bestimmungsgleichungen für die Komponenten der Endnachfrage

4.2.1 Sektorale Konsumfunktionen

Die im Modell verwendeten ökonometrisch geschätzten Konsumfunktionen basieren auf der von M. Friedman entwickelten Permanenten-Einkommens-Hypothese[2]. Friedman geht davon aus, daß sich die Konsumenten bei ihren Konsumentscheidungen nicht am Einkommen der laufenden Periode orientieren, sondern an einem als "normal" betrachteten Einkommen, das langfristig (auf Dauer) erwartet werden kann. Zwischen privatem Konsum CP und erwartetem oder permanentem Einkommen wird eine proportionale Beziehung unterstellt:

(1) $CP = a\ Y^P$,

wobei Y^P das permanente verfügbare Einkommen ist[3].

Um diese Konsumhypothese empirisch überprüfen zu können, ist die Frage zu klären, wie das permanente Einkommen, eine nicht beobachtbare Größe, gemessen werden soll. Es sei hier unterstellt, daß das permanente Einkommen wie folgt aus dem in der laufenden Periode und im vorangegangenen Jahr erzielten verfügbaren Einkommen Y bzw. Y_{-1} abgeleitet werden kann:

---

1 ASGN und $ISFN_k$ werden bei der hier gewählten methodischen Untergliederung der Variablen als exogen bezeichnet, in unserem Programmierungsmodell aber als endogen behandelt, so daß von allen Endnachfragekomponenten nur noch IO und IV_i als exogene Größen zu betrachten sind.

2 Vgl. M. FRIEDMAN (1957), insbesondere Kapitel 1 - 3, 6 und 9. Einen alternativen Erklärungsansatz liefert die auf Ando, Brumberg und Modigliani zurückgehende Lebenszyklus-Hypothese; vgl. z.B. A. ANDO, F.MODIGLIANI (1963). Für die Bundesrepublik Deutschland wurde diese Hypothese von Franz einer empirischen Überprüfung unterzogen; vgl. W. FRANZ (1976). Die von J.M. KEYNES (1966),S. 83 f. formulierte absolute Einkommenshypothese sowie die "habit persistence" Hypothese (vgl. T.M. BROWN (1952); ferner H. KÖNIG (1978a), S. 516 f.) wurden ebenfalls getestet. Die Schätzungen ergaben jedoch durchweg schlechtere bzw. unbefriedigende Resultate, so daß auf ihre Darstellung hier verzichtet wird.
(Fortsetzung der Fußnoten nächste Seite).

(2) $Y^P = gY + (1-g)Y_{-1}$ $(0 < g < 1)$,

worin g eine Gewichtung, Y das laufende Einkommen und Y_{-1} das Einkommen der Vorperiode bedeuten. Gleichung (2) sagt aus, daß sich bei einer Einkommensveränderung das permanente Einkommen um weniger ändert als das laufende Einkommen. Man kann (2) umformen zu

(2') $Y^P = Y_{-1} + g(Y-Y_{-1})$,

woraus hervorgeht, daß das permanente Einkommen immer um den Bruchteil g einer Einkommensveränderung an das Einkommen der Vorperiode angepaßt wird. Unter Verwendung von (1) und (2) läßt sich die Konsumfunktion jetzt schreiben:

(3) $CP = aY^P = agY + a(1-g)Y_{-1}$

Die marginale Konsumneigung in bezug auf das laufende Einkommen ist $a \cdot g$ und kleiner als die langfristige marginale Konsumneigung a, die sich für $Y = Y_{-1}$ ergibt. Dies ist die Folge der unterstellten adaptiven Erwartungsbildung der Konsumenten. Eine vollständige Anpassung des Konsums an eine Einkommensveränderung erfolgt erst dann, wenn das neue Einkommen als dauerhaft betrachtet wird. In dem dargestellten Konsummodell ist dies dann der Fall, wenn das veränderte Einkommen auch in der nächsten Periode erzielt wird, d.h. wenn $Y = Y_{-1}$. Ansatz (3) trägt somit dem in der Realität anzutreffenden Sachverhalt kurzfristig antizyklischer Schwankungen und langfristiger Konstanz der durch-

---

Fortsetzung der Fußnoten von S. 102

3 Strenggenommen bezieht sich die Relation (1) nur auf den permanenten Konsum CP^P. Es läßt sich jedoch zeigen, daß der transitorische Konsum CP^t als Residualgröße einer Regression von $CP = CP^P + CP^t$ auf Y^P geschätzt werden kann, sofern CP^t eine Zufallsgröße mit unabhängigen Elementen mit Erwartungswert Null ist; vgl. dazu H. KÖNIG (1978a), S. 519 f.

schnittlichen Konsumquote bzw. dem Unterschied zwischen der kurzfristigen und der langfristigen marginalen (gleich der durchschnittlichen) Konsumneigung gleichzeitig Rechnung.

Die permanente Einkommenshypothese läßt sich durch die Einbeziehung zusätzlicher Determinanten weiter modifizieren. Neben dem Einkommensniveau wird häufig auch der Einkommensverteilung ein Einfluß auf die Konsumausgaben unterstellt. Um diesen möglichen Zusammenhang zu berücksichtigen, werden anstelle der aggregierten Einkommensgröße Y ihre Komponenten aus der funktionellen Einkommensverteilung, und zwar das verfügbare Einkommen aus unselbständiger Arbeit AE - TDA, das verfügbare Einkommen aus Unternehmertätigkeit und Vermögen UE - TDU sowie das Transfereinkommen TR, als Bestimmungsgrößen in den Konsumfunktionen verwendet[1].

Weitere Bestimmungsgründe des Konsums sind die Preise der Konsumgüter und demographische Faktoren, wie z.B. die Bevölkerungszahl B. Bei der Schätzung der Konsumfunktion ist allerdings die explizite Berücksichtigung dieser Variablen wegen der hohen Interkorrelation mit den Einkommensgrößen problematisch. Um diese Schwierigkeiten zu umgehen, werden in den meisten ökonometrischen Untersuchungen absolute Preise und Bevölkerung nur implizit berücksichtigt, indem alle Größen der Konsumfunktion durch diese Variablen dividiert, also preis- und bevölkerungsbereinigte Daten verwendet werden. Dieser Vorgehensweise wird auch hier gefolgt, d.h. es werden die mit dem gesamtwirtschaftlichen Preisindex für den privaten Konsum PC deflationierten Pro-Kopf-Einkommensgrößen als Determinanten der realen sektoralen Pro-Kopf-Konsumgüternachfrage betrachtet. Zusätzlich wurde versucht, den Einfluß der relativen Preise auf die sektorale Konsumnachfrage durch das Verhältnis des Preisindex für Güter des jeweiligen Sektors P_i und des gesamtwirtschaftlichen Konsumgüterpreisindex zu erfassen.

---

1 Dies ist nur eine Approximation für die eigentlich zu verwendenden, aber fehlenden Angaben über die personelle Einkommensverteilung. Auf diese Weise verfahren u.a. auch König, Timmermann und Klein, Goldberger; vgl. H. KÖNIG, V. TIMMERMANN (1962), S. 606 f. und L.R. KLEIN, A.S. GOLDBERGER (1955), S. 4ff.

Aufgrund dieser Überlegungen erhalten wir für die permanente Einkommenshypothese (vgl. Gleichung (3)) folgenden sektoralen Schätzansatz[1]:

$$(4)\quad \frac{CP_i}{B} = g\,(a_{1,i}\,\frac{AE - TDA}{B \cdot PC} + a_{2,i}\,\frac{UE - TDU}{B \cdot PC} + a_{3,i}\,\frac{TR}{B \cdot PC})$$

$$+ (1-g)\,\{a_{1,i}\,(\frac{AE - TDA}{B \cdot PC})_{-1} + a_{2,i}\,(\frac{UE - TDU}{B \quad PC})_{-1} + a_{3,i}\,(\frac{TR}{B\;PC})_{-1}\}$$

$$+ a_{4,i}\,\frac{P_i}{PC} \qquad \text{mit } a_{1,i}, a_{2,i}, a_{3,i} > 0;\; a_{4,i} < 0$$

Wegen der hohen Interkorrelation zwischen den verschiedenen Einkommensgrößen läßt sich ihr Beitrag zur Erklärung der Konsumausgaben kaum separieren. Um dennoch unterschiedliche Einflüsse der einzelnen Einkommensgrößen auf den Konsum berücksichtigen zu können, wurde (4) umgeformt zu:

$$(5)\quad \frac{CP_i}{B} = g\,a_{1,i}\,\frac{QR}{B} + (1-g)\,a_{1,i}\,\frac{QR_{-1}}{B_{-1}} + a_{4,i}\,\frac{P_i}{PC}$$

mit

$$(6)\quad QR = \{(AE - TDA) + \frac{a_{2,i}}{a_{1,i}}\,(UE - TDU) + \frac{a_{3,i}}{a_{1,i}}\,TR\}/PC$$

M.a.W.: Aus den drei interkorrelierten Einkommensgrößen wird durch eine bestimmte Linearkombination eine neue Einkommensvariable gebildet, für die dann ein einziger Koeffizient zu schätzen ist[2]. Die Relationen aus den marginalen Konsumneigungen $a_{2,i}/a_{1,i} = \lambda_1$ und $a_{3,i}/a_{1,i} = \lambda_2$ sind hierbei vorzugeben[3].

Aber auch die Schätzung von (5) ist wegen der hohen Multikollinearität zwischen den beiden Einkommensgrößen problematisch.

---

1 Die Störvariable wird im folgenden in den Regressionsgleichungen weggelassen. Für eine genaue Erläuterung der verwendeten Symbole vgl. Anhang E.

2 Auf diese Weise sind auch König, Timmermann und Klein, Goldberger vorgegangen; vgl. H. KÖNIG, V. TIMMERMANN (1962), S. 638, L.R. KLEIN, A.S. GOLDBERGER (1955), S. 57 ff.

3 Es werden für alle Sektoren gleiche Relationen unterstellt.

Als Ausweg bietet sich an, das Gewicht g a priori festzulegen, um dann nur mit einer Einkommensgröße - der permanenten - schätzen zu können. Hier wurde ein - nur formal - anderer Weg beschritten. Gleichung (5) wird umgeformt in:

$$(7) \quad \frac{CP_i}{B} = g\, a_{1,i}\, \left(\frac{QR}{B} + ß\, \frac{QR_{-1}}{B_{-1}}\right) + a_{4,i}\, \frac{P_i}{PC}$$

mit ß = (1-g)/g. Gleichung (7) wird nun für iterativ vorgegebene ß und mit alternativen Werten für λ_1 und λ_2 geschätzt. ß wurde wie folgt gewählt[1]:

(8) ß = 0, x, 2x, 3x, ..., 1 ,

wobei x = 0.05. Bei der Festlegung von Ausgangswerten für λ_1 und λ_2 orientierten wir uns an den Untersuchungsergebnissen von Lüdeke[2]. Als Kriterium für die Güte der Schätzungen, die mit den alternativen Werten für ß, λ_1 und λ_2 durchgeführt wurden, diente die minimale Varianz der Residuen. Die "besten" Ergebnisse erhielten wir mit ß = 0.8, was einem Wert für g von 0.556 entspricht, mit λ_1 = 0.8 und λ_2 = 1.1.

Die Schätzergebnisse für den um ein absolutes Glied erweiterten Ansatz (7) sind in der <u>Tabelle 1</u> im Anhang F zusammengestellt[3]. Das absolute Glied impliziert, daß ein bestimmter Betrag an Konsumausgaben unabhängig vom permanenten Einkommen vorab getätigt wird. Die Theorie läßt allerdings erwarten, daß α_0 nahe Null liegt bzw. nicht signifikant verschieden von Null ist[4]. Dies wird durch die Schätzergebnisse bestätigt: Für nur zwei Sektoren ist α_0 zwar signifikant verschieden von Null, aber sehr klein.

---

1 Vgl. hierzu auch: H. KÖNIG (1977), S. 422, M.R. DARBY (1974), S. 231.

2 Lüdeke erhielt für λ_1 = 0.81 und λ_2 = 1.08; vgl. D. LÜDEKE (1969), Tafel 1 in Tasche.

3 Zur Unterscheidung von den wahren Parametern bezeichnen wir im folgenden ihre Schätzwerte mit dem griechischen Buchstaben α.

4 Vgl. auch W. KRELLE (1974 a), S. 57 f.

Für die kurzfristige marginale Konsumneigung α_1 ergaben sich für alle Sektoren signifikante und plausible Ergebnisse[1]. Sie ist für die Sektoren 3, 7, 8, 10 und 12 am höchsten. Auch in den Untersuchungen von J. SCHUMANN (1975) und G. DIECKHEUER, U. MEYER, J. SCHUMANN (1978), die allerdings für einen anderen Zeitraum und unter Verwendung anderer Hypothesen Konsumfunktionen in derselben sektoralen Abgrenzung geschätzt haben, ergaben sich für die Produkte dieser Sektoren die höchsten marginalen Konsumneigungen[2].

Da die Schätzung der Funktionen für alle Sektoren mit der gleichen Einkommensgröße durchgeführt wurde, kann durch Addition der $\alpha_{1,i}$ die gesamtwirtschaftliche kurzfristige marginale Konsumneigung gebildet und unser Ergebnis auch mit entsprechenden makroökonomischen Untersuchungen verglichen werden[3]. Für $\Sigma\alpha_{1,i}$ errechnet sich aus Tabelle 1 ein Wert von 0.45. Die langfristige makroökonomische marginale Konsumneigung ist 0.81[4]. Sie ist identisch mit der marginalen Konsumneigung in bezug auf das das verfügbare Einkommen aus unselbständiger Arbeit[5]. Diese Ergebnisse stimmen recht gut mit vergleichbaren makroökonomischen Untersuchungen für die Bundesrepublik überein[6].

---

1 α_1 ist der Schätzwert für $g\ a_1$ in Gleichung (7).

2 Ähnliche Resultate erhielten U. MEYER, N. PINNO, J. SCHUMANN (1981) in einer Neuschätzung des "DMS-Modells" mit Daten für 1960 - 1974.

3 Ein solcher Vergleich mit den zitierten sektoralen Untersuchungen von SCHUMANN (1975) und G. DIECKHEUER, U. MEYER, J. SCHUMANN (1978) ist nicht möglich bzw. sinnvoll, da die Autoren die Schätzungen mit von Sektor zu Sektor abweichenden Einkommensgrößen durchgeführt haben, die außerdem noch anders definiert sind als die hier verwendeten Einkommensvariablen.

4 Sie berechnet sich aus (7) für $QR/B = QR_{-1}/B_{-1}$ und Summation über alle Sektoren. Man erhält dann für die langfristige marginale Konsumneigung: $\Sigma\ g\ a_{1,i}\ (1 + \beta) = \Sigma\ \alpha_{1,i}\ (1 + \beta) = 0.45 \cdot 1.8 = 0.81$. In diesem Wert ist die marginale Konsumneigung für importierte Konsumgüter noch nicht berücksichtigt.

5 Dies folgt aus der Gewichtung dieser Einkommensgrößen zur Berechnung von QR mit 1; vgl. Gleichung (6). Die entsprechenden marginalen Konsumneigungen in bezug auf das verfügbare Einkommen aus Unternehmertätigkeit und Vermögen und das Transfereinkommen sind $0.81 \cdot 0.8 = 0.65$ bzw. $0.81 \cdot 1.1 = 0.89$.

6 Vgl. D. LÜDEKE (1969), Tafel 1 in Tasche, W. FRANZ (1976), S. 105, W. FRERICHS, W. NAUJOKS (1976), S. 276, H. KÖNIG (1978a), S. 523.

Bei immerhin sieben Sektoren konnte ein Einfluß des Relativpreises auf die Höhe der Konsumausgaben festgestellt werden. Obwohl die Absicherung nicht immer hoch signifikant ist, erscheint uns die Einbeziehung der Relativpreise in die Konsumfunktion in den aufgeführten Fällen vertretbar, zumal auch aus theoretischer Sicht dieser Varianten der Alternativen, nämlich Ausschluß der jeweiligen Preisvariablen, der Vorzug zu geben ist.

4.2.2 Sektorale Investitionsfunktionen

Die Bruttoanlageinvestitionen der Unternehmen sind mit einem jährlichen Anteil am Bruttoinlandsprodukt zwischen 19 und 24 vH einerseits ein wesentlicher Bestandteil der gesamtwirtschaftlichen Endnachfrage und damit eine wichtige Determinante für die Höhe des Einkommens. Andererseits erweitern sie wegen ihres Kapazitätseffekts die Angebotsmöglichkeiten und sind deshalb auch für die zukünftige wirtschaftliche Entwicklung von Bedeutung. Im Vergleich zu den anderen Komponenten der Endnachfrage sind die Bruttoanlageinvestitionen besonders starken konjunkturellen Schwankungen unterworfen. Im Jahre 1974 gingen sie z.B. im Vergleich zu 1973 um 11 vH oder rd. 19 Mrd. DM (in Preisen von 1970) zurück, um einen Betrag also, der etwa 66 vH der vom Staat im Jahre 1974 insgesamt getätigten Investitionen entspricht. Zur Vermeidung konjunktureller Einbrüche und größerer Arbeitslosigkeit, und um eine Verstetigung der wirtschaftlichen Entwicklung herbeizuführen, ist die Stabilisierung der Investitionsgüternachfrage anzustreben. Der Bestimmung des Zusammenhangs zwischen der privaten Investitionstätigkeit und ihren Determinanten durch die Schätzung von Investitionsfunktionen kommt deshalb in unserem Modell eine besondere Bedeutung zu.

Die Ableitung der den Schätzungen der Investitionsfunktionen zugrunde liegenden Modelle erfolgt in zwei Schritten. Zunächst werden Bestimmungsgleichungen für den "gewünschten" optimalen Kapitalbestand aufgestellt, an den sich die Unternehmen zeitlich anpassen. Ausgegangen wird hierzu von der neoklassischen Theorie, mit deren Hilfe sich gleichzeitig auch Beziehungen für den optimalen Einsatz des Faktors Arbeit ableiten lassen, die später zur Schätzung von Arbeitsnachfragefunktionen herangezogen werden.[1]

Da zur Durchführung der Planung, Produktion und Installation von Investitionsgütern Zeit benötigt wird, ist davon auszugehen, daß eine Anpassung an einen veränderten gewünschten Kapitalbestand möglicherweise nicht sofort erfolgen kann. In einem zweiten Schritt ist deshalb zu fragen, wie schnell eine entstandene Lücke zwischen tatsächlichem und gewünschtem Kapitalbestand geschlossen werden kann. Die Geschwindigkeit, mit der die Anpassung erfolgt, bestimmt dann den Zuwachs des Kapitalbestands, d.h. die Höhe der in einer Periode getätigten Investitionen.

Es sei unterstellt, daß die Produktionsmöglichkeiten eines Unternehmens durch eine substitutionale Produktionsfunktion beschrieben werden können[2]:

(1) $X = f\ (A, K)$,

wobei X den Output und A und K die Produktionsfaktoren Arbeit bzw. Kapital bezeichnen. Ferner wird davon ausgegangen, daß das Unternehmen bei gegebenen Input- und Outputpreisen den Gewinn G maximiert:

(2) $G = P \cdot X - W \cdot A - PIU\ (RF + \delta)\ K \rightarrow max$

mit dem Outputpreis P, den Lohnkosten W, dem Preis des Kapitalgutes PIU, dem langfristigen Zinssatz RF und der Abschreibungsrate δ. $PIU\ (RF + \delta)$ bezeichnet man auch als "user costs of capital". Sie sind ein Ausdruck für die Kosten der Kapitalnutzung, nämlich den Kosten, die aufgrund der Abschreibungen der

1 Im folgenden wird aus Vereinfachungsgründen von einem Ein-Perioden-Optimierungsmodell ausgegangen, das aber im Prinzip zum gleichen Ergebnis führt wie ein Mehr-Perioden-Modell. Ein Vergleich beider Modelle findet sich z.B. bei F. BRECHLING (1975), Kapitel II.

2 Wir abstrahieren vom technischen Fortschritt, der üblicherweise durch die Zeitvariable t berücksichtigt wird. Die Schätzungen mit t führten jedoch zu keinen zufriedenstellenden Ergebnissen.

Kapitalgüter entstehen, $\delta \cdot PIU \cdot K$, sowie den Opportunitätskosten $RF \cdot PIU \cdot K$, die für die entgangenen Zinseinnahmen anzusetzen sind[1].

Die Lösung von (2) unter der Nebenbedingung von (1) führt zu folgenden notwendigen Bedingungen für ein Gewinnmaximum:

(3) $\frac{\partial X}{\partial A} P - W = 0$

(4) $\frac{\partial X}{\partial K} P - PIU\ (RF + \delta) = 0$

Unter Zugrundelegung einer Cobb-Douglas-Produktionsfunktion $X = aA^{\alpha}K^{\beta}$ erhält man folgende Beziehungen für den optimalen Arbeitseinsatz A* und Kapitalbestand K*:

(5) $A^* = \frac{\alpha\ P \cdot X}{W}$

(6) $K^* = \frac{\beta\ P \cdot X}{UC}$

mit $UC = PIU\ (RF + \delta)$.

Gegen die Verwendung der Strukturgleichungen (5) und (6) als Ausgangspunkt für die empirische Bestimmung der Faktornachfragefunktionen sind in der Literatur verschiedene Einwände erhoben worden[2]. Zum Beispiel führt die Einbeziehung der Outputvariablen X, die im Gewinnmaximierungsmodell endogen ist, als exogene Variable zu einem "simultaneous equation bias". Ein zweiter Nachteil ist, daß mit der Strukturgleichung (6) nur ein Schätzwert für ß bestimmt werden kann, für eine genaue Bestimmung des Einflusses der user costs und damit der Geldpolitik auf die Investitionstätigkeit sind jedoch Informationen sowohl über α als auch ß erforderlich[3].

---

1 Für eine ausführlichere Interpretation der user costs vgl. D.W. JORGENSON (1963).

2 Vgl. hierzu F. BRECHLING (1974), S. 460, F. BRECHLING (1975), S. 20 f., H. KÖNIG (1976), S. 319.

3 Für einen Beweis vgl. F. BRECHLING (1974), S. 459 f. Der zuletzt vorgebrachten Kritik läßt sich dadurch begegnen, daß anstelle der Strukturgleichungen (Fortsetzung der Fußnoten nächste Seite)

Diese Nachteile lassen sich vermeiden, wenn der Output als exogene Variable betrachtet wird. In diesem Fall wäre es das Ziel eines Unternehmens, den Einsatz der Produktionsfaktoren an exogen gegebene Veränderungen der Inputpreise und des Outputs derart anzupassen, daß die Kosten C minimiert werden[1]:

(7) $C = W \cdot A + UC \cdot K + \mu\{ X - f(A,K) \} \rightarrow \min$

Die notwendige Bedingung für ein Minimum von (7) erfordert, daß die Grenzrate der Substitution dem Verhältnis der Faktorpreise gleich ist[2]:

(8) $\frac{\partial X/\partial A}{\partial X/\partial K} = \frac{W}{UC}$

Aus (8) erhält man dann in Verbindung mit einer Cobb-Douglas-Produktionsfunktion folgende Bestimmungsgleichungen für den gewünschten Faktoreinsatz:

(9) $A^* = a^{-\frac{1}{\alpha+\beta}} \left(\frac{\beta}{\alpha}\right)^{-\frac{\beta}{\alpha+\beta}} \left(\frac{W}{UC}\right)^{-\frac{\beta}{\alpha+\beta}} X^{\frac{1}{\alpha+\beta}}$

(10) $K^* = a^{-\frac{1}{\alpha+\beta}} \left(\frac{\beta}{\alpha}\right)^{\frac{\alpha}{\alpha+\beta}} \left(\frac{W}{UC}\right)^{\frac{\alpha}{\alpha+\beta}} X^{\frac{1}{\alpha+\beta}}$

Fortsetzung der Fußnoten von S. 110
(5) und (6) die reduzierte Form verwendet wird, für die wir allerdings durchweg unbefriedigende Schätzergebnisse erhalten haben, so daß hier nicht weiter auf sie eingegangen wird; vgl. dazu W. KRELLE (1978), S. 286. Ein Nachteil der reduzierten Form ist allerdings, daß sie auf den Fall decreasing returns to scale beschränkt bleiben muß; vgl. F. BRECHLING (1975), S. 19.

1 Vgl. z.B. R.M. COEN (1971), S. 145 f. und F. BRECHLING (1975), S. 15 ff.

2 Vgl. ausführlicher hierzu z.B. W. KRELLE (1978), S. 286 f.

Gegenüber dem Gewinnmaximierungsmodell erscheinen in (9) und (10) auch die Kosten des jeweils anderen Faktors als Determinanten des optimalen Faktorbestands. Die Veränderung eines Faktorpreises führt jetzt lediglich zu einer Faktorsubstitution und nicht auch zu einer Veränderung des Produktionsniveaus, wie im Gewinnmaximierungsmodell unterstellt wird. Wir erhalten mit dem Kostenminimierungsmodell somit den reinen Substitutionseffekt einer Veränderung der relativen Faktorpreise. Der Outputpreis P ist für das Kostenminimum irrelevant und deshalb nicht in (9) und (10) enthalten. Es sind deshalb auch keine spezifischen Annahmen bezüglich des Produktmarkts, z.B. die der vollständigen Konkurrenz, notwendig. Das Kostenminimierungsmodell ist auch mit constant und increasing returns to scale vereinbar und somit weniger restriktiv als das Modell der Gewinnmaximierung[1].

Im zweiten Schritt ist nun zu spezifizieren, wie der optimale Kapitalbestand in eine Nachfrage nach Investitionsgütern umgesetzt wird. Die Investitionsgüternachfrage setzt sich zusammen aus den Nettoanlageinvestitionen und Ersatzinvestitionen. Die Nettoanlageinvestitionen in einer Zeitperiode t werden durch die Differenz zwischen dem gewünschten Kapitalstock K^* und dem zu Beginn der Periode vorhandenen Kapitalbestand K_{-1} bestimmt. Bei sofortiger Anpassung entsprechen sie genau der Differenz $K^* - K_{-1}$. Da aber für die Planung und Durchführung von Investitionsprojekten Zeit benötigt wird und die Durchführung der geplanten Investitionen innerhalb einer Zeitperiode mit höheren Kosten verbunden sein kann als eine langsamere Anpassung, werden die Unternehmen nur einen Bruchteil λ der Lücke zwischen tatsächlichem und gewünschtem Kapitalbestand schließen. Es gilt also:

$$(11) \quad K - K_{-1} \equiv IU^n = \lambda \, (K^* - K_{-1}) \qquad (0 \leq \lambda \leq 1),$$

1 Vgl. für eine Gegenüberstellung der beiden Modellformen auch F. BRECHLING (1974), S. 465.

wobei IU^n die Nettoanlageinvestitionen und λ der Anpassungskoeffizient sind.

In den meisten empirischen Untersuchungen wird unterstellt, daß die Ersatzinvestitionen IU^r in jeder Periode einen konstanten Bruchteil δ des Kapitalbestands zu Beginn der Periode K_{-1} betragen[1]:

$$(12) \quad IU^r = \delta K_{-1}$$

In Verbindung mit (11) ergibt sich dann für die Bruttoanlageinvestitionen die Beziehung:

$$(13) \quad IU^n + IU^r = IU = \lambda (K^* - K_{-1}) + \delta K_{-1} = \lambda K^* + (\delta - \lambda) K_{-1}$$

In diesem Modell ist der Anpassungskoeffizient für die Ersatzinvestitionen gleich eins. Die Geschwindigkeit der Anpassung ist deshalb für die Bruttoanlageinvestitionen sehr viel höher als für die Nettoinvestitionen. Dies und die Annahme konstanter Anpassungsgeschwindigkeit können als zu restriktiv erachtet werden. Wir wollen deshalb auch eine weniger einschränkende Hypothese testen und unterstellen, daß es den Unternehmen in bestimmtem Maße möglich ist, die Erweiterung und den Ersatz der Produktionsanlagen zu beschleunigen oder zu verzögern, d.h. den Zeitpunkt des Kaufs von Investitionsgütern zu variieren. Diese Überlegung führt zu einer variablen Anpassungsgeschwindigkeit für die gesamten Bruttoanlageinvestitionen:

$$(14) \quad IU = \lambda \{K^* - (1 - \delta) K_{-1}\},$$

worin λ jetzt keine konstante Größe mehr ist, sondern als Funktion der Verfügbarkeit interner Finanzmittel CF (Cash-Flow) betrachtet wird:

1 Der Anteil der Abschreibungen aus der Volkswirtschaftlichen Gesamtrechnung - als Maß für die Ersatzinvestitionen - an den Bruttoanlageinvestitionen betrug zu Beginn der 70er Jahre in der privaten Wirtschaft durchschnittlich rd. 44 vH. Dies entspricht einem Wert für δ von ca. 4,3 vH. Die Annahme, daß das Verhältnis der Ersatzinvestitionen zum existierenden Kapitalstock konstant ist, setzt außerdem entweder unendliche Lebensdauer der Kapitalgüter oder Konstanz der Altersstruktur des Kapitalbestands voraus; vgl. dazu M.S. FELDSTEIN, M. ROTHSCHILD (1974), S. 398 ff. und W. FRANZ, H. KÖNIG (1980), S. 244 f.

(15) $\lambda = f\ (CF)$

Zur Ableitung einer expliziten Form von (15) gehen wir von folgenden Überlegungen aus[1]: Um den gewünschten Kapitalbestand innerhalb einer Periode zu erreichen, wären Bruttoanlageinvestitionen in Höhe von

(16) $IU^* = K^* - (1 - \delta)\ K_{-1}$

erforderlich. Es sei nun unterstellt, daß die Anpassungsgeschwindigkeit vom Verhältnis der verfügbaren Eigenmittel CF zu den Investitionsausgaben IU* abhängt, die zur Realisierung des gewünschten Kapitalbestands notwendig wären:

(17) $\lambda_1 + \lambda_2 \dfrac{CF}{K^* - (1 - \delta)\ K_{-1}}$

Multiplikation von (17) mit (16) ergibt dann die in jeder Periode tatsächlich getätigten Investitionsausgaben zur Realisierung von K*:

(18) $IU = \lambda\, IU^* = (\lambda_1 + \lambda_2 \dfrac{CF}{K^* - (1 - \delta)\ K_{-1}})\ \{K^* - (1 - \delta)K_{-1}\}$

oder

(19) $IU = \lambda_1\ \{K^* - (1 - \delta)\ K_{-1}\} + \lambda_2\ CF$

$= \lambda_1\ K^* - \lambda_1\ (1 - \delta)K_{-1} + \lambda_2\ CF.$

Die liquiden Mittel beeinflussen somit die Geschwindigkeit, mit der die geplante Erweiterung des Kapitalstocks und seine Erneuerung durchgeführt werden. Sind sie hoch, werden ohnedies beabsichtigte Investitionen zeitlich vorgezogen, sinken sie, werden Erweiterungsinvestitionen gestreckt und Ersatzinvestitionen zurückgestellt. Da die Finanzmittel CF definiert sind als

1 Zur Vorgehensweise vgl. im folgenden auch R.M. COEN (1968) und (1971).

$$(20) \quad CF = UE - TDU + D,$$

worin UE das Einkommen aus Unternehmertätigkeit und Vermögen, TDU die Steuer auf dieses Einkommen und D die Abschreibungen bedeuten, besteht mit Ansatz (19) außer für die Geldpolitik, die über den gewünschten Kapitalbestand K* auf die Investitionstätigkeit einwirkt, auch für die Fiskalpolitik die Möglichkeit, durch steuerpolitische Maßnahmen die Höhe der privaten Investitionen zu beeinflussen.

Zur Ableitung der Regressionsansätze wird von den beiden Anpassungshypothesen (13) und (19) ausgegangen. Wir ersetzen in diesen Beziehungen K* durch eine lineare Approximation der Funktionen (6) bzw. (10):

$$(21) \quad K^* = a_o + a_1 X + a_2 \frac{UC}{P}$$

$$(22) \quad K^* = b_o + b_1 X + b_2 \frac{W}{UC} \qquad \text{mit } a_1, b_1, b_2 > 0; a_2 < 0$$

Für die Hypothese konstanter Anpassungsgeschwindigkeit erhält man dann folgende sektorale Schätzgleichungen:

$$(23) \quad IU_j = \lambda_j a_{o,j} + \lambda_j a_{1,j} X_j + \lambda_j a_{2,j} \frac{UC_j}{P_j} + (\delta_j - \lambda_j) K_{j,-1}$$

$$(24) \quad IU_j = \lambda_j b_{o,j} + \lambda_j b_{1,j} X_j + \lambda_j b_{2,j} \frac{W_j}{UC_j} + (\delta_j - \lambda_j) K_{j,-1}$$

Analog hierzu können die Schätzgleichungen für die Hypothese variabler Anpassungsgeschwindigkeit abgeleitet werden.

Das Gewinnmaximierungs- und das Kostenminimierungsmodell lieferten nicht für alle Sektoren , an den statistischen Testkriterien gemessen, zufriedenstellende Resultate. Wir testeten deshalb auch noch folgendes Akzelerator-Modell: Es wird ein konstantes Verhältnis zwischen gewünschtem Kapitalbestand und Output unterstellt, so daß für K* geschrieben werden kann:

$$(25) \quad K^* = c_0 X$$

In Verbindung mit der Anpassungshypothese (13) erhält man den sektoralen Schätzansatz[1]:

$$(26) \quad IU_j = \lambda_j c_{1,j} X_j + (\delta_j - \lambda_j) K_{j,-1}$$

Die Schätzergebnisse für die im Modell verwendeten Investitionsfunktionen sind in Tabelle 2 im Anhang F zusammengestellt. Für die Sektoren 8 und 9 lieferte die Gewinnmaximierungshypothese die besten Resultate, für die Sektoren 3 bis 6 und 10 bis 12 ergaben sich mit dem Kostenminimierungsmodell die akzeptableren Schätzergebnisse, und für die Sektoren 1, 2 und 7 wurde das Akzelerator-Modell gewählt. Der Output hat in allen Sektoren einen signifikanten Einfluß auf die Investitionsnachfrage, die Wirkung der user costs bzw. der Faktorpreisrelation ist mit einer Ausnahme (Sektor 5) gut gesichert. Der Koeffizient der Kapitalvariablen hat in allen Fällen ein negatives Vorzeichen. Dies impliziert, daß $\lambda_j > \delta_j$ (vgl. Gleichungen (23), (24) und (26)), was aufgrund plausibler Annahmen für die Werte von λ_j und δ_j auch erwartet werden kann[2]. Ökonomisch bedeutet dies, daß die Neigung der Investoren zu einer Erweiterung des Kapitalstocks abnimmt, je höher der bereits vorhandene Bestand an Produktionsanlagen ist.

---

1 Für das Modell mit variabler Anpassung ergaben sich in diesem Fall keine zufriedenstellenden Resultate.

2 In bisherigen empirischen Untersuchungen ergaben sich für λ_j Werte >0.1; vgl.z.B. K. KÜBLER (1977), Tab. 3.2 auf S. 105. Da die ökonomische Abschreibungsrate δ_j keinesfalls über 0.1 liegen dürfte, ist die Bedingung $\lambda_j > \delta_j$ erfüllt; vgl. auch M.K. EVANS (1969), S. 84.

Die Hypothese variabler Anpassung, die sich rein formal lediglich durch die Einführung der cash-flow-Variablen von der Hypothese konstanter Anpassungsgeschwindigkeit unterscheidet, konnte nur für die Sektoren 11 und 12 nicht verworfen werden. Dieses Schätzergebnis bezüglich des Anpassungsverhaltens der Unternehmen stimmt gut mit der von K. KÜBLER (1977) für einen früheren Zeitraum durchgeführten empirischen Analyse der sektoralen Investitionsgüternachfrage überein. Kübler konnte mit einem ähnlichen Ansatz[1] für die Sektoren 8, 11 und 12 variables Anpassungsverhalten feststellen, während für die restlichen Sektoren (ausgenommen 4) die Hypothese konstanter Anpassung die besseren Resultate lieferte[2]. Auch wir erhielten für den Sektor 8, außer für die Sektoren 11 und 12, mit der Hypothese variabler Anpassung noch die besten Resultate. Allerdings war der Einfluß der Cash-Flow-Variablen nur mit 1.0 (Gewinnmaximierungsmodell) bzw. 1.1 (Kostenminimierungsmodell) t-Werten gesichert. Gleichzeitig reduzierte sich gegenüber der Hypothese konstanter Anpassung die Absicherung für die anderen Modellvariablen. Wir entschieden uns deshalb auch im Falle des Sektors 8 für das Modell mit konstanter Anpassungsgeschwindigkeit.

In Tabelle II.1 sind einige Eigenschaften der im Modell verwendeten Investitionsfunktionen zusammengestellt. Die Spalten 3 und 4 enthalten die Werte für den Anpassungskoeffizienten λ_j, die man unter Zugrundelegung einer konstanten Abschreibungsrate δ_j aus den geschätzten Koeffizienten berechnen kann[3]. Aus den

1 Im Unterschied zu Küblers Ansatz ist in unserem Modell die Cash-Flow-Variable nicht sektoral differenziert. Aber auch Küblers Meßgröße stellt keine exakte sektorale Spezifikation dar, die aus statistischen Gründen nicht möglich ist. Unsere Vorgehensweise unterstellt, daß durch die gesamtwirtschaftliche Cash-Flow-Variable die Wirkung der entsprechenden sektoralen Größen repräsentiert werden kann. Die recht gute Übereinstimmung unserer Ergebnisse mit denen von Kübler scheint diese Vorgehensweise zu rechtfertigen.

2 Vgl. K. KÜBLER (1977), Tab. 3.2 auf S. 105.

3 Für die Hypothese konstanter Anpassung errechnet sich λ_j als $(\delta_j - \alpha_{4,j})$, wobei $\alpha_{4,j}$ der Schätzwert für den Koeffizienten der Kapitalvariablen ist. Für die variable Anpassung lassen sich nach Gleichung (17) Ober- und Untergrenzen berechnen. $\lambda_{1,j} = -\alpha_{4,j}/(1-\delta_j)$ und $\lambda_{2,j}$ ist identisch mit $\alpha_{3,j}$. Zur Berechnung der Untergrenze setzt man CF = 0, zur Berechnung der Obergrenze $CF = K_j^* - (1-\delta_j)K_{j,-1}$.

Tabelle II. 1: Eigenschaften der im Modell verwendeten Investitionsfunktionen

Sektor	Einflußgrößen	Anpassung λ		Elastizitäten der Investitionsnachfrage*			
		konstant	variabel	E_X	E_{RF}	E_{CF}	E_K
1	X	0.18		3.13			-2.17
2	X	0.08		1.54			-0.54
3	X,W/UC	0.25		1.72	-0.58		-1.91
4	X,W/UC	0.23		1.63	-0.64		-1.97
5	X,W/UC	0.23		2.81	-0.09		-2.05
6	X,W/UC	0.29		2.66	-0.44		-2.56
7	X	0.18		2.56			-1.60
8	X,UC/P	0.17		3.04	-0.30		-1.58
9	X,UC/P	0.27		3.28	-0.47		-1.23
10	X,W/UC	0.12		1.88	-0.25		-1.01
11	X,W/UC,CF		0.28/0.40	1.85	-0.70	1.67	-3.69
12	X,W/UC,CF		0.19/0.35	1.89	-0.27	1.16	-2.43

* Berechnet mit den Durchschnittswerten der Variablen für den Schätzzeitraum 1960 - 1974, also z.B.

$$E_X = \alpha_1 \frac{\bar{X}}{\overline{IU}},$$

worin α_1 der geschätzte Regressionskoeffizient der Variablen X (siehe Tabelle 2 im Anhang F) und $\bar{X}$ bzw. $\overline{IU}$ die arithmetischen Mittel von X und IU der Schätzperiode sind.

E_X = Elastizität in bezug auf den Output

E_{RF} = Elastizität in bezug auf den Zinssatz RF

E_{CF} = Elastizität in bezug auf cash-flow

E_K = Elastizität in bezug auf den Kapitalbestand

Ergebnissen geht hervor, daß eine Lücke zwischen gewünschtem und tatsächlichem Kapitalbestand in jeder Periode im (ungewichteten) Durchschnitt aller Sektoren zu 22 vH (Untergrenze) bzw. 32 vH (Obergrenze) geschlossen wird, d.h., daß die Anpassung nach 4.5 bzw. 3.1 Jahren erfolgt ist. Die Anpassung ist in den Sektoren 11 und 12 am größten und am niedrigsten im Sektor 2. Die Rangfolge der Anpassung stimmt recht gut mit den Ergebnissen der Untersuchung von Kübler für den Zeitraum 1954 bis 1967 überein, das Niveau der von uns berechneten Werte liegt jedoch durchweg niedriger[1]. Dies deutet darauf hin, daß sich für den Zeitraum 1960 bis 1974 die Geschwindigkeit der Anpassung verlangsamt und somit auch der kurzfristige Effekt von Zinssatzänderungen auf die private Investitionstätigkeit verringert hat.

In den Spalten 5 bis 8 sind Elastizitäten aufgeführt, die einen quantitativen Eindruck vom Einfluß der einzelnen Variablen auf die private Investitionstätigkeit vermitteln[2]. Am stärksten ist der Einfluß des Outputs auf die Investitionsnachfrage: Eine Erhöhung des Outputs um 1 vH führt zu einer zwei- bis dreimal so großen prozentualen Steigerung der Nachfrage nach Investitionsgütern. Dagegen erscheint der Einfluß des Zinssatzes gering: Eine Veränderung des Zinssatzes um 1 vH bewirkt im (ungewichteten) Durchschnitt eine Veränderung der Investitionen um ca. 0.42 vH. Bezogen auf das Jahr 1974 bedeutet dies allerdings, daß z. B. eine Verringerung des Zinssatzes um einen Prozentpunkt, d.h. von 10 vH auf 9 vH, zu einem um 4.2 vH oder rd. 6.6 Mrd DM (in Preisen von 1970) höheren Investitionsbetrag geführt hätte.

---

1 Vgl. K. KÜBLER (1977), S. 105.

2 Als ein Maß für die relative Bedeutung der unabhängigen Variablen in einer multiplen Regressionsgleichung werden am besten die sog. Beta-Koeffizienten oder standardisierten Regressionskoeffizienten verwendet; vgl. zur Berechnung und Diskussion der Beta-Koeffizienten z.B. R.S. PINDYCK, D.L. RUBINFELD (1976), S. 71 ff. und D. AIGNER (1971), S. 72 - 80. Sie wurden von uns nicht berechnet, um die Darstellung und Interpretation der Schätzergebnisse nicht zu überladen. Im Grunde läßt sich die Bedeutung des Einflusses einer Variablen auf andere Variablen (z.B. einer Instrumentvariablen auf Zielvariablen) ohnedies nur bei Berücksichtigung des gesamten Modellgleichungssystems beurteilen. Darauf wird aber im III. Kapitel noch ausführlicher eingegangen.

Dies kennzeichnet einen doch recht hohen Wirkungsgrad der monetären Politik. Andererseits ist zu bedenken, daß der langfristige und nicht nur kurzfristige Zins beeinflußt werden muß. Die sektoralen Werte für die Zinselastizität der Investitionsnachfrage weichen allerdings zum Teil beträchtlich vom Durchschnitt ab. Eine Zinssatzänderung wirkt sich deshalb sehr unterschiedlich auf die sektorale Investitionstätigkeit aus. M.a.W.: Von der Geldpolitik gehen starke sektoral differenzierende Wirkungen auf die private Investitionsnachfrage aus.

Ein Vergleich der Ergebnisse mit anderen empirischen Untersuchungen ist schwierig, da die Elastizitäten meist nicht ausgewiesen werden und eine eigene Berechnung aufgrund der fehlenden statistischen Angaben nicht möglich ist. Nur für die Zinselastizität ergeben sich einige Vergleichsmöglichkeiten. Für die Bundesrepublik Deutschland hat man in makroökonomischen Untersuchungen Werte zwischen -0.3 und -0.4[1], für die USA Werte zwischen -0.25 und -0.5 erhalten[2]. Der von uns errechnete Durchschnittswert von -0.42 liegt somit im Bereich bisheriger empirischer Ergebnisse.

4.2.3 Sektorale Exportfunktionen

Der Anteil der Exporte am Bruttoinlandsprodukt lag in der Bundesrepublik Deutschland im Durchschnitt der Jahre 1960 bis 1974 bei 21 vH und ist seitdem auf rd. 26 vH angestiegen. Besonders stark von den Exporten hängt die wirtschaftliche Entwicklung in den Sektoren 3, 4, 5 und 6 ab, deren Anteil an den Gesamtexporten rd. 70 vH beträgt und die im Durchschnitt 26 vH ihrer Bruttoproduktion exportieren. Niveau und Struktur der ökonomischen Größen im Inland werden deshalb zu einem bedeutenden Teil durch die Entwicklung der ausländischen Nachfrage nach inländischen Gütern und damit auch durch die wirtschaftliche Entwicklung des Auslands mitbestimmt.

Als ein wesentlicher Bestimmungsfaktor für die sektorale Export-

---

1 Vgl. M. BORCHERT (1973), S. 182, G. KIRCHGÄSSNER (1980), S. 10, W. FRANZ, H.J. SCHALK (1982), S. 35.

2 Vgl. M.K. EVANS (1969), S. 136, Tabelle 5.8 und S. 138.

nachfrage ist deshalb zunächst die ausländische Einkommensentwicklung anzusehen. Da zwischen den Importen und dem Einkommen eines Landes eine enge Beziehung besteht, kann die ausländische Nachfrage nach deutschen Produkten auch in Abhängigkeit vom Weltimportvolumen WM betrachtet werden.

Da die Exportgüter mit den im Ausland hergestellten Produkten konkurrieren, hängt die sektorale Exportnachfrage auch von den deutschen Exportpreisen PE_i bzw. dem Preisverhältnis PE_i/PA_i ab, das zwischen dem Exportgut und dem Konkurrenzprodukt im Ausland besteht. In der empirischen Analyse ist die Berücksichtigung sektoral differenzierter Auslandspreise aus Datengründen nicht möglich, so daß ein für alle Güter einheitlicher Auslandspreisindex PA verwendet werden muß.

Eine weitere im Inland bestimmte Einflußgröße der Exporte ergibt sich aus der Beobachtung heraus, daß gerade in Zeiten konjunktureller Schwächen aufgrund fehlender inländischer Nachfrage die Produzenten verstärkt Exportanstrengungen unternehmen. Dies hat sich besonders im Jahre 1974 gezeigt, in dem die Unternehmen ihre Exportanteile an der Bruttoproduktion gegenüber 1973 zum Teil erheblich steigern konnten. Dieser Sachverhalt soll dadurch berücksichtigt werden, indem die Exporte in Abhängigkeit von einer Variablen betrachtet werden, mit der die Auslastung des Produktionspotentials durch die inländische Nachfrage erfaßt wird, und zwar:

$$(1)\quad CUI_i = \frac{X_i - E_i}{XP_i} \cdot 100$$

Die sektoralen Exportfunktionen lauten dann[1]:

---

1 In (2) fehlt eine erklärende Größe, mit der der Einfluß von Wechselkursänderungen auf die Exporte explizit erfaßt werden könnte. In unseren empirischen Tests erwies sich ein solcher Einfluß für alle Sektoren als insignifikant. Ein statistisch gesichertes Resultat mit dem "Wechselkurs" als erklärende Variable erhielten wir nur für folgenden gesamtwirtschaftlichen Ansatz:

$$ER = \underset{(7.6)}{231\,201} - \underset{(2.8)}{75\,081.59}\,\frac{PE}{PA \cdot WK} + \underset{(4.7)}{30.486}\,WM$$

$(\rho = \underset{(10.6)}{0.9434},\ DW = 1.673,\ \bar{R}^2 = 0.995)$, worin WK den Außenwert der DM darstellt.

(2) $E_i^* = f_i(WM, PE_i/PA, CUI_i)$

mit

$$\partial E_i^*/\partial WM > 0, \quad \partial E_i^*/\partial(\frac{PE_i}{PA}) < 0, \quad \partial E_i^*/\partial CUI_i < 0$$

E_i^* seien die gewünschten Exporte. Wir gehen davon aus, daß die Anpassung der tatsächlich realisierten Exporte E_i an die gewünschten Größen, z.B. aufgrund bestehender traditioneller Handelsbeziehungen, vertraglicher Bindungen oder sonstiger Handelshemmnisse nur allmählich erfolgen kann. Dieses Anpassungsverhalten sei durch die Reaktionsfunktion

(3) $E_i - E_{i,-1} = (1 - \lambda_i)(E_i^* - E_{i,-1}) \qquad (0 \leqq \lambda < 1)$

dargestellt. Nur für $\lambda_i = 0$ erfolgt eine sofortige Anpassung der tatsächlichen an die gewünschten Größen. Ansonsten wird in der laufenden Periode nur der Bruchteil $(1 - \lambda_i)$ der Diskrepanz zwischen den aufgrund von (2) gewünschten Exporten und den Exporten der Vorperiode realisiert. Schreibt man für (2):

(4) $E_i = a_{o,i} + a_{1,i} WM + a_{2,i} \frac{PE_i}{PA} - a_{3,i} CUI_i$

und setzt in (3) ein, so erhält man folgenden Regressionsansatz:

(5) $$E_i = a_{o,i}(1 - \lambda_i) + a_{1,i}(1 - \lambda_i) WM + a_{2,i}(1 - \lambda_i)\frac{PE_i}{PA} + a_{3,i}(1 - \lambda_i) CUI_i + \lambda_i E_{i,-1}$$

Die Schätzresultate für (5) sind in Tabelle 3 im Anhang F zusammengestellt. Die Hypothese einer zeitlich verzögerten Anpassung der Exporte in (3) konnte für alle Sektoren verworfen werden, was bedeutet, daß eine vollständige Anpassung der tatsächlichen an die gewünschten Exporte innerhalb von einem Jahr erfolgt.

Der in den meisten Fällen statistisch gut gesicherte Wert für den Parameter der Variablen CUI_i läßt hingegen darauf schließen, daß in dem betrachteten Zeitraum die Produktion bei schwankender inländischer Nachfrage auch relativ kurzfristig durch Exportänderungen stabilisiert werden konnte. Ein signifikanter Einfluß des Preisverhältnisses auf die sektorale Exportnachfrage konnte nicht in allen Fällen nachgewiesen werden. Dagegen ist der Einfluß der ausländischen Einkommensentwicklung, repräsentiert durch die Variable WM, in allen Sektoren signifikant.

Zur Erklärung der relativ unbedeutenden Exporte des Staates wurde eine proportionale Beziehung zu den gesamten realen Exporten unterstellt, da Ansatz (5) in diesem Fall kein zufriedenstellendes Ergebnis lieferte (vgl. Tabelle 3 im Anhang F).

4.3 Bestimmungsgleichungen für die sektoralen Produktionskapazitäten

Niveau und Struktur der realisierbaren Nachfrage und Produktion werden im Modell durch das produktionstechnisch mögliche Angebot, das Produktionspotential oder die Produktionskapazität, begrenzt. Hierunter soll diejenige Menge an Gütern und Dienstleistungen verstanden werden, die mit den verfügbaren Produktionsfaktoren maximal hergestellt werden kann.

Die Messung des Produktionspotentials erfolgt in gesamtwirtschaftlichen Analysen meistens auf der Grundlage einer makroökonomischen Produktionsfunktion.
Als Funktionstypen werden substitutionale Funktionen - meist die Cobb-Douglas Produktionsfunktion - und limitationale Funk-

tionen verwendet[1]. In der Regel werden nur zwei Produktionsfaktoren, nämlich "Arbeit" und "Kapital", in die Bestimmungsgleichung für das Produktionspotential einbezogen. In allgemeiner Form kann die Produktionsfunktion dann geschrieben werden:

(1) $Y = f(A,K)$,

worin Y der Output, A und K der Arbeits- bzw. Kapitalinput bedeuten.

In manchen Untersuchungen erfolgt die Schätzung von (1) mit den Werten für den tatsächlich realisierten Output, effektiven Arbeitseinsatz und genutzten Kapitalbestand[2]. Die Produktionskapazität wird dann berechnet, indem für A und K die jeweiligen Potentialwerte in die geschätzte Produktionsfunktion eingesetzt werden[3]. Bei der Schätzung der Produktionsfunktion stellt sich dabei allerdings das Problem, daß Angaben über den Auslastungsgrad des Anlagevermögens, die zur Berechnung des genutzten Kapitalbestands benötigt werden, nicht zur Verfügung stehen. Sie müssen selbst erst geschätzt werden, was in der Regel auf der Grundlage einer Produktionsfunktion geschieht. Diese Angaben können aber selbstverständlich nicht wieder zur Schätzung einer Produktionsfunktion verwendet werden[4].

Um diese Schwierigkeit zu umgehen, kann versucht werden, die Produktionsfunktion nicht mit den tatsächlich realisierten Out-

---

1 Berechnungen des gesamtwirtschaftlichen Produktionspotentials auf der Grundlage von Produktionsfunktionen werden für die Bundesrepublik z.B. vom Deutschen Institut für Wirtschaftsforschung, Berlin, von der Bundesbank und vom Sachverständigenrat zur Begutachtung der gesamtwirtschaftlichen Entwicklung durchgeführt. Darstellungen dieser Verfahren finden sich in A. BONESS (1979), DEUTSCHE BUNDESBANK (1981), SACHVERSTÄNDIGENRAT (1982). Die Bundesbank verwendet eine Cobb-Douglas Produktionsfunktion, das DIW und der Sachverständigenrat limitationale Funktionen mit Kapital als einzigem Produktionsfaktor.

2 Der Output wird in der Regel durch das reale Bruttoinlandsprodukt gemessen, der Arbeitseinsatz durch die Zahl der Erwerbstätigen oder Erwerbstätigenstunden, der Kapitaleinsatz durch das Bruttoanlagevermögen.

3 Auf diese Weise geht z.B. die DEUTSCHE BUNDESBANK (1973) vor.

4 In der unter Fußnote 3 genannten Studie werden für den Auslastungsgrad des Kapitalstocks Berechnungen des Ifo-Instituts verwendet, die nicht auf produktionstheoretischen Grundlagen aufbauen, sondern auf Befragungen einzelner Firmen beruhen. Diese Angaben liegen allerdings nur für Teilbereiche der Volkswirtschaft vor und können nur bedingt für die Berechnung des ausgelasteten gesamtwirtschaftlichen Anlagevermögens herangezogen werden.

putgrößen und den effektiv zur Produktion eingesetzten bzw. genutzten Inputfaktoren, sondern mit deren Potentialgrößen zu schätzen. Das Bruttoanlagevermögen ist bereits eine Kapazitätsgröße und geht dann unverändert in die Produktionsfunktion ein. Für A kann eine Potentialgröße konstruiert werden, indem z.B. zu der Zahl der Erwerbstätigen die registrierten Arbeitslosen und eine Größe für die versteckte Arbeitslosigkeit addiert werden[1]. Dagegen läßt sich eine Potentialgröße für Y nicht direkt ermitteln. Die Schätzung einer Variablen für das Produktionspotential YP kann mit Hilfe der tatsächlich beobachteten Outputwerte Y über die Beziehung

$$(2) \quad YP = \frac{1}{CU} Y$$

erfolgen. Dies setzt allerdings voraus, daß der Auslastungsgrad

$$(3) \quad CU = \frac{Y}{YP}$$

bekannt ist. (3) kann aber ohne Kenntnis von YP nicht ermittelt werden. Als Ausweg bietet sich an, die realisierten Outputwerte zur Schätzung zu verwenden und folgenden Ansatz zu wählen:

$$(4) \quad Y \leq YP = f(A,K),$$

worin A und K jetzt die Potentialwerte der Inputfaktoren bedeuten. (4) wäre dann mit der linearen Programmierung zu schätzen[2]. Dieser Vorgehensweise wird hier gefolgt. Sie hat den Vorteil, daß

- a-priori Informationen über den Auslastungsgrad nicht benötigt werden,
- dem produktionstheoretischen Konzept Rechnung getragen wird. Die mit (4) geschätzte Funktion ist bereits eine Kapazitätsfunktion: Keiner der tatsächlich beobachteten Outputwerte auf der linken Seite von (4) kann über den durch die rechte Seite geschätzten Potentialwerten liegen. Die geschätzte Funktion beschreibt deshalb Outputwerte, die mit den gegebenen

1 Zur Berechnung der versteckten Arbeitslosigkeit für die Bundesrepublik vgl. H. KÖNIG, W. FRANZ (1978).

2 Die lineare Programmierung als Schätzverfahren ist in Abschnitt 3.3 ausführlich beschrieben.

Produktionsfaktoren maximal erzielt werden können[1].

Für eine sektorale Analyse stellt sich die Frage, ob und wie die Vorleistungen, die bei gesamtwirtschaftlicher Betrachtung unberücksichtigt bleiben können[2], neben den primären Inputs Arbeit und Kapital als Produktionsfaktor in die Produktionsfunktion einzubeziehen sind. Wir folgen hier einem Vorschlag von L. JOHANSEN (1974) und J. SCHUMANN (1968 a) und unterstellen, daß selbst wenn von Substitutionalität zwischen Kapital und Arbeit ausgegangen wird, zwischen primären Inputs und laufenden Inputs limitationale Beziehungen bestehen. Es gilt dann die zu (4) analoge sektorale Beziehung[3]:

$$(5) \quad Y_j \leq YP_j = f_j(A_j, K_j),$$

worin Y_j, die sektorale Wertschöpfung, definiert ist als:

$$(6) \quad Y_j = X_j - \sum_{i=1}^{14,M} X_{ij}$$

Zwischen den laufenden Inputs eines Sektors und der Bruttoproduktion besteht der bekannte limitationale Zusammenhang:

$$(7) \quad X_{ij} = a_{ij} \, X_j$$

Mit Hilfe von (6) und (7) kann (5) umgeformt werden in:

$$(8) \quad X_j \leq XP_j = \frac{1}{1 - \sum_{i=1}^{14,M} a_{ij}} \, f_j \, (A_j, K_j)$$

Mit Hilfe dieser Umformung wird die Wertschöpfung durch die Bruttoproduktion als Outputvariable ersetzt und der Maßstab der Funktion (5) im Verhältnis $1/(1 - \Sigma a_{ij})$ geändert .

1 Vgl. hierzu auch die Ausführungen in Abschnitt 3.3.

2 Die Vorleistungen werden bei der empirischen Ermittlung makroökonomischer Produktionsfunktionen in der Regel mit der Begründung ausgeschlossen, daß man sich für die Erklärung der Wertschöpfung interessiert und die Vorleistungen sich gesamtwirtschaftlich aufheben; vgl. z.B. H. HESSE, B. GAHLEN (1965), S. 454, K. EVANS (1969), S. 245; anders dagegen G. GEHRIG, K.C. KUHLO (1961), L.R. KLEIN (1962), S. 97.

3 Vgl. im folgenden auch J. SCHUMANN (1968 b), S. 89 f.

Die Vorleistungen treten in (8) nicht explizit als Produktionsfaktoren auf. Damit ist impliziert, daß die laufenden Inputs die maximale Höhe der Produktion eines Sektors nicht beschränken können. Es wird m.a.W. unterstellt, daß die von einem Sektor bei voller Nutzung von Arbeit und Kapital von sich selbst und allen anderen Sektoren benötigten Vorleistungen stets produziert werden können.

Bezüglich der Substitutionalität von Arbeit und Kapital gehen wir nun von folgenden produktionstheoretischen Überlegungen aus[1]:

Vor der Erstellung der Produktionsanlagen haben die Unternehmen die Wahl zwischen alternativen Produktionstechniken mit unterschiedlichen Faktorinputkombinationen. M.a.W.: Bevor Investitionen in neue Produktionsanlagen getätigt worden sind, können die Faktorproportionen im Prinzip als variabel bzw. Arbeit und Kapital als gegeneinander substituierbar betrachtet werden (Substitutionalität der Produktionsfaktoren ex ante)[2].

Sobald aber die Entscheidung für eine bestimmte Produktionstechnik gefallen und die neue Produktionsanlage installiert ist, wird für ihre Bedienung bei voller Nutzung ein konstanter Arbeitseinsatz benötigt, d.h. zur Herstellung der sektoralen Maximalproduktion YP_j sind

(9) $\bar{A}_j = \frac{1}{a_j} YP_j$

Arbeitskräfte erforderlich. Der mit YP_j verbundene Kapitaleinsatz ist:

(10) $K_j = \frac{1}{b_j} YP_j$.

Um YP_j zu produzieren, müssen Arbeit und Kapital in einem konstanten Verhältnis eingesetzt werden, d.h. die primären Inputs sind nicht mehr gegeneinander substituierbar, es besteht Limi-

1 Vgl. dazu auch L. JOHANSEN (1959) und L. JOHANSEN (1972).

2 Diese Substitutionalität ex ante bezieht sich streng genommen nur auf die Zuwächse der Faktorinputs, d.h. "there are substitution possibilities at the margin" (L. JOHANSEN (1959), zitiert nach D. CASS, L.W. McKENZIE (1974), S. 365).

tationalität ex post[1].

Geht man davon aus, daß Kapital intersektoral immobil, Arbeit dagegen mobil bzw. es den Unternehmen eines Sektors grundsätzlich möglich ist, die für die Auslastung der Produktionsanlagen benötigten Arbeitskräfte von anderen Sektoren abzuziehen oder sich aus dem Bestand an Arbeitslosen zu beschaffen, dann ist (9) immer erfüllbar. Für einen Sektor stellt Arbeit keinen den maximalen Output beschränkenden Faktor dar oder, anders ausgedrückt, Kapital wird immer vor Arbeit zum Engpaßfaktor für die sektorale Produktion. Es gilt deshalb:

(11) $b_j \quad K_j \leq a_j \; A_j,$

worin A_j jetzt die Menge an Arbeit bedeutet, die für den Sektor insgesamt verfügbar ist. Daraus folgt für YP_j:

(12) $YP_j = f_j \; (A_j, \; K_j) = \text{Min} \; (a_j \; A_j, \; b_j \; K_j) = b_j \; K_j.$

Wird davon ausgegangen, daß das Produkt mit dem jahresdurchschnittlichen Bruttoanlagevermögen erstellt wird, so ergibt sich jetzt für (8) unter Berücksichtigung von (12):

(13) $X_j \leq XP_j = c_j \dfrac{K_j + K_{j,-1}}{2}$ mit $c_j = \dfrac{b_j}{1 - \sum_{i=1}^{14,M} a_{ij}}$

1 Die Hypothese, daß Kapital und Arbeit ex ante substituierbar, die Faktorproportionen aber ex post fix sind, bezeichnet man auch als "putty - clay" Annahme bzw. man sagt, Kapital sei "putty- clay". Wir machen hier zwar von dieser Annahme Gebrauch, es ist aber nicht unsere Absicht, ein solches "putty-clay" Modell theoretisch exakt abzuleiten und empirisch zu erstellen. Vgl. für eine allgemeine Darstellung von vintage-Modellen z.B. R.G. D. ALLEN (1967), für die theoretische Behandlung von putty-clay Modellen J.De KONING (1979) und für eine empirische Untersuchung für die Bundesrepublik Deutschland D. BAUM, B. GÖRZIG, W. KIRNER (1971).

(13) wurde mit der linearen Programmierung, teilweise auch mit Absolutglied, geschätzt[1]. Die Ergebnisse sind in Tabelle 4 im Anhang F dargestellt (LP-Schätzung). Zum Vergleich sind auch die Resultate aufgeführt, die sich mit der Regressionsanalyse ergeben haben. Wie man sieht, führt die LP-Schätzung in den meisten Fällen praktisch nur zu einer Parallelverschiebung der mit der Regressionsanalyse geschätzten Geraden. Nur in den Sektoren 5 und 8 werden mit dem LP-Verfahren das Absolutglied niedriger und die Steigung etwas höher geschätzt als mit der Methode der kleinsten Quadrate. Dabei ist zu beachten, daß die Kleinste-Quadrate-Schätzwerte verzerrt sein können. Da der Kapitalstock eine Kapazitätsgröße darstellt, wäre nämlich der eigentlich mit der Regressionsanalyse zu schätzende Ansatz:

$$(10) \quad XP_j = c_{o,j} + c_{1,j} \left(\frac{K_j + K_{j,-1}}{2} \right).$$

Stattdessen wird mit Werten für die tatsächlich realisierte Produktion geschätzt, und da

$$(11) \quad X_j = CU_j \cdot XP_j = c_{o,j}\, CU_j + c_{1,j} \left(\frac{K_j + K_{j,-1}}{2}\right) CU_j,$$

bleibt mit dem Auslastungsgrad des Produktionspotentials eine erklärende Variable im Schätzansatz unberücksichtigt. Dieser Spezifikationsfehler kann sich in einer Verzerrung des Absolutglieds und der Steigung niederschlagen.

Die mit der Regressionsanalyse geschätzte Gerade liefert Schätzwerte für die tatsächliche Produktion, die (im Durchschnitt) mit den vorhandenen Produktionsanlagen erreicht werden kann. Gesucht wird allerdings eine Beziehung für den maximal möglichen Output. Eine solche Kapazitätsfunk-

---

1 Außerdem wurden noch weitere Funktionstypen getestet, z.B. eine in den Logarithmen lineare Funktion, und auch versucht, durch Einbeziehung einer Zeitvariablen den technischen Fortschritt zu berücksichtigen. Die Ergebnisse waren aber durchweg weniger befriedigend als die hier dargestellten.

tion könnte in einem zweiten Schritt in der Weise abgeleitet werden, indem die Schätzgerade durch den Outputwert des Beobachtungszeitraums (parallel) verschoben wird, der von ihr am weitesten nach oben abweicht[1]. Mit dem linearen Programmierungsverfahren erfolgt dagegen die Schätzung der Parameter und Kapazitätsfunktion "gleichzeitig". Dabei werden mögliche Verzerrungen aufgrund von Spezifikationsfehlern weitgehend vermieden[2].

Die mit der linearen Programmierung geschätzten Funktionen gehen als Bestimmungsgleichungen für die sektorale Produktionskapazität im Unternehmensbereich (Sektoren 1 - 12) in das Modell ein. Für die Sektoren 13 und 14 wird immer Vollauslastung der Produktionsfaktoren unterstellt, d.h., daß die tatsächlich realisierte Produktion in jeder Periode dem potentiellen Output entspricht.

4.4 Sonstige Bestimmungsgleichungen

Zu den bisherigen Modellgleichungen kommen weitere definitorische Beziehungen hinzu.

Die ersten fünf Gleichungen dienen dazu, aus den disaggregierten Komponenten der Endnachfrage die entsprechenden gesamtwirtschaftlichen Aggregate zu bilden[3]:

$$(1) \quad CPR = \sum_{i=1}^{14} CP_i + MCP$$

$$(2) \quad IPR = \sum_{i=1}^{12} IP_i + MIP$$

$$(3) \quad ISR = \sum_{i=1}^{13} IS_i + MIS$$

---

1 Dies ist im Prinzip die Vorgehensweise des Sachverständigenrats und des DIW, wobei allerdings die Parallelverschiebung der geschätzten Geraden durch die am weitesten nach oben abweichende Kapitalproduktivität erfolgt; vgl. SACHVERSTÄNDIGENRAT (1982), A. BONESS (1979), S. 234 f.

2 Für einen (graphischen) Beweis vgl. hierzu H.J. SCHALK (1976), S. 68 ff. und S. 78 ff.

3 Für die Bezeichnung der Variablen vgl. wieder, sofern nicht angegeben, das Symbolverzeichnis im Anhang E.

$$(4)\quad ER = \sum_{i=1}^{13} E_i + ME$$

$$(5)\quad MR = MV + MCP + MIP + MIS + ME$$

Zusammen mit den staatlichen Konsumausgaben CSR liegen damit alle Komponenten des gesamtwirtschaftlichen realen Bruttoinlandsprodukts YMR von der Verwendungsseite vor, dessen Definition in Gleichung (6) gegeben wird:

$$(6)\quad YMR = CPR + IPR + CSR + ISR + ER - MR$$

Gleichung (7) dient dazu, den nominalen Bruttoproduktionswert des Staates XN_{13}, der im nominalen Teil des Modells bestimmt wird, in eine reale Größe zu transformieren:

$$(7)\quad XR_{13} = (XN_{13}/P_{13})$$

Das gleiche geschieht in Gleichung (8) mit der Einkommensgröße QN, deren realer Wert QR als Bestimmungsgröße in die sektoralen Konsumfunktionen eingeht:

$$(8)\quad QR = (QN/PC)$$

Der Auslastungsgrad des sektoralen Produktionspotentials CU_j, der in (9) definiert ist, wird als Determinante in den noch zu beschreibenden Preis- und Stundenfunktionen benötigt:

$$(9)\quad CU_j = (X_j/XP_j)\ 100$$

Und schließlich wird in (10) der Kapitalstock K_j definiert, der die Höhe des sektoralen Produktionspotentials bestimmt:

$$(10)\quad K_j = IU_j + (1 - \delta_j)\ K_{j,-1}$$

5. Bestimmungsgleichungen für Güter- und Faktorpreise

5.1 Sektorale Preisfunktionen für Inlandslieferungen

Die sektoralen Preise für Inlandslieferungen werden im Modell für die Transformation der realen Größen in nominale Größen verwendet und zur Konstruktion von Preisindices für die verschiedenen Komponenten der Endnachfrage herangezogen. Sie treten als Erklärungsfaktor in den Bestimmungsgleichungen für die sektoralen Lieferungen von Gütern und Dienstleistungen an die Endnachfrage auf und werden schließlich für die Berechnung der realen Faktorpreise benötigt, die in den meisten Faktornachfragefunktionen als Determinanten eine wichtige Rolle spielen. Der Endogenisierung der Preise für Inlandslieferungen durch sektorale Preisfunktionen kommt deshalb im Rahmen unseres Modells eine besondere Bedeutung zu.

Die bisher den meisten empirischen Analysen zugrunde liegenden Theorien zur Erklärung der Preisentwicklung lassen sich im wesentlichen in zwei Gruppen unterteilen: eine mehr keynesianisch orientierte Theorie, welche die Inflation hauptsächlich durch Kosten- und Nachfrageelemente zu erklären versucht ("demand-pull" und "cost-push" Inflation) und ein von den Monetaristen vertretener Erklärungsansatz, der die Inflationsursachen in erster Linie in einem die reale Produktion überschreitenden Geldmengenwachstum sieht[1]. Zumindest für die Erklärung kurzfristiger Inflationserscheinungen scheint die monetaristische Theorie wenig geeignet[2]. In empirischen Untersuchungen für die Bundesrepublik mußte sie jedenfalls bisher verworfen werden[3]. Da es aber unser Anliegen ist, gerade die kurzfristigen Preisveränderungen zu erklären, können wir deshalb die monetaristische Erklärungshypothese außer Betracht lassen und uns im folgenden bei der Ableitung der Preisfunktionen allein auf die Berücksichtigung

1 Zur Klassifikation der Inflationstheorien und Darstellung neuerer empirischer Untersuchungen vgl. W. SCHRÖDER (1981).

2 Vgl. zur theoretischen Begründung W. SCHRÖDER (1981), S. 35.

3 Vgl. z.B. P. TRAPP (1976) und für die USA F. MODIGLIANI, L. PAPADEMOS (1975).

von Kostendruck- und Nachfragesogelementen als Determinanten der Inflation beschränken[1].

In den Preisgleichungen werden nicht die Preisniveaus bzw. Preisindices P erklärt, sondern deren Wachstumsraten $\hat{P}$:

$$(1) \quad \hat{P} = \frac{P - P_{-1}}{P_{-1}} \cdot 100$$

Diese Transformation ist aus theoretischen Gründen aber auch für die ökonometrische Schätzung wünschenswert, um eine Trendkorrelation zu vermeiden[2]. Die im Modell benötigten absoluten Preisindices können dann wieder durch Umformung von (1) gewonnen werden:

$$(2) \quad P = \frac{P_{-1}}{100} \hat{P} + P_{-1} ,$$

wobei für $\hat{P}$ die durch die Preisgleichung geschätzte Inflationsrate einzusetzen ist.

In neueren empirischen Untersuchungen für die Bundesrepublik wird unter den Kostendruckdeterminanten den Lohnstückkosten die größte Bedeutung für die Erklärung des gesamtwirtschaftlichen Preisniveaus beigemessen[3]. Diese Größe soll deshalb auch in den sektoralen Preisfunktionen als Determinante berücksichtigt werden und wird durch das Einkommen aus unselbständiger Arbeit AE bezogen auf den Bruttoproduktionswert X gemessen. Die so definierten Lohnstückkosten können auch durch den Stundenlohnsatz L und die Stundenproduktivität AP der Arbeitnehmer ausgedrückt werden[4]:

$$(3) \quad \frac{AE}{X} = \frac{AE}{H \cdot AN} \Big/ \frac{X}{H \cdot AN} = \frac{L}{AP} ,$$

---

1 Dies bedeutet nicht, daß in unserem Modell von einer Veränderung der Geldmenge überhaupt kein kurzfristiger Einfluß auf die Preise ausgehen kann. Jedoch ist der Zusammenhang indirekter Art: Die Geldmenge beeinflußt den Zinssatz, und dieser wirkt über die private Investitionsnachfrage auf die Preise.

2 Vgl. G. DIECKHEUER (1975), S. 387 und G. DIECKHEUER (1977), S. 138 ff.

3 Vgl. z.B. G. DIECKHEUER (1975), W. FRANZ (1978 und 1983), H. KÖNIG (1978 b), P. TRAPP (1976).

(Fortsetzung der Fußnoten nächste Seite)

worin H die geleisteten Arbeitnehmerstunden und AN die Zahl der Arbeitnehmer bedeuten. Da die Inflationsrate und nicht das Preisniveau erklärt werden soll, sind die Variablen von (3) in der Preisfunktion durch ihre Wachstumsraten zu ersetzen:

$$(4) \qquad \widehat{\left(\frac{AE}{X}\right)} = \hat{L} - \widehat{AP}$$

Gemäß (4) geht von den Lohnstückkosten nur dann ein Druck auf die Preise aus, wenn die Wachstumsrate des Lohnsatzes die der Arbeitsproduktivität übersteigt. Es sei unterstellt, daß die Preise an Produktivitätsschwankungen nicht sofort angepaßt werden, sondern vom langfristigen Trend der Produktivität abhängen[1]. Dies wird dadurch berücksichtigt, daß $\widehat{AP}$ in (4) durch die durchschnittliche Wachstumsrate der Arbeitsproduktivität $\widehat{APD}$ ersetzt wird[2]. Die jährliche Lohnwachstumsrate muß dann den Trend der Arbeitsproduktivität überschreiten, wenn die Preise steigen sollen. Von einer kurzfristigen Erhöhung der Arbeitsproduktivität, wie sie z.B. im Konjunkturaufschwung zu beobachten ist, geht damit kein bremsender Einfluß auf die Preissteigerungsrate aus.

Als weiterer cost-push Faktor werden die Kosten für importierte Vorleistungen pro Outputeinheit (PMV · MV)/X in die Preisfunktion einbezogen. Schreibt man wieder in Wachstumsraten:

$$(5) \qquad \widehat{\left(\frac{PMV \cdot MV}{X}\right)} = \widehat{PMV} + \widehat{\left(\frac{MV}{X}\right)}$$

und geht von einem für den betrachteten Zeitraum annähernd konstantem Verhältnis zwischen importierten Vorleistungen und Outputs aus[3], dann kann die Entwicklung der Preise für Inlandslieferungen

Fortsetzung der Fußnoten von S. 133

4 Die Lohnnebenkosten konnten in unserem Ansatz aus Datengründen nicht berücksichtigt werden. Da aber mit Wachstumsraten geschätzt wird, die Löhne und Lohnnebenkosten sich ziemlich parallel entwickelt haben, dürfte dieser Spezifikationsfehler nicht sehr groß sein.

1 Vgl. G. DIECKHEUER (1975), S. 393, W. FRANZ (1983), S. 7, R. GORDON (1975), S. 618.

2 Berechnet als Durchschnitt der jährlichen Wachstumsraten von 1960 - 1974.

3 Diese Annahme erscheint im betrachteten Zeitraum nur für den Sektor 10 nicht gerechtfertigt; jedoch ist der Anteil der Vorleistungsimporte am Bruttoproduktionswert in diesem Sektor mit rd. 3 vH sehr gering.

auch in Abhängigkeit von der Preissteigerungsrate der importierten Vorleistungen $\hat{PMV}$ allein betrachtet werden.

Außer den genannten Kostenelementen wurden auch die indirekten Steuern, Abschreibungen und Kapitalnutzungskosten, jeweils bezogen auf den Bruttoproduktionswert, in die Preisgleichung aufgenommen. Die ökonometrische Analyse zeigte jedoch, daß der Einfluß dieser Kostenfaktoren für die Preisentwicklung ohne Bedeutung ist[1].

Ein Nachfragesog kann durch steigende Preise, eine erhöhte Produktion oder eine Kombination dieser beiden Alternativen absorbiert werden. In der Regel wird es bei zunächst unterausgelasteten Kapazitäten zu einer Erhöhung von Produktion und Preisen kommen, da z.B. die Unternehmen mit steigenden Grenzkosten produzieren und Preiserhöhungen in Zeiten hoher Auslastung der Produktionskapazitäten leichter durchgesetzt werden können. Dabei ist es für den inflationären Prozeß irrelevant, von welcher Komponenten der Endnachfrage der demand-pull ausgeht. Da der Nachfragesog nicht direkt beobachtet werden kann, muß er für die ökonometrische Analyse durch eine meßbare Größe ersetzt werden. In dieser Arbeit wird als Hilfsgröße der Auslastungsgrad des Produktionspotentials CU verwendet, der definiert ist als das Verhältnis aus tatsächlichem und potentiellem Bruttoproduktionswert[2].

Neben den aufgeführten Nachfragesog- und Kostendruckelementen ist außerdem versucht worden, durch Einbeziehung der Preissteigerungsrate der Vorperiode in die Preisfunktion den Einfluß der "erwarteten" Inflation auf die Preise zu berücksichtigen. Sicher ist dies die einfachste Form der Operationalisierung von Inflationserwartungen, eine weitergehende Analyse des Anpassungsverhaltens der Wirtschaftssubjekte an veränderte Preissteigerungsraten

---

1 Auch in den meisten gesamtwirtschaftlichen Untersuchungen konnte bisher kein signifikanter Einfluß dieser Kostenfaktoren auf die Preise festgestellt werden; vgl. z.B. G. DIECKHEUER (1975) für die Bundesrepublik.

2 In der Literatur werden ganz unterschiedliche Hilfsgrößen zur Messung des Nachfragedrucks verwendet; vgl. z.B. G. DIECKHEUER (1975) und G. DIECKHEUER, U. MEYER, J. SCHUMANN (1978).

wäre allerdings über das Anliegen dieser Arbeit hinausgegangen[1].

Aufgrund der theoretischen Überlegungen gelangen wir zu folgenden sektoralen Preisfunktionen für Inlandslieferungen:

$$(6)\ \hat{P}_i = a_{0,i} + a_{1,i}\ (\hat{L}_i - \widehat{APD}_i) + a_{2,i}\ \widehat{PMV}_i + a_{3,i}\ CU_i + a_{4,i}\ \hat{P}_{i,-1}$$

Für alle Koeffizienten wird ein positives Vorzeichen erwartet. Dieser Ansatz wurde für die Sektoren 2 - 12 getestet. Sektor 1 wurde deshalb ausgenommen, da die Preise für landwirtschaftliche Produkte zum Teil von für die Landwirtschaft spezifischen Bedingungen, wie z.B. dem Wetter und weniger von einem Nachfragesog abhängen. Außerdem handelt es sich um administrierte Preise, die im Rahmen der EG-Agrarmarktordnungen mehr nach agrarpolitischen Zielvorstellungen festgelegt werden und weniger dem Kostenaspekt folgen. P_1 wird deshalb im Modell als exogen betrachtet. Für die Sektoren 13 und 14 wurden andere Regressionsansätze gewählt, auf die noch eingegangen wird.

Die Schätzergebnisse für (6) sind in Tabelle 5, Anhang F, dargestellt. Obwohl die Funktionen mit Wachstumsraten geschätzt wurden, ist der Anteil der erklärten Varianz der Inflationsrate in den Fällen, in denen das korrigierte Bestimmtheitsmaß $\bar{R}^2$ ausgewiesen ist, mit mindestens 80 vH relativ hoch.

Die Lohnstückkosten haben in allen Sektoren einen signifikanten und von allen Variablen den stärksten Einfluß auf die Preisentwicklung. Im ungewichteten Durchschnitt aller Sektoren führt eine den Produktivitätsfortschritt um einen Prozentpunkt überschreitende Lohnerhöhung zu einer Steigerung der Inflationsrate um 0.32 Prozentpunkte. Der Unterschied zwischen dem höchsten und niedrigsten Wert (0.7 in Sektor 9 bzw. 0.18 in Sektor 4) ist allerdings beträchtlich.

---

1 Für eine ausführlichere Berücksichtigung dieser Problematik bei der Schätzung von Preisfunktionen für die Bundesrepublik vgl. z.B. W. FRANZ (1983), G. DIECKHEUER (1975).

Der Einfluß der Importpreise auf die inländische Preisentwicklung ist in 7 Sektoren signifikant. Auch U. MEYER, N. PINNO, J. SCHUMANN (1981) erhielten für denselben Zeitraum in den meisten Fällen einen gesicherten Einfluß der Importpreise[1]. Diese Resultate stehen im Widerspruch zu entsprechenden makroökonomischen Untersuchungen für die Bundesrepublik, in denen meist kein bedeutender Einfluß der Importpreise auf das gesamtwirtschaftliche Preisniveau festgestellt werden konnte[2]. Im Durchschnitt aller Sektoren ist die Wirkung einer einprozentigen Veränderung der Importpreise auf die Inlandspreise mit 0.20 Prozentpunkten etwas niedriger als die einer Lohnerhöhung. Auch hier bestehen allerdings zwischen den Sektoren zum Teil erhebliche Unterschiede.

Die Nachfragesoghypothese kann nur für zwei Sektoren verworfen werden. U. MEYER, N. PINNO, J. SCHUMANN (1981) konnten diese Hypothese in ihrer Untersuchung für die meisten Sektoren ebenfalls nicht verwerfen, wobei allerdings sektoral unterschiedliche Hilfsvariablen für den Nachfragesog verwendet wurden. Auch mit gesamtwirtschaftlichen Untersuchungen für die Bundesrepublik stehen diese Resultate in Einklang[3]. Allerdings ist der Einfluß der Kapazitätsauslastung auf die Preise von allen erfaßten Variablen am geringsten: Eine Erhöhung des Auslastungsgrads um z.B. einen Prozentpunkt führt im Durchschnitt zu einer Steigerung der Inflationsrate von nur 0.10 Punkten. Dieses Resultat entspricht im übrigen den theoretischen Überlegungen der "Neuen Mikroökonomie", wie sie in Modellen zur Kontrakttheorie zum Ausdruck kommen[4].

---

1 Unsere Regressionsansätze und Variablendefinitionen weichen von den in der Untersuchung von Meyer, Pinno und Schumann gewählten zu stark ab, um einen weitergehenden Vergleich sinnvoll erscheinen zu lassen.

2 Vgl. z.B. G. DIECKHEUER (1975), W. KRELLE u.a. (1969). Zum Teil dürfte die Insignifikanz der Importpreise in diesen Untersuchungen darauf zurückzuführen sein, daß der Preisindex für das Bruttoinlandsprodukt als abhängige Variable gewählt wurde, der sich bei einer Veränderung der Preise für Importgüter aber nicht ändert. Vgl. dagegen die Arbeit von W. FRANZ (1983), der den Konsumgüterpreisindex als zu erklärende Größe verwendet.

3 In Untersuchungen der Deutschen Bundesbank und von H. Gschwendtner konnte ein Einfluß der demand-pull Komponente allerdings nicht nachgewiesen werden. Für Quellenangaben und einen Vergleich gesamtwirtschaftlicher Untersuchungen vgl. Tabelle 1 auf S. 29 bei W. SCHRÖDER (1981).

4 Vgl. z.B. M.D. BORDO (1980), J.J. ROTEMBERG (1982), J.E. STIGLITZ (1979).

Nur in einem Fall, Sektor 2, konnte die unterstellte Preiserwartungshypothese nicht verworfen werden.

Da für die Sektoren 13 und 14 immer volle Kapazitätsauslastung unterstellt wird, läßt sich die Nachfragesoghypothese für diese beiden Sektoren nicht in der bisherigen Weise operationalisieren, aber auch theoretisch kaum begründen. Wir sind deshalb davon ausgegangen, daß die Preise in den Sektoren 13 und 14 allein durch Kostenfaktoren determiniert werden. Als Erklärungsgrößen werden die Wachstumsrate des Lohnsatzes und eines Preisindexes für die empfangenen Vorleistungen (inclusive Importe) berücksichtigt. Durch letztere Variable wird die Preisentwicklung in den beiden Sektoren von den Preisen in allen anderen Sektoren abhängig gemacht. Die Schätzresultate sind in Tabelle 5 im Anhang F enthalten.

5.2 Sektorale Preisfunktionen für Exportgüter

Grundsätzlich können zur Ableitung der sektoralen Exportgüterpreisfunktionen dieselben theoretischen Überlegungen angestellt werden, wie bei den sektoralen Preisfunktionen für Inlandslieferungen. In einem Fall, Sektor 9, sind die Exportgüterpreise mit den Inlandspreisen sogar identisch. Dieser Sachverhalt läßt sich vereinfacht auch dadurch berücksichtigen, indem die sektoralen Exportpreise PE_i von den Preisen für Inlandslieferungen P_i direkt abhängig gemacht werden. Zusätzlich wird angenommen, daß die Exportpreise auch durch die Preisentwicklung im Ausland PA bestimmt werden. Wir kommen somit, wiederum in Wachstumsraten, zu folgendem Ansatz:

$$(1)\quad \widehat{PE}_i = a_{o,i} + a_{1,i}\,\hat{P}_i + a_{2,i}\,\widehat{PA}$$

Die Schätzergebnisse enthält Tabelle 6 im Anhang F. Der inländische Preiseinfluß auf die Exportpreise ist in allen Sektoren hochsignifikant. Die Preisentwicklung im Ausland ist nur in drei Fällen für die Exportpreise ohne Bedeutung. Bei drei weiteren

Sektoren ist das Signifikanzniveau gering. Da aber ein Einfluß von PA zumindest für die Sektoren 3 und 4, die einen nicht unbedeutenden Anteil ihrer Bruttoproduktion exportieren, durchaus plausibel erscheint, wurden auch diese Funktionen trotz der geringen statistischen Güte in das Modell aufgenommen.

5.3 Sektorale Lohnfunktionen

Die Lohnfunktionen dienen zur Erklärung des nominellen Stundenlohnsatzes, der durchschnittlich in einem Sektor an einen abhängigen Erwerbstätigen gezahlt wird. Die hier fehlende Unterscheidung nach Berufsgruppen ist vertretbar, denn grundsätzlich können sich zwar die relativen Löhne einer Facharbeitergruppe gegenüber einer anderen ändern, innerhalb einer Branche wird aber die Entwicklung der Löhne aller Fachkräfte gemeinsam verlaufen[1]. Dies ist darauf zurückzuführen, daß die Nachfrage nach Arbeitskräften innerhalb einer Branche auf alle Qualifikationen gleichermaßen einwirkt und Löhne von den nach Industriezweigen organisierten Tarifpartnern nicht für die einzelnen Berufsgruppen getrennt, sondern für alle Arbeitskräfte einer Branche gleichzeitig ausgehandelt werden[2].

Abhängige Variable ist der effektive Lohnsatz, von dem in unserem Modell direkte Einflüsse auf die Preise, die Faktornachfrage und das Einkommen aus unselbständiger Arbeit ausgehen. In manchen Untersuchungen wird dagegen die Differenz zwischen Effektiv- und Tariflohn, die Lohndrift, als die zu erklärende Größe betrachtet[3]. Der Effektivlohn ergibt sich dann oft durch die Summe von exogen vorgegebenem Tariflohn und endogen erklärter Lohndrift. Diese Vorgehensweise hat den Vorteil, daß einerseits der Effektivlohn eine endogene Variable ist, andererseits aber auch die Effekte

---

1 Diese Behauptung läßt sich mit einer Ausnahme empirisch nicht verwerfen. Die Ausnahme betrifft die unterste Lohngruppe, deren Abstand zu den oberen Lohngruppen im Zeitablauf abgenommen hat; vgl. dazu W. FRANZ (1982), S. 49, G.L. PERRY (1974), S. 112.

2 Für eine empirische Untersuchung der sektoralen Lohnstruktur vgl. auch E. v. KNORRING (1978).

3 Auf diese Weise gehen z.B. H. KÖNIG, V. TIMMERMANN (1962) und W. FRANZ (1974) vor.

alternativer tarifpolitischer Maßnahmen analysiert werden können. Eine Differenzierung zwischen Effektiv- und Tariflohnsatz war allerdings aufgrund des fehlenden statistischen Datenmaterials hier nicht möglich[1]. Dies bedeutet allerdings nicht, daß in unserem Modell die Möglichkeit der Beeinflussung des Effektivlohnes durch die gewerkschaftliche Lohnpolitk ausgeschlossen wäre[2].

In den Regressionsansätzen wird nicht das absolute Niveau, sondern die Wachstumsrate des Lohnsatzes als abhängige Variable verwendet. Damit soll der Vorgehensweise in Lohnverhandlungen, in denen Lohnsteigerungsraten ausgehandelt werden, entsprochen werden. Außerdem wird bei Verwendung von Wachstumsraten das Problem der Multikollinearität der unabhängigen Variablen reduziert. Da im Modell aber das absolute Lohnniveau z.B. zur Berechnung des Einkommens aus unselbständiger Arbeit benötigt wird, werden die Lohnwachstumsraten, wie dies auch bei den Preisgleichungen geschehen ist[3], in folgender Weise umgerechnet:

$$(1) \quad L = \frac{L_{-1}}{100} \hat{L} + L_{-1},$$

worin L das Lohnniveau und $\hat{L}$ die durch die Lohnfunktion geschätzte Lohnwachstumsrate bedeuten.

In der wirtschaftswissenschaftlichen Literatur fehlt es an einer die wichtigsten Faktoren der Lohnbildung umfassenden und theoretisch fundierten Konzeption, die für die Formulierung von Ansätzen zur Schätzung der Lohnfunktionen herangezogen werden könnte[4]. Die Ableitung der Lohnfunktionen erfolgt deshalb auf der Grundlage allgemeiner lohntheoretischer Vorstellungen, die uns zu bestimmten, die Lohnentwicklung determinierenden Schlüsselvariablen führen. Für eine sektoral differenzierte Analyse ist es allerdings aus Datengründen unvermeidbar, einige der theoretisch denk-

---

1 Statistische Angaben für die tariflichen Stundenlöhne liegen in der benötigten sektoralen Gliederung nur als Indexwerte vor.

2 Diese kann dadurch berücksichtigt werden, indem in der Lohnfunktion Zu- bzw. Abschläge auf die Effektivlöhne eingeführt werden.

3 Vgl. S. 133.

4 In der Literatur findet man lediglich partielle Theorien, die sich mit bestimmten Teilaspekten der Lohnbildung beschäftigen; vgl. K. SCHLOENBACH (1972) für eine Übersicht.

baren Einflußfaktoren unberücksichtigt zu lassen. Wegen der hohen Interkorrelation der hierbei in Betracht kommenden Variablen wäre dies aus ökonometrischen Gründen auch gar nicht möglich, vom methodologischen Standpunkt aus gesehen außerdem unvernünftig[1]. Es ist deshalb nicht verwunderlich, daß in ökonometrischen Untersuchungen wenige, oft nur zwei, Variablen ausreichen müssen, die Lohnentwicklung zu erklären.

In nahezu allen Untersuchungen wird die Bedeutung der Arbeitsmarktsituation für die Lohnbildung hervorgehoben. Bei angespanntem Arbeitsmarkt, d.h. einer im Vergleich zum Arbeitsangebot hohen Arbeitsnachfrage, sind die Arbeitgeber eher bereit, hohen Lohnforderungen der Gewerkschaften nachzugeben als bei einer entspannten Arbeitsmarktsituation, in der hohe Arbeitslosigkeit herrscht[2].

In aggregierten empirischen Analysen wird meistens die Arbeitslosigkeit als Maß für die Arbeitsmarktsituation verwendet[3]. Für eine sektoral disaggregierte Analyse müßte dagegen eine Variable konstruiert werden, welche die für die Unternehmen eines Sektors spezifische Arbeitsmarktsituation beschreibt. Diese ist mit der gesamtwirtschaftlichen Arbeitsmarktlage oft nicht identisch. Zum Beispiel kann aufgrund einer sektoral differenziert verlaufenden Konjunktur die Arbeitsnachfrage eines Sektors niedrig sein, während in der Gesamtwirtschaft eine relativ angespannte Arbeitsmarktsituation vorherrscht. Auf der anderen Seite kann für die Unternehmen eines Sektors selbst bei hoher gesamtwirtschaftlicher Arbeitslosigkeit der Arbeitsmarkt angespannt sein, weil das vorhandene Arbeitsangebot nicht die benötigte fachliche Qualifikation besitzt. Die Arbeitslosigkeit in der Gesamtwirtschaft ist deshalb als Erklärungsgröße für die sektorale Lohnbildung ungeeignet. Es müßten sektorale Arbeitslosigkeitsziffern in die Lohnfunktion einbezogen werden, für die es allerdings in der Statistik

1 Vgl. O. ECKSTEIN, A.T. WILSON (1974), S. 133.

2 Für eine weitergehende Begründung vgl. z.B. G.L. PERRY (1974), S. 117.

3 Als Meßgröße für die Arbeitslosigkeit werden z.B. die Zahl der Arbeitslosen und die Arbeitslosenquote verwendet.

keine Angaben geben kann[1].

Berücksichtigt man aber, daß die Nachfrage nach Arbeit mit der Produktion eng verbunden ist, so kann die Anspannung des Arbeitsmarktes auch durch die Produktion, oder besser noch, durch den Auslastungsgrad des Produktionspotentials gemessen werden[2]. Die Einbeziehung einer Auslastungsvariablen in die Lohnfunktion läßt sich außerdem wie folgt begründen: Sind die Produktionskapazitäten aufgrund einer starken Güternachfrage gut ausgelastet, können die Kosten höherer Löhne leichter auf die Preise überwälzt werden und die Bereitschaft der Unternehmen, hohe Lohnsteigerungen zu gewähren, nimmt zu. Der sektorale Auslastungsgrad des Produktionspotentials CU_j ist deshalb die erste erklärende Variable in der Lohnfunktion.

Das zweite Argument, das in kaum einer empirischen Lohnfunktion fehlt, sind die Lebenshaltungskosten. Die Begründung hierfür ist, daß die Gewerkschaften die Reallöhne ihrer Mitglieder sichern wollen und deshalb versuchen werden, mindestens Lohnsteigerungen in Höhe der erwarteten Inflationsrate durchzusetzen. Steigende Lebenshaltungskosten werden sie in ihrer Forderung bestärken. Auf der anderen Seite sind die Arbeitgeber in Zeiten hoher Inflationsraten bereit, den Lohnforderungen nachzugeben, da sie bei gegebenen Preiselastizitäten der Nachfrage die gestiegenen Lohnkosten über Preiserhöhungen ihrer Produkte wieder ausgleichen können. Der Konsumgüterpreisindex PC ist deshalb die zweite erklärende Variable, die wir in die Lohnfunktion einbeziehen werden.

Es kann eingewendet werden, daß durch den gesamtwirtschaftlichen Konsumgüterpreisindex die Fähigkeit der Unternehmen einer Branche, die Lohnsteigerungen aus dem Ertrag zu finanzieren und damit auch ihre Bereitschaft, die Reallohnsicherung zu akzeptieren, zu wenig zum Ausdruck gebracht wird. Hierzu wären z.B. der Preisindex für

---

1 Da ein Arbeitsloser mit einem bestimmten Beruf in der Regel in verschiedene Branchen eingesetzt werden kann, ist die Berechnung einer "sektoralen" Arbeitslosigkeit nicht möglich.

2 Perry verwendet in seiner Untersuchung für die Anspannung des Arbeitsmarktes die Differenz zwischen tatsächlicher und potentieller Produktion; vgl. G.L. PERRY (1975), S. 407.

die Wertschöpfung oder für den Beitrag zum Bruttoinlandsprodukt eines Sektors besser geeignet[1]. Auch die Wertschöpfung selbst oder eine ihrer Komponenten, wie z.B. das sektorale Einkommen aus Unternehmertätigkeit und Vermögen oder die Gewinne könnten hierfür herangezogen werden. Die ökonometrischen Tests mit einigen dieser Variablen waren allerdings entmutigend. Die Gründe hierfür sind, daß sowohl die Wertschöpfung und ihre Komponenten als auch die verschiedenen Preisindices mit dem im Modell bereits erfaßten Auslastungsgrad und dem Konsumgüterpreisindex hoch korreliert sind[2].

Aus demselben Grund erbrachten auch die Tests mit der Arbeitsproduktivität als zusätzliche erklärende Variable für die Lohnbildung keine zufriedenstellenden Ergebnisse[3]. Sie ist stark korreliert mit dem Kapazitätsauslastungsgrad, so daß beide Variablen nur alternativ in die Lohnfunktion einbezogen werden können. Aufgrund der besseren Werte für die statistischen Testkriterien haben wir uns schließlich für den Auslastungsgrad als Erklärungsgröße entschieden.

Die im Modell schließlich verwendeten Lohnfunktionen haben somit folgende Form:

$$(2)\quad \hat{L}_j = a_{o,j} + a_{1,j}\, CU_j + a_{2,j}\, \hat{PC}$$

Dieser Ansatz wurde für die Sektoren 1 bis 12 geschätzt. Für Sektor 13 wurde CU_j weggelassen, da in diesem Sektor die Produktionskapazität annahmegemäß immer voll ausgelastet ist. Für Sektor 14 wurde eine direkte Abhängigkeit von der Lohnentwicklung in Sektor 13 unterstellt.

Die Schätzergebnisse sind in <u>Tabelle 7</u> des Anhangs F enthalten. Es sind nur die Resultate ohne Absolutglied aufgeführt, da der Schätzwert für $a_{o,j}$ in allen Fällen insignifikant war. Ein Wert

---

1 Aus diesem Grunde verwenden G.L. PERRY (1975) den Preisindex für die Wertschöpfung, R.J. GORDON (1981) den für das Bruttoinlandsprodukt als erklärende Variable.

2 In den erwähnten Untersuchungen von Perry und Gordon treten die verwendeten Preisindices deshalb auch an die Stelle des Konsumgüterpreisindex; vgl. auch die ausführliche Begründung für die in empirischen Untersuchungen festgestellte Insignifikanz der Profitvariablen bei M.K. EVANS (1969), S. 269 f. (Fortsetzung der Fußnoten nächste Seite)

für $\bar{R}^2$ wird deshalb nicht ausgewiesen. Der Koeffizient der Auslastungsgradvariablen ist in allen Sektoren gut gesichert, der Einfluß der Inflationsrate ist außer in zwei Sektoren hoch signifikant. Die DW-Statistik deutet in einigen Sektoren auf eine negative bzw. positive Autokorrelation hin. Jedoch brachte die in diesen Fällen durchgeführte Autokorrelationsbereinigung erster Ordnung sogar eine Verschlechterung der Ergebnisse. Möglicherweise liegt eine Autokorrelation höherer Ordnung vor, was hier aber nicht geprüft werden konnte.

Der Durchschnittswert von $\alpha_{2,j}$ beträgt ungefähr Eins, was gesamtwirtschaftlich betrachtet auf Reallohnsicherung hindeutet. Allerdings weichen die sektoralen Koeffizienten zum Teil erheblich von Eins ab. Dies dürfte darauf zurückzuführen sein, daß die Werte für $\alpha_{2,j}$ nicht nur zum Ausdruck bringen, inwieweit die Löhne an Preissteigerungen angepaßt werden, sondern auch noch den Einfluß anderer Variablen, wie z.B. der Profitrate, repräsentieren, die mit der Inflationsrate korreliert, aber in der Lohnfunktion nicht explizit erfaßt sind.

Aufgrund der Parameterschätzwerte allein könnte auf einen vergleichsweise geringen Einfluß von CU_j geschlossen werden. Dabei wird allerdings die unterschiedliche Größenordnung der Variablen nicht berücksichtigt. So ist eine Variation der Inflationsrate um einen Prozentpunkt, die z.B. 1974 einer um 12 vH geänderten Preissteigerungsrate entspricht, einer Veränderung der Kapazitätsauslastung um durchschnittlich ungefähr 10 Punkte äquivalent[1]. Der Koeffizient $\alpha_{1,j}$ ist deshalb mit 10 zu multiplizieren, wenn man den Einfluß von CU_j und PC miteinander vergleichen will. Bei dieser Rechnung ergibt sich ein im Durchschnitt um nur ein Drittel niedrigerer Einfluß der Kapazitätsauslastungsvariablen auf die Lohnentwicklung.

Fortsetzung der Fußnoten von S. 143

3 Für eine Begründung der Arbeitsproduktivität als Lohndeterminante vgl. z.B. E. KUH (1974).

1 10 Punkte Veränderung im Kapazitätsauslastungsgrad entsprechen im Durchschnitt aller Sektoren einer relativen Veränderung für 1974 von rund 12 vH.

5.4 Zinsgleichung

Die Verbindung zwischen dem realen und monetären Bereich des Modells wird über den modellendogenen Zinssatz, die Emissionsrendite festverzinslicher Wertpapiere, hergestellt. Als eine der Determinanten der Kapitalnutzungskosten beeinflußt dieser Zinssatz die Investitionsgüternachfrage, aber auch, über die relative Veränderung der Faktorpreise, die Nachfrage nach Arbeitskräften.

Das Modell enthält keinen differenziert ausgebauten monetären Teil, sondern lediglich eine Zinsfunktion, die als die reduzierte Form eines Gleichungssystems für den monetären Bereich betrachtet werden kann[1]. Die allgemeine Form der Zinsgleichung lautet:

(1) $RF = f(M, T, RD, S)$

Darin bedeuten RF die Emissionsrendite festverzinslicher Wertpapiere, M eine Geldmengengröße, T eine Transaktionsgröße, RD eine geldpolitische Instrumentvariable, hier der Diskontsatz, und S die Verschuldung des Staates im privaten Bereich[2].

Um (1) ökonometrisch bestimmen zu können, stellt sich zunächst die Frage, wie M, T und S gemessen werden sollen. Zur Messung von M kann grundsätzlich jede der Geldmengengrößen in der Abgrenzung von M1, M2, M3 oder die Zentralbankgeldmenge bzw. monetäre Basis herangezogen werden. Aus theoretischer Sicht wäre der Zentralbankgeldmenge bzw. der monetären Basis der Vorzug zu geben[3]. Aufgrund der ökonometrischen Tests haben wir uns aber für die Geldmenge M1 entschieden, mit der sich die besseren Schätzresultate ergeben haben.

---

1 Vgl. zur Ableitung z.B. G. DIECKHEUER (1974/75) und M.J.M. NEUMANN (1977).

2 Vgl. auch G. DIECKHEUER (1974/75), S. 395 ff. und G. DIECKHEUER (1976), S. 431 ff. für Einzelheiten.

3 Vgl. G. DIECKHEUER (1974/75), S. 396 f.

Als Transaktionsgröße wird in den meisten ökonometrischen Untersuchungen das Bruttoinlandsprodukt oder Bruttosozialprodukt herangezogen. Gegen die Verwendung dieser Größen können mehrere Einwände geltend gemacht werden. Erstens wird mit ihnen nur ein Teil des Handelsvolumens einer Volkswirtschaft erfaßt, da z.B. alle mit der Erstellung von Vorleistungen zu tätigenden Transaktionen unberücksichtigt bleiben[1]. Zweitens wird nicht berücksichtigt, daß es auch bei konstantem Sozialprodukt allein durch Strukturveränderungen in der Endnachfrage zu Variationen des Handelsvolumens und damit des Geldbedarfs kommen kann[2]. Drittens werden außenwirtschaftliche Einflüsse auf das Transaktionsvolumen durch eine Sozialproduktgröße nur unzureichend erfaßt[3]. Zum Beispiel verändern steigende Importmengen und/oder Importpreise weder den realen noch den nominellen Wert des Bruttoinlandsprodukts, da die Importe in dieser Größe nicht enthalten sind. Dennoch werden die Importeure und die Käufer von importierten Endnachfrageprodukten bei konstantem Zinssatz und Sozialprodukt einen höheren Betrag an Kasse halten wollen, da der Wert ihrer Transaktionen gestiegen ist. Auf der anderen Seite erhöht ein steigender Exportwert das Sozialprodukt, ohne daß sich dadurch die inländische Geldnachfrage verändern muß. Investoren und Konsumenten im Inland werden z.B. bei steigenden Exportpreisen keine Veranlassung haben, ihre Kassenhaltung zu erhöhen, da der Wert ihrer Transaktionen durch diese Preisänderung nicht tangiert wird.

Diesen Einwänden wird dadurch zu begegnen versucht, indem anstelle einer Sozialproduktgröße der gesamte nominale Bruttoproduktionswert XN der Volkswirtschaft, vermindert um die nominalen Exporte EN und vermehrt um die nominalen Importe MN, als Transaktionsvariable verwendet wird. Die jeweiligen nominellen Werte werden herangezogen, um die geschilderten Preiseffekte berücksichtigen zu können.

---

1 Vgl. dazu auch M. BORCHERT (1982), S. 75.

2 Vgl. ebenda, S. 76.

3 Vgl. dazu auch J.L. PIERCE, J.J. ENZLER (1974), S. 16.

Als Indikator für die Verschuldung des Staates im privaten Bereich verwenden wir die Differenz zwischen den gesamten Einnahmen und Ausgaben bzw. den Finanzierungssaldo des Staates FS. Diese Größe ist hoch korreliert mit der Nettokreditaufnahme des Staates, die wiederum in enger Beziehung zur staatlichen Schuldenaufnahme bei den Privaten steht. Wir erhalten damit folgende Zinsgleichung:

$$(2)\ RF = a_0 + a_1\ M1 + a_2\ (XN + MN - EN) + a_3\ RD + a_4\ FS$$

$$\text{mit } a_1,\ a_4 < 0;\quad a_2,\ a_3 > 0$$

Es könnte der Einwand geltend gemacht werden, daß die Wirkung staatlicher Ausgabenveränderungen auf den Zinssatz in (2) zweimal erfaßt wird, und zwar einmal durch die Größe XN und zum anderen durch FS. Der staatliche Bruttoproduktionswert wäre deshalb aus XN zu eliminieren. Dann würde aber unberücksichtigt bleiben, daß auch von einem ausgeglichenen staatlichen Budget Zinseffekte ausgehen können. So wird z.B. bei einer Finanzierung staatlicher Ausgabenerhöhungen durch entsprechende Steuererhöhungen, d.h. FS bleibe im Ausgangspunkt unverändert, ein Druck auf den Zinssatz ausgeübt, da die Erhöhung der Steuern ceteris paribus zu einer Zunahme der Kreditnachfrage der Privaten führen würde.

Die hohe Interkorrelation zwischen M1 und der Transaktionsgröße verhindert, daß diese beiden Variablen getrennt in die Zinsgleichung aufgenommen werden können. Hinzu kommt, daß die geringe Anzahl von Freiheitsgraden, die zur Schätzung von (2) zur Verfügung stehen, keine gesicherten Ergebnisse zuläßt[1]. Wir haben deshalb anstelle von (2) folgenden Ansatz gewählt:

$$(3)\ RF = b_0 + b_1\ (XN + MN - EN)/M1 + b_2 RD + b_3\ FS \qquad \text{mit } b_1, b_2 > 0;\ b_3 < 0$$

---

1 Aus diesem Grund ist auch der Versuch gescheitert, durch Verwendung preisbereinigter erklärender Variablen und explizite Einführung einer Preisvariablen den Einfluß von Preiseffekten (Preiserwartungen) auf den Zinssatz zu isolieren; vgl. dazu z.B. R.S. PINDYCK (1973), S. 49, M.J.M. NEUMANN (1977).

Hierin kann die Interkorrelation zwischen der Transaktions- und Geldmengenvariablen nicht mehr stören. Außerdem wurde gegenüber (2) ein Freiheitsgrad dazugewonnen, allerdings unter Inkaufnahme der einschränkenden Annahme, daß Transaktionsgröße und Geldmenge absolut gleich stark auf den Zins einwirken: Eine Veränderung der Transaktionsgröße erfordert eine gleich große Veränderung der Geldmenge, wenn der Zinssatz unverändert bleiben soll[1].

Das Schätzergebnis für (3) lautet:

$$(3') \quad RF = \underset{(9.7)}{0.5498} \, (XN + MN - EN)/M1 + \underset{(3.1)}{0.3124} \, RD - \underset{(2.4)}{0.00003247} \, FS$$

$$\rho = \underset{(4.2)}{0.7494}$$

$$DW = 1.031$$

$$SER = 0.4027$$

Alle Koeffizienten haben das richtige Vorzeichen und sind gesichert. Ein Absolutglied war nicht signifikant. Die DW-Statistik zeigt an, daß die Autokorrelation der Residuen mit dem hier angewandten Verfahren nicht ganz ausgeschaltet werden konnte.

Die in Tabelle II.2 aufgeführten Elastizitäten geben Aufschluß über die relative Bedeutung der einzelnen Einflußfaktoren für die Entwicklung des Zinsniveaus. Von quantitativ größter und, wegen der gewählten Form der Zinsgleichung, gleich großer Bedeutung sind die Transaktions- und Geldmengenvariablen. Der vergleichsweise geringe Einfluß des Finanzierungssaldos entspricht der untergeordneten Rolle, die in den Jahren vor 1974 die Staatsverschuldung für die Zinsentwicklung in der Bundesrepublik Deutschland gespielt haben dürfte[2].

---

1 Damit ist im Grunde eine proportionale Beziehung zwischen Geldnachfrage und Transaktionsgröße unterstellt, die sich in allen empirischen Geldnachfragefunktionen nicht verwerfen läßt; vgl. dazu z.B. G. DIECKHEUER (1974/75).

2 Vgl. dazu auch das ähnliche Resultat bei K.-H. KETTERER, R. VOLLMER (1981), S. 100.

Tabelle II.2: Zinselastizitäten

Elastizität des Zinses in bezug auf			
XN+MN-EN	M1	RD	FS
0.69	-0.69	0.21	-0.040

5.5 Sonstige Bestimmungsgleichungen

Die restlichen im Modell verwendeten Güter- und Faktorpreise werden durch definitorische Gleichungen bestimmt. Zur Berechnung der Kapitalnutzungskosten, Determinante der Faktornachfrage, werden Preisindices für die Investitionsgüter nach 12 investierenden Unternehmensbereichen benötigt. Der Preisindex für die von Sektor j investierten Güter ist definiert als[1]:

$$(1)\quad PIU_j = \frac{\sum_{i=1}^{12} P_i I_{ij} + PMI \cdot I_{Mj}}{IU_j}$$

Wird für $I_{ij}/IU_j = b_{ij}$ gesetzt, erhält man daraus:

$$(2)\quad PIU_j = \sum_{i=1}^{12} b_{ij} P_i + b_{Mj} \cdot PMI$$

Die Kapitalnutzungskosten werden dann wie folgt definiert:

$$(3)\quad UC_j = PIU_j(RF + \delta_j)$$

Die in den Preisfunktionen für Inlandslieferungen der Sektoren 13 und 14 als erklärende Variablen auftretenden Preisindices für alle von diesen Sektoren empfangenen Vorleistungen berechnen sich als:

$$(4)\quad PVS = \sum_{i=1}^{14} \hat{a}_{i,13} P_i + \hat{a}_{M,13} PMV_{13}$$

---

1 Für die Variablen- und Koeffizientenbezeichnung vgl. das Symbolverzeichnis im Anhang E.

$$(5)\ PVO = \sum_{i=1}^{14} \hat{a}_{i,14}\ P_i + \hat{a}_{M,14}\ PMV_{14}$$

Die Lohnkosten, Determinante in den Faktornachfragefunktionen und Komponente des Einkommens aus unselbständiger Arbeit, setzen sich zusammen aus dem Stundenlohnsatz und den geleisteten Arbeitsstunden je Arbeitnehmer:

$$(6)\ W_j = L_j\ H_j$$

Schließlich wird noch der Preisindex für private Konsumgüter benötigt, der als Determinante in den Konsumfunktionen respektive Lohnsatzfunktionen auftritt:

$$(7)\ PC = (CPN/CPR)$$

6. Bestimmungsgleichungen für die nominalen Größen

Ein Teil der im Modell verwendeten Variablen, wie z.B. die Einkommen aus unselbständiger Arbeit und aus Unternehmertätigkeit und Vermögen, ferner die Steuern und Transferausgaben des Staates werden hier ausschließlich als nominale, d.h. in laufenden Preisen gemessene Größen formuliert. Ein anderer Teil von Bestimmungsgleichungen dient dazu, reale Größen mit Hilfe von Preisen in nominale Größen zu transformieren. Dies ist z.B. im Falle der staatlichen Konsum- und Investitionsausgaben notwendig, da der nominale Finanzierungssaldo des Staates als Bestimmungsgrund in der Zinsgleichung erscheint. Außerdem dürfte es sinnvoller sein, die nominalen und nicht die realen Ausgabenwerte des Staates als Instrumentvariablen zu betrachten. Auch die für einige dieser Variablen aufzustellenden funktionalen Beziehungen, wie z.B. die Steuerfunktionen, werden besser in nominalen Größen formuliert.

6.1 Funktionen für die Steuereinnahmen und Transferausgaben des Staates

Bei den Steuern unterscheiden wir zwischen den direkten Steuern auf die Einkommen aus unselbständiger Arbeit und aus Unternehmertätigkeit und Vermögen und den indirekten Steuern. In den direkten Steuern sind die Beiträge zur Sozialversicherung der Arbeitnehmer und Arbeitgeber enthalten, von den indirekten Steuern die Subventionen abgezogen. Die Transferzahlungen des Staates umfassen alle laufenden Übertragungen des Staates an die privaten Haushalte.

Eine sektorale Differenzierung der Steuerarten ist im Modell einerseits aus statistischen Gründen nicht möglich (direkte Steuern), andererseits nicht nötig (indirekte Steuern), da Modellspezifikationen, die eine Differenzierung erforderlich gemacht hätten, den ökonometrischen Tests nicht standhielten[1]. So ist auch dieser Teilbereich des Modells wie der Geldmarkt, der lediglich durch die Zinsgleichung repräsentiert wird, noch relativ stark aggregiert. Diese aus den genannten Gründen zum Teil auch erzwungene Vereinfachung muß hier aber zugunsten der differenzierteren Behandlung anderer Modellteile in Kauf genommen werden.

6.1.1 Steuern auf Einkommen aus unselbständiger Arbeit

Die direkten Steuern der Arbeitnehmer sind hier mit der Lohnsteuer identisch, die unmittelbar von der Höhe des Bruttoeinkommens aus unselbständiger Arbeit AE abhängen dürfte. Auch für die Sozialversicherungsbeiträge der Arbeitgeber und Arbeitnehmer kann eine Abhängigkeit vom Bruttoeinkommen unterstellt werden. Wegen des in der Bundesrepublik geltenden Abzugsverfahrens ist kein Einfluß einer zeitverzögerten Einkommensvariablen auf die Lohnsteuer und Sozialversicherungsbeiträge der laufenden Periode zu erwar-

1 Eine sektorale Differenzierung der indirekten Steuern hätte z.B. dann vorgenommen werden müssen, wenn sich der Einfluß der indirekten Steuersätze in den Preisfunktionen und der sektoralen Einkommen aus Unternehmertätigkeit und Vermögen in den Investitionsfunktionen als signifikant erwiesen hätten.

ten[1]. Für die Summe aus Lohnsteuer und Sozialversicherung TDA ergibt sich dann folgende Gleichung:

(1) $TDA = a_0 + a_1 \; AE$

und als Schätzergebnis für (1):

(1') $TDA = \underset{(6.9)}{-52710.8} + \underset{(28.1)}{0.4749} \; AE$

$\rho = \underset{(4.9)}{0.7959}$

$DW = 2.038$

$\bar{R}^2 = 0.998$

$SER = 2342.6$

Aus statistischer Sicht ist die Schätzung voll befriedigend. Aufgrund des negativen Wertes für das Absolutglied ergibt sich aus der Schätzfunktion eine mit steigendem Einkommen zunehmende durchschnittliche Belastung des Bruttoeinkommens aus unselbständiger Arbeit durch Steuern und Abgaben an die Sozialversicherung. Dieses Ergebnis war wegen der progressiven Ausgestaltung der Besteuerung zu erwarten. Die durchschnittliche Abgabenbelastung des Bruttoeinkommens war 1974 38.2 vH. Sie wird durch die Funktion mit 37.8 vH nur um 0.4 vH unterschätzt.

6.1.2 Steuern auf Einkommen aus Unternehmertätigkeit und Vermögen

Bei den öffentlichen Abgaben auf das Einkommen aus Unternehmertätigkeit und Vermögen handelt es sich um die direkten Steuern der Unternehmen mit eigener Rechtspersönlichkeit und der privaten Haushalte und privaten Organisationen ohne Erwerbscharakter und um ähnliche Abgaben an den Staat, wie z.B. die Sozialversicherungsbeiträge der Selbständigen (Pflicht- und freiwillige Beiträge). Als Bestimmungsgrund dieser Abgaben TDU wird das

1 Der hohe Autokorrelationskoeffizient in (1') ist deshalb wohl eher auf die Nichtberücksichtigung möglicher weiterer Einflußfaktoren zurückzuführen, und zwar trotz des hohen Wertes für $\bar{R}^2$, dessen Ursache die vorliegende Trendkorrelation ist.

Bruttoeinkommen aus Unternehmertätigkeit und Vermögen UE betrachtet. Es stellt sich die Frage, ob die Einkommensvariable auch zeitverzögert oder sogar anstelle der Einkommensgröße der laufenden Periode in die Gleichung einbezogen werden soll, da unterstellt werden kann, daß zumindest ein Teil der Steuerzahlungen erst mit einer zeitlichen Verzögerung geleistet wird. Eine solche Lagbeziehung erwies sich jedoch als statistisch nicht signifikant. Im Modell wurde deshalb folgende Funktion verwendet:

(2) $TDU = a_1\ UE$

Es wurde auch die inhomogene Version von (2) geschätzt, jedoch war das Absolutglied nicht gegen Null gesichert. Das Schätzresultat für (2) ist:

(2') $TDU = \underset{(20.2)}{0.2215}\ UE$ $\qquad \rho = \underset{(3.5)}{0.6785}$

$DW = 1.663$

$SER = 2447.99$

6.1.3 Indirekte Steuern abzüglich Subventionen

Die indirekten Steuern abzüglich Subventionen TI wurden zu dem nominellen Wert des Bruttoinlandsprodukts YMN in Beziehung gesetzt. Natürlich ist es problematisch, für die unterschiedlichen indirekten Steuerarten mit unterschiedlichen Bemessungsgrundlagen eine einzige Funktion zu schätzen, dennoch hat in bisherigen empirischen Untersuchungen eine einfache lineare Beziehung brauchbare Ergebnisse erbracht:

(3) $TI = a_0 + a_1\ YMN$

Auch hier ergab sich für den Ansatz mit der zeitverzögerten Bruttoinlandsproduktgröße als Erklärungsvariable kein statistisch gesichertes Ergebnis. Für (3) erhielten wir folgendes Schätzresultat:

$$(3') \quad TI = \underset{(11.7)}{11201.7} + \underset{(67.9)}{0.1048}\, YMN \qquad \begin{aligned} \rho &= -\underset{(2.4)}{0.5427} \\ DW &= 2.241 \\ \bar{R}^2 &= 0.994 \\ SER &= 1834.43 \end{aligned}$$

Aus dieser Gleichung errechnet sich für 1974 eine durchschnittliche indirekte Steuerbelastung (abzüglich Subventionen) des Bruttoinlandsprodukts von 11.6 vH. Dieser Betrag liegt um nur 0.3 vH über dem tatsächlichen Wert von 11.3 vH.

6.1.4 Transferausgaben des Staates

Die öffentlichen Transferausgaben TR umfassen in unserem Modell alle laufenden Übertragungen des Staates an die privaten Haushalte. Dazu gehören die Geldleistungen der Sozialversicherung, öffentliche Pensionen und die Leistungen der Gebietskörperschaften[1]. Die Rentenzahlungen, öffentlichen Pensionen und die Geldleistungen der Arbeitslosenhilfe machen den größten Teil der Transferzahlungen aus. Es darf davon ausgegangen werden, daß diese Zahlungen teilweise von der allgemeinen Einkommensentwicklung abhängen. Die Rentenzahlungen sind z.B. sogar gesetzlich direkt mit der Entwicklung des Arbeitnehmereinkommens zeitverzögert gekoppelt. Zur Berücksichtigung dieses Effektes wird das Einkommen aus unselbständiger Arbeit als Determinante in die Funktion für die öffentlichen Transferausgaben einbezogen. Die zu leistenden Rentenzahlungen hängen aber auch vom Altersruhegeldsatz[2] ALTU und dem Rentenbestand RENT ab, die Zahlungen an die Arbeitslosen von dem Unterstützungssatz eines Arbeitslosen ALU und der Zahl der registrierten Arbeitslosen ALR selbst. Die getrennte Einbeziehung dieser Variablen in die Transferausgabenfunktion ist allerdings nicht möglich, da sich aufgrund der zu geringen Anzahl von Freiheitsgraden keine

---

1 Für eine weitere Untergliederung dieser Positionen sei auf die Statistik verwiesen; vgl. Quelle IV a, Tabelle B.24.

2 Zur Definition der im folgenden verwendeten Variablen vgl. das Symbolverzeichnis im Anhang E und die dort angegebenen statistischen Quellen.

gesicherten Schätzwerte für die Koeffizienten ergeben. Um dennoch alle genannten Einflußfaktoren berücksichtigen zu können, wurde folgende Schätzgleichung getestet:

$$(4)\quad TR = a_0 + a_1\,AE + a_2\,(ALTU \cdot RENT) + a_3\,(ALU \cdot ALR)$$

Als Schätzresultat ergab sich hierfür:

$$(4')\quad TR = \underset{(2.5)}{-13909.7} + \underset{(15.5)}{0.1944}\,AE + \underset{(3.1)}{0.09525}\,(ALTU \cdot RENT) + \underset{(5.2)}{0.3997}\,(ALU \cdot ALR)$$

$$\rho = \underset{(1.1)}{0.2836}$$

$$DW = 1.940$$

$$\bar{R}^2 = 0.998$$

$$SER = 1368.06$$

Der Autokorrelationskoeffizient ist nicht gegen Null gesichert. Dennoch wird (4') im Modell verwendet, da die Version ohne Autokorrelationsbereinigung einen unbefriedigenden Wert für die DW-Statistik ergab.

Für einen gegebenen Unterstützungssatz ALU kann aus (4') die Transferzahlung bestimmt werden, die der Staat einem zusätzlichen Arbeitslosen in einem Jahr zu zahlen hat. Sie beträgt für 1974 (ALU = 47.81 vH) rd. 19 000 DM je Arbeitslosen, eine für dieses Jahr plausible Summe. Andererseits läßt sich für eine gegebene Arbeitslosenzahl errechnen, um wieviel sich die Transferausgaben ändern, wenn der Unterstützungssatz um einen Prozentpunkt geändert wird. Für 1974 (ALR = 581 Tsd.) erhält man einen Betrag von 109 Mill. DM. Analog dazu können auch die Auswirkungen einer Veränderung des Altersruhegeldsatzes und des Rentenbestandes auf die Transferausgaben analysiert werden. Eine Veränderung von RENT um eine Einheit führt z.B. zu einer Veränderung der Transferausgaben um rd. 5 500 DM jährlich. Dieser Betrag erscheint etwas niedrig, weist doch die Statistik für dieses Jahr eine Zahlung von rd. 8 000 DM je Altersruhegeldempfänger aus[1].

---

1 Vgl. SACHVERSTÄNDIGENRAT (1982), Tabelle 17, S. 72.

Es ist jedoch zu beachten, daß es sich bei RENT nicht um die Zahl der Rentner handelt, sondern um die Rentenfälle, in denen auch die sog. Minirenten enthalten sind, welche die Rentenzahlungen insgesamt etwas drücken.

6.2 Sonstige Bestimmungsgleichungen

Die übrigen Bestimmungsgleichungen des nominalen Teils sind wieder definitorischer Art.

Zur Bestimmung des nominalen Bruttoinlandsprodukts werden zunächst die realen Komponenten der Endnachfrage mit Hilfe der Preise in nominale Größen transformiert[1]:

$$(1)\quad CPN = \sum_{i=1}^{14} CP_i \cdot P_i + MCP \cdot PMCP$$

$$(2)\quad IPN = \sum_{i=1}^{12} IP_i \cdot P_i + MIP \cdot PMI$$

$$(3)\quad CSN = CSR \cdot P_{13}$$

$$(4)\quad ISN = \sum_{k=1}^{9} ISFN_k$$

$$(5)\quad EN = \sum_{j=1}^{13} E_i \cdot PE_i + ME \cdot PME$$

$$(6)\quad MN = \sum_{\substack{j=1 \\ j \neq 13}}^{14} a_{Mj}\, X_j \cdot PMV_j + \hat{a}_{M13}\, ASGR \cdot PMV_{13}$$
$$+ MCP \cdot PMCP + (MIP + MIS)\, PMI + ME \cdot PME$$

Daraus folgt dann für den nominalen Wert des Bruttoinlandsprodukts:

---

1 Vgl. das Symbolverzeichnis des Anhangs E für die Variablenbezeichnungen.

(7) $YMN = CPN + IPN + CSN + ISN + EN - MN$

YMN ist erklärende Variable in der Funktion für die indirekte Steuer und wird zur Bestimmung des Einkommens aus Unternehmertätigkeit und Vermögen benötigt. Doch zunächst ist das Einkommen aus unselbständiger Arbeit zu bestimmen:

(8) $AE = \sum_{j=1}^{14} AE_j$,

wobei

(9) $AE_j = W_j \cdot AN_j$

Das Einkommen aus Unternehmertätigkeit und Vermögen berechnet sich dann als Restgröße:

(10) $UE = YMN - AE - TI - D$

Mit Hilfe von (10) wird die cash-flow-Variable

(11) $CF = UE - TDU + D$

bestimmt, die Determinante der privaten Investitionstätigkeit ist. Gleichung (12) definiert die (gewichtete) Einkommensvariable, die in die Konsumfunktionen eingeht:

(12) $QN = (AE - TDA) + 0.8\ (UE - TDU) + 1.1\ TR$

Die nächsten Gleichungen dienen der Bestimmung staatlicher Größen, die aus den bereits genannten Gründen im Modell (auch) nominal definiert sein müssen.

- Bruttoproduktionswert des Staates:

(13) $XN_{13} = AE_{13} + ASGN + DTIS$

- Sachkäufe des Staates:

(14) ASGN = ASGR · PVS

- Finanzierungssaldo des Staates:

(15) FS = TDA + TDU + TI - CSN - ISN - TR - UEB

- Investitionsausgaben des Staates nach Funktionsbereichen:

(16) $ISFN_k = ISFR_k \cdot PISF_k$

und da $PISF_k = \frac{ISFN_k}{ISFR_k} = \frac{\sum_{i=1}^{13} IS_{ik} \cdot P_i + IS_{Mk} \cdot PMI}{ISFR_k}$

$$= \sum_{i=1}^{13} g_{ik} P_i + g_{Mk} PMI$$

kann anstelle von (16) auch geschrieben werden:

(16') $ISFN_k = ISFR_k \left(\sum_{i=1}^{13} g_{ik} P_i + g_{Mk} PMI \right)$

Schließlich muß noch der nominale Bruttoproduktionswert der gesamten Volkswirtschaft definiert werden, der als Transaktionsgröße in der Zinsgleichung auftritt:

(17) $XN = \sum_{i=1}^{14} (X_i - E_i) P_i + \sum_{i=1}^{13} E_i \cdot PE_i$

7. Bestimmungsgleichungen für den Arbeitsmarkt

7.1 Sektorale Arbeitsnachfragefunktionen

Die Ableitung der Schätzgleichungen für die sektorale Arbeitsnachfrage erfolgt auf der Grundlage derselben theoretischen Modelle, die bereits zur Bestimmung der sektoralen Investitionsgüternachfrage verwendet wurden[1]. Zunächst wird wieder nach den Determinanten des optimalen Faktorbestands, hier des Arbeitseinsatzes, der Unternehmen gefragt. Da institutionelle, ökonomische und technologische Hemmnisse, wie z.B. Kündigungsschutzgesetze, Einarbeitungskosten und begrenzte Teilbarkeit des Faktors Kapital dazu führen, daß der optimale Arbeitsinput nur mit einer zeitlichen Verzögerung realisiert wird, ist dann im zweiten Schritt zu bestimmen, wie schnell die Anpassung erfolgt, d.h. die Lücke zwischen tatsächlichem und gewünschtem Arbeitsbestand geschlossen wird.

Alternative Funktionen für den gewünschten Arbeitseinsatz ET* sind bereits in Abschnitt 4.2.2 abgeleitet worden[2]. In linear approximierter Form lauten sie:

$$(1)\quad ET^* = a_0 + a_1 X + a_2 \frac{W}{P}$$

$$(2)\quad ET^* = b_0 + b_1 X + b_2 \frac{W}{UC} \qquad \text{mit } a_1, b_1 > 0;\ a_2, b_2 < 0$$

Die verzögerte Anpassung des tatsächlichen Arbeitsinputs ET an den gewünschten Bestand wird beschrieben durch:

$$(3)\quad ET - ET_{-1} = (1 - \lambda)\,(ET^* - ET_{-1}) \qquad (0 \leq \lambda < 1)$$

Für $\lambda = 0$ erfolgt innerhalb der Grundzeitperiode (ein Jahr) eine vollständige Anpassung. Wird ET* in (3) durch die Ausdrücke in

---

1 Vgl. Abschnitt 4.2.2.

2 Vgl. die Gleichungen (5) und (9) in Abschnitt 4.2.2.

(1) bzw. (2) ersetzt, so erhält man folgende sektorale Schätzgleichungen:

$$(4)\quad ET_j = (1 - \lambda_j)\, a_{o,j} + (1 - \lambda_j)\, a_{1,j}\, X_j + (1 - \lambda_j)\, a_{2,j} \frac{W_j}{P_j} + \lambda_j\, ET_{j,-1}$$

$$(5)\quad ET_j = (1 - \lambda_j)\, b_{o,j} + (1 - \lambda_j)\, b_{1,j}\, X_j + (1 - \lambda_j)\, b_{2,j} \frac{W_j}{UC_j} + \lambda_j\, ET_{j,-1}$$

Tabelle 8 im Anhang F enthält die Schätzgleichungen, die im Modell verwendet wurden. Für die Sektoren 1, 7, 9, 10 und 12 ergab Ansatz (4) die besten Ergebnisse, für die Sektoren 3 - 6 Ansatz (5). In drei Fällen (Sektoren 2, 8 und 14) haben wir die Variable W_j durch L_j ersetzen müssen, um zu akzeptablen Ergebnissen zu gelangen. Offenbar spielen in diesen Sektoren die geleisteten Stunden je Erwerbstätigen als Kostenfaktor nur eine im Vergleich zum Lohnsatz untergeordnete Rolle. Für den Sektor 13 wurde keine Funktion geschätzt, da wir die beim Staat beschäftigten Erwerbspersonen als Instrumentvariable betrachten wollen.

Die geschätzten Koeffizienten sind fast ausnahmslos gegen Null gesichert. Nur der Autokorrelationskoeffizient zeigt sich in einigen Fällen schwach signifikant. In den Sektoren 1 und 8 konnte kein signifikanter Einfluß des Outputs auf die Arbeitsnachfrage festgestellt werden. Dies erscheint für die Landwirtschaft (Sektor 1), die im Beobachtungszeitraum ihren Output aufgrund des starken technischen Fortschritts auch ohne zusätzliche Arbeitskräfte steigern konnte, unmittelbar einleuchtend.

Ein signifikanter Anpassungskoeffizient ergab sich für die Sektoren 2, 5, 7, 9 und 10. Der (ungewichtete) Durchschnittswert für λ_j ist 0.67. Das bedeutet, daß in diesen Sektoren durchschnittlich 33 vH der Lücke zwischen dem für die laufende Periode gewünschten Arbeitseinsatz und dem Bestand zu Beginn der Periode innerhalb eines Jahres geschlossen wird. In den restlichen Sektoren erfolgt innerhalb von 12 Monaten eine vollständige Anpassung.

Interessant sind noch folgende Eigenschaften der geschätzten Funktionen: Die Elastizität des Arbeitseinsatzes in bezug auf den Reallohn beträgt im Durchschnitt der Sektoren -0.54[1]. Eine Erhöhung des Reallohnsatzes um ein Prozent hätte demnach einen Rückgang der Erwerbstätigen von durchschnittlich rd. einem halben Prozent zur Folge. Allerdings schwanken die sektoralen Elastizitätswerte beträchtlich: Für die Bauwirtschaft (Sektor 9) erhalten wir mit -1.1 den (absolut) höchsten Wert, für die Landwirtschaft (Sektor 1) mit -0.24 den niedrigsten.

Die Elastizität der Arbeitsnachfrage in bezug auf den Output beträgt im Durchschnitt 0.66[2]. Eine einprozentige Erhöhung der Produktion bewirkt somit eine Zunahme der Arbeitsnachfrage von nur rd. 0.7 Prozent durchschnittlich. Die sektoralen Elastizitätswerte weichen wieder stark voneinander ab: Für den Sektor 9 (Bauwirtschaft) errechnet sich z.B. ein Wert von 0.84, für den Sektor 9 (Handel) ein Wert von 0.26.

7.2 Arbeitsnachfrage und Arbeitsangebot in beruflicher Gliederung

Mit dem bisher beschriebenen Modell kann simuliert werden, wie sich z.B. eine wirtschaftspolitische Maßnahme zur Beseitigung der Arbeitslosigkeit auf die sektorale Arbeitsnachfrage auswirkt. Damit sich der errechnete Beschäftigungseffekt auch tatsächlich einstellen kann, muß in einer rein nachfrageorientierten Analyse vorausgesetzt werden, daß jede sektorale Nachfrage nach Arbeitskräften immer auch durch ein entsprechendes Angebot gedeckt wird. Dies setzt allerdings voraus, daß der Faktor Arbeit homogen und polyvalent ist, d.h. in jedem Sektor eingesetzt wer-

---

1 Es handelt sich dabei um die kurzfristige Elastizität, die sich ohne Berücksichtigung des Anpassungskoeffizienten λ_j für das Jahr 1974 errechnet. Die langfristige Elastizität, die man für die erfolgte Anpassung erhält, liegt absolut etwas höher.

2 Wir können den Kehrwert dieser Elastizität nicht als die partielle Produktionselastizität der Arbeit interpretieren. In einigen Sektoren kann sie nämlich Werte größer Eins annehmen, was " increasing returns of labor" implizieren würde. Zu diesem paradoxen Resultat gelangen zahlreiche ökonometrische Untersuchungen zur Arbeitsnachfrage. Es erklärt sich dadurch, daß ein Teil der in einem Unternehmen Beschäftigten fix und von der Höhe der Produktion (Fortsetzung der Fußnoten nächste Seite)

den kann[1]. Eine Beschränkung für die sektorale Beschäftigung ergibt sich dann nur aufgrund der insgesamt in der Volkswirtschaft verfügbaren Arbeitskräfte.

Wir wollen in unserer Analyse zumindest die unrealistische Annahme der Homogenität der Arbeitskraft aufgeben und auch der Arbeitsangebotsseite stärker Beachtung schenken, als dies in den meisten empirischen Arbeitsmarktanalysen geschieht. Erst dadurch wird es möglich, das Phänomen "strukturelle Arbeitslosigkeit" zu analysieren.

Der Faktor Arbeit wird für jeden Sektor nach Berufsgruppen disaggregiert, die unterschiedliche Berufsqualifikationen aufweisen. Die Annahme der Polyvalenz der Berufsgruppen wird beibehalten, d.h. jeder Beruf kann in allen Sektoren eingesetzt werden. Als Gliederungskriterium wird trotz der Einwände, die dagegen vorgebracht werden können[2], die Berufsbezeichnung gewählt und hier den Berufsabschnitten gefolgt[3]. Die Beschäftigten jeder Branche ET_j sind demnach wie folgt klassifiziert:

$$(1)\quad ET_j = \sum_{m=1}^{28} ET_{mj},$$

worin ET_{mj} die Erwerbstätigen im Sektor j mit der Berufsqualifikation m bedeuten. Wir gehen von der Hypothese aus, daß der Anteil der Beschäftigten mit dem Beruf m in Sektor j an der Gesamtzahl der Beschäftigten in dieser Branche konstant sei:

$$(2)\quad \frac{ET_{mj}}{ET_j} = z_{mj}$$

Damit wird unterstellt, daß die Berufe innerhalb eines Sektors

---

Fortsetzung der Fußnoten von S. 161:
unabhängig sind (sog. non-production-workers),so daß bei Outputänderungen das Grenzprodukt der variierbaren "production workers" über dem Durchschnittsprodukt aller Beschäftigten liegt; vgl. zu diesem Phänomen auch R.M. SOLOW (1964), S. 19.

1 Vgl. dazu auch R. THOSS (1978), S. 339.

2 Vgl. dazu z.B. A. HERMANN (1981), S. 7.

3 Zur Klassifizierung der Berufe vgl. Anhang D. Nach der hier gewählten Abgrenzung ging auch das Rheinisch-Westfälische Institut für Wirtschaftsforschung, Essen, in seiner Arbeitsmarktanalyse im Rahmen der sektoralen Strukturberichterstattung vor; vgl. RWI (1982).

in festen Proportionen zu den sektoralen Beschäftigten benötigt werden:

$$(3)\ ET_{mj} = z_{mj}\ ET_j$$

Die Nachfrage nach Arbeitskräften mit einem bestimmten Beruf wird dann aus der sektoralen Arbeitsnachfrage aller Branchen wie folgt abgeleitet:

$$(4)\ \sum_{j=1}^{14} ET_{mj} = EB_m = \sum_{j=1}^{14} z_{mj}\ ET_j$$

Mit Beziehung (4) ist die Möglichkeit der Substitution von Berufen innerhalb eines Sektors nicht gegeben. Solche Substitutionsprozesse könnten z.B. durch Veränderungen in der beruflichen Lohnstruktur und/oder die Einführung neuer Technologien ausgelöst werden[1]. Immerhin dürfte aber die Annahme linear limitationaler Beziehungen zwischen den Berufen und den Beschäftigten eines Sektors der Wirklichkeit noch eher entsprechen als die entgegengesetzte Hypothese vollständiger Substituierbarkeit, wie sie bei der nicht nach Berufen disaggregierten Betrachtungsweise unterstellt wird. Dagegen ist Substituierbarkeit der Berufe in der Volkswirtschaft insgesamt nicht ausgeschlossen. Dies wird ersichtlich, wenn in (4) ET_j durch die sektoralen Arbeitsnachfragefunktionen ersetzt werden. Wir erhalten dann allgemein geschrieben:

$$(5)\ EB_m = \sum_{j=1}^{14} z_{mj}\ f_j\ \ (X_j, L_j/P_j \text{ oder } W_j/P_j \text{ oder } W_j/UC_j)$$

Die Struktur der Nachfrage nach Berufen hängt somit von der Produktionsstruktur ab, wird aber auch durch die Struktur der sektoralen Faktor- bzw. Outputpreise beeinflußt. Eine Veränderung der sektoralen Faktorpreisrelationen kann deshalb bei konstanter sektoraler Produktionsstruktur eine Substitution zwischen den nachgefragten Berufen in der Gesamtwirtschaft auslösen.

---

1 In unserem Modell ist allerdings Substitution zwischen Kapital und Arbeit insgesamt, also allen Berufen einer Branche gleichzeitig, nicht ausgeschlossen.

Aufgrund unserer Annahmen ist es möglich, die Berufsstrukturkoeffizienten z_{mj} aus einer einzigen sog. Wirtschaftszweige-Berufe-Matrix abzuleiten. Diese vom Institut für Arbeitsmarkt- und Berufsforschung für die bisher drei Volks- und Berufszählungsjahre 1950, 1961 und 1970 erstellten Matrizen[1] geben Aufschluß über die Zusammensetzung der sektoralen Erwerbstätigen nach Berufen. Die im Modell verwendeten Berufsstrukturkoeffizienten wurden aus einer von uns für das Jahr 1974 geschätzten Matrix errechnet. Die Schätzung erfolgte in zwei Schritten: Zunächst wurden auf der Grundlage der für 1974 bekannten Randsummenverteilung der Erwerbstätigen nach Sektoren und Berufen[2] unter Verwendung der Wirtschaftszweige-Berufe-Matrix 1970 die Felderwerte einer Wirtschaftszweige-Berufe-Matrix 1974 nach dem Prinzip der doppelten Proportionalität geschätzt[3]. Anschließend erfolgte in einem iterativen Verfahren die Abstimmung der geschätzten Randsummen mit den tatsächlichen Werten[4]. Die Berufsstrukturkoeffizienten werden dann gemäß (2) durch Division der einzelnen Felderwerte der geschätzten Matrix durch die Gesamtzahl der sektoralen Erwerbstätigen ermittelt.

Das Angebot an Berufen EBS_m setzt sich zusammen aus den tatsächlich Erwerbstätigen EB_m, den registrierten Arbeitslosen ALR_m und der sog. stillen Reserve STR_m:

(6) $EBS_m = EB_m + ALR_m + STR_m$

Während die ersten beiden Komponenten auf der rechten Seite von (6) nach Berufen differenziert der Statistik entnommen werden können[5], liegen Angaben über die stille Reserve nur in aggregierter Form vor[6]. In Ermangelung weiterer statistischer Infor-

---

1 Vgl. Quelle IIb im Anhang A.

2 Diese können aus Quelle IIa und den Mikrozensen gewonnen werden.

3 Dieses Prinzip wird auch vom DIW zur Erstellung von Input-Output-Tabellen angewandt. Zum Verfahren vgl. z.B. R. STÄGLIN (1972).

4 Vgl. R. STÄGLIN (1972).

5 Vgl. Quellen IIa und IIb.

6 Wir stützen uns hier auf die Berechnungen von W. FRANZ (1983).

mationen wurde diese Größe proportional zu den registrierten Arbeitslosen auf die Berufe aufgeteilt.

7.3 Sektorale Funktionen für geleistete Arbeitsstunden

Neben den Personen sind in unserem Modell die Arbeitsstunden als zweite Dimension der Arbeitsnachfrage enthalten. Die Bestimmungsgleichungen für die in den Sektoren geleisteten Arbeitsstunden je Arbeitnehmer H_j können aus denselben neoklassischen Ansätzen abgeleitet werden, denen auch die Herleitung der Nachfragefunktionen nach Arbeitskräften zugrunde lag. Hierzu ist in den jeweiligen Gleichungen[1] lediglich die Variable "Personen" durch die Variable "Arbeitsvolumen" (Personen multipliziert mit den geleisteten Stunden je Person) zu ersetzen. Die Erklärung der Arbeitsstunden erfolgt somit grundsätzlich durch dieselben Variablen wie die Bestimmung der Nachfrage nach Arbeitskräften.

Es ist allerdings auf folgende Besonderheiten hinzuweisen: Erstens hängen die geleisteten Arbeitsstunden nicht nur von ökonomischen Faktoren ab, sondern sind auch das Ergebnis tariflich vereinbarter Arbeitszeitverkürzungen. Aber auch dieser über einen längeren Zeitraum zu beobachtende fallende Trend in der Arbeitszeitentwicklung kann in Abhängigkeit vom Reallohn betrachtet werden, da die Präferenz für Freizeit auch von der Höhe des Reallohns abhängen dürfte. Zweitens ist es kaum möglich, die konjunkturell bedingten Arbeitszeitschwankungen durch die im Beobachtungszeitraum festzustellende fast stetig ansteigende Produktion theoretisch plausibel zu erklären. Da Überstunden und Kurzarbeit mit gleichgerichteter Entwicklung des Auslastungsgrads des Produktionspotentials einhergehen, wurde deshalb die Variable X_j in den Erklärungsfunktionen durch CU_j, den Kapazitätsauslastungsgrad, ersetzt. Drittens ist zu erwarten, daß den Kapitalnutzungskosten UC_j nur eine untergeordnete Bedeutung als Erklärungsfaktor zukommt, da eine Substitutionsmöglichkeit zwi-

1 Vgl. dazu die Ableitungen im Abschnitt 4.2.2 dieses Kapitels.

schen dem Kapitalstock und den geleisteten Stunden kaum gegeben sein dürfte. Wir gelangen somit zu folgendem sektoralen Ansatz:

$$(1)\ H_j = a_{o,j} + a_{1,j}\ CU_j + a_{2,j}\ V_j \qquad \text{mit } V_j = (L_j/P_j) \quad \text{oder } V_j = (L_j/UC_j)$$

Die Schätzergebnisse sind in Tabelle 9 im Anhang F aufgeführt. Der Einfluß der Kapazitätsauslastung ist in einigen Sektoren nur schwach signifikant. Dennoch wurden diese Versionen im Modell verwendet, da sich die Ergebnisse für den Einfluß der Lohnvariablen verschlechtern, wenn CU_j weggelassen wird. Wie erwartet, konnte der Ansatz mit den Kapitalnutzungskosten als Erklärungsgröße in den meisten Fällen verworfen werden. Er wird nur für die Sektoren 3 und 4 im Modell verwendet, für die sich in den Reallohnvarianten noch weniger gut gesicherte Resultate ergeben haben. Für alle Sektoren konnte die ebenfalls getestete Hypothese eines verzögerten Anpassungsverhaltens verworfen werden. Dies erscheint auch plausibel, da davon ausgegangen werden kann, daß den Unternehmen die Realisierung der gewünschten Arbeitsstunden innerhalb der gewählten Grundzeitperiode von einem Jahr gelingt.

7.4 Sonstige Bestimmungsgleichungen

Die restlichen Bestimmungsgleichungen auf dem Arbeitsmarkt setzen sich wieder aus definitorischen Beziehungen zusammen. Zur Bestimmung des Einkommens aus unselbständiger Arbeit werden noch die unselbständig Beschäftigten AN_j benötigt. Sie berechnen sich aus der Gesamtzahl der sektoralen Erwerbstätigen ET_j wie folgt:

$$(1)\ AN_j = n_j\ ET_j,$$

wobei n_j die Unselbständigenquote ist. Die Arbeitslosen nach Berufen AL_m und insgesamt AL sind:

$$(2)\quad AL_m = EBS_m - EB_m$$

$$(3)\quad AL = \sum_{m=1}^{28} AL_m$$

Da in EBS_m auch die stille Reserve enthalten ist (vgl. Gleichung (6), Abschnitt 7.2), setzt sich AL sowohl aus den registrierten als auch nicht-registrierten Arbeitslosen zusammen. Für die Bestimmung der aus der Arbeitslosenunterstützung zu leistenden Transferzahlungen des Staates und die Berechnung der offiziellen Arbeitslosenquote werden aber die registrierten Arbeitslosen ALR benötigt[1]. Sie errechnen sich aus:

$$(4)\quad ALR = 0.63\ AL\ ,$$

wobei der Wert 0.63, der Anteil der registrierten Arbeitslosen an der Gesamtzahl unbeschäftigter Erwerbspersonen, der bereits zitierten Schrift von W. FRANZ (1983) entnommen wurde.

1 Die offizielle (registrierte) Arbeitslosenquote ist eine der gesamtwirtschaftlichen Zielvariablen, die in Abschnitt 3.2 im III. Kapitel definiert werden.

III. Kapitel: Auswertung des disaggregierten ökonometrischen Modells für die Wirtschaftspolitik

1. Vorbemerkungen

In diesem Kapitel soll das ökonometrische Modell für die im 3. Abschnitt des I. Kapitels dargestellten Modellkonzeptionen zur Beantwortung wirtschaftspolitischer Fragestellungen herangezogen werden. Als erstes interessieren wir uns dafür, welche Wirkungen von den exogenen Größen (Instrumentvariablen und Daten) auf Niveau und Struktur der das ökonomische System beschreibenden Zustandsvariablen ausgehen. Die Analyse dieser Fragestellung erfolgt auf der Grundlage der sog. Impact-Multiplikatoren (2. Abschnitt). Ein Impact-Multiplikator mißt die Veränderung einer endogenen Variablen, die in der ersten Periode durch die Variation einer exogenen Variablen um eine Einheit induziert wird. Dabei werden alle anderen exogenen Variablen konstant gehalten. Für die Bundesrepublik Deutschland und andere Länder, insbesondere die USA, sind derartige Multiplikatoranalysen mit makroökonomischen Modellen bereits mehrfach durchgeführt worden. Es bieten sich uns deshalb Vergleichsmöglichkeiten. Dagegen liegen über die Auswirkungen von Veränderungen der Instrumente und Daten auf die Strukturen der gesamtwirtschaftlichen Größen für unsere Volkswirtschaft bisher kaum vergleichbare Untersuchungen vor.

Im 3. Abschnitt wird das Modell für die Politik-Simulation verwendet. Es wird untersucht, wie sich bestimmte, noch genauer zu spezifizierende Dosierungen einzelner Maßnahmen und Veränderungen einiger Daten auf die gesamtwirtschaftlichen Zielvariablen auswirken. Wir wollen damit aufzeigen, welchen quantitativen Beitrag die Instrumente aufgrund ihres Wirkungsgrads <u>und</u> ihrer, insbesondere durch institutionelle Regelungen begrenzten Variationsmöglichkeit zur Erreichung der Ziele leisten können und welche Bedeutung bestimmte Datenänderungen für die Entwicklung unserer Volkswirtschaft haben.

Anschließend werden im 4. Abschnitt die Beziehungen zwischen den gesamtwirtschaftlichen Zielen simuliert, wenn nicht bestimmte Einzelmaßnahmen, sondern verschiedene Maßnahmenbündel zu ihrer Erreichung eingesetzt werden. Dabei sollen außerdem die Implikationen aufgezeigt werden, die sich mit bestimmten Zielkombinationen für die Dosierung der Instrumente und die Werte wichtiger ökonomischer Variablen, die nicht Zielvariablen sind, ergeben. In dieser Analyse wird berücksichtigt, daß die Möglichkeiten zur Veränderung von Niveau und Struktur der Produktion durch das aufgrund der vorhandenen Produktionskapazitäten produzierbare Angebot begrenzt sind. Dadurch werden alle diejenigen wirtschaftspolitischen Handlungsalternativen von vornherein aus der Betrachtung ausgeschlossen, die mit dem durch die Faktoren Arbeit und Kapital determinierten Produktionspotential nicht realisiert werden können.

Im 5. Abschnitt werden wir schließlich versuchen festzustellen, ob die offiziellen Ziele der Globalpolitik im Basisjahr, dem Jahr 1974, hätten erreicht werden können, welche Maßnahmen zu ihrer Realisierung hätten eingesetzt werden müssen und welche strukturellen Veränderungen hierzu erforderlich gewesen wären.

2. Multiplikatoranalyse (Impact-Multiplikatoren)

2.1 Grundlagen

Der Multiplikator gibt die Stärke des Einflusses an, den eine exogene Variable auf die jeweilige endogene Variable ausübt. Wegen der Interdependenz des ökonometrischen Modells gehen von jeder exogenen Variablen mehr oder weniger starke Wirkungen auf alle endogenen Variablen aus. In einem dynamischen Modell erstrecken sich die Auswirkungen von Veränderungen der vorherbestimmten Variablen über mehrere Perioden hinweg. Die Impact-Multiplikatoren geben den Teil der Wirkung an, der in der ersten Periode eintritt. Wir beschäftigen uns hier nur mit diesen kurzfristigen Multiplikatoren[1].

Die Impact-Multiplikatoren können aus der reduzierten Form des Modellgleichungssystems abgeleitet werden. Hierzu müssen die im Modell enthaltenen nicht-linearen Ausdrücke (Produkte, Quotienten) in eine lineare Form gebracht werden. Dies geschieht in der Weise, daß zunächst das totale Differential der nicht-linearen Beziehung gebildet wird, also im Falle eines Produkts $z = x\ y$:

$$(1)\quad dz = \frac{\partial z}{\partial x} \cdot dx + \frac{\partial z}{\partial y} \cdot dy$$

Die partiellen Ableitungen sind an irgendeinem Punkt (x_0, y_0) zu berechnen[2]:

$$(2)\quad dz = y_0\ dx + x_0\ dy$$

In kurzfristigen Analysen werden für x_0 und y_0 am besten die letzten verfügbaren Beobachtungswerte gesetzt[3], in unserem Fall also die Werte für das Jahr 1974. Betrachtet man die totalen Differentiale als Abweichungen von diesen Basiswerten, so kann für (2) auch geschrieben werden:

$$(3)\quad z - z_0 = y_0\ (x - x_0) + x_0\ (y - y_0),$$

und da $z_0 = y_0\ x_0$:

$$(4)\quad z = y_0\ x + x_0\ y - z_0$$

(4) ist die im Modell verwendete linearisierte Form des Produkts $z = x\ y$. In ähnlicher Weise lassen sich auch Quotienten linearisieren. Die Größe des Linearisierungsfehlers hängt davon ab, wie stark sich die Variablen innerhalb einer Periode verändern. Legt man Veränderungen in der bisher beobachteten Größenordnung zugrunde, ist der mit der Linearisierung auftretende Fehler gering und wesentlich niedriger anzusetzen als die Abweichungen, die zwi-

---

1 Zu den verschiedenen Formen von Multiplikatoren und ihre Ableitung aus dynamischen Modellgleichungssystemen vgl. A.S. GOLDBERGER (1970), ferner H. THEIL, J.C.G. BOOT (1962).

2 Vgl. A.S. GOLDBERGER (1970), S. 18.

3 In Modellen, die für Prognosezwecke verwendet werden sollen, setzt man in der

(Fortsetzung der Fußnoten nächste Seite)

schen den tatsächlichen und den mit ökonometrischen Schätzgleichungen prognostizierten Werten für die endogenen Variablen auftreten können. Nach erfolgter Linearisierung kann die reduzierte Form gebildet werden, indem das Gleichungssystem nach den endogenen Variablen der laufenden Periode aufgelöst wird. Die Koeffizienten dieser Form sind die gesuchten Impact-Multiplikatoren.

In mathematischer Schreibweise läßt sich diese Vorgehensweise wie folgt formalisieren:

Das linearisierte Modellgleichungssystem wird in Matrixform geschrieben als

(5) $A\ Y = B\ Z + C\ U$,

worin Y die endogenen Variablen (inklusive Zielvariablen), Z und U die exogenen Instrumentvariablen respektive Daten (inklusive zeitverzögerte Variablen) und A, B und C Koeffizientenmatrizen sind. Für die reduzierte Form läßt sich schreiben:

(6) $Y = A^{-1}\ B\ Z + A^{-1}\ C\ U = D\ Z + E\ U$

D und E sind die Matrizen der Multiplikatoren der Instrumentvariablen und Daten in bezug auf die endogenen Variablen. Zur Berechnung der Impact-Multiplikatoren muß also die Inverse von A mit den Koeffizientenmatrizen B und C multipliziert werden.

Wir sind zur Ableitung der Multiplikatoren auf eine andere Weise vorgegangen[1]. Zunächst wurde unter Verwendung von (5) eine "Basislösung" berechnet. Hierzu wurden für Z und U die tatsächlich beobachteten Werte von 1974 eingesetzt und die Gleichungsfehler addiert, die für jede einzelne ökonometrisch geschätzte Gleichung getrennt ermittelt wurden. Das System reproduziert dadurch ziemlich exakt die tatsächlichen Werte für die endogenen Variablen.

Fortsetzung der Fußnoten von S. 170
Regel das arithmetische Mittel der Beobachtungsreihen; vgl. A.S. GOLDBERGER (1970), S. 21 und G. HANSEN (1967), S. 103.

1 Vgl. zur Vorgehensweise auch M.D. INTRILIGATOR (1978), S. 552 und die dort in der Fußnote 33 angegebene Literatur.

Im zweiten Schritt wurde dann eine der "Rechte-Seite-Variablen" in (5) geändert und die Lösung berechnet. Die Differenzen der endogenen Variablen zwischen dieser neuen Lösung und der Basislösung bezogen auf die jeweilige Veränderung der exogenen Variablen sind die Impact-Multiplikatoren.

Diese Vorgehensweise hat zwei Vorteile. Wegen der Disaggregierung der gesamtwirtschaftlichen Größen wurden für die Variablen des Modells relativ kleine Dimensionseinheiten gewählt. Alle Geldgrößen werden z.B. in Mill. DM, der Faktor Arbeit absolut, also in "Personen" gemessen. Dies hat zur Konsequenz, daß z.B. der Multiplikator einer Ausgabenänderung in bezug auf das gesamtwirtschaftliche Preisniveau in der Berechnung nach (6) praktisch Null wäre. Von der Veränderung einer Ausgabeneinheit, also einer Mill. DM, ist eben auch in der Realität kein nennenswerter Einfluß auf die Preise zu erwarten. Mit unserem Berechnungsverfahren können nun die exogenen Variablen beliebig stark verändert werden, zum Beispiel also auch um Tsd. Einheiten, wovon überhaupt erst ein meßbarer Effekt auf die Preise ausgehen dürfte.

Zweitens erlaubt unser Verfahren, verschiedene Gleichungen des Systems zu modifizieren, ohne daß sich dadurch die Werte der endogenen Variablen und damit die Basislösung ändern. Anderenfalls müßte jede der mit einer geänderten Modellversion durchgeführten Berechnung auf eine jeweils neu zu ermittelnde Basislösung bezogen werden, um die Konsequenzen der Modifikationen unverfälscht miteinander vergleichen zu können[1].

Die Impact-Multiplikatoren vermitteln einen besseren Eindruck von der Wirkungsweise des Modells als die Wirkungskoeffizienten des ökonometrischen Modells in seiner ursprünglichen Form, da sie nicht nur die direkten Auswirkungen auf die endogenen Variablen, sondern auch die indirekten, über das gesamte interdependente Gleichungssystem sich auswirkenden

---

1 Vgl. dazu auch J.L. PIERCE, J.J. ENZLER (1974), S. 30 f.

Effekte der Veränderungen exogener Variablen berücksichtigen[1]. Sie vermitteln erste Anhaltspunkte über den Wirkungsgrad und die geeignete Kombination wirtschaftspolitischer Maßnahmen zur Erreichung bestimmter Ziele. Unser disaggregiertes Modell erlaubt außerdem die Analyse der multiplikativen Auswirkungen von Maßnahmen und Daten auf die Struktur gesamtwirtschaftlicher Größen.

Die in den folgenden Abschnitten präsentierten empirischen Ergebnisse für die Multiplikatoren unterliegen ganz bestimmten Einschränkungen, auf die hier ausdrücklich hingewiesen sei, um einer zu anspruchsvollen oder sogar fehlerhaften Interpretation vorzubeugen:

- Es werden nur die kurzfristigen Multiplikatoren betrachtet, d.h. diejenigen Effekte, die innerhalb einer Periode (ein Jahr) von Veränderungen der exogenen auf die endogenen Variablen ausgehen. Aufgrund der dynamischen Eigenschaften des Modells treten auch noch in späteren Perioden Effekte auf, die sich von denen der ersten Periode unterscheiden können.

- Die Größe der Multiplikatoren hängt natürlich von der gesamten Modellspezifikation ab. Modelle, in denen die Investitionsgüternachfrage endogenisiert ist, weisen in der Regel höhere Impact-Multiplikatoren auf als solche, in denen die Investitionen als exogen betrachtet werden oder erst zeitverzögert auf die Veränderung ihrer Determinanten reagieren; Endogenisierung der Steuern führt zu niedrigeren Multiplikatoren als ein Modellkonzept, in dem die Steuern exogen gegeben sind[2].

- Multiplikatoren messen nur den potentiellen Effekt, der von der Veränderung einer exogenen Variablen ausgeht. Sie sagen

1 Dennoch ist die Kenntnis der ursprünglichen Strukturform des Modells ebenso von Bedeutung. Sie versetzt uns überhaupt erst in die Lage, die reduzierte-Form-Ergebnisse zu interpretieren, wie bei den folgenden Ausführungen noch deutlich wird; vgl. auch A.S. GOLDBERGER (1970), S. 36 f.

2 Für einen Vergleich der Multiplikatoren eines ökonometrischen Modells mit konstantem und variablem Steueraufkommen vgl. A.S. GOLDBERGER (1970).

alleine noch nichts über die Bedeutung aus, den eine exogene Variable für die Entwicklung der endogenen Variablen hat. Dies hängt auch von dem absoluten Betrag ab, um den die exogene Variable innerhalb der betrachteten Periode verändert werden kann.

- Die Schätzung des ökonometrischen Modells wurde mit Daten durchgeführt, die bis zum Jahre 1974 reichen. Die Berechnung der Multiplikatoren basiert auf Daten für das Jahr 1974. Die Ergebnisse besitzen deshalb auch nur für dieses Jahr Gültigkeit und können nicht auf die wirtschaftlichen Verhältnisse anderer Jahre übertragen werden.

2.2 Gesamtwirtschaftliche Multiplikatoren

In Tabelle III.1 sind die kurzfristigen Auswirkungen der Veränderungen einiger exogener Variablen auf ausgewählte gesamtwirtschaftliche Aggregate dargestellt. Es sei noch einmal darauf hingewiesen, daß diese Ergebnisse für die Makrogrößen auf der Grundlage einer disaggregierten Analyse gewonnen wurden. Es sind zunächst die multiplikativen Effekte auf die Teilaggregate bestimmt worden, die dann anschließend zu den jeweiligen gesamtwirtschaftlichen Aggregaten aufsummiert wurden.

2.2.1 Staatsausgabenmultiplikatoren

Wir betrachten zunächst die Multiplikatoren für die Investitionsausgaben des Staates, die nach neun Funktionsbereichen differenziert sind (Spalten 1 - 9). Eine Erhöhung der Investitionsausgaben eines Funktionsbereichs bewirkt zunächst, daß die Nachfrage nach den Gütern der Sektoren gemäß der sektoralen Verwendungsstruktur des jeweiligen Funktionsbereichs steigt, wodurch die Produktion in allen Sektoren direkt angeregt wird. Die sich daran anschließenden weiteren Multiplikatoreffekte auf die Modellvariablen vollziehen sich dann für alle Funktionsbereiche in derselben

TABELLE III.1: IMPACT - MULTIPLIKATOREN

WIRKUNG VON VERAENDERUNGEN AUSGEWAEHLTER EXOGENER VARIABLEN AUF GESAMTWIRTSCHAFTLICHE GROESSEN[1]

TEIL A:

ENDOGENE VARIABLEN[2]	EXOGENE VARIABLEN									
	ISFN1	ISFN2	ISFN3	ISFN4	ISFN5	ISFN6	ISFN7	ISFN8	ISFN9	ISN
	+1000	+1000	+1000	+1000	+1000	+1000	+1000	+1000	+1000	+1000
	1	2	3	4	5	6	7	8	9	10
1 CPR	0.452	0.450	0.429	0.433	0.450	0.430	0.449	0.432	0.493	0.439
2 IPR	1.234	1.214	1.139	1.160	1.235	1.143	1.229	1.148	1.426	1.182
3 CSR	-0.036	-0.036	-0.037	-0.044	-0.035	-0.032	-0.035	-0.035	-0.039	-0.036
4 ISR	0.825	0.833	0.799	0.802	0.822	0.805	0.815	0.804	0.830	0.809
5 ER	-0.102	-0.103	-0.085	-0.091	-0.099	-0.088	-0.096	-0.092	-0.114	-0.092
6 MR	0.436	0.439	0.395	0.401	0.434	0.402	0.426	0.401	0.468	0.412
7 YMR	1.938	1.919	1.849	1.858	1.941	1.857	1.935	1.858	2.129	1.890
8 ASGR	-0.020	-0.020	-0.017	-0.017	-0.019	-0.017	-0.019	-0.017	-0.020	-0.018
9 GR	0.911	0.909	0.861	0.870	0.906	0.865	0.904	0.869	0.996	0.882
10 PC	0.029	0.029	0.023	0.024	0.028	0.024	0.027	0.024	0.031	0.025
11 RF	0.014	0.014	0.013	0.013	0.014	0.013	0.013	0.013	0.013	0.013
12 AL	-30.000	-29.000	-30.000	-30.000	-30.000	-30.000	-30.000	-30.000	-31.000	-30.000
13 ALR	-19.000	-18.000	-19.000	-19.000	-19.000	-19.000	-19.000	-19.000	-20.000	-19.000
14 ALG	-0.128	-0.125	-0.132	-0.129	-0.130	-0.131	-0.132	0.130	-0.136	-0.131
15 CPN	0.656	0.656	0.603	0.612	0.651	0.608	0.643	0.612	0.712	0.624
16 IPN	1.568	1.548	1.450	1.474	1.569	1.455	1.559	1.462	1.790	1.503
17 CSN	-0.012	-0.011	-0.020	-0.027	-0.012	-0.012	-0.013	-0.016	-0.014	-0.016
18 EN	-0.044	-0.039	-0.043	-0.047	-0.045	-0.044	-0.045	-0.047	-0.057	-0.045
19 MN	0.477	0.479	0.433	0.440	0.475	0.440	0.467	0.439	0.514	0.451
20 YMN	2.691	2.674	2.558	2.572	2.687	2.566	2.678	2.571	2.917	2.615
21 AE	1.045	1.041	1.020	1.015	1.042	1.019	1.046	1.019	1.113	1.030
22 UE	1.365	1.353	1.270	1.287	1.363	1.278	1.351	1.283	1.498	1.310
23 CF	1.062	1.054	0.989	1.002	1.061	0.995	1.052	0.998	1.166	1.020
24 GN	1.223	1.224	1.135	1.150	1.215	1.142	1.204	1.149	1.333	1.171
25 TI	0.282	0.280	0.268	0.270	0.282	0.269	0.281	0.269	0.306	0.274
26 TDA	0.496	0.494	0.484	0.482	0.495	0.484	0.497	0.484	0.529	0.489
27 TDU	0.302	0.300	0.281	0.285	0.302	0.283	0.299	0.284	0.332	0.290
28 TR	-0.160	-0.151	-0.174	-0.168	-0.165	-0.172	-0.170	-0.168	-0.168	-0.170
29 FS	0.252	0.236	0.228	0.232	0.256	0.269	0.259	0.222	0.349	0.239

Fußnoten vgl. Teil B der Tabelle.

TABELLE III.1 IMPACT - MULTIPLIKATOREN

WIRKUNG VON VERAENDERUNGEN AUSGEWAEHLTER EXOGENER VARIABLEN AUF GESAMTWIRTSCHAFTLICHE GROESSEN [1]

TEIL B:

ENDOGENE VARIABLEN [2]	EXOGENE VARIABLEN									
	ASGN	TII	TDAI	TDUI	ET13	LI	HI	RD	PA [4]	PM [4,5]
	+1000	-1000	-1000	-1000	+100	-1 %	-1 STD [3]	-1	+1	-1
	11	12	13	14	15	16	17	18	19	20
1!CPR	0.429	0.591	0.591	0.760	0.163	-1.119	-2.424	1.615	0.766	1.035
2!IPR	1.355	1.302	0.409	1.673	-0.356	-1.049	0.126	6.355	2.276	2.332
3!CSR	0.661	-0.029	-0.019	-0.038	2.100	0.390	-1.642	-0.112	-0.055	0.101
4!ISR	-0.013	-0.011	-0.004	-0.014	0.002	0.196	0.001	-0.045	-0.019	0.022
5!ER	-0.102	-0.079	-0.047	-0.101	0.003	0.390	0.123	-0.302	0.552	0.086
6!MR	0.446	0.350	0.186	0.450	-0.036	-0.291	-0.501	1.530	0.715	0.717
7!YMR	1.883	1.425	0.734	1.830	1.948	-0.902	-3.317	5.981	2.805	2.859
8!ASGR	0.809	-0.014	-0.008	-0.019	0.001	0.337	0.020	-0.059	-0.029	0.143
9!GR	0.862	1.184	1.157	1.520	0.322	-2.314	-4.818	3.249	1.543	2.124
10!PC	0.031	0.021	0.012	0.027	0.008	-0.411	-0.035	0.087	0.046	-0.310
11!RF	0.013	0.012	0.025	0.015	0.039	-0.017	-0.106	-0.346	-0.029	-0.038
12!AL	-33.000	-22.000	-13.000	-28.000	-101.000	-52.000	-173.000	-39.000	-34.000	-41.000
13!ALR	-21.000	-14.000	-8.000	-18.000	-64.000	-33.000	-109.000	-24.000	-21.000	-26.000
14!ALG	-0.145	-0.094	-0.057	-0.121	-0.439	-0.224	-0.751	-0.168	-0.147	-0.178
15!CPN	0.635	0.793	0.743	1.019	0.189	-3.042	-3.026	2.284	1.098	-0.063
16!IPN	1.690	1.612	0.517	2.071	-0.430	-2.456	0.131	7.793	2.825	2.408
17!CSN	0.904	-0.012	-0.010	-0.016	2.757	-0.872	-2.195	-0.041	-0.019	-0.155
18!EN	-0.053	-0.041	-0.031	-0.052	-0.004	-0.261	0.093	-0.123	1.126	-0.246
19!MN	0.496	0.387	0.211	0.497	-0.035	-0.324	-0.587	1.664	0.791	-0.801
20!YMN	2.681	1.965	1.008	2.525	2.547	-6.307	-4.410	8.249	4.238	2.745
21!AE	1.101	0.756	0.437	0.972	2.765	-4.949	-9.543	1.870	1.295	0.058
22!UE	1.299	2.003	0.466	1.288	-0.485	-0.698	5.595	5.515	2.499	2.400
23!CF	1.011	1.559	0.363	2.003	-0.377	-0.543	4.356	4.293	1.945	1.868
24!GN	1.173	1.514	1.437	1.945	0.377	-4.787	-5.897	4.294	2.057	0.986
25!TI	0.281	-0.794	0.106	0.265	0.267	-0.661	-0.462	0.864	0.444	0.288
26!TDA	0.523	0.359	-0.793	0.461	1.313	-2.350	-4.532	0.888	0.615	0.028
27!TDU	0.288	0.444	0.103	-0.715	-0.107	-0.155	1.239	1.221	0.553	0.531
28!TR	-0.194	-0.119	-0.075	-0.153	-0.702	-1.594	-3.973	-0.111	-0.163	0.490
29!FS	0.381	0.140	-0.499	0.180	-0.583	-0.700	2.414	3.125	1.795	1.492

1 Zur Symbolik und Dimension der Variablen vgl. Anhang E.
2 Geldgrößen in Mrd. DM.
3 Je Arbeitnehmer und Arbeitswoche.
4 Index 1970 = 100.
5 Alle Preise für importierte Vorleistungen und Endnachfragegüter.

Weise und können anhand der Darstellung der Wirkungsbeziehungen in Übersicht 2 auf Seite 36 nachvollzogen werden. Etwas überraschend ist, daß sich die gesamtwirtschaftlichen Multiplikatoren für die Investitionsausgaben der einzelnen Funktionsbereiche nur wenig voneinander unterscheiden, obwohl die sektoralen Verwendungsstrukturen der öffentlichen Investitionen zum Teil beträchtlich differieren und infolgedessen auch die Produktionsstruktur unterschiedlich beeinflußt wird[1]. Werden z.B. die öffentlichen Investitionen im Funktionsbereich 3 (Verkehr und Bauwesen) getätigt, so entfallen allein 90 vH der Ausgaben auf den Sektor Bauwirtschaft, im Funktionsbereich 5 (Wissenschaft und Bildung) sind es dagegen nur 51 vH[2]. Dennoch differieren z.B. die Multiplikatoren in bezug auf das Bruttoinlandsprodukt (Zeile 20) für diese beiden Bereiche lediglich um 0.13. Es erscheint somit aus gesamtwirtschaftlicher Sicht ziemlich gleichgültig, in welchem öffentlichen Funktionsbereich die Investitionsausgaben getätigt werden[3], da z.B. durch eine Umstrukturierung der Investitionen zwischen den staatlichen Aufgabenbereichen bei konstantem Gesamtbetrag kaum zusätzliche Effekte auf die Gesamtwirtschaft ausgelöst werden können. Die Werte der Multiplikatoren in Spalte 10, bei deren Berechnung eine prozentual gleich große Erhöhung der Investitionsausgaben in allen Funktionsbereichen unterstellt wurde und die deshalb auch als durchschnittliche Multiplikatoren aller Funktionsbereiche interpretiert werden können, unterscheiden sich aus diesem Grund kaum von den Multiplikatorwerten für die Einzelbereiche[4].

Der nominelle Multiplikator für staatliche Investitionsausgaben in bezug auf das Bruttoinlandsprodukt (Zeile 20) beträgt im Durchschnitt aller Funktionsbereiche rd. 2.6 (vgl. Spalte 10). Er setzt sich aus den Komponenten der Zeilen 15 - 19 und der autonomen Ausgabenerhöhung zusammen: 1 + 0.624 + 1.503 - 0.016 - 0.045

1 Der empirische Beleg folgt im nächsten Abschnitt.

2 Siehe zur sektoralen Verteilung der staatlichen Ausgabearten auch Tabelle III. 4.

3 Dies gilt natürlich nur unter dem hier im Vordergrund stehenden Aspekt der gesamtwirtschaftlichen Nachfragesteuerung.

4 Dies gilt mit Ausnahme der Werte für den Funktionsbereich 9, die durchweg etwas höher liegen als in den anderen Bereichen. Allerdings ist die Bedeutung dieses Funktionsbereichs, gemessen an den gesamten Investitionen, relativ gering, so daß seine Multiplikatorwerte auf die Höhe der durchschnittlichen Werte in Spalte 10 kaum durchschlagen.

- 0.451 = 2.615. Die Veränderung des privaten Konsums CPN ist in der ersten Periode relativ gering. Dies ist in erster Linie Folge der unterstellten Abhängigkeit des privaten Konsums vom permanenten Einkommen, womit impliziert wird, daß die vollständige Anpassung der Konsumausgaben an veränderte Einkommensbedingungen erst mit einer zeitlichen Verzögerung erfolgt. Dagegen ist die Erhöhung der privaten Investitionen IPN relativ hoch. Ein "crowding-out" durch die staatlichen Investitionsausgaben findet somit trotz steigenden Zinssatzes (Zeile 11) zumindest in der ersten Periode nicht statt.

Der Rückgang des staatlichen Konsums CSN ist auf die Zunahme der Bruttoproduktion aller Sektoren zurückzuführen. Dadurch steigen die Verkäufe des Staates, und sein Eigenverbrauch, der sich als Differenz zwischen staatlichem Bruttoproduktionswert und allen Verkäufen berechnet, muß ceteris paribus sinken. Auch die Exportnachfrage EN sinkt geringfügig, da mit zunehmender Produktion die Kapazitätsauslastung steigt, die negativ auf die Exporte wirkt. Die Importe MN hängen von der Produktion und der Endnachfrage ab und steigen deshalb immer, wenn expansive Maßnahmen ergriffen werden.

Den realen Investitionsmultiplikator in bezug auf das Bruttoinlandsprodukt erhält man, indem der Wert in Zeile 7 durch den in Zeile 4 dividiert wird. Im Durchschnitt aller Funktionsbereiche ergibt sich ein Multiplikator von 2.3. Unser nominaler Multiplikator von 2.6 liegt etwas über dem von Krelle berechneten Wert von 2.1 für das Jahr 1972[1]. Unser realer Wert überschreitet den dort ausgewiesenen Wert in Höhe von 0.4 allerdings beträchtlich. Dagegen stimmt unser Ergebnis recht gut mit Untersuchungen für die amerikanische Wirtschaft überein, für die reale Multiplikatorwerte zwischen 1.9 und 2.4 berechnet wurden[2].

---

1 Vgl. W. KRELLE (1974b),Tabelle 3 auf S. 213. Vergleiche mit neueren Versionen des Krelle-Modells sind leider nicht möglich, da die Multiplikatoren in den uns bekannten Veröffentlichungen nicht ausgewiesen werden.

2 Vgl. dazu M.K. EVANS (1969), S. 582 ff. Diese Multiplikatoren wurden auf der Grundlage von Jahresmodellen berechnet. In einer neueren Untersuchung von Fromm und Klein werden die Multiplikatoren von Vierteljahresmodellen für die USA dargestellt, die eine größere Schwankungsbreite für das vierte Quartal aufweisen (0.5 - 2.8), wobei allerdings der Multiplikator des Modells der Federal Reserve Bank (St. Louis-Modell) mit einem Wert von nur 0.5 etwas aus dem Rahmen fällt. Vgl. G. FROMM, L.R. KLEIN (1973), Tabelle 5, S. 391 und für einige kritische Bemerkungen zum St. Louis-Modell F. MODIGLIANI (1977), S. 9 ff.

Die Erhöhung der Investitionskäufe des Staates um 1 Mrd. führt zu einer Zunahme der Beschäftigung um durchschnittlich 30 Tsd. Personen (Zeile 12). Das DIW berechnet einen etwas geringeren Effekt von 24 Tsd. zusätzlichen Erwerbstätigen[1]. Der Unterschied dürfte vor allem darauf zurückzuführen sein, daß im DIW-Modell nur die private Konsumnachfrage endogenisiert ist und die multiplikativen Wirkungen deshalb geringer sind als in unserem Modell. Die Beschäftigungszunahme führt aber nur zu einem Rückgang der registrierten Arbeitslosen um 19 Tsd. (Zeile 13), da ein Teil des zusätzlichen Arbeitsbedarfs aus der Reserve gedeckt wird.

Das Preisniveau, gemessen durch den Konsumgüterpreisindex PC, steigt nur wenig an. Der Nachfragesog, der von einer Ausgabenerhöhung um nur 1 Mrd. DM auf die sektoralen Preise ausgeht, ist zu gering, um einen spürbaren Inflationsprozeß in der ersten Periode in Gang zu setzen. Auch dieses Ergebnis steht im Einklang mit anderen empirischen Untersuchungen für das In- und Ausland[2].

Durch die expansiven Effekte einer Zunahme der staatlichen Ausgaben steigen die Steuereinnahmen und sinken die Transferausgaben des Staates (vgl. Zeilen 25 - 28) genug, um einen Budgetüberschuß (Zeile 29) entstehen zu lassen[3]. Dieses Ergebnis wird auch aus anderen makroökonomischen Modellen abgeleitet[4]. In der Lehrbuchliteratur wird dagegen meistens der Fall diskutiert, der zu einem

1 Vgl. J. SCHMIDT (1977), S. 35.

2 Für die Bundesrepublik vgl. z.B. W. FRANZ (1983).

3 Wir gehen in der folgenden Argumentation von einem im Ausgangspunkt ausgeglichenem Budget aus.

4 Vgl. M.K. EVANS (1969), S. 567.

Budgetdefizit des Staates führt, wenn seine Ausgaben steigen[1]. Dabei wird aber immer davon ausgegangen, daß die privaten Investitionen konstant bleiben, bestenfalls vom Zinssatz beeinflußt werden und deshalb sinken, wenn der Staat seine Ausgaben erhöht Unter realistischen Annahmen über die marginale private Konsumneigung und die Nettoabzugsquote kann dann kein Budgetüberschuß entstehen. Werden dagegen die privaten Investitionen unter Berücksichtigung der Akzeleratorhypothese endogenisiert, steigen der Multiplikator in bezug auf das Bruttoinlandsprodukt und damit auch bei gegebener marginaler Nettoabzugsquote die Chancen für einen Haushaltsüberschuß. Das Ergebnis, daß bei steigenden Staatsausgaben ein Budgetüberschuß entsteht, hängt deshalb offenbar auch davon ab, ob und wie die private Investitionsnachfrage endogenisiert wird.

Von einer Veränderung der staatlichen Ausgaben für Sachgüter und Dienstleistungen (Spalte 11) gehen im wesentlichen die gleichen multiplikativen Effekte auf die makroökonomischen Größen aus wie von den Investitionsausgaben des Staates. Lediglich die Multiplikatoren in bezug auf die privaten Investitionen, Preise, Beschäftigung und den Finanzierungssaldo des Staates weisen etwas höhere Werte auf.

2.2.2 Steuermultiplikatoren[2]

Die Multiplikatoren für Steuerabschläge (Spalten 12 - 14) in bezug auf das nominelle Bruttoinlandsprodukt scheinen auf den ersten

1 Vgl. z.B. R. DORNBUSCH, S. FISCHER (1978), S. 78 f. Ganz allgemein kann für die Budgetänderung des Staates FS bei einer Erhöhung seiner Ausgaben um 1 geschrieben werden (vgl. E. SCHNEIDER (1973), S. 280 f.):

$$\Delta\, FS = \mu \frac{\Delta W}{\Delta YMN} - 1$$

mit μ = Multiplikator der Staatsausgaben in bezug auf das Bruttoinlandsprodukt YMN, W = Steuereinnahmen minus Transferzahlungen und $\Delta W/\Delta YMN$ = marginale Nettoabzugsquote. ΔFS ist positiv, Null oder negativ, je nachdem:

$$\mu \frac{\Delta W}{\Delta YMN} \gtreqless 1 \qquad \text{oder} \qquad \frac{\Delta W}{\Delta YMN} \gtreqless \frac{1}{\mu}$$

Bei einer Erhöhung der staatlichen Investitionsausgaben im Funktionsbereich 5 um 1 Mrd. DM gilt z.B.:

$$\mu \frac{\Delta W}{\Delta YMN} = 2.687 \cdot 0.463 > 1 \qquad \text{und somit } \Delta FS > 0$$

2 Zur Berechnung dieser Multiplikatoren wird in den Steuerfunktionen der angegebene Steuerbetrag subtrahiert, also im Fall der Steuern auf das Einkommen aus unselbständiger Arbeit gilt:
(Fortsetzung der Fußnote nächste Seite)

Blick im Falle der indirekten Steuer (abzüglich Subventionen) TII und der Steuer auf das Einkommen aus unselbständiger Arbeit TDAI niedriger zu sein als die Multiplikatoren für staatliche Investitions- und Sachausgaben. Für einen genauen Vergleich müssen jedoch die ausgewiesenen Multiplikatoren durch die tatsächliche Veränderung der Steuern (Zeilen 25 - 27) dividiert werden. Da die einzelnen Einkommensgrößen durch die multiplikativen Wirkungen der Steuerabschläge zunehmen, steigen auch die Steuereinnahmen, so daß sich die Steuern schließlich um einen geringeren Betrag als den ursprünglichen Abschlag in Höhe von 1 Mrd. DM vermindern. Man erhält dann für die Multiplikatoren Werte von 2.5 (für TII), 1.3 (für TDAI) und 3.5 (für TDUI). In derselben Weise sind alle anderen Werte in den Spalten 12 - 14 nach oben zu korrigieren, wenn die Steuermultiplikatoren untereinander und mit den Staatsausgabenmultiplikatoren verglichen werden sollen.

Der Unterschied in den Multiplikatorwerten für eine Senkung der indirekten Steuer (Erhöhung der Subventionen) TII und der direkten Steuer auf das Einkommen aus Unternehmertätigkeit und Vermögen TDUI ist in erster Linie auf die größere Anstoßwirkung der direkten Steuer zurückzuführen. Die Senkung der direkten Steuer erhöht das verfügbare Einkommen aus Unternehmertätigkeit und Vermögen UE-TDU und den cash-flow CF = UE - TDU + D um den vollen Betrag der Steuersenkung, während die Reduzierung der indirekten Steuer beide Größen nur um einen Betrag ansteigen läßt, der um die auf das höhere (Brutto-) Einkommen aus Unternehmertätigkeit und Vermögen UE zu zahlende direkte Steuer niedriger ist. Die Zunahme des privaten Konsums und der privaten Investitionen, die vom verfügbaren Einkommen QN bzw. von CF abhängen, ist deshalb im Falle einer Senkung der direkten Steuer TDU größer, und die Multiplikatoren sind somit höher als bei einem Abschlag auf die indirekte Steuer.

Die Multiplikatoren für eine Kürzung der Steuer auf das Einkommen aus unselbständiger Arbeit TDAI sind deutlich niedriger als die

---

Fortsetzung der Fußnoten von S. 180

$$TDA = a_0 + a_1 \, AE + TDAI \qquad \text{mit } TDAI = -1000$$

Die Steuern bleiben somit endogenisiert. Wenn AE ungefähr konstant ist (AE_0), kann TDAI auch als Steuerabschlag von der Steuer um einen bestimmten Prozentsatz x interpretiert werden, wobei $x = TDAI/(a_0 + a_1 \, AE_0)$.

der beiden anderen Steuerarten. Der Grund hierfür ist, daß durch den Steuerabschlag nur das verfügbare Einkommen aus unselbständiger Arbeit AE-TDA erhöht und der private Konsum angeregt wird, während kein direkter Anstoß auf die privaten Investitionen ausgeht, wie es bei einer Senkung der indirekten Steuer und der Steuer auf das Einkommen aus Unternehmertätigkeit und Vermögen der Fall ist. Die höhere marginale Konsumneigung der Bezieher von Einkommen aus unselbständiger Arbeit kann das Ausbleiben der Anstoßwirkung auf die private Investitionstätigkeit nicht ausgleichen. Hinzu kommt, daß bei einer Kürzung von TDA die Steuerausfälle des Staates wegen der geringeren Multiplikatorwirkungen höher sind und ein Budgetdefizit entsteht. Dies führt dazu, daß der Zinssatz RF wesentlich stärker steigt als bei einer Kürzung von TI oder TDU (vgl. Zeile 11), wodurch die Zunahme der privaten Investitionen noch zusätzlich gebremst wird.

Wegen der unterschiedlich hohen Multiplikatorwirkungen könnten allein durch eine Umstrukturierung der Steuern bei konstanter gesamtwirtschaftlicher Steuerbelastung expansive und kontraktive Impulse ausgelöst werden. Zum Beispiel würde sich eine Erhöhung der indirekten Steuern bei gleichzeitiger Steuerentlastung der Einkommen aus Unternehmertätigkeit und Vermögen um denselben Betrag insgesamt positiv auf das Bruttoinlandsprodukt und die Beschäftigung auswirken[1]. Der expansive Effekt ist noch größer, wenn statt der indirekten Steuer die Steuer auf das Einkommen aus unselbständiger Arbeit erhöht wird, da der Nachfrageausfall hierbei geringer ist. Allerdings wäre diese Maßnahme mit einer nicht unerheblichen Einkommensumverteilung zu Lasten der Unselbständigeneinkommen verbunden[2]. Dagegen ergeben sich kontraktive Wirkungen auf Produktion und Beschäftigung, wenn mit einer Erhöhung der indirekten Steuer (Abbau von Subventionen) eine Senkung der Steuer auf das Einkommen aus unselbständiger Arbeit finanziert werden soll, mit dem zusätzlichen Nebeneffekt einer Zunahme des staatlichen Budgetdefizits (Zeile 29).

---

1 Man erhält die Effekte dieser Maßnahmenkombination auf die einzelnen gesamtwirtschaftlichen Größen durch Subtraktion der Multiplikatoren in Spalte 12 von den Werten in Spalte 14.

2 Das verfügbare Arbeitnehmereinkommen AE - TDA würde bei dieser Maßnahme (Erhöhung von TDAI bei gleichzeitiger Senkung von TDUI um 1000) um $\Delta AE - \Delta TDA = (-0.437 + 0.972) - (0.793 + 0.461) = -0.719$ sinken, das verfügbare Einkommen aus Unternehmertätigkeit und Vermögen um $\Delta UE - \Delta TDU = (-0.466 + 1.288) - (-0.103 - 0.715) = 1.640$ steigen.

Für eine Finanzierung zusätzlicher staatlicher Ausgaben durch Steuererhöhungen eignet sich am besten die Steuer auf das Arbeitnehmereinkommen, wenn gleichzeitig Bruttoinlandsprodukt und Beschäftigung gesteigert werden sollen[1]. Eine Finanzierung durch die indirekte Steuer läßt die wirtschaftliche Entwicklung weitgehend unverändert, während die Finanzierung durch die Steuer auf das Einkommen aus Unternehmertätigkeit und Vermögen dann von Vorteil ist, wenn mit der Ausdehnung der Staatstätigkeit gleichzeitig ein dämpfender Effekt auf die Wirtschaft ausgeübt werden soll.

2.2.3 Multiplikatoren für eine Veränderung der staatlichen Beschäftigten

Die Erhöhung der staatlichen Beschäftigten ET_{13} um 100 000 Personen[2] (Spalte 15) führt zu einer Zunahme der Erwerbstätigen in der Gesamtwirtschaft um ungefähr diesen Betrag (vgl. Zeile 12), induziert also keine wesentlichen zusätzlichen Beschäftigungseffekte im privaten Bereich. Der hauptsächliche Grund hierfür ist, daß trotz Abnahme der Transferzahlungen TR aufgrund der gesunkenen Arbeitslosenzahl AL ein Budgetdefizit FS wegen der höheren staatlichen Lohnzahlungen entsteht, das den Zinssatz RF ansteigen läßt und private Investitionen IPR verdrängt. Dadurch geht die gesamtwirtschaftliche private Endnachfrage und die Produktion der Unternehmen insgesamt sogar geringfügig zurück, so daß kaum zusätzliche private Nachfrage nach Arbeitskräften entsteht. Die Zunahme des gesamtwirtschaftlichen Bruttoinlandsprodukts ist allein auf die höhere staatliche Wertschöpfung zurückzuführen.

---

1 Man erhält den Nettoeffekt einer gleichgroßen Ausgaben- und Steuererhöhung, indem die auf die tatsächliche Erhöhung der Steuerzahlung normierten Werte der Steuermultiplikatoren von den Ausgabenmultiplikatoren subtrahiert werden.

2 Die tatsächliche Entwicklung der Beschäftigten beim Staat lag für den Zeitraum 1970 - 1974 jährlich knapp über diesem Betrag.

2.2.4 Multiplikatoren für eine Veränderung der Lohnsätze

In Spalte 16 stehen die multiplikativen Effekte einer in allen Sektoren gleichgroßen prozentualen Verringerung der Lohnwachstumsraten. Zu ihrer Berechnung wurde das Absolutglied in den Lohnfunktionen um einen Betrag vermindert, der einem Prozentpunkt des in den Sektoren 1974 effektiv gezahlten Stundenlohnsatzes entspricht.

Von geringeren Löhnen gehen mehrere gegenläufige Effekte auf die ökonomischen Variablen aus. Das Bruttoeinkommen aus unselbständiger Arbeit AE geht einerseits wegen der niedrigeren Löhne zurück, steigt aber andererseits auch aufgrund der Zunahme der Beschäftigung. Letzteres ist eine Folge der gesunkenen Reallöhne (die Löhne sinken schneller als die Preise) und der dadurch ausgelösten Substitution von Kapital durch Arbeit. Der Gesamteffekt auf AE ist aber deutlich negativ[1].

Das Einkommen aus Unternehmertätigkeit und Vermögen UE ist eine residual bestimmte Größe. Sie steigt ceteris paribus, da sich AE vermindert. Gleichzeitig sinkt sie aber auch, da wegen niedrigerer Preise das nominale Bruttoinlandsprodukt YMN zurückgeht. Per Saldo nimmt UE ab, allerdings in viel geringerem Maße als AE. Geringere Steuereinnahmen bremsen zwar den Rückgang der verfügbaren Einkommensgrößen, da jedoch auch die Transferzahlungen des Staates vor allem wegen der niedrigeren Arbeitslosigkeit sinken, nimmt QN insgesamt ab. Auch sinkende Preise können deshalb einen Rückgang von QR nicht verhindern. Infolgedessen geht der private Konsum CPR zurück.

Die reale private Investitionsnachfrage IPR verringert sich aus folgenden Gründen: Die Kosten für den Faktor Arbeit sinken stärker als die Kapitalnutzungskosten, so daß Kapital durch Arbeit substituiert wird. Dies führt vor allem zur Unterlassung kostspieliger Rationalisierungsinvestitionen[2]. Die liquiden Mittel der

1 Gemeint ist hier der Nettoeffekt auf das Einkommen, nachdem alle Anpassungsprozesse der ersten Periode abgeschlossen sind.

2 Vgl. auch D. LÜDEKE (1980), S. 228.

Unternehmen CF werden reduziert. Dadurch nimmt die Anpassungsgeschwindigkeit an den gewünschten Kapitalstock ab. Die Bruttoproduktion im privaten Bereich schrumpft aufgrund des insgesamt auftretenden Endnachfrageausfalls, was sich ebenfalls negativ auf die private Investitionstätigkeit auswirkt.

Trotz der negativen Einkommens- und Produktionseffekte ist ein positiver Beschäftigungseffekt zu verzeichnen. Nach unseren Ergebnissen führen niedrigere Löhne somit nicht über höhere Gewinne, mehr Investitionen und Wachstum des Bruttoinlandsprodukts zu einem Abbau der Arbeitslosigkeit, sondern über die Substitution von Kapital durch den im Preis gesunkenen Faktor Arbeit. Dieser positive Substitutionseffekt auf die Arbeitsnachfrage überwiegt die negativen Einkommens- und Produktionseffekte[1]. Dabei führt mehr Beschäftigung sogar zu weniger Inflation (Zeile 10). Obwohl niedrigere Löhne auch beim Staat geringere Lohnzahlungen zur Folge haben, induzieren sie aber wegen der sinkenden Steuereinnahmen ein Budgetdefizit (Zeile 29).

2.2.5 Multiplikatoren für eine Arbeitszeitverkürzung

In Spalte 17 sind die multiplikativen Auswirkungen einer Arbeitszeitverkürzung um eine Wochenstunde je Arbeitnehmer ohne Lohnausgleich dargestellt. Zur Berechnung der Multiplikatoren wurde das Absolutglied in den Stundenfunktionen um den entsprechenden Jahresbetrag an verminderten Arbeitnehmerstunden geändert[2]. Die Kürzung entspricht im Durchschnitt aller Sektoren ca. 2 vH der 1974 effektiv geleisteten Arbeitsstunden.

Die Arbeitszeitverkürzung führt zunächst, wie im Falle der Lohnsenkung, zu einer Abnahme des Einkommens aus unselbständiger Arbeit AE. Der quantitative Effekt ist allerdings stärker, da die

1 Diese Ergebnisse stimmen auch mit denen von Lüdeke überein; vgl. D. LÜDEKE (1980).

2 Es wurde von 44 Arbeitswochen im Jahr ausgegangen, das Absolutglied in den Stundenfunktionen also um 0.044 (wegen der Dimension von H) reduziert.

unterstellte Verkürzung der Arbeitszeit einer ungefähr doppelt so hohen Lohnsenkung entspricht[1]. Da sich außerdem die Preise jetzt kaum reduzieren, sinkt das nominale Bruttoinlandsprodukt YMN trotz wesentlich höherem realen Rückgang (Zeile 7) nicht so stark, so daß das Einkommen aus Unternehmertätigkeit und Vermögen UE nicht wie im Falle der Lohnkürzung zurückgeht, sondern sogar ansteigt. Dadurch wird der Rückgang der privaten Konsum- und Investitionsnachfrage gebremst bzw. vermieden. Dennoch führt der reale Nachfrageausfall zu einer insgesamt wesentlich größeren Reduktion des Bruttoinlandsprodukts YMR als im Falle einer Lohnkürzung, wobei allerdings, wie bereits erwähnt, der viel größere Anstoßeffekt der Arbeitszeitverkürzung im Vergleich zur Reduzierung der Löhne zu beachten ist.

Die unterstellte Verkürzung der Wochenarbeitszeit ohne Lohnausgleich kann als eine Senkung des Nominallohns eines Arbeitnehmers interpretiert werden[2]. Er setzt sich wie folgt aus der Arbeitszeit und dem Lohnsatz zusammen:

Nominallohn (pro Woche) = wöchentliche Arbeitszeit in Stunden x Stundenlohnsatz

Die Reduzierung der Arbeitszeit bei konstantem Stundenlohnsatz vermindert somit die Nominallohnkosten eines Arbeitnehmers, und da sich die Preise bei der unterstellten Arbeitszeitverkürzung kaum bzw. weniger stark verringern als die Nominallöhne, gehen auch die Reallöhne zurück[3]. Dadurch entsteht für die Unternehmen ein Anreiz, die reduzierte Stundenzahl und relativ teuerer gewordenes Kapital durch Arbeitskräfte zu substituieren[4]. Dieser Substitutionseffekt überkompensiert den negativen Beschäftigungseffekt, der von dem allgemeinen Nachfragerückgang ausgeht, so daß sich die Zahl der Arbeitslosen verringert (Zeilen 12 und 13).

---

1 AE sinkt bei der unterstellten Lohnsenkung (nach erfolgter Anpassung) um 0.9 vH, bei der Arbeitszeitverkürzung um 1.7 vH.

2 Vgl. dazu auch A.E. OTT (1979), S. 72 f.

3 Im Modell wirkt sich dies auf eine Reduzierung von W_j bzw. W_j/P_j aus.

4 Vgl. dazu wieder die Investitions- und Arbeitsnachfragefunktionen des Modells in den Tabellen 2 bzw. 8 des Anhangs F: Wenn W_j bzw. W_j/P_j sinken, geht die Investitionsnachfrage zurück und steigt die Nachfrage nach Arbeitskräften.

Allerdings ist der Beschäftigungseffekt mit 173 Tsd. zusätzlichen Erwerbstätigen bzw. 109 Tsd. weniger (registrierten) Arbeitslosen bei der unterstellten Arbeitszeitverkürzung von immerhin rd. 2 vH nicht sehr hoch, besonders wenn man bedenkt, daß kein Lohnausgleich stattfindet. Auf der anderen Seite ist aber zu beachten, daß die dargestellten Multiplikatorwirkungen unter der Annahme einer konstanten Beschäftigung beim Staat abgeleitet wurden, d.h. es wurde unterstellt, daß die Arbeitszeitverkürzung keine zusätzlichen Beschäftigungseffekte im staatlichen Bereich induziert.

Um bei der unterstellten Arbeitszeitverkürzung von einer Wochenstunde je Arbeitnehmer das Einkommen der unselbständig Beschäftigten unverändert zu lassen, müßten die Löhne um ca. 2 vH erhöht werden. Wir erhalten also die Effekte einer Verkürzung der Arbeitszeit um eine Wochenstunde bei vollem Lohnausgleich, indem von den Multiplikatoren der Spalte 17 in Tabelle III.1 etwa die doppelten Beträge der Spalte 16 subtrahiert werden. Als Beschäftigungseffekt erhält man dabei eine Verminderung der Zahl der registrierten Arbeitslosen um rd. 43 000 bzw. eine Zunahme der Beschäftigung um 69 000 Personen (Zeile 12 und 13)[1].

Interessant ist, daß von einer Arbeitszeitverkürzung mit und ohne Lohnausgleich starke positive Multiplikatoreffekte auf den Finanzierungssaldo des Staates FS ausgehen. Eine Arbeitszeitverkürzung ohne Lohnausgleich reduziert den Staatskonsum CSN aufgrund geringerer Lohnzahlungen und senkt die Transferzahlungen TR, da die Zahl der Arbeitslosen abnimmt. Diese Einsparungen des Staates überschreiten seine insgesamt niedrigeren Steuereinnahmen, so daß ein Budgetüberschuß entsteht. Im Falle einer Arbeitszeitverkürzung mit Lohnausgleich sind die Einsparungen zwar geringer, auf der anderen Seite entfällt aber jetzt der Steuerverlust aufgrund des Lohnausfalls bei der Arbeitszeitverkürzung ohne Lohnausgleich. Der Budgetüberschuß ist dadurch noch größer. Der Staat

---

1 Dieser positive Beschäftigungseffekt ist der Grund dafür, daß die Verkürzung der Arbeitszeit bei gleichzeitiger Erhöhung der Lohnsätze um jeweils 2 vH eine geringfügige Zunahme des Einkommens aus unselbständiger Arbeit AE zur Folge hat.

profitiert somit in jedem Fall von einer Arbeitszeitverkürzung[1].

2.2.6 Multiplikatoren für eine Zinssatzänderung

Die Multiplikatoren der Spalte 18 deuten auf einen auch kurzfristig ziemlich starken Einfluß der Geldpolitik insbesondere auf die private Investitionstätigkeit und die Veränderung des Bruttoinlandsprodukts hin. Eine Senkung des Diskontsatzes RD um einen Prozentpunkt bewirkt gemäß Zinsgleichung[2] einen Rückgang des langfristigen Zinses RF um rd. 0.31 Prozent. Diese Zinssenkung wird durch die Multiplikatorprozesse noch geringfügig verstärkt (vgl. Zeile 11), obwohl der Bedarf an Transaktionskasse aufgrund der Zunahme des Importwertes MN und des nominalen Bruttoproduktionswertes XN stark ansteigt[3]. Dieser zinserhöhende Effekt auf RF wird jedoch durch den Budgetüberschuß des Staates FS infolge der positiven Beschäftigungs- und Einkommensentwicklung kompensiert.

Bei der Darstellung der Schätzergebnisse für die Investitionsfunktionen hatten wir festgestellt, daß eine Senkung des langfristigen Zinssatzes RF um einen Prozentpunkt die realen Investitionen IPR, ceteris paribus, um rd. 6.6 Mrd. DM erhöht[4]. Aus Tabelle III.1 geht hervor, daß fast dieselbe Investitionserhöhung bereits durch eine Senkung von RF um nur 0.35 Prozentpunkte erreicht wird, wenn alle Interdependenzen zwischen den Modellvariablen berücksichtigt werden: Investitionserhöhend wirken jetzt außerdem die Produktionszunahme und der Anstieg des Einkommens aus Unternehmertätigkeit und Vermögen UE bzw. der flüssigen Mittel CF.

1 Zu diesem Ergebnis gelangt auch U. HEILEMANN (1983) in einer Studie über die Auswirkungen eines "Einstiegs in die 35-Stunden-Woche".

2 Vgl. Tabelle 10, Gleichung 1) in Anhang F.

3 Der Multiplikator des Diskontsatzes RD in bezug auf den gesamtwirtschaftlichen nominalen Bruttoproduktionswert XN ist in Tabelle III.1 nicht ausgewiesen. Er beträgt 15.881.

4 Vgl. die Ausführungen auf S. 119.

Im Vergleich zur Zunahme des Bruttoinlandsprodukts ist der Rückgang der Arbeitslosigkeit infolge der Diskontsatzsenkung gering. Der Grund hierfür ist, daß die gesunkenen Kapitalnutzungskosten es vorteilhaft machen, Arbeit durch Kapital zu substituieren. Allerdings wird dieser Substitutionseffekt durch den Produktionseffekt überkompensiert, so daß es insgesamt zu einer Zunahme der Arbeitsnachfrage kommt.

2.2.7 Multiplikatoren für außenwirtschaftliche Einflußfaktoren

In den Spalten 19 und 20 sind die multiplikativen Wirkungen von Veränderungen des ausländischen Preisniveaus PA und der Importpreise PM (bei konstantem Wechselkurs) dargestellt. Die Erhöhung des ausländischen Preisniveaus bewirkt eine Zunahme der realen Exportnachfrage ER, die allerdings durch die gleichzeitig steigenden Exportpreise wieder etwas gedämpft wird. Insgesamt steigt jedoch die Exportnachfrage, so daß ein Anstoß zu positiven Multiplikatorwirkungen ausgelöst wird. Obwohl die nominale Bruttoproduktion XN und damit der Bedarf an Transaktionskasse stark zunimmt[1], steigt der langfristige Zins RF nicht. Die Ursache hierfür sind der gestiegene Exportwert EN und der staatliche Budgetüberschuß FS, die zinsdämpfend wirken. Dadurch werden die positiven Effekte, die von der Zunahme der Produktion und Unternehmereinkommen UE auf die private Investitionstätigkeit IPR ausgehen, nicht gebremst.

Die Anstoßwirkungen zu den multiplikativen Effekten einer Reduzierung aller Importpreise um denselben Indexbetrag (Spalte 20) gehen vom Rückgang der Inlandspreise[2] und des Importwertes MN aus. Dies hat zur Folge, daß der nominelle Wert der Transaktionen und damit die Nachfrage nach Geld zurückgehen, wodurch der Zinssatz RF sinkt und die Investitionsnachfrage steigt. Der Rückgang der

1 Der in Tabelle III.1 nicht ausgewiesene Multiplikator für PA in bezug auf XN beträgt 7.931.

2 Die Importpreise sind Determinanten der inländischen Produktpreise; vgl. dazu die Preisfunktionen in Tabelle 5, Anhang F.

Inlandspreise bewirkt weiterhin ein Sinken des Konsumgüterpreisindexes PC, so daß das reale verfügbare Einkommen und die private Konsumnachfrage CPR steigen. Die niedrigere inländische Inflationsrate dämpft die Lohnerhöhungen. Dies wirkt sich positiv auf die Beschäftigung aus und verstärkt die Tendenz zu weiteren Preissenkungen. Niedrigere Löhne und mehr Beschäftigung lassen aber das Einkommen aus unselbständiger Arbeit AE nahezu unverändert. Dagegen nehmen die Einkommen aus Unternehmertätigkeit und Vermögen UE zu und auch der Staat erzielt einen Einnahmeüberschuß (Zeile 29).

2.2.8 Zusammenfassende Beurteilung der Multiplikatorwirkungen

Die bisherige Multiplikatoranalyse hat gezeigt, daß unser disaggregiertes ökonometrisches Modell die interdependenten Wirkungszusammenhänge zwischen den relevanten gesamtwirtschaftlichen Variablen sinnvoll beschreibt und auch mit existierenden makroökonometrischen Modellen vergleichbare Eigenschaften aufweist. Wir wollen nun abschließend die wichtigsten Wirkungszusammenhänge noch einmal zusammenfassend darstellen und dabei gleichzeitig die Stärke des Einflusses exogener Variablen auf einige gesamtwirtschaftliche Aggregate miteinander vergleichen.

Da die exogenen Variablen teilweise in unterschiedlichen Einheiten gemessen werden, müssen für einen Wirkungsvergleich ihre Multiplikatoren auf eine gemeinsame Basis gebracht werden. Als Bezugsgröße wählen wir das reale Bruttoinlandsprodukt YMR, d.h. die Multiplikatoren in jeder Spalte der Tabelle III.1 werden durch den jeweiligen Multiplikator in Zeile 7 dividiert. Die berechneten Werte geben dann an, um wieviel sich die endogenen Variablen verändern, wenn die exogene Variable einer Spalte gerade so stark variiert wird, daß sich das Bruttoinlandsprodukt um 1 Mrd. ändert.

Tabelle III.2 enthält einige ausgewählte Ergebnisse dieser Berechnungen. In den Zeilen 1 - 4 sind die Wirkungen auf endogene Variablen aufgeführt, die in die später noch darzustellenden Definitionsgleichungen für die gesamtwirtschaftlichen Zielvariablen eingehen[1]. Die Normierung ermöglicht nun einen zeilenweisen Vergleich der Multiplikatorwirkungen.

Aus Zeile 2 geht hervor, daß bei absolut gleich großen Veränderungen von YMR die stärksten Effekte auf das Preisniveau von den Löhnen (Spalte 7) und den Importpreisen (Spalte 11) ausgehen. Im Vergleich dazu sind die preisverändernden Wirkungen der wirtschaftspolitischen Instrumente und aller anderen exogenen Einflußfaktoren nahezu bedeutungslos.

Auch auf die Beschäftigung (Zeile 3) geht von einer Veränderung der Löhne die absolut größte Wirkung aus, gefolgt von einer Arbeitszeitveränderung (Spalte 8). Mit fiskalpolitischen Maßnahmen wird nur ein Drittel bis ein Viertel dieser Wirkung erzielt (Spalten 1 - 5), mit einer Variation des Zinssatzes sogar nur ein Achtel.

In Zeile 5 sind die Auswirkungen auf die private Investitionstätigkeit dargestellt. Sie sind wiederum am höchsten für Lohnänderungen. Während aber die Erhöhung der Beschäftigung durch Lohnsenkungen herbeigeführt wird, müssen die Löhne steigen, wenn die private Investitionsnachfrage angeregt werden soll: Steigende Lohnkosten erhöhen den Druck zur Substitution von Arbeit durch Kapital. Zinssatzänderungen (Spalte 9) und steuerpolitische Maßnahmen (Spalte 3 und 5) sind die wichtigsten Möglichkeiten der Wirtschaftspolitik zur Beeinflussung der privaten Investitionstätigkeit.

Die stärksten Effekte auf das Budget des Staates (Zeile 6) gehen von Faktoren aus, die durch ihn selbst nicht bzw. kaum beeinflußt werden können, nämlich von Lohn- und Arbeitszeitveränderungen

1 Vgl. Abschnitt 3.2 in diesem Kapitel.

Tabelle III. 2: Vergleich von Multiplikatorwirkungen

ENDOGENE VARIABLEN		EXOGENE VARIABLEN										
		ISN	ASGN	TII	TDAI	TDUI	ET_{13}	LI	HI	RD	PA	PM
		1	2	3	4	5	6	7	8	9	10	11
YMR	1	1.	1.	1.	1.	1.	1.	-1.	-1.	1.	1.	1.
PC	2	0.013	0.016	0.015	0.016	0.015	0.004	-0.456	-0.011	0.015	0.016	-0.108
ALR	3	-10.053	-11.152	-9.825	-10.899	-9.836	32.854	-36.585	-32.861	-4.013	-7.487	-9.094
EN-MN	4	- 0.262	- 0.292	-0.300	- 0.331	-0.300	0.016	- 0.070	- 0.205	-0.299	0.119	0.194
IPR	5	0.625	0.720	0.914	0.557	0.914	-0.183	- 1.163	0.038	1.063	0.811	0.816
FS	6	0.126	0.202	0.098	- 0.680	0.098	-0.299	- 0.776	0.728	0.522	0.640	0.522

Zur Symbolik vgl. Anhang E. Die Vorzeichen der unterstellten Veränderungen der exogenen Variablen sind dieselben wie in Tabelle III. 1.

(Spalten 7 und 8) und von außenwirtschaftlichen Einflußfaktoren (Spalten 10 und 11). Unter den wirtschaftspolitischen Instrumenten lassen sich mit der Steuer auf das Einkommen aus unselbständiger Arbeit (Spalte 4) und dem Diskontsatz (Spalte 9) die größten Budgeteffekte erzielen.

Aus einem spaltenweisen Vergleich der normierten Multiplikatorwerte kann jetzt auch abgeschätzt werden, wie sich bestimmte Kombinationen exogener Variablenänderungen auswirken[1]. Die Wirkungen einer Senkung der Steuer auf das Einkommen aus Unternehmertätigkeit und Vermögen (Spalte 5) auf das Bruttoinlandsprodukt YMR und die privaten Investitionen IPR werden durch die Geldpolitik fast genau konterkariert, wenn zur Stabilisierung des Preisniveaus PC der Diskontsatz RD entsprechend erhöht wird. Gleichzeitig erhöht diese Maßnahmenkombination die Beschäftigung (Zeile 3), führt aber auch zu einem staatlichen Budgetdefizit (Zeile 6).

Die negativen Effekte einer Erhöhung der Importpreise (Spalte 11) auf das Bruttoinlandsprodukt YMR, die Arbeitslosen ALR und die privaten Investitionen IPR können zwar durch staatliche Ausgabenerhöhungen (ISN bzw. ASGN) oder Steuersenkungen (TII bzw. TDUI) weitgehend ausgeglichen werden, dabei müssen jedoch eine weitere Zunahme des Preisniveaus PC und ein staatliches Budgetdefizit hingenommen werden. Eine Erhöhung des Diskontsatzes RD zur Abwehr der importierten Inflation würde alle anderen negativen Wirkungen der Importpreiserhöhung noch verschlimmern.

Die Kombination einer Arbeitszeitverkürzung (Spalte 8) mit einer Lohnerhöhung (Spalte 7) derart, daß das Bruttoinlandsprodukt YMR unverändert bleibt, wirkt preissteigernd (Zeile 2) und beschäftigungshemmend (Zeile 3), aber gleichzeitig auch investitionsfördernd (Zeile 5) und annähernd budgetneutral (Zeile 6).

1 Die im folgenden unterstellten Veränderungen der exogenen Variablen sind den in Tabelle III.2 dargestellten teilweise genau entgegengerichtet, so daß sich die Vorzeichen der normierten Multiplikatorwerte umkehren.

Ein Vergleich der Spalten 10 und 11 zeigt, daß den von einer Erhöhung der Importpreise PM auf die endogenen Variablen ausgehenden negativen Effekten teilweise entgegengewirkt wird, wenn gleichzeitig auch das Weltmarktpreisniveau PA steigt. Der Druck auf das Preisniveau PC wird allerdings zusätzlich noch etwas verstärkt.

Die dargestellten Beispiele machen deutlich, daß zur Abwehr unerwünschter Effekte, die von exogenen Datenänderungen ausgehen, unterschiedliche wirtschaftspolitische Maßnahmen ergriffen werden müssen und zur Erreichung erwünschter Effekte auf mehrere gesamtwirtschaftliche Größen gleichzeitig ein Instrument meistens nicht ausreicht, sondern alle Instrumente miteinander kombiniert eingesetzt werden müssen. Hinzu kommt, daß die Instrumente auch in ihrer Höhe "richtig" dosiert sein müssen. Auf diesen quantitativen Aspekt der Dosierung der Instrumente werden wir im 3. Abschnitt noch ausführlicher eingehen.

2.3 Strukturelle Multiplikatoren

2.3.1 Vorbemerkungen

In diesem Abschnitt wird dargestellt, wie sich die unter Abschnitt 2.2 analysierten Veränderungen von Instrumentvariablen und Daten auf die Strukturen gesamtwirtschaftlicher Größen auswirken oder m.a.W., wie sich die gesamtwirtschaftlichen Multiplikatorwirkungen auf die volkswirtschaftlichen Teilaggregate verteilen. Dabei interessieren wir uns nicht mehr so sehr wie bisher für die absolute Höhe der Multiplikatoren, sondern vielmehr dafür, wie stark die Struktur gesamtwirtschaftlicher Aggregate im Basisjahr 1974 durch die Veränderung der exogenen Variablen beeinflußt wird und wie sehr sich die strukturdifferenzierenden Wirkungen globalpolitischer Maßnahmen voneinander unterscheiden. Zur Messung dieser Effekte gehen wir von folgenden Überlegungen aus:

Die innere Zusammensetzung, d.h. die Struktur einer ökonomischen Variablen ändert sich immer dann, wenn eines der Teilaggregate X_i schneller oder langsamer wächst als das Gesamtaggregat ΣX_i, d.h. wenn gilt:

$$(1) \quad \Delta X_i / X_i \gtrless \Sigma \Delta X_i / \Sigma X_i$$

Hierin bedeuten ΔX_i die multiplikative Veränderung eines Teilaggregats, z.B. der Produktion eines Sektors, aufgrund der Variation einer exogenen Variablen um eine Einheit und $\Sigma \Delta X_i$ die Multiplikatorwirkung auf das entsprechende gesamtwirtschaftliche Aggregat. (1) läßt sich umformen in:

$$(2) \quad \Delta X_i / \Sigma \Delta X_i \gtrless X_i / \Sigma X_i,$$

so daß sich der strukturverändernde Einfluß einer exogenen Variablen jetzt auch daran erkennen läßt, ob die relative Verteilung der multiplikativen Effekte den Anteilen der Teilaggregate am Gesamtaggregat im Ausgangszeitpunkt entspricht oder nicht. Beziehung (2) bzw. die Relation

(3) $(\Delta X_i \;/\; \Sigma\Delta X_i) \;/\; (X_i \;/\; \Sigma X_i) \gtrless 1$

wird deshalb im folgenden als Maß für die strukturverändernden Impulse exogener Variablenänderungen herangezogen. Mit diesem Maß kann allerdings nur die Tendenz strukturdifferenzierender Wirkungen angegeben werden. Ob sich die Strukturen tatsächlich in einem nennenswerten Umfang ändern lassen, hängt auch davon ab, wie stark X_i bzw. die auf X_i wirkenden Instrumentvariablen und Daten innerhalb eines bestimmten Zeitraums variiert werden.

Es werden nur die multiplikativen Wirkungen exogener Variablenänderungen auf die Produktions-, Faktornachfrage- und Preisstrukturen analysiert. Exogene Variablen, die nur eine quantitativ geringe Bedeutung für die strukturelle Entwicklung der endogenen Variablen haben, werden aus der Betrachtung ausgeschlossen. Es sind dies die Investitionsausgaben einiger staatlicher Funktionsbereiche und die Veränderung der Erwerbstätigen beim Staat[1]. Ferner bleibt die indirekte Steuer unberücksichtigt, deren Wirkungen auf die innere Zusammensetzung der hier betrachteten gesamtwirtschaftlichen Aggregate derjenigen der Steuer auf das Einkommen aus Unternehmertätigkeit und Vermögen gleicht.

2.3.2 Wirkungen auf die Produktionsstruktur

Im Teil A der Tabelle III.3 sind die Multiplikatorwirkungen auf die sektoralen Bruttoproduktionswerte der Unternehmen dargestellt[2]. Die Werte geben an, wie stark sich die Produktion in den einzelnen Branchen und den Unternehmen insgesamt bei einer Veränderung der exogenen Variablen um den angegebenen Betrag verändern. Der jeweils größte Multiplikatorwert einer Spalte ist unterstrichen. Es zeigt sich, daß die größten Werte auf nur drei Sektoren, nämlich auf den Stahl-, Maschinen- und Fahrzeugbau, das Baugewerbe und den Dienstleistungssektor konzentriert sind.

---

1 Nur bei der Analyse der Multiplikatorwirkungen auf die nach Berufen differenzierte Arbeitsnachfrage werden wir die staatlichen Erwerbstätigen wieder in die Betrachtung einbeziehen.

2 Der reale Bruttoproduktionswerte des Staates (Sektor 13) ist wegen der Exogenität von ASGN und ET_{13} zum größten Teil vorgegeben und wird deshalb nicht in der Tabelle aufgeführt. Der Bruttoproduktionswert des Sektors 14 (Priv. HH. u. Priv. Org. o. Erw.) wurde wegen seiner quantitativ geringen Bedeutung weggelassen.

TABELLE III.3: IMPACT-MULTIPLIKATOREN

WIRKUNG VON VERAENDERUNGEN AUSGEWAEHLTER EXOGENER VARIABLEN AUF DIE PRODUKTIONSSTRUKTUR

A) BRUTTOPRODUKTIONSWERTE IN MRD DM

SEKTOREN	EXOGENE VARIABLEN[1]												
	ISFN3	ISFN5	ISFN7	ISFN8	ISN	ASGN	TDAI	TDUI	LI	HI	RD	PA[3]	PM[3,4]
	+1000	+1000	+1000	+1000	+1000	+1000	-1000	-1000	-1 %	-1 STD[2]	-1	+1	-1
	1	2	3	4	5	6	7	8	9	10	11	12	13
1 LAND- U. FORSTWIRTSCH., FISCH.	0.032	0.037	0.037	0.050	0.038	0.050	0.031	0.048	-0.048	-0.119	0.119	0.084	0.076
2 ENERGIEWIRTSCHAFT U. BERGBAU	0.099	0.111	0.109	0.101	0.111	0.149	0.063	0.128	-0.086	-0.190	0.383	0.192	0.196
3 CHEMIE, STEINE, ERDEN	0.390	0.396	0.389	0.388	0.391	0.405	0.153	0.366	-0.098	-0.371	1.183	0.669	0.679
4 EISEN, STAHL, NE-METALLE	0.167	0.199	0.193	0.174	0.182	0.168	0.056	0.175	-0.100	-0.105	0.663	0.279	0.274
5 STAHL-, MASCHINEN-, FAHRZEUGBAU	0.495	0.639	0.591	0.528	0.560	0.535	0.169	0.568	-0.328	-0.333	2.286	0.956	0.886
6 ELEKTROTECHNIK, EBM	0.328	0.424	0.419	0.344	0.371	0.382	0.133	0.401	-0.202	-0.297	1.501	0.739	0.638
7 HOLZ, PAPIER, LEDER, TEXTIL	0.244	0.344	0.305	0.249	0.279	0.313	0.173	0.331	-0.267	-0.526	0.926	0.538	0.529
8 NAHRUNGS- UND GENUSSMITTEL	0.086	0.095	0.094	0.088	0.090	0.130	0.089	0.133	-0.134	-0.346	0.328	0.189	0.213
9 BAUGEWERBE	1.144	0.875	0.974	1.083	1.029	0.573	0.170	0.665	-0.187	0.307	2.189	0.812	0.894
10 HANDEL	0.226	0.274	0.254	0.240	0.246	0.296	0.145	0.295	-0.220	-0.452	0.907	0.473	0.493
11 VERKEHR, NACHRICHTENUEBERM.	0.143	0.155	0.152	0.145	0.148	0.204	0.061	0.169	-0.045	-0.114	0.578	0.296	0.254
12 SONSTIGE DIENSTLEISTUNGEN	0.251	0.309	0.305	0.245	0.272	0.526	0.202	0.352	-0.266	-0.690	0.949	0.443	0.569
13 UNTERNEHMEN (1-12)	3.604	3.857	3.822	3.634	3.716	3.731	1.445	3.631	-1.981	-3.237	12.011	5.670	5.699

B) BRUTTOPRODUKTIONSWERTE - ANTEILE IN VH

SEKTOREN	EXOGENE VARIABLEN[1]													
	ISFN3	ISFN5	ISFN7	ISFN8	ISN	ASGN	TDAI	TDUI	LI	HI	RD	PA[3]	PM[3,4]	
	+1000	+1000	+1000	+1000	+1000	+1000	-1000	-1000	-1 %	-1 STD[2]	-1	+1	-1	X_i^5
	1	2	3	4	5	6	7	8	9	10	11	12	13	$\sum X_i$
1 LAND- U. FORSTWIRTSCH., FISCH.	0.9	1.0	1.0	1.4	1.0	1.3	2.1	1.3	-2.4	-3.7	1.0	1.5	1.3	3.0
2 ENERGIEWIRTSCHAFT U. BERGBAU	2.7	2.9	2.9	2.8	3.0	4.0	4.4	3.5	-4.3	-5.9	3.2	3.4	3.4	4.2
3 CHEMIE, STEINE, ERDEN	10.8	10.3	10.2	10.7	10.5	10.9	10.6	10.1	-4.9	-11.5	9.8	11.8	11.9	12.4
4 EISEN, STAHL, NE-METALLE	4.6	5.2	5.0	4.8	4.9	4.5	3.9	4.8	-5.0	-3.2	5.5	4.9	4.8	6.0
5 STAHL-, MASCHINEN-, FAHRZEUGBAU	13.7	16.6	15.5	14.5	15.1	14.3	11.7	15.6	-16.6	-10.3	19.0	16.9	15.5	12.2
6 ELEKTROTECHNIK, EBM	9.1	11.0	11.0	9.5	10.0	10.2	9.2	11.0	-10.2	-9.2	12.5	13.0	11.2	9.1
7 HOLZ, PAPIER, LEDER, TEXTIL	6.8	8.9	8.0	6.9	7.5	8.4	12.0	9.1	-13.5	-16.2	7.7	9.5	9.3	8.6
8 NAHRUNGS- UND GENUSSMITTEL	2.4	2.5	2.5	2.4	2.4	3.5	6.2	3.7	-6.8	-10.7	2.7	3.3	3.7	8.6
9 BAUGEWERBE	31.7	22.7	25.5	29.8	27.7	15.4	11.8	18.3	-9.4	9.5	18.2	14.3	15.7	6.8
10 HANDEL	6.3	7.1	6.6	6.6	6.6	7.9	10.0	8.1	-11.1	-14.0	7.6	8.3	8.7	9.3
11 VERKEHR, NACHRICHTENUEBERM.	4.0	4.0	4.0	4.0	4.0	5.5	4.2	4.7	-2.3	-3.5	4.8	5.2	4.5	5.5
12 SONSTIGE DIENSTLEISTUNGEN	7.0	8.0	8.0	6.7	7.3	14.1	14.0	9.7	-13.4	-21.3	7.9	7.8	10.0	14.4
13 UNTERNEHMEN (1-12)	100.0	100.0	100.0	100.0	100.0	100.0	100.0	100.0	-100.0	-100.0	100.0	100.0	100.0	100.0

1 Zur Symbolik und Dimension der Variablen vgl. Anhang E.
2 Je Arbeitnehmer und Arbeitswoche.
3 Index 1970 = 100.
4 Alle Preise für importierte Vorleistungen und Endnachfragegüter.
5 Anteile für 1974.

Von den staatlichen Ausgaben (Spalten 1 - 6) gehen, wie erwartet, die stärksten Multiplikatorwirkungen auf die Bauwirtschaft aus. Allerdings weichen die Werte für die einzelnen Ausgabearten nicht unerheblich voneinander ab. Die Ursache hierfür ist in der zum Teil sehr unterschiedlichen Verwendungsstruktur der staatlichen Ausgabearten zu sehen (vgl. Tabelle III.4). Werden die staatlichen Investitionen durch die Funktionsbereiche 3 oder 8 (Verkehr und Bauwesen, Kommunale Einrichtungen) getätigt, so entfallen allein rd. 91 bzw. 83 vH der Ausgaben direkt auf die Bauwirtschaft, dagegen sind es nur 51 bzw. 64 vH bei Investitionen der Funktionsbereiche 5 und 7 (Wissenschaft und Bildung, Öffentliches Gesundheitswesen). Dies macht sich in entsprechend höheren Multiplikatorwerten in der Bauwirtschaft für Investitionsausgaben der Funktionsbereiche 3 und 8 bemerkbar. Die Konzentrationen der Ausgaben auf die Bauwirtschaft scheint allerdings zu etwas niedrigeren Multiplikatoren für den gesamten Unternehmensbereich zu führen, wie aus einem Vergleich der Werte in Zeile 13 der Tabelle III.3 hervorgeht.[1]

Tabelle III.4: Sektorale Verteilung ausgewählter Endnachfragekomponenten des Staates - Sektorale Verwendungsstruktur 1974 in vH

Ausgabe-art	Sektor														Im-porte	Summe
	1	2	3	4	5	6	7	8	9	10	11	12	13	14		
$ISFN_3$	0.1	0.	0.	0.1	2.5	1.7	0.4	0.	90.7	0.4	0.	1.2	0.6	0.	2.2	100
$ISFN_5$	0.2	0.	2.2	1.5	15.2	9.1	8.9	0.	51.3	4.6	0.2	4.6	0.	0.	2.2	100
$ISFN_7$	0.3	0.	0.6	1.1	10.3	9.1	5.2	0.	64.0	2.4	0.1	4.7	0.	0.	2.2	100
$ISFN_8$	2.6	0.	0.3	0.5	5.3	3.2	0.8	0.	82.7	1.9	0.1	0.1	0.3	0.	2.2	100
ISN	0.7	0.6	0.8	0.7	8.1	4.7	3.3	0.	74.6	2.1	0.1	2.2	0.4	0.	1.8	100
ASGN	1.1	3.1	8.4	0.7	5.5	4.9	5.6	1.7	5.2	7.9	5.4	26.7	7.4	10.3	6.1	100

Die Sektorstruktur der staatlichen Endnachfrage nach Investitionsgütern weicht für die einzelnen Funktionsbereiche in erheblichem Maße von der sektoralen Verteilung der Multiplikatorwirkungen auf die Bruttoproduktionswerte ab. Obwohl z.B. eine Erhöhung der Investitionsausgaben im Funktionsbereich 3 zu 91 vH direkt an die Bau-

1 Die Multiplikatorwerte in Zeile 13 weichen für die verschiedenen staatlichen Ausgabearten nur wenig voneinander ab. Diese geringe Reagibilität des Durchschnittsmultiplikators auf Veränderungen der Endnachfragestruktur wird auch von Schumann festgestellt; vgl. J. SCHUMANN (1975), S. 404 f.

wirtschaft geht, hat dieser Sektor nur einen Anteil von rd. 32 vH an der Multiplikatorwirkung auf die gesamte Bruttoproduktion der Unternehmen (vgl. Teil B der Tabelle III.3). Auf der anderen Seite hat Sektor 5 einen Anteil von rd. 14 vH, obwohl auf ihn direkt nur 2.5 vH der zusätzlichen Investitionsausgaben entfallen (vgl. Tabelle III.4) und Sektor 3 sogar einen Anteil von 11 vH, obwohl er direkt praktisch nichts zur Befriedigung der zusätzlichen staatlichen Investitionsnachfrage beiträgt. Ähnliche Resultate lassen sich auch für die anderen Funktionsbereiche feststellen. Die sektorale Verteilung der multiplikativen Effekte auf die Bruttoproduktion ist aufgrund der interindustriellen Verflechtung doch erheblich breiter, als die Konzentration der staatlichen Investitionsnachfrage auf die Güter der Bauwirtschaft vermuten läßt. Die Gefahr, daß staatliche Investitionsprogramme sehr schnell die Produktionskapazitäten des Baugewerbes auslasten und deshalb zu Preissteigerungen führen könnten, ist somit nicht so groß, wie aufgrund des hohen Anteils der staatlichen Endnachfrage nach den Investitionsgütern der Baubranche häufig befürchtet wird. Wegen des doch recht hohen Produktionseffekts in der Bauwirtschaft ist allerdings eine vorsichtige Dosierung der Veränderung staatlicher Investitionsausgaben angezeigt.

Die staatlichen Ausgaben für Sachgüter und Dienstleistungen, die Sachkäufe des Staates ASGN, verteilen sich etwas gleichmäßiger auf die Sektoren als die Investitionsausgaben (vgl. Tabelle III.4). Den höchsten Anteil hat der Dienstleistungsbereich, den größten Multiplikator weist aber das Baugewerbe auf, obwohl es direkt nur mit 5.2 vH an den gesamten Sachkäufen des Staates beteiligt ist. Sein Anteil am gesamten Multiplikatoreffekt ist deshalb auch entsprechend niedriger als bei den Investitionsausgaben.

Ein spaltenweiser Vergleich der Multiplikatoranteile für die Staatsausgaben im Teil B der Tabelle III.3 zeigt, daß sich die Produktionswirkungen von Veränderungen staatlicher Investitions- und Sachkäufe zwar in der Hauptsache auf dieselben Branche erstrecken[1]; nur im Falle der Ausgaben für Sachgüter und Dienstleistungen ASGN sind zusätzlich noch für den Dienstleistungssektor stärkere Multiplikatoreffekte zu verzeichnen. Bei einem zeilenweisen Vergleich kann man

1 Für einen besseren Vergleich wurden die Multiplikatoranteile mit Werten ≥ 10 vH unterstrichen.

jedoch feststellen, daß die Multiplikatoren für die einzelnen Sektoren zum Teil beträchtlich voneinander abweichende Werte aufweisen. Die sektorale Struktur der Produktion wird somit ganz unterschiedlich beeinflußt, je nachdem welche der staatlichen Ausgabearten variiert wird. Von steuer- und zinspolitischen Maßnahmen (Spalten 7 - 8 und 11 in Tabelle III.3) gehen wieder etwas andere Wirkungen auf die Produktionsstruktur aus als von Veränderungen der Staatsausgaben: Ihre Multiplikatoreffekte verteilen sich gleichmäßiger auf die Sektoren als die Staatsausgabenmultiplikatoren.

Die Möglichkeiten zur Beeinflussung der Produktionsstruktur erweitern sich, wenn verschiedene Maßnahmen miteinander kombiniert werden. Sehr starke strukturdifferenzierende Effekte lassen sich hierbei bewirken, wenn ein Teil der Instrumente expansiv, ein anderer Teil kontraktiv eingesetzt wird. So wird z.B. durch eine Erhöhung der Investitionsausgaben des Funktionsbereichs 5 (Spalte 2) bei gleichzeitiger Senkung der Sachkäufe (Spalte 6) um denselben Betrag, d.h. durch eine Umstrukturierung der staatlichen Ausgaben bei konstantem Gesamtbetrag, die Produktion in einigen Sektoren (z.B. 5, 6 und 9) gesteigert und in anderen (z.B. 12) gedrosselt. Etwas andere, aber ebenfalls gegenläufige Wirkungen auf die sektoralen Produktionswerte werden erzielt, wenn die Erhöhung der staatlichen Investitionsausgaben durch eine Steuererhöhung (Spalten 7 und 8) finanziert werden soll oder von einer Erhöhung des Zinssatzes (Spalte 11) begleitet wird. In all diesen Beispielen findet eine erheblich größere Verschiebung der Produktionsstruktur statt, als wenn die wirtschaftspolitischen Instrumente nur expansiv oder kontraktiv eingesetzt werden, wobei alle sektoralen Produktionswerte steigen oder sinken, wenn auch in unterschiedlichen Verhältnissen.

Ein Vergleich der Multiplikatoranteile in Spalte 6 mit den Werten der Spalte 13 in Teil B der Tabelle III.3 zeigt, daß sich die Produktionswirkungen einer Importpreisveränderung in ähnlicher Weise auf die Sektoren verteilen wie die einer Veränderung der Sachkäufe des Staates. Den strukturellen Folgen einer Importpreiserhöhung auf die Produktion[1] könnte deshalb mit einer Erhöhung der staatlichen Sachkäufe wirksam begegnet werden: Der Staat würde damit gerade

1 Man erhält die Auswirkungen einer Erhöhung der Importpreise durch Umkehrung der Vorzeichen in Spalte 13.

in den Sektoren Produktnachfrage induzieren, in denen sie aufgrund der gestiegenen Importpreise zurückgegangen ist. Ob mit dieser Maßnahme auch der Rückgang der Nachfrage absolut ausgeglichen werden kann, hängt natürlich zum einen vom Umfang der Importpreissteigerung und zum anderen davon ab, wie stark die Ausgaben des Staates erhöht werden (können). Evtl. läßt sich erst durch Kombination und "richtige" Dosierung aller fiskalpolitischen Instrumente eine Nachfrage schaffen, die die ausgefallene nicht nur in der Zusammensetzung, sondern auch in der absoluten Höhe ausgleicht.

Aus einem Vergleich der Multiplikatoranteile mit den Werten der letzten Spalte des Teils B der Tabelle geht hervor, daß keine exogene Variablenänderung die bisherige Produktionsstruktur unverändert läßt. Auch in allen Sektoren gleich hohe Lohnsatz- und Arbeitszeitveränderungen beeinflussen die Struktur der Produktion (unterschiedlich). Ein in allen Sektoren prozentual gleich großer Produktionsrückgang kann deshalb durch keine einzelne globalpolitische Maßnahme "strukturneutral" ausgeglichen werden. Hierzu müßten nach Möglichkeit alle Instrumente herangezogen und entsprechend dosiert werden. Unsere bisherige Analyse hat gezeigt, daß sich auf diese Weise unterschiedliche Struktureffekte erzielen lassen und deshalb auch versucht werden kann, in einzelnen Branchen auftretenden Nachfrageausfällen in beschränktem Maße entgegenzuwirken.

2.3.3 Wirkungen auf die Arbeitsnachfragestrukturen

2.3.3.1 Sektorale Struktur der Arbeitsnachfrage

Im Teil A der Tabelle III.5 sind die absoluten Werte der Multiplikatoren in bezug auf die sektorale Arbeitsnachfrage zusammengestellt[1]. Die höchsten Werte errechnen sich mit einer Ausnahme für das Baugewerbe. Aus Teil B der Tabelle geht außerdem hervor[2], daß sich die Multiplikatorwirkungen der staatlichen Ausgaben in bezug auf die

1 Die Werte in Zeile 13 sind Null, da wir die Beschäftigten beim Staat ET_{13} als exogene Variable behandeln. Auf die Darstellung der sektoralen Beschäftigungseffekte einer Veränderung von ET_{13} kann hier verzichtet werden, da sie für die Unternehmenssektoren unbedeutend sind.

2 Anteilswerte $\geq$ 10 vH sind wieder unterstrichen.

TABELLE III.5: IMPACT-MULTIPLIKATOREN

WIRKUNG VON VERAENDERUNGEN AUSGEWAEHLTER EXOGENER VARIABLEN AUF DIE ERWERBSTAETIGENSTRUKTUR

A) ERWERBSTAETIGE IN TSD

SEKTOREN	EXOGENE VARIABLEN[1]												
	ISFN3	ISFN5	ISFN7	ISFN8	ISN	ASGN	TDAI	TDUI	LI	HI	RD	PA[3]	PM[3,4]
	+1000	+1000	+1000	+1000	+1000	+1000	-1000	-1000	-1 %	-1 STD[2]	-1	+1	-1
	1	2	3	4	5	6	7	8	9	10	11	12	13
1 LAND- U. FORSTWIRTSCH., FISCH.	-0.301	-0.357	-0.352	-0.445	-0.357	-0.463	-0.274	-0.442	4.585	9.720	-1.143	-0.761	0.260
2 ENERGIEWIRTSCHAFT U. BERGBAU	0.652	0.721	0.709	0.663	0.732	0.989	0.422	0.846	3.799	-1.279	2.510	1.256	2.370
3 CHEMIE, STEINE, ERDEN	1.318	1.359	1.334	1.326	1.333	1.334	1.025	1.313	3.268	6.276	-6.321	0.869	0.875
4 EISEN, STAHL, NE-METALLE	0.738	0.839	0.814	0.766	0.784	0.731	0.650	0.798	2.127	5.000	-5.139	0.208	0.502
5 STAHL-, MASCHINEN-, FAHRZEUGBAU	2.977	3.675	3.436	3.147	3.294	3.133	1.870	3.383	2.722	9.780	-4.014	3.333	2.839
6 ELEKTROTECHNIK, EBM	2.436	2.975	2.936	2.540	2.682	2.682	1.767	2.883	3.723	9.391	-6.039	2.911	2.540
7 HOLZ, PAPIER, LEDER, TEXTIL	1.789	2.549	2.251	1.822	2.050	2.291	1.295	2.445	5.949	20.612	6.784	3.980	3.259
8 NAHRUNGS- UND GENUSSMITTEL	-0.023	-0.028	-0.027	-0.024	-0.026	-0.032	-0.016	-0.031	1.402	0.048	-0.088	-0.048	-0.014
9 BAUGEWERBE	14.863	11.341	12.632	14.054	13.348	7.389	2.170	8.601	3.771	57.165	28.561	10.498	12.409
10 HANDEL	1.440	1.747	1.620	1.531	1.569	1.884	0.929	1.883	3.353	17.286	5.788	3.019	2.177
11 VERKEHR, NACHRICHTENUEBERM.	1.983	2.143	2.106	2.014	2.053	2.828	0.844	2.341	-0.624	-1.584	8.014	4.106	3.516
12 SONSTIGE DIENSTLEISTUNGEN	2.129	2.605	2.581	2.070	2.298	4.522	1.716	3.084	11.003	42.962	8.289	3.758	8.011
13 STAAT	0.000	0.000	0.000	0.000	0.000	0.000	0.000	0.000	0.000	0.000	0.000	0.000	0.000
14 PRIV. HH. U. PRIV. ORG. O. ERW.	0.392	0.404	0.406	0.394	0.398	6.001	0.611	0.756	6.471	-2.625	1.504	0.708	2.149
15 SUMME 1-14	30.393	29.973	30.446	29.858	30.158	33.289	13.009	27.860	51.549	172.752	38.706	33.837	40.893

B) ANTEILE IN VH

SEKTOREN	EXOGENE VARIABLEN[1]													
	ISFN3	ISFN5	ISFN7	ISFN8	ISN	ASGN	TDAI	TDUI	LI	HI	RD	PA[3]	PM[3,4]	
	+1000	+1000	+1000	+1000	+1000	+1000	-1000	-1000	-1 %	-1 STD[2]	-1	+1	-1	$\frac{ET_i}{\Sigma ET_i}$[5]
	1	2	3	4	5	6	7	8	9	10	11	12	13	
1 LAND- U. FORSTWIRTSCH., FISCH.	-1.0	-1.2	-1.2	-1.5	-1.2	-1.4	-2.1	-1.6	8.9	5.6	-3.0	-2.2	0.6	7.2
2 ENERGIEWIRTSCHAFT U. BERGBAU	2.1	2.4	2.3	2.2	2.4	3.0	3.2	3.0	7.4	-0.7	6.5	3.7	5.8	1.8
3 CHEMIE, STEINE, ERDEN	4.3	4.6	4.4	4.4	4.4	4.0	7.9	4.7	6.3	3.6	-16.3	2.6	2.1	5.5
4 EISEN, STAHL, NE-METALLE	2.4	2.8	2.7	2.6	2.6	2.2	5.0	2.9	4.1	2.9	-13.3	0.6	1.2	3.3
5 STAHL-, MASCHINEN-, FAHRZEUGBAU	9.8	12.4	11.3	10.5	10.9	9.4	14.4	12.1	5.3	5.7	-10.4	9.9	6.9	10.0
6 ELEKTROTECHNIK, EBM	8.0	10.0	9.6	8.5	8.9	8.1	13.6	10.3	7.2	5.4	-15.6	8.6	6.2	7.5
7 HOLZ, PAPIER, LEDER, TEXTIL	5.9	8.6	7.4	6.1	6.8	6.9	10.0	8.8	11.5	11.9	17.5	11.8	8.0	7.7
8 NAHRUNGS- UND GENUSSMITTEL	-0.1	-0.1	-0.1	-0.1	-0.1	-0.1	-0.1	-0.1	2.7	0.0	-0.2	-0.1	0.0	3.6
9 BAUGEWERBE	48.9	38.3	41.5	47.1	44.3	22.2	16.7	30.9	7.3	33.1	73.8	31.0	30.3	7.6
10 HANDEL	4.7	5.9	5.3	5.1	5.2	5.7	7.1	6.8	6.5	10.0	15.0	8.9	5.3	12.5
11 VERKEHR, NACHRICHTENUEBERM.	6.5	7.2	6.9	6.7	6.8	8.5	6.5	8.4	-1.2	-0.9	20.7	12.1	8.6	5.8
12 SONSTIGE DIENSTLEISTUNGEN	7.0	8.8	8.5	6.9	7.6	13.6	13.2	11.1	21.3	24.9	21.4	11.1	19.6	11.7
13 STAAT	0.0	0.0	0.0	0.0	0.0	0.0	0.0	0.0	0.0	0.0	0.0	0.0	0.0	13.1
14 PRIV. HH. U. PRIV. ORG. O. ERW.	1.3	1.4	1.3	1.3	1.3	18.0	4.7	2.7	12.6	-1.5	3.9	2.1	5.3	2.5
15 SUMME 1-14	100.0	100.0	100.0	100.0	100.0	100.0	100.0	100.0	100.0	100.0	100.0	100.0	100.0	100.0

Fußnoten vgl. Tabelle III.3

Beschäftigung noch etwas stärker auf die Bauwirtschaft konzentrieren als in bezug auf die Produktion. Der Grund hierfür ist die relativ hohe produktionsabhängige Arbeitsnachfrage in diesem Sektor.

Die Multiplikatoren für die Veränderung staatlicher Investitionsausgaben (Spalten 1 - 5) sind außer im Baugewerbe in den Sektoren 5 und 6 am größten, in denen auch relativ hohe Produktionseffekte festgestellt worden waren. Im Sektor 3 ist dagegen trotz hoher Multiplikatoren in bezug auf die Produktion der Beschäftigungseffekt gering, da die Arbeitsnachfrage auf Outputänderungen nur schwach reagiert. Die schwach negativen Werte in den Sektoren 1 und 8 sind Folge der spezifischen Form der Arbeitsnachfragefunktionen für diese beiden Branchen[1]: Der Output hat keinen Einfluß auf die Arbeitsnachfrage, und da bei steigenden Investitionsausgaben des Staates die Kosten für den Faktor Arbeit stärker steigen als die Preise (die realen Arbeitskosten steigen), geht die Nachfrage nach Arbeitskräften zurück.

Die Beschäftigungswirkungen staatlicher Sachkäufe (Spalte 6) verteilen sich etwas gleichmäßiger auf die Sektoren als die öffentlicher Investitionsausgaben. So werden jetzt auch im Dienstleistungsbereich stärkere Beschäftigungseffekte ausgelöst. Das gleiche gilt für die Wirkung von Veränderungen der steuerpolitischen Instrumentvariablen (Spalten 7 - 8). Die absoluten Werte und die sektorale Verteilung der Multiplikatorwirkungen weisen zwischen den einzelnen ausgaben- und steuerpolitischen Maßnahmen teilweise starke Unterschiede auf, so daß nicht unerhebliche strukturdifferenzierende Wirkungen auf die sektorale Arbeitsnachfrage ausgehen, je nachdem welche wirtschaftspolitischen Maßnahmen oder Kombinationen von Maßnahmen ergriffen werden.

Anders als die staatlichen Aktivitäten beeinflussen niedrigere Löhne (Spalte 9) die Arbeitsnachfrage direkt. Auf der einen Seite steigt sie in allen Sektoren aufgrund der gesunkenen Arbeitskosten, auf der anderen Seite sinkt sie aber auch wegen der geringeren Güternachfrage (vgl. auch Tabelle III.3). Nur im Sektor 11 überwiegt der

---

1 Vgl. auch die Schätzergebnisse für die Arbeitsnachfragefunktionen in Tabelle 8 im Anhang F.

negative Produktionseffekt[1]. Die strukturellen Beschäftigungswirkungen geringerer Löhne unterscheiden sich von denen fiskalpolitischer Maßnahmen völlig: Es wird vor allem der Dienstleistungsbereich und weniger das Baugewerbe betroffen. Dies ist hauptsächlich darauf zurückzuführen , daß die realen Arbeitskosten im Dienstleistungssektor besonders stark zurückgehen[2] und die Elastizität der Nachfrage nach Arbeit in bezug auf die Arbeitskosten in diesem Sektor relativ hoch ist.

Ähnliche Beschäftigungseffekte gehen von einer in allen Sektoren gleich starken Arbeitszeitverkürzung aus (Spalte 10). Allerdings ist hier die Erhöhung der Beschäftigung im Baugewerbe wesentlich höher. Der Grund hierfür ist, daß der positive Beschäftigungseffekt der Arbeitszeitverkürzung in der Bauwirtschaft durch einen positiven Produktionseffekt noch verstärkt wird. Dieser ist auf die in einigen Branchen durch die Substitution von Arbeit durch Kapital ausgelöste gestiegene Investitionsnachfrage zurückzuführen, von der zu einem großen Teil die Bauwirtschaft betroffen wird. Die Produktion steigt deshalb nur in diesem Sektor infolge einer Arbeitszeitverkürzung an (vgl. Tabelle III.3).

Die stärksten strukturdifferenzierenden Beschäftigungswirkungen gehen von einer Veränderung des Diskontsatzes aus (Spalte 11). Die Senkung des Zinssatzes erhöht die Investitionsnachfrage, zu deren Befriedigung die Produktion aller Unternehmenssektoren steigen muß (vgl. Tabelle III.3). Dies hat einen positiven Effekt auf die Arbeitsnachfrage. Gleichzeitig wird der Faktor Arbeit relativ teurer und durch Kapital substituiert, weshalb die Arbeitsnachfrage ceteris paribus sinkt. In manchen Sektoren überwiegt der erste (positive) Einkommenseffekt und die Arbeitsnachfrage steigt, in anderen dagegen überwiegt der zweite (negative) Substitutionseffekt, so daß die Nachfrage nach Arbeitskräften zurückgeht. Dies hat zur Folge, daß durch Zinssatzänderungen eine starke Umstrukturierung der Beschäftigung zwischen den Sektoren ausgelöst wird. Insgesamt steigt jedoch die Beschäftigung.

---

1 Wird dagegen der Lohnsatz eines Sektors isoliert reduziert, steigt die Arbeitsnachfrage nur in dem betreffenden Sektor, während sie in den anderen Sektoren wegen des negativen Produktionseffekts von Lohnsenkungen zurückgehen kann. Die Wirkung auf die gesamtwirtschaftliche Beschäftigung ist aber auch hier in allen Fällen positiv. Diese Multiplikatoren werden in der Arbeit nicht dargestellt.

2 Im Sektor 9 wird dieser Rückgang dadurch gebremst, daß der Produktpreis dieses Sektors durch die Lohnsenkung relativ stärker sinkt als in anderen Bereichen.

Die Multiplikatoren der Spalten 12 und 13 repräsentieren den Einfluß des Auslands auf die Struktur der inländischen Beschäftigung. Während sich die Wirkungen von Veränderungen des Weltmarktpreisniveaus bzw. der Importpreise auf die Produktionsstruktur noch einander ähnelten, erhalten wir hier ein völlig anderes Bild: Die Beschäftigungseffekte konzentrieren sich bei Importpreisveränderungen (Spalte 13) auf die Bauwirtschaft und den Dienstleistungsbereich, bei einer Änderung des ausländischen Preisniveaus (Spalte 12) sind sie breiter gestreut.

Ein Vergleich der Multiplikatoranteile mit den Werten in der letzten Spalte des Teils B der Tabelle III.5 führt zu dem Ergebnis, daß die Veränderung jeder exogenen Variablen die bisherige sektorale Beschäftigungsstruktur verändert. Es fällt besonders auf, daß die Arbeitsnachfrage der Bauwirtschaft in den Multiplikatorwerten meistens ein viel größeres Gewicht hat, als es ihrem Anteil an der Gesamtbeschäftigung entspricht. Es besteht deshalb die Gefahr, daß bei einem undifferenzierten Einsatz wirtschaftspolitischer Maßnahmen zur Beseitigung von Arbeitslosigkeit die Bauwirtschaft die gesamte Anpassungslast allein tragen müßte, wozu sie aufgrund ihrer zu geringen Bedeutung für die Beschäftigung in der Gesamtwirtschaft gar nicht in der Lage ist. Werden aber die Maßnahmen in geeigneter Weise miteinander kombiniert und dosiert, eine staatliche Ausgabenerhöhung z.B. mit einer Steuererhöhung gekoppelt, läßt sich unter Umständen eine Nachfrage nach Arbeitskräften induzieren, die möglichst gut mit der bestehenden Struktur der Erwerbspersonen übereinstimmt.

2.3.3.2 Berufliche Struktur der Arbeitsnachfrage

In Tabelle III.6 werden die Multiplikatorwirkungen auf die beruflich gegliederte Arbeitsnachfrage dargestellt. Die exogene Variable ET_{13} wurde zusätzlich in die Betrachtung einbezogen. Es sind jetzt nicht mehr die Erwerbstätigen, sondern die Arbeitslosen aufgeführt, die sich als Differenz zwischen dem gegebenen Arbeitsangebot und den Erwerbstätigen nach Berufen berechnen. Die Abnahme der Arbeitslosen bzw. der Unterbeschäftigung[1] ist deshalb mit der Zunahme der Beschäftigung

1 Darunter verstehen wir die registrierten und nicht-registrierten Arbeitslosen, auf die sich auch die Zahlen in Tabelle III.6 beziehen.

TABELLE III.6:

IMPACT-MULTIPLIKATOREN

WIRKUNG VON VERAENDERUNGEN AUSGEWAEHLTER EXOGENER VARIABLEN AUF DIE BERUFSSTRUKTUR

A) ARBEITSLOSE IN TSD

	BERUFE	EXOGENE VARIABLEN[1]													
		ISFN3	ISFN5	ISFN7	ISFN8	ISN	ASGN	TDAI	TDUI	ET13	LI	HI	RD	PA[3]	PM[3,4]
		+1000	+1000	+1000	+1000	+1000	+1000	-1000	-1000	+100	-1 %	-1 STD[2]	-1	+1	-1
		1	2	3	4	5	6	7	8	9	10	11	12	13	14
1	LAND- U. FORSTWIRTSCH. BERUFE	0.0	0.1	0.1	0.2	0.1	0.2	0.1	0.1	-9.1	-5.6	-11.5	0.5	0.3	-0.8
2	BERGLEUTE, MINERALGEWINNER	-0.2	-0.2	-0.2	-0.2	-0.2	-0.3	-0.1	-0.2	-0.0	-1.0	0.1	-0.6	-0.3	-0.6
3	KERAMIKER, GLASMACHER	-0.2	-0.1	-0.1	-0.2	-0.2	-0.1	-0.1	-0.1	-0.1	-0.3	-0.7	0.4	-0.1	-0.1
4	CHEMIEARB., KUNSTOFFVERARB.	-0.3	-0.3	-0.3	-0.3	-0.3	-0.3	-0.2	-0.3	-0.2	-0.7	-1.2	1.0	-0.2	-0.2
5	PAPIERHERSTELLER, DRUCKER	-0.2	-0.3	-0.2	-0.2	-0.2	-0.3	-0.1	-0.3	-0.2	-0.6	-2.1	-0.6	-0.4	-0.4
6	HOLZAUFBER., HOLZWARENFERT.	-0.4	-0.5	-0.5	-0.4	-0.5	-0.4	-0.2	-0.5	-0.3	-0.9	-3.4	-1.0	-0.7	-0.6
7	METALLERZEUGER, METALLBEARB.	-0.8	-0.9	-0.9	-0.8	-0.8	-0.8	-0.5	-0.9	-0.3	-1.2	-3.3	2.0	-0.7	-0.7
8	SCHLOSSER, MECHANIKER	-2.9	-3.0	-3.0	-2.9	-2.9	-2.5	-1.3	-2.7	-1.7	-2.9	-10.9	0.8	-2.8	-2.8
9	ELEKTRIKER, ELEKTROGER.-MONT.	-1.8	-1.8	-1.9	-1.8	-1.8	-1.6	-0.8	-1.6	-0.7	-1.9	-6.3	-1.0	-1.9	-2.1
10	TEXTIL- U. BEKLEIDUNGSBEARB.	-0.5	-0.7	-0.6	-0.5	-0.6	-0.6	-0.3	-0.7	-0.3	-1.6	-5.4	-1.7	-1.0	-0.9
11	LEDERHERST. U. -VERARBEITER	-0.1	-0.1	-0.1	-0.1	-0.1	-0.1	-0.1	-0.1	-0.1	-0.3	-1.1	-0.3	-0.2	-0.2
12	ERNAEHRUNGSBERUFE	-0.2	-0.2	-0.2	-0.2	-0.2	-0.3	-0.1	-0.2	-1.4	-1.0	-1.6	-0.3	-0.2	-0.4
13	BAUBERUFE	-6.2	-4.8	-5.3	-5.9	-5.6	-3.2	-1.0	-3.7	-0.4	-1.8	-24.1	-11.7	-4.5	-5.3
14	BAUAUSSTATTER, POLSTERER	-1.0	-0.8	-0.8	-0.9	-0.9	-0.5	-0.2	-0.6	0.0	-0.4	-3.9	-1.8	-0.7	-0.8
15	MALER, LACKIERER	-1.4	-1.1	-1.3	-1.4	-1.3	-0.8	-0.3	-0.9	-0.1	-0.5	-5.6	-2.5	-1.1	-1.2
16	WARENPRUEFER U. A.	-0.3	-0.4	-0.4	-0.3	-0.3	-0.4	-0.2	-0.4	-0.2	-0.7	-1.9	0.4	-0.4	-0.4
17	HILFSARBEITER	-1.2	-1.3	-1.3	-1.2	-1.2	-1.2	-0.7	-1.2	-2.6	-2.0	-6.2	0.1	-1.4	-1.4
18	MASCHINISTEN	-1.0	-0.8	-0.9	-0.9	-0.9	-0.6	-0.3	-0.7	-0.7	-0.8	-3.8	-1.2	-0.8	-1.0
19	TECHNISCHE BERUFE	-1.8	-1.8	-1.8	-1.8	-1.8	-1.8	-0.8	-1.7	-5.7	-2.4	-7.5	-0.4	-1.9	-2.1
20	WARENKAUFLEUTE	-1.0	-1.2	-1.1	-1.0	-1.1	-1.2	-0.6	-1.2	-0.3	-2.4	-10.0	-2.8	-1.8	-1.4
21	DIENSTL.-KAUFL. U. ZUGEH. B.	-0.4	-0.5	-0.5	-0.4	-0.5	-0.9	-0.3	-0.6	-1.0	-1.7	-6.5	-1.6	-0.8	-1.4
22	VERKEHRSBERUFE	-2.0	-2.1	-2.1	-2.0	-2.1	-2.3	-0.8	-2.0	-4.1	-1.3	-5.3	-4.7	-3.0	-2.8
23	ORG., VERW.- U. BUEROBERUFE	-3.9	-4.2	-4.1	-4.0	-4.0	-5.9	-2.1	-4.1	-59.9	-7.9	-20.2	-4.5	-5.1	-5.9
24	KUENSTLERISCHE BERUFE	-0.2	-0.2	-0.2	-0.2	-0.2	-0.3	-0.1	-0.2	-0.6	-0.5	-1.5	-0.4	-0.2	-0.3
25	GESUNDHEITSBERUFE	-0.5	-0.6	-0.6	-0.5	-0.5	-1.4	-0.4	-0.7	-2.0	-2.7	-8.1	-1.7	-0.8	-1.7
26	SOZIAL- U. ERZIEHUNGSBERUFE	-0.5	-0.6	-0.6	-0.5	-0.5	-2.0	-0.5	-0.8	-2.9	-3.3	-7.6	-1.8	-0.9	-1.9
27	ALLGEM. DIENSTLEISTUNGSBERUFE	-1.0	-1.1	-1.1	-1.0	-1.0	-2.8	-0.7	-1.3	-5.8	-4.5	-10.6	-2.8	-1.6	-2.8
28	SONSTIGE BERUFE	-0.5	-0.5	-0.5	-0.5	-0.5	-0.5	-0.2	-0.4	-0.5	-0.7	-7.8	-0.5	-0.5	-0.6
29	SUMME (1 - 28)	-30.4	-30.0	-30.4	-29.9	-30.2	-32.8	-13.0	-27.9	-100.8	-51.5	-172.8	-38.7	-33.8	-40.9

Fußnoten vgl. Tabelle III.3

TABELLE III.6:

IMPACT-MULTIPLIKATOREN

WIRKUNG VON VERAENDERUNGEN AUSGEWAEHLTER EXOGENER VARIABLEN AUF DIE BERUFSSTRUKTUR

B) ARBEITSLOSE: ANTEILE IN VH[6]

	BERUFE	EXOGENE VARIABLEN[1]														
		ISFN3	ISFN5	ISFN7	ISFN8	ISN	ASGN	TDAI	TDUI	ET13	LI	HI	RD	PA[3]	PM[3,4]	
		+1000	+1000	+1000	+1000	+1000	+1000	-1000	-1000	+100	-1 %	-1SD[2]	-1	+1	-1	AL_m[5]
		1	2	3	4	5	6	7	8	9	10	11	12	13	14	ΣAL_m
1	LAND- U. FORSTWIRTSCH. BERUFE	.	.	.	.	.	.	.	.	9.0	10.9	6.7	.	.	.	1.4
2	BERGLEUTE, MINERALGEWINNER	.	.	.	.	.	.	.	.	.	.	.	.	.	.	0.4
3	KERAMIKER, GLASMACHER	.	.	.	.	.	.	.	.	.	.	.	.	.	.	1.2
4	CHEMIEARB., KUNSTOFFVERARB.	.	.	.	.	.	.	.	.	.	.	.	-2.6	.	.	1.7
5	PAPIERHERSTELLER, DRUCKER	.	.	.	.	.	.	.	.	.	.	.	.	.	.	1.3
6	HOLZAUFBER., HOLZWARENFERT.	.	.	.	.	.	.	.	.	.	.	.	2.6	.	.	1.2
7	METALLERZEUGER, METALLBEARB.	2.5	3.0	2.9	2.7	2.8	2.4	4.0	3.1	.	.	.	-5.1	.	.	1.9
8	SCHLOSSER, MECHANIKER	9.4	10.0	9.7	9.6	9.6	7.5	10.3	9.6	.	5.7	6.3	.	8.2	7.0	4.6
9	ELEKTRIKER, ELEKTROGER.-MONT.	6.0	6.3	6.1	6.1	6.1	4.7	5.9	5.9	.	3.7	3.6	2.5	5.7	5.1	7.5
10	TEXTIL- U. BEKLEIDUNGSBEARB.	.	.	.	.	.	.	2.7	2.4	.	3.1	3.1	4.4	3.1	.	5.4
11	LEDERHERST. U. -VERARBEITER	.	.	.	.	.	.	.	.	.	.	.	.	.	.	1.1
12	ERNAEHRUNGSBERUFE	.	.	.	.	.	.	.	.	.	.	.	.	.	.	2.5
13	BAUBERUFE	20.5	18.0	17.5	19.8	18.6	9.5	7.4	13.1	.	3.4	13.9	30.3	13.2	12.8	9.3
14	BAUAUSTATTER, POLSTERER	3.2	2.8	2.7	3.1	2.9	.	.	.	.	.	.	4.7	.	.	1.7
15	MALER, LACKIERER	4.7	4.2	4.1	4.6	4.4	.	.	3.2	.	.	3.2	6.4	3.2	3.0	1.6
16	WARENPRUEFER U. A.	.	.	.	.	.	.	.	.	.	.	.	.	.	.	3.1
17	HILFSARBEITER	3.9	4.3	4.2	4.0	4.1	3.6	5.0	4.3	2.6	3.9	3.6	.	4.1	3.3	5.5
18	MASCHINISTEN	3.2	3.0	2.9	3.2	3.1	.	.	.	.	.	.	3.2	.	.	1.0
19	TECHNISCHE BERUFE	5.9	6.2	6.0	6.0	6.0	5.3	6.5	6.0	5.6	4.7	4.3	.	5.5	5.1	3.8
20	WARENKAUFLEUTE	3.3	3.7	3.6	3.5	3.5	3.6	4.6	4.3	.	4.6	5.8	7.2	5.2	3.1	7.8
21	DIENSTL.-KAUFL. U. ZUGEH. B.	.	.	.	.	.	2.6	2.5	.	.	3.4	3.8	4.2	.	3.5	1.0
22	VERKEHRSBERUFE	6.7	7.0	6.8	6.8	6.8	6.8	6.5	7.3	4.1	2.6	3.1	12.1	8.9	6.9	8.6
23	ORG., VERW.- U. BUEROBERUFE	13.0	14.0	13.6	13.3	13.4	17.8	16.3	14.8	59.4	15.2	11.7	11.5	15.1	14.3	13.2
24	KUENSTLERISCHE BERUFE	.	.	.	.	.	.	.	.	.	.	.	.	.	.	1.3
25	GESUNDHEITSBERUFE	.	.	.	.	.	4.1	3.1	2.5	.	5.2	4.7	4.3	2.5	4.2	1.4
26	SOZIAL- U. ERZIEHUNGSBERUFE	.	.	.	.	.	6.1	3.5	2.7	2.9	6.5	4.4	4.6	2.6	4.7	1.8
27	ALLGEM. DIENSTLEISTUNGSBERUFE	3.3	3.8	3.7	3.3	3.5	8.5	5.6	4.7	5.7	8.7	6.1	7.2	4.7	6.9	6.4
28	SONSTIGE BERUFE	.	.	.	.	.	.	.	.	.	.	4.5	.	.	.	2.2
29	SUMME (1 - 28)	85.6	86.3	83.8	85.9	84.7	82.5	83.9	81.2	89.4	81.4	88.8	97.5	82.0	80.5	100.0

Fußnoten 1-5 vgl. Tabelle III.3

6 · bedeutet ein Wert unter 2.5 vH. Die drei höchsten Werte einer Spalte sind unterstrichen.

identisch: Die Werte in der Summenzeile 29 entsprechen den Werten der Zeile 15 in Tabelle III.5 mit umgekehrten Vorzeichen.

Die höchsten Multiplikatorwerte konzentrieren sich auf nur zwei Berufe: die Bauberufe und Organisations-, Verwaltungs- und Büroberufe (Berufe 13 und 23). Relativ hohe Werte sind außerdem noch für die Berufe 8, 9, 19 und 22 zu verzeichnen. Dies geht aus dem Teil B der Tabelle III.5 noch etwas deutlicher hervor, in der die anteilsmäßige Verteilung der Beschäftigungswirkungen auf die Berufe dargestellt ist. Obwohl die höchsten Anteilswerte auf die genannten Berufe konzentriert sind, unterscheiden sich die Multiplikatoren der einzelnen exogenen Variablen teilweise doch beträchtlich voneinander. Zum Beispiel ist der durch Sachkäufe des Staates (Spalte 6) hervorgerufene Bedarf an Bauberufen wesentlich geringer als der durch öffentliche Investitionsausgaben (Spalten 1 - 5) induzierte. Werden im Rahmen eines "reinen" Beschäftigungsprogramms beim Staat mehr Arbeitskräfte eingestellt (Spalte 9), so werden hiervon in überwiegendem Maße nur die Organisations-, Verwaltungs- und Büroberufe (Beruf 23) betroffen. Bei Veränderungen des Diskontsatzes (Spalte 12) wird wiederum die Nachfrage nach Arbeitskräften mit Bauberufen besonders stark beeinflußt, während kein nennenswerter Bedarf an technischen Berufen entsteht, wie es bei allen staatlichen Maßnahmen der Fall ist. Es fällt außerdem auf, daß die strukturdifferenzierenden Wirkungen von Diskontsatzänderungen auf die sektorale Arbeitsnachfrage, die zu gleichzeitigen Zu- und Abnahmen der Beschäftigung verschiedener Branchen führen, auf die Struktur der Nachfrage nach Berufung nicht in ähnlichem Maße durchschlagen. Die aufgrund der Beschäftigungsabnahme in einigen Sektoren freigesetzten Berufe werden durch die Zunahme der Beschäftigung in anderen Sektoren wieder zum großen Teil absorbiert. Mit anderen Worten: Die berufliche Struktur der freigesetzten Arbeitskräfte entspricht weitgehend derjenigen der neu nachgefragten. In nennenswertem Umfang finden nur Chemie- und Metallarbeiter (Berufe 4 und 7) keine Beschäftigung mehr.

Die Multiplikatoren zeigen den Bedarf an Arbeitskräften differenziert nach Berufen an, der bei den unterstellten Veränderungen der exogenen Variablen zusätzlich entsteht. Die Unterbeschäftigung wird aber in demselben Umfang in jedem einzelnen Beruf nur dann auch tatsächlich abgebaut, d.h. die Multiplikatorwirkungen können nur dann voll wirksam werden, wenn der induzierten zusätzlichen Arbeitsnachfrage jederzeit ein auch in qualitativer Hinsicht entsprechendes Arbeitsangebot gegenübersteht. Um dies zu erreichen, muß die Struktur der zusätzlichen Arbeitsnachfrage möglichst gut mit der Berufsstruktur der Arbeitslosen in Übereinstimmung gebracht werden.

Aus einem Vergleich der Multiplikatoranteile mit den Werten der letzten Spalte im Teil B der Tabelle III.6 geht jedoch hervor, daß diese Bedingung in keinem einzigen Fall genau erfüllt ist. Bei einer Erhöhung der staatlichen Investitionsausgaben werden zwar gerade die Arbeitskräfte mit der höchsten Unterbeschäftigung besonders stark nachgefragt (Berufe 13 und 23), aber gleichzeitig im Vergleich zum vorhandenen arbeitslosen Angebot in nicht unbedeutendem Maße auch Maschinisten (Beruf 18)[1]. Dies bedeutet, daß der Beruf 18 relativ schnell an die Vollbeschäftigungsgrenze stößt und dann verhindert, daß auch in den anderen Berufen mit hoher Arbeitslosigkeit die Beschäftigung steigen kann[2]. Ein staatliches Beschäftigungsprogramm läuft deshalb Gefahr, wenig zum Abbau der Arbeitslosigkeit beitragen zu können, wenn diese Wirkungszusammenhänge nicht beachtet werden.

Will man daher vermeiden, daß Maßnahmen zum Abbau der Arbeitslosigkeit wirkungslos bleiben und möchte man ihre Effizienz in bezug auf das Beschäftigungsziel maximieren, muß durch eine geeignete Zusammenstellung und Dosierung der Mittel versucht werden, eine mit der beruflichen Struktur des Arbeitsangebots möglichst kongruente Arbeitsnachfragestruktur zu schaffen. Dadurch dürfte zumindest ein Teil dessen, was allgemein als strukturelle Arbeitslosigkeit bezeichnet wird, auch durch globale Maßnahmen abgebaut werden können. Darüber hinaus könnte selbstverständlich noch zusätzlich versucht werden, mit Hilfe arbeitsmarktpolitischer Maßnahmen (z.B. beruflicher Umschulung) die Struktur des Arbeitsangebots mit der Struktur der beruflichen Arbeitsnachfrage in Einklang zu bringen. Eine solche angebotsorientierte wirtschaftspolitische Strategie zur Beseitigung der

1 Dies gilt auch noch für einige andere Berufe, z.B. Schlosser, Mechaniker (Beruf 8), aber auch für die Bauberufe, die in einem rd. doppelt so starkem Verhältnis (Fortsetzung der Fußnoten nächste Seite)

Arbeitslosigkeit bleibt in unserer Analyse außer Betracht.

2.3.4 Wirkungen auf die Kapitalstruktur

Der Einfluß, der von einer Veränderung der exogenen Variablen auf die private Investitionsgüternachfrage der Sektoren und damit auf die sektorale Kapitalstruktur ausgeht, ist in Tabelle III.7 dargestellt[1]. Die höchsten Multiplikatorwerte sind im Sektor 12 zu verzeichnen, was aufgrund der gewählten Disaggregierung auch erwartet werden konnte: Auf den Sektor Sonstige Dienstleistungen entfallen rd. die Hälfte der jährlich in der Volkswirtschaft getätigten Investitionen. Sein Anteil am gesamten Kapitalpotential der Unternehmen ist deshalb auch am höchsten (vgl. letzte Spalte im Teil B der Tabelle III.7). Aus demselben Grund rangieren die Multiplikatorwerte des Sektors 11 an zweiter Stelle. Dagegen stehen die Multiplikatoren des Sektors Baugewerbe in einem klaren Mißverhältnis zum Anteil dieses Sektors an dem gesamtwirtschaftlichen Kapitalbestand. Insbesondere wenn ein expansiver Prozeß durch staatliche Investitionsausgaben ausgelöst wird, kommt es im Bausektor zu einem im Vergleich zur gesamten Volkswirtschaft überproportionalen Ausbau der Produktionsanlagen. Der Kapitalbestand wächst dann in der Bauwirtschaft rd. 7 1/2-mal schneller als im gesamten Unternehmensbereich[2]. Aber auch durch steuer- und zinspolitische Maßnahmen (Spalten 7 - 8 und 11) wird die Kapazitätsentwicklung in der Bauwirtschaft überproportional stark betroffen, ebenso durch außenwirtschaftliche Einflüsse (Spalten 12 - 13). Die Vermutung, daß die Bauwirtschaft einen großen Teil der konjunkturellen Anpassungslasten zu tragen habe, findet somit, auf das Kapitalpotential bezogen, eine gewisse Bestätigung.

Fortsetzung der Fußnoten von S. 209
nachgefragt werden als ihrem Anteil an der Gesamtzahl der Arbeitslosen entspricht.

2 Dies gilt aufgrund der unterstellten Limitationalität des Arbeitskräftebedarfs nach Berufen. Die dann noch verbleibende Arbeitslosigkeit hatten wir als strukturelle Arbeitslosigkeit definiert; vgl. dazu Abschnitt 3.5.2.2 im I. Kapitel.

1 Die öffentlichen Investitionen und die quantitativ unbedeutenden Investitionen des Sektors 14 sind exogen.

2 $(\Delta K_9/K_9)/(\Sigma\Delta K_9/\Sigma K_9) = (\Delta K_9/\Sigma\Delta K_9)/(K_9/\Sigma K_9)$ ist bei einer Erhöhung der staatlichen Investitionsausgaben im Durchschnitt (vgl. Spalte 5) gleich 14.6/1.9 $\approx$ 7.5, wobei K_9 die Bruttoanlageinvestitionen des Baugewerbes bedeuten.

TABELLE III.7: **IMPACT-MULTIPLIKATOREN**

WIRKUNG VON VERAENDERUNGEN AUSGEWAEHLTER EXOGENER VARIABLEN AUF DIE KAPITALSTRUKTUR

A) BRUTTOANLAGEINVESTITIONEN IN MRD DM

SEKTOREN	EXOGENE VARIABLEN[1]												
	ISFN3	ISFN5	ISFN7	ISFN8	ISN	ASGN	TDAI	TDUI	LI	HI	RD	PA[3]	PM[3,4]
	+1000	+1000	+1000	+1000	+1000	+1000	-1000	-1000	-1 %	-1 STD[2]	-1	+1	-1
	1	2	3	4	5	6	7	8	9	10	11	12	13
1 LAND- U. FORSTWIRTSCH., FISCH.	0.017	0.019	0.019	0.026	0.020	0.026	0.016	0.025	-0.025	-0.062	0.062	0.044	0.040
2 ENERGIEWIRTSCHAFT U. BERGBAU	0.031	0.035	0.034	0.032	0.035	0.047	0.020	0.041	-0.027	-0.060	0.121	0.061	0.062
3 CHEMIE, STEINE, ERDEN	0.047	0.047	0.047	0.047	0.047	0.050	0.005	0.043	-0.104	-0.238	0.408	0.117	0.119
4 EISEN, STAHL, NE-METALLE	0.013	0.017	0.016	0.014	0.015	0.014	-0.002	0.014	-0.052	-0.101	0.190	0.040	0.034
5 STAHL-, MASCHINEN-, FAHRZEUGBAU	0.070	0.091	0.084	0.075	0.080	0.076	0.022	0.081	-0.056	-0.071	0.360	0.140	0.131
6 ELEKTROTECHNIK, EBM	0.037	0.048	0.048	0.039	0.042	0.044	0.010	0.045	-0.052	-0.100	0.266	0.097	0.084
7 HOLZ, PAPIER, LEDER, TEXTIL	0.031	0.043	0.038	0.031	0.035	0.039	0.022	0.042	-0.034	-0.066	0.117	0.068	0.067
8 NAHRUNGS- UND GENUSSMITTEL	0.009	0.010	0.010	0.009	0.009	0.015	0.008	0.015	-0.014	-0.029	0.115	0.032	0.037
9 BAUGEWERBE	0.193	0.146	0.164	0.183	0.173	0.094	0.023	0.110	-0.043	0.080	0.457	0.145	0.169
10 HANDEL	0.035	0.043	0.040	0.037	0.038	0.047	0.017	0.046	-0.051	-0.154	0.274	0.092	0.098
11 VERKEHR, NACHRICHTENUEBERM.	0.159	0.171	0.170	0.161	0.164	0.190	0.038	0.287	-0.161	0.206	1.180	0.390	0.371
12 SONSTIGE DIENSTLEISTUNGEN	0.497	0.565	0.559	0.496	0.523	0.712	0.230	0.924	-0.430	0.722	2.804	1.049	1.121
13 UNTERNEHMEN (1-12)	1.139	1.235	1.229	1.148	1.182	1.355	0.409	1.673	-1.049	0.126	6.355	2.276	2.332

B) BRUTTOANLAGEINVESTITIONEN - ANTEILE IN VH

SEKTOREN	EXOGENE VARIABLEN[1]													
	ISFN3	ISFN5	ISFN7	ISFN8	ISN	ASGN	TDAI	TDUI	LI	HI	RD	PA[3]	PM[3,4]	
	+1000	+1000	+1000	+1000	+1000	+1000	-1000	-1000	-1 %	-1 STD[2]	-1	+1	-1	K_i[5]
	1	2	3	4	5	6	7	8	9	10	11	12	13	ΣK_i
1 LAND- U. FORSTWIRTSCH., FISCH.	1.5	1.5	1.5	2.3	1.7	1.9	3.9	1.5	2.4	-49.2	1.0	1.9	1.7	4.4
2 ENERGIEWIRTSCHAFT U. BERGBAU	2.7	2.8	2.8	2.8	3.0	3.5	4.9	2.5	2.6	-47.6	1.9	2.7	2.7	6.7
3 CHEMIE, STEINE, ERDEN	4.1	3.8	3.8	4.1	4.0	3.7	1.2	2.6	9.9	-188.9	6.4	5.1	5.1	5.9
4 EISEN, STAHL, NE-METALLE	1.1	1.4	1.3	1.2	1.3	1.0	-0.5	0.8	5.0	-80.2	3.0	1.8	1.5	2.6
5 STAHL-, MASCHINEN-, FAHRZEUGBAU	6.1	7.4	6.8	6.5	6.8	5.6	5.4	4.8	5.3	-56.3	5.7	6.2	5.6	4.9
6 ELEKTROTECHNIK, EBM	3.2	3.9	3.9	3.4	3.6	3.2	2.4	2.7	5.0	-79.4	4.2	4.3	3.6	2.6
7 HOLZ, PAPIER, LEDER, TEXTIL	2.7	3.5	3.1	2.7	3.0	2.9	5.4	2.5	3.2	-52.4	1.8	3.0	2.9	3.6
8 NAHRUNGS- UND GENUSSMITTEL	0.8	0.8	0.8	0.8	0.8	1.1	2.0	0.9	1.3	-23.0	1.8	1.4	1.6	3.5
9 BAUGEWERBE	16.9	11.8	13.3	15.9	14.6	6.9	5.6	6.6	4.1	63.5	7.2	6.4	7.2	1.9
10 HANDEL	3.1	3.5	3.3	3.2	3.2	3.5	4.2	2.7	4.9	-122.2	4.3	4.0	4.2	6.8
11 VERKEHR, NACHRICHTENUEBERM.	14.0	13.8	13.8	14.0	13.9	14.0	9.3	17.2	15.3	163.5	18.6	17.1	15.9	9.1
12 SONSTIGE DIENSTLEISTUNGEN	43.6	45.7	45.5	43.2	44.2	52.5	56.2	55.2	41.0	573.0	44.1	46.1	48.1	48.2
13 UNTERNEHMEN (1-12)	100.0	100.0	100.0	100.0	100.0	100.0	100.0	100.0	100.0	100.0	100.0	100.0	100.0	100.0

Fußnoten vgl. Tabelle III.3

Eine Arbeitszeitverkürzung ohne Lohnausgleich (Spalte 10) führt zwar insgesamt zu einer leichten Zunahme der gesamtwirtschaftlichen privaten Investitionstätigkeit, in den meisten Branchen wird jedoch weniger investiert. Die vermehrten Investitionen in den Sektoren 11 und 12 sind auf die höheren flüssigen Mittel (cash-flow) zurückzuführen (vgl. auch Tabelle III.1), die in diesen Branchen einen entscheidenden Einfluß auf die Investitionsnachfrage haben. Davon profitiert indirekt (über den Produktionseffekt) auch die Bauwirtschaft.

2.3.5 Wirkungen auf die Preisstruktur

Wir wollen uns hier auf die Darstellung der Auswirkungen von Veränderungen der exogenen Variablen auf die Preise für Inlandslieferungen beschränken, die Determinanten in allen anderen im Modell verwendeten Preisfunktionen sind. Die Ergebnisse sind in Tabelle III.8 dargestellt. Die jeweils fünf höchsten Multiplikatorwerte wurden unterstrichen. Es zeigt sich, daß durch fiskal- und geldpolitische Maßnahmen immer in denselben Sektoren die stärksten Preiseffekte hervorgerufen werden. Im Falle staatlicher Investitionsausgaben (Spalten 1 - 5) sind sie im Baugewerbe etwas höher, bei Sachkäufen des Staates (Spalte 6) und steuerpolitischen Maßnahmen (Spalten 7 - 8) im Sektor Dienstleistungen. Zinsveränderungen (Spalte 11) bewirken im Sektor 5 die höchsten Preiseffekte.

Wir hatten früher festgestellt, daß von den genannten Maßnahmen nur geringe Einflüsse auf das gesamtwirtschaftliche Preisniveau, gemessen durch den Preisindex für den privaten Konsum, ausgehen (vgl. auch Tabelle III.1 bzw. III.2). Dies war damit begründet worden, daß die Preise insgesamt kurzfristig nur wenig auf Nachfrageänderungen reagieren. Aus der Tabelle geht hervor, daß die geringe Nachfrageelastizität der gesamtwirtschaftlichen Inflationsrate auch eine strukturelle Ursache hat. In der letzten Spalte der Tabelle sind die Gewichte angegeben, mit denen die sektoralen Preise in den Konsumgüterpreisindex eingehen, der für die Messung der gesamtwirtschaftlichen Inflationsrate verwendet wird (vgl. dazu Abschnitt 3.2).

TABELLE III.8: IMPACT-MULTIPLIKATOREN

WIRKUNG VON VERAENDERUNGEN AUSGEWAEHLTER EXOGENER VARIABLEN AUF DIE PREISSTRUKTUR

ABSOLUTE VERAENDERUNG DER PREISE FUER INLANDSLIEFERUNGEN * 100

SEKTOREN	EXOGENE VARIABLEN[1]													
	ISFW3	ISFN5	ISFN7	ISFN8	ISN	ASGN	TDAI	TDUI	LI	HI	RD	PA[3]	PM[3,4]	
	+1000	+1000	+1000	+1000	+1000	+1000	-1000	-1000	-1 %	-1 STD[2]	-1	+1	-1	CP_i^5 /
	1	2	3	4	5	6	7	8	9	10	11	12	13	$\sum CP_i$
1 LAND- U. FORSTWIRTSCH., FISCH.	0.0	0.0	0.0	0.0	0.0	0.0	0.0	0.0	0.0	0.0	0.0	0.0	0.0	2.4
2 ENERGIEWIRTSCHAFT U. BERGBAU	1.0	1.2	1.2	1.1	1.1	1.5	0.6	1.3	-34.5	-1.8	4.0	2.1	-13.4	3.1
3 CHEMIE, STEINE, ERDEN	1.1	1.2	1.2	1.1	1.1	1.3	0.5	1.1	-40.7	-1.2	3.4	1.9	-34.9	5.7
4 EISEN, STAHL, NE-METALLE	5.0	6.0	5.8	5.2	5.4	5.2	1.9	5.4	-30.7	-2.1	17.6	8.2	-67.6	0.4
5 STAHL-, MASCHINEN-, FAHRZEUGBAU	6.5	8.4	7.8	6.9	7.4	7.3	2.4	7.8	-69.9	-5.0	29.1	12.6	-2.8	4.1
6 ELEKTROTECHNIK, EBM	6.0	7.7	7.6	6.3	6.8	7.2	2.6	7.3	-50.2	-4.9	25.3	13.1	-17.0	4.4
7 HOLZ, PAPIER, LEDER, TEXTIL	1.1	1.5	1.4	1.2	1.3	1.5	0.7	1.5	-34.1	-2.1	4.4	2.4	-52.6	10.0
8 NAHRUNGS- UND GENUSSMITTEL	0.9	1.1	1.0	0.9	1.0	1.2	0.5	1.1	-51.9	-1.8	3.2	1.8	-27.5	14.9
9 BAUGEWERBE	10.1	8.1	8.9	9.6	9.2	5.7	1.8	6.4	-98.1	-1.1	20.4	8.2	-3.8	0.2
10 HANDEL	6.0	7.3	6.8	6.4	6.5	7.8	3.8	7.8	-43.4	-11.1	22.9	12.3	-33.5	15.7
11 VERKEHR, NACHRICHTENUEBERM.	1.8	2.0	1.9	1.8	1.9	2.5	0.9	2.1	-53.5	-2.4	6.6	3.5	-9.8	2.9
12 SONSTIGE DIENSTLEISTUNGEN	1.4	1.7	1.6	1.4	1.5	2.5	1.1	1.8	-42.9	-3.7	5.1	2.5	-6.8	23.6
13 STAAT	2.2	2.6	2.5	2.3	2.4	2.7	1.2	2.6	-107.6	-3.0	8.3	4.1	-22.3	0.7
14 PRIV.HH. U. PRIV.ORG. O. ERW.	1.3	1.6	1.5	1.3	1.4	1.7	0.7	1.6	-86.7	-2.0	5.0	2.5	-14.8	2.2

Fußnoten vgl. Tabelle III.3

Wie ein Vergleich der Multiplikatoren mit den Gewichten zeigt, sind die Preiseffekte gerade in den Sektoren niedrig (ausgenommen im Sektor 10), deren Preise bei der Berechnung des gesamtwirtschaftlichen Indexes stark gewichtet werden, während die Preise der Sektoren mit hohen Veränderungsraten eine zum Teil sogar völlig unbedeutende Rolle (Sektoren 4 und 9) für die gesamtwirtschaftliche Inflationsrate spielen. Globalpolitische Maßnahmen können somit auch deshalb wenig gegen die Höhe der gesamtwirtschaftlichen Inflationsrate ausrichten, weil sie die "falschen" Sektoren treffen.

In der gesamtwirtschaftlichen Analyse hatten wir eine besonders starke Wirkung der Löhne auf die Inflationsrate festgestellt. Dieser gesamtwirtschaftliche Effekt wird durch die strukturelle Komponente unterstützt: Wie aus einem Vergleich der Werte in Spalte 9 der Tabelle III.8 mit den Anteilswerten in der letzten Spalte hervorgeht, würden bei niedrigeren Lohnwachstumsraten auch diejenigen Güterpreise relativ stark sinken, die mit großen Gewichten in die Berechnung des gesamtwirtschaftlichen Preisindexes eingehen.

Mit der Globalpolitik läßt sich gegen die strukturdifferenzierende Wirkung von Importpreiserhöhungen auf die inländischen Preise kaum etwas ausrichten, weil ihre Instrumente meistens gerade diejenigen Güterpreise nur wenig beeinflussen, die infolge einer Erhöhung der Importpreise besonders stark steigen (vgl. Spalte 13). Da außerdem die Preise der Güter mit einem hohen Anteil am gesamten privaten Konsum von einer Erhöhung der Importpreise besonders stark betroffen werden (vgl. Spalte 13 mit der letzten Spalte), kann mit globalpolitischen Maßnahmen auch dem Einfluß importierter Preissteigerungen auf die gesamtwirtschaftliche Inflationsrate kaum wirksam begegnet werden[1]. Am besten eignet sich noch eine geringere Wachstumsrate der Löhne zur Bekämpfung der importierten Inflation (vgl. Spalte 9 mit Spalte 13).

---

1 Es sei nochmals daran erinnert, unter welchen Voraussetzungen das Ergebnis in Spalte 13 abgeleitet wurde: Alle Importpreisindices (für die importierten Vorleistungen aller Sektoren und die Endnachfrageimporten) wurden um denselben Betrag verändert. Die weiter unten dargestellten Auswirkungen eines "Importpreisschocks" kommen dagegen unter der Annahme zustande, daß sich die Importpreise unterschiedlich verändern, besonders stark für die von Sektoren 2 und 3 importierten Vorleistungsgütern. Das Ergebnis dieser Simulation zwingt uns jedoch nicht zu einer Änderung unserer Schlußfolgerung im Hinblick auf die Wirksamkeit einer Bekämpfung der importierten Preissteigerung mit den Mitteln der globalen Wirtschaftspolitik.

2.3.6 Zusammenfassende Beurteilung

Die Analyse struktureller Multiplikatoren hat gezeigt, daß keine der simulierten exogenen Variablenänderungen die innere Zusammensetzung, d.h. die Struktur der gesamtwirtschaftlichen Aggregate unberührt läßt. Besonders von den staatlichen Investitionsausgaben gehen erhebliche strukturdifferenzierende Effekte aus, weil sie in erster Linie die Aktivitäten des Baugewerbes beeinflussen. Auf der anderen Seite sind die strukturellen Wirkungen der ausgabenpolitischen Maßnahmen des Staates wesentlich breiter auf die Wirtschaft verteilt, als aufgrund des hohen direkten Anteils der Bauwirtschaft an den Staatsausgaben allgemein angenommen wird.

Die Struktur einer ökonomischen Variablen wird von den verschiedenen Instrumenten ganz unterschiedlich beeinflußt und jedes Instrument verändert die Strukturen verschiedener ökonomischer Variablen in etwas anderer Weise. Zum Beispiel gehen von staatlichen Investitionsausgaben andere Effekte auf die Produktionsstruktur aus als von Sachkäufen des Staates, und zinspolitische Maßnahmen beeinflussen die Produktionsstruktur in völlig anderer Weise als die sektorale Beschäftigungsstruktur. Weitere Struktureffekte lassen sich dadurch induzieren, daß verschiedene Instrumente miteinander kombiniert und unterschiedlich dosiert werden.

Bei Kenntnis dieser Effekte kann versucht werden, mittels einer geeigneten Kombination und Dosierung der globalpolitischen Instrumente die Strukturen der ökonomischen Variablen derart zu beeinflussen, daß sich ein möglichst gutes Ergebnis für die gesamtwirtschaftlichen Aggregate einstellt. Natürlich sind die Möglichkeiten einer solchen Struktursteuerung mit der Globalpolitik begrenzt. Insbesondere einer durch Importpreiserhöhungen induzierten Steigerung der inländischen Inflationsrate läßt sich auf diese Weise kaum entgegenwirken. Außerdem wird nicht gewährleistet, daß sich auch für die Teilaggregate in jedem Fall zufriedenstellende Resultate einstellen. Um dies noch zusätzlich zu erreichen, müßte die Globalpolitik um die Strukturpolitik ergänzt werden, mit deren Hilfe die Strukturen ökonomischer Variablen direkt beeinflußt werden könnten.

3. Analyse der Auswirkungen wirtschaftspolitischer Maßnahmen und Veränderungen von Daten auf die gesamtwirtschaftlichen Zielgrößen

3.1 Vorbemerkungen

In welchem quantitativen Maße die gesamtwirtschaftlichen Ziele durch die Wirtschaftspolitik kurzfristig beeinflußt werden können, hängt - wie im I. Kapitel bereits ausgeführt wurde[1] - nicht nur von den im vorangegangenen Abschnitt analysierten Impact-Multiplikatoren bzw. Wirkungskoeffizienten ab, sondern auch von der absoluten Höhe der Dosierbarkeit der Instrumente und der Anzahl und Kombination der eingesetzten Mittel. Wir wollen mit Hilfe des Modells zunächst nur ermitteln, wie stark sich die Realisierungsgrade der Ziele durch bestimmte Dosierungen von Maßnahmen einzeln beeinflussen lassen, d.h. es wird jeweils nur die Auswirkung einer einzigen Instrumentenveränderung simuliert, wobei die Werte aller anderen Instrument- und Datenvariablen konstant gehalten werden. Außerdem soll untersucht werden, welche quantitativen Effekte von der Entwicklung einiger exogener Einflußgrößen, die die Wirtschaftspolitik nicht kontrollieren kann, auf die Realisierungsmöglichkeiten von Zielen ausgehen können.

Für diese Analyse sind im folgenden zunächst einmal aus den Zustandsvariablen des Modells die gesamtwirtschaftlichen Zielvariablen zu bilden, mit denen der Grad der Zielerreichung gemessen werden soll. Sodann werden die Annahmen erläutert, von denen bei der Festlegung der Grenzen für die Variation der Instrument- und Datenvariablen ausgegangen wurde. Danach werden die Realisierungsgrade von Zielvariablen, die sich mit den jeweiligen Instrumentendosierungen bzw. bei den unterstellten Datenänderungen ergeben, anhand von Zielbeziehungskurven graphisch dargestellt.

---

1 Vgl. insbesondere Abschnitt 3.5.4 im I. Kapitel.

3.2 Definition der Zielvariablen

Zur Definition der gesamtwirtschaftlichen Zielvariablen gehen wir von den Zielformulierungen des Gesetzes zur Förderung der Stabilität und des Wachstums der Wirtschaft aus, in dem von Bund und Ländern gefordert wird, daß ihre Maßnahmen "gleichzeitig zur Stabilität des Preisniveaus, zu einem hohen Beschäftigungsstand und außenwirtschaftlichem Gleichgewicht bei stetigem und angemessenem Wirtschaftswachstum beitragen"[1]. Für die Operationalisierung dieser Ziele werden von der Bundesregierung im Jahreswirtschaftsbericht 1974 folgende Meßgrößen herangezogen[2]:

- für das Ziel Preisstabilität ("Inflation") der Preisindex des privaten Verbrauchs bzw. dessen Wachstumsrate,
- für das Beschäftigungsziel ("Arbeitslosigkeit") die Arbeitslosenquote,
- für das außenwirtschaftliche Gleichgewicht ("Außenhandel") die Außenbeitragsquote,
- für das Ziel Wirtschaftswachstum ("Wachstum") die Wachstumsrate des realen Bruttosozialprodukts.

Die Inflationsrate PCW wird im Modell definiert als die Wachstumsrate des Preisindexes für den privaten Konsum PC:

$$(1) \quad PCW = \left(\frac{PC}{PC_{-1}} - 1 \right) 100$$

Die Arbeitslosenquote ALQR wird durch den Anteil der registrierten Arbeitslosen ALR an der Gesamtzahl der abhängigen Erwerbspersonen (Arbeitnehmer AN plus registrierte Arbeitslose) gemessen:

$$(2) \quad ALQR = \frac{ALR}{AN + ALR} 100$$

Als Meßgröße für das Ziel Außenhandel dient die Außenbeitragsquote ABQ, die definiert wird als der Anteil des nominalen Außenbeitrags

1 BGBl. I (1967), S. 582; vgl. auch A. REINING (1980), S. 1199 ff.
2 Vgl. DEUTSCHER BUNDESTAG (1974).

EN - MN am nominalen Bruttoinlandsprodukt YMN:

$$(3) \quad ABQ = \frac{EN - MN}{YMN} 100$$

Zur Messung des Wirtschaftswachstums YMRW wird schließlich die prozentuale jährliche Veränderung des realen Bruttoinlandsprodukts YMR verwendet:

$$(4) \quad YMRW = (\frac{YMR}{YMR_{-1}} - 1) 100$$

Für diese Zielindikatoren legt die Bundesregierung in ihren jährlichen und mittelfristigen Zielprojektionen quantitativ fixierte Werte fest, die in Tabelle III.9 für die Jahre 1971 - 1974 aufgeführt und der tatsächlichen Entwicklung gegenübergestellt sind[1]. Die Zielwerte der mittelfristigen Projektionen bringen den von der Bundesregierung für optimal gehaltenen Zustand zum Ausdruck, der am Ende des in der Regel fünfjährigen Projektionszeitraums erreicht werden soll. In der Jahresprojektion werden die Werte für die Zielvariablen festgelegt, die innerhalb eines Jahres, unter Beachtung der jeweiligen wirtschaftlichen Situation, für erreichbar gehalten bzw. angestrebt werden[2]. Bei der Formulierung quantitativer Werte für die Zielvariablen werden wir von diesen offiziellen Zielvorstellungen der praktischen Wirtschaftspolitik ausgehen.

---

1 Für eine Übersicht vgl. auch H. KOCK u.a. (1976), S. 8 ff.

2 Auch bei der Jahresprojektion handelt es sich nicht um eine Wahrscheinlichkeitsprognose, "sondern eine Zielprojektion normativen Charakters" (H. SCHLESINGER (1977), S. 505).

Tabelle III.9: Tatsächliche und von der praktischen Wirtschaftspolitik angestrebte Werte für die gesamtwirtschaftlichen Zielvariablen 1971 - 1974

	Inflation (PCW)	Arbeitslosigkeit (ALQR)	Wachstum (YMRW)	Außenhandel (ABQ)
1971 IST	6.5	0.8	3.0	1.7
X_J	4.0	1.0	3.5	1.5
X_M	2.5 - 2.0	0.7 - 1.2	4.0 - 4.5	1.5 - 2.0
1972 IST	4.5	1.1	4.2	1.8
X_J	5.0	1.0	2.5	1.5
X_M	3.0 - 3.5	0.7 - 1.2	4.0 - 4.5	1.5 - 2.0
1973 IST	6.4	1.2	5.1	2.7
X_J	5.5	1.0	4.5	1.5
X_M	3.0 - 3.5	0.7 - 1.2	4.0 - 4.5	1.5 - 2.0
1974 IST	8.4	2.6	-0.3	4.2
X_J	8.0 - 9.0	2.0	0.0 - 2.0	1.5 - 2.0
X_M	3.0 - 4.0	0.7 - 1.2	4.0 - 4.5	1.5 - 2.0

IST = tatsächliche Werte

X_J = Zielwerte der Jahresprojektionen

X_M = Zielwerte der mittelfristigen Projektionen

Quelle: Jahreswirtschaftsberichte und Finanzberichte (lfd. Jahrgänge)

3.3 Annahmen über die Höhe der Dosierung der Maßnahmen und Veränderung von Daten

3.3.1 Dosierbarkeit der Instrumente

Als wirtschaftspolitische Instrumentvariablen betrachten wir die in Tabelle III.10 dargestellten Größen. Ihre Variierbarkeit wird durch Ober- und Untergrenzen eingeschränkt, um unplausible Instrumentendosierungen, die ansonsten mit unserem Lösungsverfahren möglich wären (z.B. Erhöhung des Zinssatzes auf 20 vH, Senkung des Steuersatzes auf Null) von vornherein auszuschließen. Bei der Festlegung der Grenzen haben wir uns von folgenden Überlegungen leiten lassen:

Tabelle III.10: Restriktionen für die Dosierung wirtschaftspolitischer Instrumente

1. Veränderung der staatlichen Investitionsausgaben

$1.065\ ISFN_{k,-1} \leq ISFN_k \leq 1.150\ ISFN_{k,-1}$

2. Veränderung der Sachkäufe des Staates

$1.15\ ASGN_{-1} \leq ASGN \leq 1.22\ ASGN_{-1}$

3. Steuerzu- und Steuerabschläge bei direkten Steuern

a) Einkommen aus unselbständiger Arbeit

Steuerfunktion: $TDA = a_0 + a_1 AE + TDAI$

$-0.1\ TDA \leq TDAI \leq 0.1\ TDA$

b) Einkommen aus Unternehmertätigkeit und Vermögen

Steuerfunktion: $TDU = a_0 + a_1 UE + TDUI$

$-0.1\ TDU \leq TDUI \leq 0.1\ TDU$

4. Veränderung des indirekten Steuersatzes

Steuerfunktion: $TI = a_0 + a_1 YMN + TII$

$-0.01\ YMN \leq TII \leq 0.01\ YMN$

5. Veränderung der Beschäftigten beim Staat

$3\,429 \leq ET_{13} \leq 3\,459$

6. Veränderung des Diskontsatzes

$4.9 \leq RD \leq 8.9$

Veränderung der staatlichen Investitionsausgaben

Die Investitionsausgaben des Staates nahmen von 1973 bis 1974 um nominal (real) 9.7 (3.0) vH zu. die niedrigste Zuwachsrate hatte der Funktionsbereich 3 (Verkehr und Bauwesen) mit 8.6 (2.1) vH, die höchste der Funktionsbereich 2 (Justiz und Polizei) mit 14.3 (7.8) vH. In manchen Jahren lagen die Zuwachsraten noch wesentlich höher, z.B. über 20 vH nominal im Jahre 1971 für die gesamten staatlichen Investitionsausgaben[1]. Wir halten deshalb eine maximale Zunahme der Investitionsausgaben in den einzelnen Funktionsbereichen von bis zu 15.0 (8.5) vH im Jahre 1974 für realistisch. Auf der anderen Seite gehen wir davon aus, daß eine reale Abnahme z.B. aus politischen oder auch institutionellen Gründen nicht möglich ist, und setzen als Untergrenze für die nominale Zunahme einen Wert von 6.5 vH der Ausgaben des Vorjahres fest. Gegenüber den tatsächlichen Investitionsausgaben des Staates im Jahre 1974 wird damit ein zusätzlicher Investitionsbetrag von insgesamt maximal rd. 1.8 Mrd. DM und eine nominale Abnahme um rd. 1.1 Mrd DM zugelassen.

Veränderung der Sachkäufe des Staates

Die Sachkäufe des Staates stiegen 1974 gegenüber 1973 um 18.8 (8.2) vH an. Die relativ starke nominale Zunahme war in diesem Jahr sicherlich zu einem großen Teil auch auf die Erhöhung der Ölpreise zurückzuführen. Auf der anderen Seite stiegen aber auch z.B. im Jahre 1971 die öffentlichen Sachausgaben um über 20.0 (12.0) vH. Wir halten deshalb eine um rd. 3 Prozentpunkte höhere nominale Zuwachsrate im Jahre 1974 für nicht unrealistisch. Zur Bestimmung der Untergrenze gehen wir von einer nominalen Zunahme gegenüber 1973 von 15 vH aus, die zu Beginn der 70er Jahre nie unterschritten wurde. Damit werden nominal um 3.5 Mrd. DM niedrigere bzw. 3.0 Mrd. DM höhere staatliche Sachausgaben als die 1974 tatsächlich getätigten zugelassen.

---

1 Vgl. H. KARRENBERG (1977).

Steuerzu- und -abschläge bei direkten Steuern

Nach § 26 Nr. 3 des Stabilitätsgesetzes ist eine Herauf- bzw. Herabsetzung der Einkommensteuer von bis zu 10 vH möglich[1]. Von diesen Sätzen wird auch zur Bestimmung der maximalen Steuerzu- bzw. -abschläge ausgegangen.

Veränderung des indirekten Steuersatzes

Es wird eine Veränderung des marginalen Steuersatzes um maximal einen Prozentpunkt unterstellt. Die Senkung des Steuersatzes kann dann als Erhöhung der Subventionen interpretiert werden, da eine Herabsetzung von Verbrauchsteuern oder der Umsatzsteuer weniger realistisch erscheint.

Veränderung der Beschäftigten beim Staat

Die Zahl der beim Staat Beschäftigten hat zu Beginn der 70er Jahre um jährlich zwischen 100 000 und 130 000 zugenommen. 1974 betrug die Zunahme rd. 110 000. Wir gehen deshalb davon aus, daß bis zu 10 000 Personen weniger und 20 000 Personen mehr hätten eingestellt werden können.

Veränderung des Diskontsatzes

Der Diskontsatz lag im Durchschnitt des Jahres 1974 bei 6.89 vH. Unter Zugrundelegung der Entwicklung des Diskontsatzes seit Gründung der Bundesrepublik erscheint die Annahme einer maximalen Veränderung um absolut 2 Prozentpunkte im Jahr als realistisch.

3.3.2 Veränderung der Daten

Löhne und Importpreise zählen zu den durch die staatliche Wirtschaftspolitik nicht bzw. kaum manipulierbaren exogenen Faktoren, denen aber insbesondere für die Entwicklung des Preisniveaus und der Beschäftigung ein bedeutsamer Einfluß zuerkannt wird. Von einer Verkürzung der Arbeitszeit verspricht man sich positive

1 Vgl. BGBl. I (1967).

Effekte für die Beschäftigung. Wir wollen deshalb untersuchen, wie stark bestimmte Änderungen dieser exogenen Variablen die gesamtwirtschaftlichen Zielvariablen beeinflussen und welche Konsequenzen sich daraus für die Dosierung der Instrumente ergeben.

Die Zuwachsraten der Lohnsätze in den Branchen waren 1974 besonders hoch. Die Bauwirtschaft ausgenommen, lagen die Wachstumsraten der Effektivlohnsätze in allen Sektoren weit über 10 vH. Wir wollen unterstellen, die Löhne seien in allen Branchen um 2 Prozentpunkte weniger stark erhöht worden und bezeichnen diese Simulation als Lohnzurückhaltung[1].

Es wird unterstellt, daß die wöchentliche Arbeitszeit je Arbeitnehmer um eine Stunde verkürzt werden kann. Geht man von 44 Arbeitswochen im Jahr aus, so läßt sich diese Arbeitszeitverkürzung in der Weise berücksichtigen, indem in den Funktionen für die geleisteten Arbeitsstunden das Absolutglied um den Betrag 0.044 vermindert wird[2].

Die Importpreise sind im Jahre 1974 infolge der Ölpreiserhöhung, aber auch aufgrund einer generellen Verteuerung der Rohstoffprodukte exorbitant angestiegen. Um die Auswirkungen dieser Preissteigerungen auf die gesamtwirtschaftlichen Ziele zu simulieren, soll unterstellt werden, alle Importpreise seien 1974 nur so stark wie 1973 gestiegen[3]. Ebenso wird für das Weltmarktpreisniveau die niedrigere Inflationsrate des Jahres 1973 angenommen. Im Modell werden dann die tatsächlichen Preisindices des Jahres 1974 durch die mit den Preissteigerungsraten des Vorjahres fortgeschriebenen Indices von 1973 ersetzt. Wir bezeichnen diese Simulation als Importpreisschock[4].

---

1 Dazu wurde in den Lohnfunktionen das Absolutglied um einen Betrag gemindert, der 2 Prozentpunkten des 1974 effektiv gezahlten Stundenlohnsatzes entspricht.

2 Vgl. dazu auch unsere Ausführungen zu den Multiplikatorwirkungen einer Arbeitszeitverkürzung auf S. 185.

3 Wobei zu beachten ist, daß auch in diesem Jahr bereits die Importpreise stark angestiegen sind.

4 Auf Einzelheiten dieser Simulation, die Darstellung und Interpretation ihrer Ergebnisse, kann im Rahmen dieser Arbeit nicht im einzelnen eingegangen werden.

3.4 Analyse von Zielbeziehungen

3.4.1 Vorbemerkungen

Jede exogene Variable beeinflußt alle Zielvariablen gleichzeitig. Für jeden Wert einer Instrument- oder Datenvariablen erhalten wir deshalb eine ganz bestimmte Kombination von Werten für die Zielvariablen. In den nachfolgenden Diagrammen sind die Kombinationen von Werten für jeweils zwei Zielvariablen graphisch dargestellt, die sich bei kontinuierlicher Veränderung einer exogenen Variablen ergeben. Man erhält sog. Zielbeziehungskurven in Abhängigkeit der dargestellten exogenen Variablenänderungen[1].

Die Zielbeziehungskurven 1 - 6 zeigen die alternativen Kombinationen zwischen zwei Zielvariablen auf, die mit einem Instrument erreicht werden können. Ihre Steigungen geben an, in welchem Verhältnis die Ziele durch das Instrument verändert werden, oder wie stark das Instrument auf ein Ziel im Vergleich zu einem anderen Ziel wirkt. Aus einem Vergleich der Neigungswinkel der Zielbeziehungskurven kann dann auch abgeleitet werden, ob und welche Instrumente für die Erreichung bestimmter Ziele besonders geeignet sind.

Die mit A gekennzeichneten Zielkombinationen geben die im Jahre 1974 tatsächlich realisierten Werte für die Zielvariablen an, die man mit Hilfe des Modells erhält, wenn allen Instrument- und Datenvariablen die Werte dieses Jahres zugeordnet werden. Die Veränderung der Instrumentvariablen wurde immer nur in der Weise gewählt, daß die Arbeitslosigkeit gegenüber A sinkt. Die durch Ziffern gekennzeichneten Endpunkte der Kurven stellen diejenigen Zielkombinationen dar, die bei Dosierung der Instrumentvariablen mit den in Tabelle III.9 angegebenen höchsten bzw. niedrigsten Werten erreicht werden können.

Zur Ableitung der Zielbeziehungskurven 7 - 9 wurden mit Hilfe des ökonometrischen Modells für die in Abschnitt 3.3.2 erläuterten Veränderungen von Datenvariablen die jeweiligen Lösungen bestimmt und

---

1 Vgl. für eine einfache analytische Darstellung der angesprochenen Zusammenhänge E. TUCHTFELDT (1975), S. 471 ff.

die daraus ermittelten Zielkombinationen mit der Ausgangssituation A verbunden. Wegen der Linearität des Modells stellen dann Punkte auf diesen Geraden zwischen A und den Endpunkten Zielkombinationen dar, die man erhält, wenn die Löhne oder die Arbeitszeit in allen Sektoren bzw. alle Importpreise um denselben Prozentsatz weniger stark reduziert werden, als in den einzelnen Simulationsrechnungen zur Ermittlung der Endpunkte unterstellt worden war.

Die unterstellten exogenen Variablenänderungen führen immer zu zulässigen Lösungen für die endogenen Variablen, d.h. es werden in jedem Einzelfall keine der Angebotsrestriktionen verletzt, die sich aufgrund der Knappheit von Arbeit und Kapital für die Produktion ergeben können. Wir können deshalb hier die Beschränkungen durch das Faktorpotential zunächst noch außer Betracht lassen[1].

3.4.2 Wachstum und Arbeitslosigkeit

Die hier unterstellten wirtschaftspolitischen Maßnahmen wirken alle positiv auf Wachstum und Beschäftigung. Die in Abbildung III.1 dargestellten Zielbeziehungskurven 1 - 6 sind deshalb negativ geneigt[2]. Die Steigung der Kurven, gemessen durch den Ausdruck $\Delta YMR/\Delta ALR$, ist mit -30 für die Beziehung 5 am niedrigsten, schwankt zwischen -90 und -100 für die Beziehungen 1 - 4 und hat mit -240 für 6 den höchsten Wert. Die Reduzierung der Zahl der Arbeitslosen um einen bestimmten Betrag führt demnach, durch eine Senkung des Zinssatzes herbeigeführt, zu einer mehr als doppelt so starken Zunahme des Bruttoinlandsprodukts, als wenn die staatlichen Ausgaben erhöht oder die Steuern gesenkt werden[3]. Die Geldpolitik ist somit am besten geeignet, das Wachstum zu forcieren, ohne den Arbeitsmarkt zu sehr anzuspannen. Auf der anderen Seite werden am besten fiskalpolitische Maßnahmen ergriffen und zusätzliche Arbeitskräfte direkt beim Staat eingestellt, wenn die Arbeitslosigkeit das Hauptproblem ist.

1 Vgl. dazu den Abschnitt 3.5.2 im I. Kapitel.

2 Die Ableitung der Zielbeziehungskurve 1 erfolgte für eine in allen staatlichen Funktionsbereichen gleich große proportionale Erhöhung der Investitionsausgaben bis an ihre Obergrenzen.

3 Es sei noch einmal hervorgehoben, daß diese aus den Steigungen der Zielbeziehungskurven abgeleiteten Aussagen natürlich nur für kleine Veränderungen der Zielvariablen Gültigkeit besitzen.

Abbildung III.1:
Wachstum und Arbeitslosigkeit

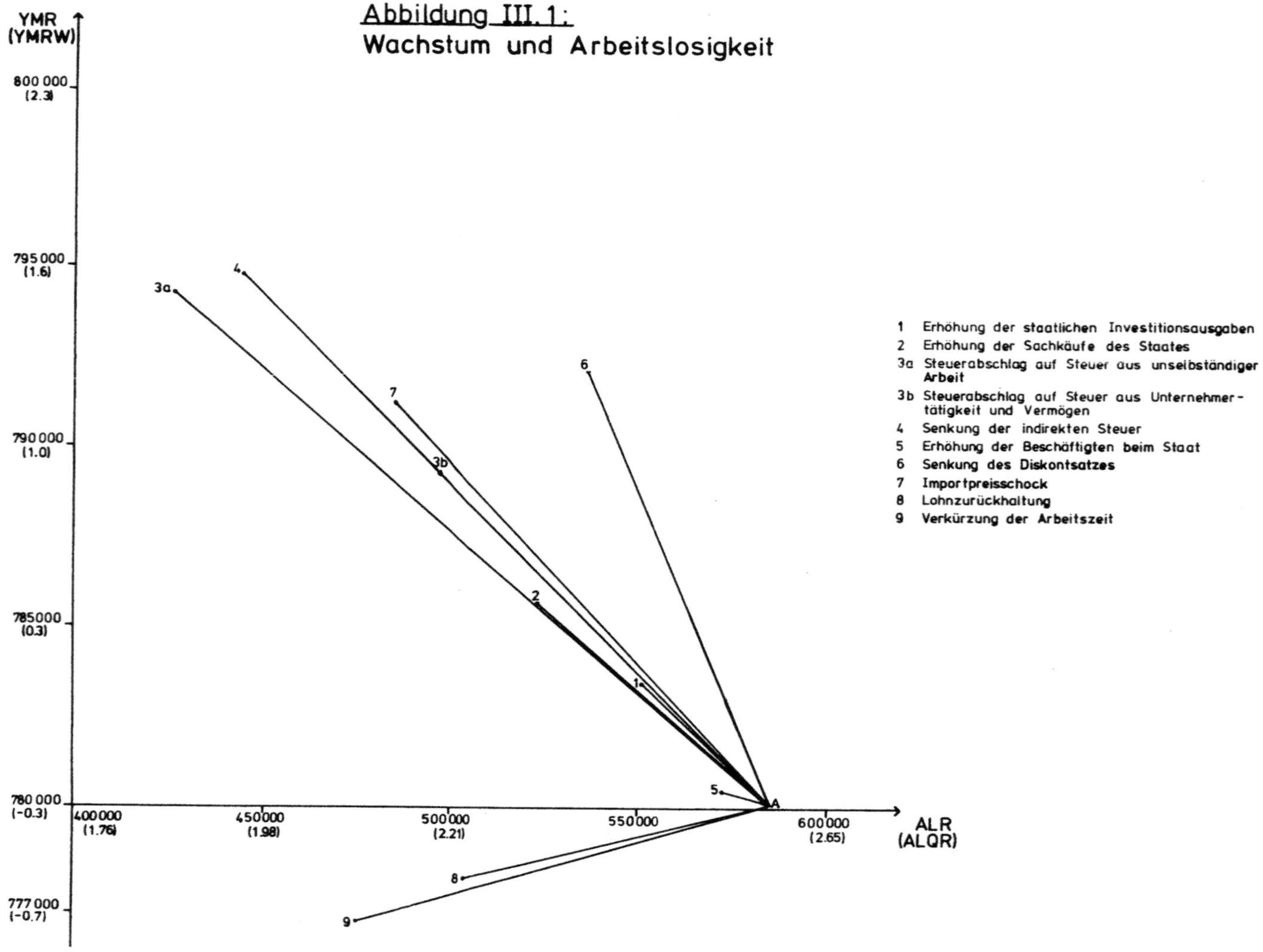

Die Zielbeziehungskurven 3 b und 4 haben gleiche Steigungen, d.h. daß von einer Veränderung der indirekten Steuer (Subventionen) und der Steuer auf das Einkommen aus Unternehmertätigkeit und Vermögen identische Wirkungen auf das Wachstum und die Arbeitslosigkeit ausgehen. Es ist deshalb gleichgütlig, welches dieser beiden Instrumente zur Erreichung der beiden Ziele herangezogen wird[1].

Die unterschiedlichen Steigungen der Zielbeziehungskurven 1 - 6 machen deutlich, daß die Behauptung, zur Beseitigung der Arbeitslosigkeit sei ein bestimmtes Wachstum erforderlich, in dieser allgemeinen Form nicht aufrecht erhalten werden kann: Wieviel Wachstum notwendig ist, um die Arbeitslosigkeit zu reduzieren, hängt davon ab, welche Instrumente eingesetzt und wie sie miteinander kombiniert werden.

Aus Abbildung III.1 geht außerdem die Bedeutung hervor, die die absolute Höhe der Dosierbarkeit der Instrumente für den Realisierungsgrad der Ziele spielt. Zusätzliche Einstellungen des Staates (5) können quantitativ nur wenig zum Abbau der Arbeitslosigkeit beitragen. Beschäftigung im öffentlichen Bereich kann deshalb das Problem der Arbeitslosigkeit im privaten Bereich nicht ausgleichen, sondern bestenfalls kurzfristig etwas mildern. Die größten absoluten Veränderungen von Wachstum und Beschäftigung werden durch die steuerpolitischen Maßnahmen 3 a und 4 bewirkt. Selbst mit der für das Wachstum besonders geeigneten Geldpolitik (6) ist es aufgrund der begrenzten Variierbarkeit des Zinssatzes nicht möglich, eine größere Zunahme des Bruttoinlandsprodukts innerhalb eines Jahres zu erzielen. Unter Berücksichtigung ihrer Variierbarkeit erlangen somit die Instrumente im Hinblick auf die Erreichbarkeit der Ziele Wachstum und Arbeitslosigkeit teilweise eine andere Bedeutung, als aufgrund ihrer relativen Wirksamkeit, wie sie durch die Steigungen der Zielerreichungskurven zum Ausdruck kommt, erwartet wird.

---

1 Dies gilt wiederum nur dann, wenn die quantitative Dosierbarkeit der beiden Instrumente und ihre möglichen unterschiedlichen Nebenwirkungen auf andere ökonomischen Größen außer Betracht bleiben.

Der Endpunkt der Zielbeziehungskurve 7 gibt die Zielkombination an, die ohne Importpreissteigerung möglich gewesen wäre. Die Graphik läßt erkennen, daß der Importpreiserhöhung eine Wachstumseinbuße von 1.4 vH und die Zunahme der Unterbeschäftigung um 100 000 registrierte Arbeitslose zuzuschreiben ist. Die Abbildung zeigt ferner, daß mit der Geldpolitik zwar dem Wachstumsverlust des Importpreisschocks, nicht aber der entstandenen Arbeitslosigkeit hätte entgegengewirkt werden können. Steuer- und ausgabenpolitische Maßnahmen hätten dagegen bei richtiger Dosierung den Rückgang der Beschäftigung kompensieren, den Wachstumsverlust aber nicht ganz verhindern können. Hier zeigt sich bereits, daß ein gemeinsames Vorgehen der Geld- und Fiskalpolitik notwendig ist, wenn den globalen Folgen eines Importpreisschocks entgegengewirkt werden soll[1].

Niedrigere Löhne und Verkürzung der Arbeitszeit führen zu einem Zielkonflikt zwischen Wachstum und Arbeitslosigkeit (vgl. Zielbeziehungskurven 8 und 9). Die simulierte Lohnzurückhaltung und Arbeitszeitverkürzung entlasten den Arbeitsmarkt um rd. 80 000 bzw. 110 000 Arbeitslose. Sie tragen damit stärker zum Abbau der Arbeitslosigkeit bei als es z.B. mit einer Senkung des Zinssatzes oder einer Erhöhung der staatlichen Investitions- und Sachausgaben maximal möglich ist (vgl. die Endpunkte von 5 bzw. 1 und 2 in Abbildung III.1). Lohnzurückhaltung und Arbeitzeitverkürzung haben zwar einen Verlust an Wachstum von rd. 2.1 bzw. 3.3 Mrd. Bruttoinlandsprodukt zur Folge; dieser könnte aber durch eine der fiskal- oder geldpolitischen Maßnahmen leicht ausgeglichen werden.

3.4.3 Inflation und Arbeitslosigkeit

In Abbildung III.2 sind die Wirkungen auf Inflation und Arbeitslosigkeit dargestellt. Die Zielbeziehungskurven 1 - 6 haben die erwarteten negativen Neigungen. Die Steigungen der Geraden 1 - 4

1 Dies gilt um so mehr, wenn auch strukturelle Effekte z.B. auf den Arbeitsmarkt ausgeglichen, zumindest aber abgeschwächt werden sollen, da die Struktur der durch ausgaben- oder steuerpolitische Maßnahmen induzierten Arbeitsnachfrage mit der aufgrund der Importpreiserhöhung ausgefallenen Nachfrage nicht genau übereinstimmt.

Abbildung III. 2:
Inflation und Arbeitslosigkeit

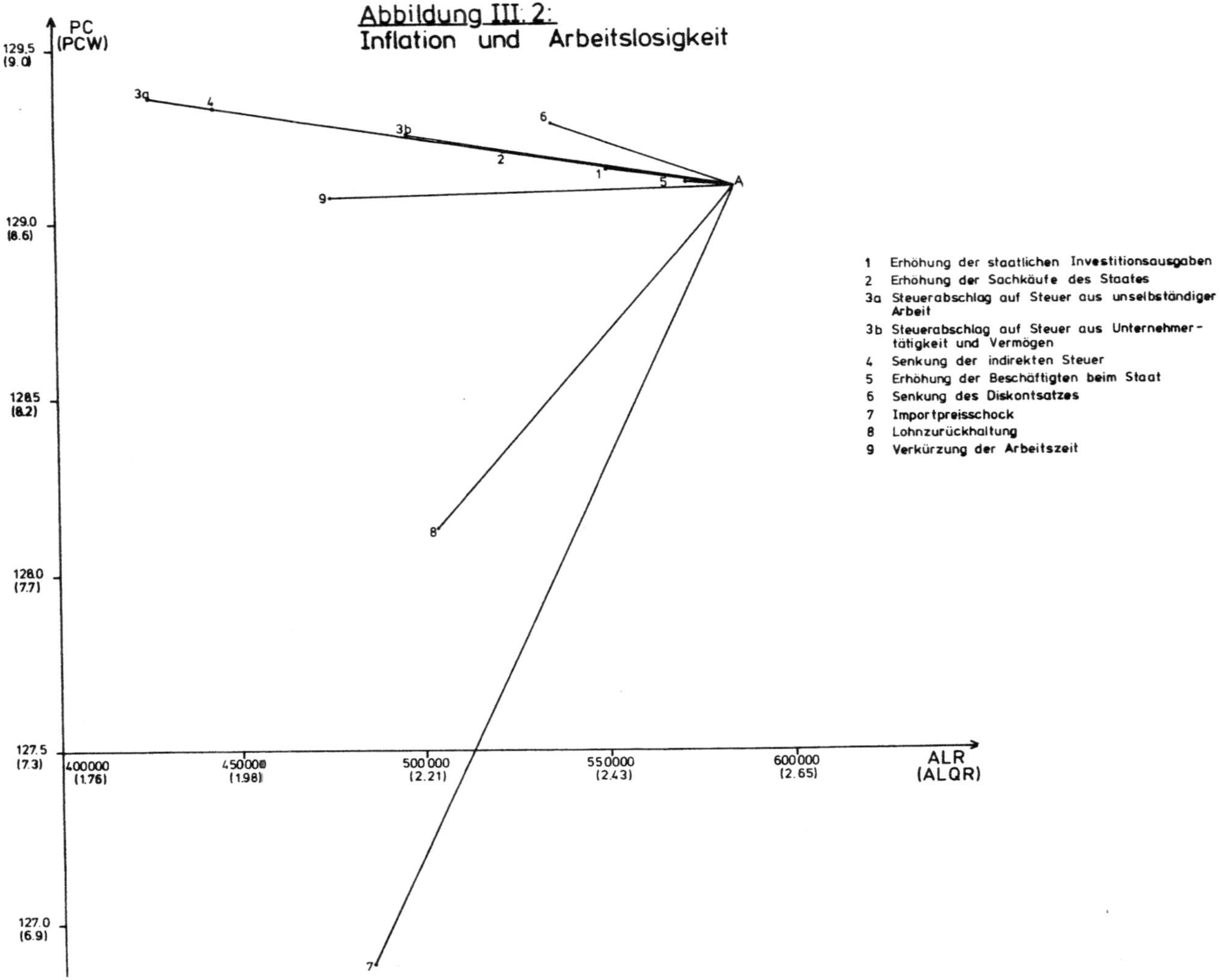

differieren nur geringfügig. Werden sie durch ΔPCW/ΔALQR gemessen, so erhält man Werte zwischen -0.30 für 3b und 4 und -0.24 für 1[1]. Ökonomisch bedeutet dies, daß eine um einen Prozentpunkt niedrigere Arbeitslosenquote mit einer kurzfristigen Zunahme der Inflation zwischen 0.24 und 0.30 Prozentpunkte erkauft werden muß, wenn fiskalpolitische Maßnahmen zur Reduktion der Arbeitslosigkeit eingesetzt werden. Soll Arbeitslosigkeit mit der Geldpolitik (6) bekämpft werden, muß kurzfristig ein doppelt so hoher Anstieg der Inflationsrate hingenommen werden. Der Grund hierfür ist, daß die Geldpolitik wesentlich mehr zusätzliche (Investitions-)Nachfrage erzeugen muß, um die Zahl der Arbeitslosen um einen bestimmten Betrag zu vermindern als die Fiskalpolitik (vgl. auch Abbildung III.1), weshalb der Nachfragesogeffekt auf die Preise größer ist. Umgekehrt bedeutet dies, daß sich zur Bekämpfung der Inflation die Zinspolitik noch am besten eignet, da sie weniger Arbeitslosigkeit verursacht als die Fiskalpolitik.

Selbst wenn die Instrumente zur Beseitigung der Arbeitslosigkeit bis an ihre Ober- bzw. Untergrenzen verändert werden, bleibt ihr Einfluß auf die Inflationsrate in jedem Einzelfall gering (vgl. die Endpunkte von 1 - 6 in Abbildung III.2). Es ist deshalb nicht möglich, die Preissteigerungsrate mit den hier berücksichtigten geld- und fiskalpolitischen Maßnahmen in nennenswertem Umfang zu reduzieren, auch dann nicht, wenn alle Instrumente gleichzeitig restriktiv eingesetzt werden. In diesem Fall müßte außerdem eine erhebliche Zunahme der Arbeitslosigkeit in Kauf genommen werden.

Eine Verringerung der Arbeitszeit wirkt bei positivem Beschäftigungseffekt nahezu preisneutral (9). Von niedrigeren Löhnen und Importpreisen gehen hingegen positive Effekte auf Inflationsrate und Arbeitslosigkeit aus (8,7). Bei der unterstellten geringeren Lohnerhöhung wäre die Inflationsrate um rd. einen Prozentpunkt niedriger ausgefallen (vgl. den Endpunkt von 8 in Abbildung III.2). Lohnzurückhaltung erscheint auch noch am besten geeignet, den negativen

---

1 Diese Werte können natürlich nicht ohne weiteres mit der Steigung einer empirisch ermittelten Phillipskurve verglichen werden, in der sich die Gesamtheit der im jeweiligen Schätzzeitraum ergriffenen wirtschaftspolitischen Maßnahmen und z.B. auch die Verhaltensweisen der Tarifpartner gleichzeitig niederschlagen. Für eine neuere empirische Untersuchung zur Phillipskurve für die Bundesrepublik vgl. W. FRANZ (1983), der für die kurzfristige, d.h. in jener Studie auf ein Quartal bezogene Steigung einen Wert von -0.12 erhält.

Auswirkungen eines Importpreisschocks (7) auf Inflation und Arbeitslosigkeit gleichzeitig entgegenzuwirken. Um die auf die Importpreiserhöhung zurückgehende Zunahme der inländischen Inflationsrate um fast 2 Prozentpunkte voll auszugleichen, hätte allerdings die Lohnzurückhaltung mehr als doppelt so hoch ausfallen müssen als von uns hier unterstellt wurde. Dann wäre aber auch eine zusätzliche Arbeitsnachfrage entstanden, die weit über den Beschäftigungsverlust des Importpreisschocks hinausgegangen wäre und, wie sich in einer hier nicht dargestellten Simulationsrechnung gezeigt hat, die durch das fachlich differenzierte vorhandene Arbeitsangebot nicht hätte befriedigt werden können. Somit hätte die durch den Importpreisschock verursachte Erhöhung der Inflationsrate zumindest teilweise hingenommen werden müssen. Die negativen Beschäftigungseffekte hätten durch eine Senkung des Zinssatzes (6) zum Teil, durch ausgabenwirksame (1,2) oder steuerpolitische Maßnahmen (3,4) vollständig ausgeglichen werden können.

3.4.4 Wachstum und Inflation

Aus dem steilen Anstieg der Zielbeziehungskurven 1 - 6 in Abbildung III.3 geht hervor, daß eine Zunahme des Bruttoinlandsprodukts, durch geld- und fiskalpolitische Maßnahmen induziert, die Inflation kaum zusätzlich anregt. Etwas überraschend dabei ist, daß sich die Wirkungen der Geld- und Fiskalpolitik auf die beiden Ziele kaum voneinander unterscheiden. Man hätte einen etwas geringeren Einfluß der Geldpolitik auf die Preise erwartet, da bei niedrigeren Zinsen die Produktionskapazitäten aufgrund der steigenden Investitionstätigkeit erweitert werden, wodurch sich der Druck auf die Preise verringert. Die gestiegene Investitionsnachfrage verursacht jedoch gerade in den Branchen mit vergleichsweiser hoher Preisreagibilität Produktionszunahmen[1], so daß der preisdämpfende Kapazitätseffekt durch den preistreibenden Struktureffekt gesamtwirtschaftlich kompensiert wird.

---

1 Es handelt sich dabei um die Sektoren 5 (Stahl-, Maschinen-, Fahrzeugbau) und 6 (Elektrotechnik, EBM).

Abbildung III.3:
Wachstum und Inflation

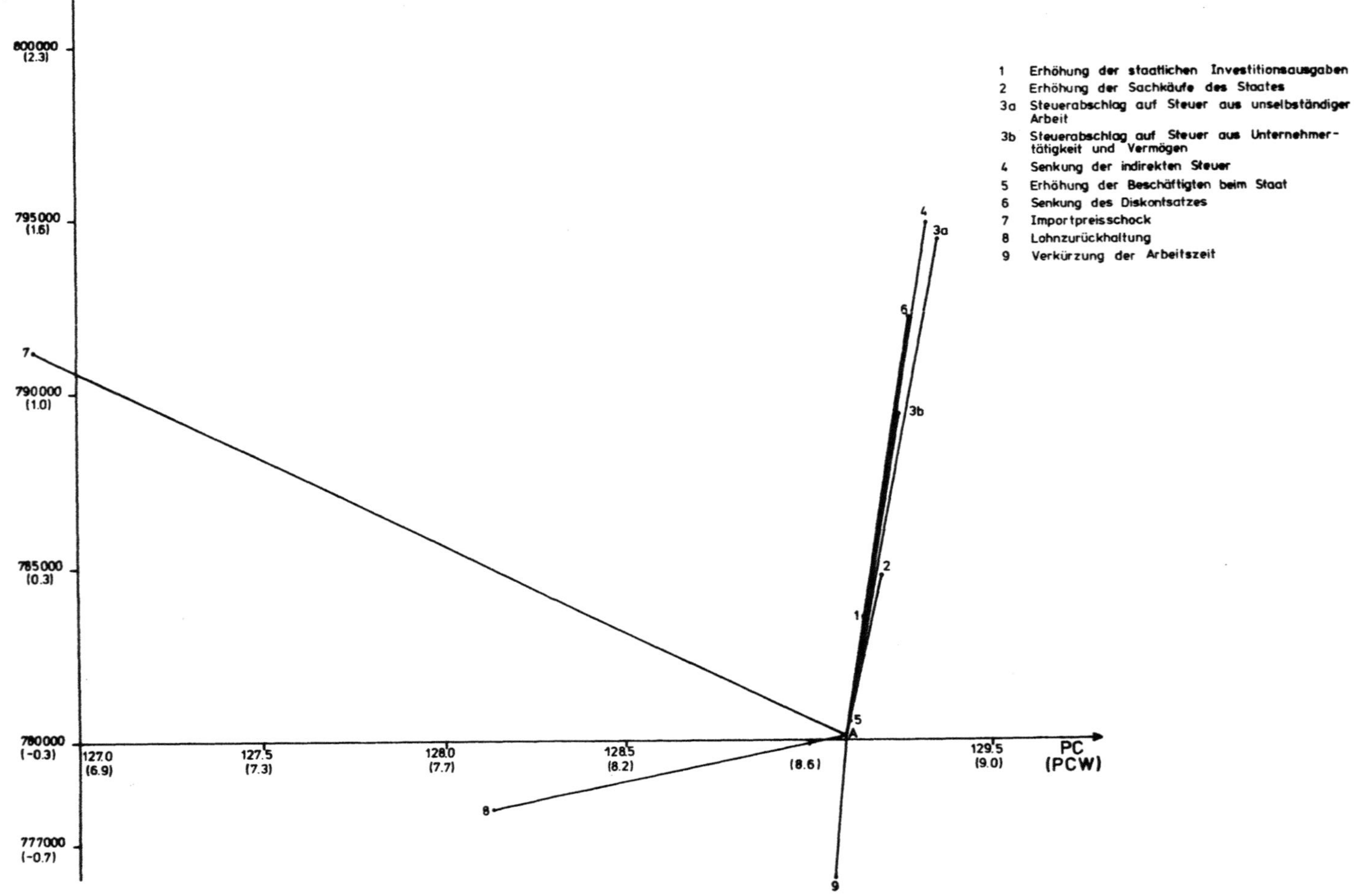

Der im Vergleich zum induzierten Wachstum geringe Einfluß der Fiskal- und Geldpolitik auf die Inflationsrate läßt ihren Einsatz zur Erreichung von Preisstabilität als wenig geeignet erscheinen. Es müßten hohe Wachstumsverluste bei nur geringem Erfolg in Kauf genommen werden.

Der Rückgang des Wachstums infolge des Importpreisschocks (7) kann durch eine Zinssatzsenkung (6) oder durch steuerpolitische Maßnahmen (3 a oder 4) vollständig ausgeglichen werden. Aufgrund ihrer begrenzten Dosierbarkeit sind die anderen Instrumente dazu allein nicht in der Lage. Dem auf die Importpreiserhöhung zurückgehenden Teil der Preissteigerung könnte bestenfalls mit Lohnzurückhaltung (8) etwas entgegengewirkt werden, wobei sich der dabei auftretende Wachstumsverlust wieder durch eine geeignete Dosierung der geld- und fiskalpolitischen Instrumente ausgleichen ließe.

3.4.5 Arbeitslosigkeit und Außenhandel

Es fehlen noch die Wirkungen auf die vierte Zielvariable, das Außenwirtschaftliche Gleichgewicht. Wir wollen sie hier nur in Kombination mit der Arbeitslosigkeit darstellen und uns auf einige Hinweise auf die Beziehungen zwischen Wachstum bzw. Inflation und Außenhandel beschränken.

Abbildung III.4 zeigt, daß die fiskal- und geldpolitischen Instrumente, wenn sie zur Reduktion der Arbeitslosigkeit eingesetzt werden, auf einen Abbau des Außenhandelsüberschusses hinwirken. Der Grund hierfür ist, daß mit zunehmender Beschäftigung gleichzeitig auch die inländische Produktion steigt[1], wodurch auf der einen Seite die Importe zunehmen und auf der anderen Seite der Exportdruck aufgrund steigender Kapazitätsauslastung nachläßt[2]. Die steigenden Preise bewirken einen weiteren Rückgang der Exportnachfrage[3] und damit auch des Außenhandelssaldos.

1 Die Zielbeziehungskurven zwischen Wachstum und Außenbeitrag haben deshalb ebenfalls negative Steigungen.

2 Vgl. dazu auch die Exportfunktionen in Tabelle 3 des Anhangs F.

3 Dieser negative Mengeneffekt überwiegt den positiven Preiseffekt auf den Exportwert.

Abbildung III.4: Arbeitslosigkeit und Außenhandel

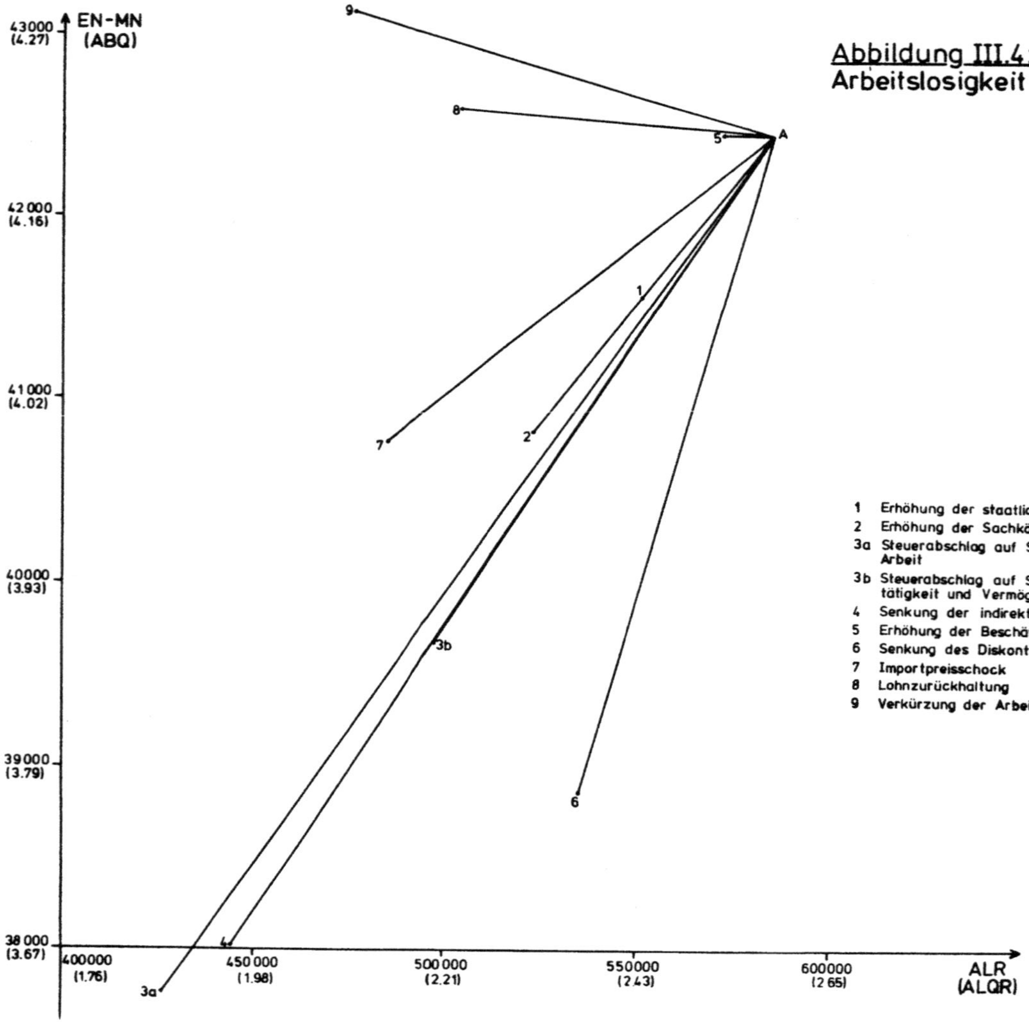

1 Erhöhung der staatlichen Investitionsausgaben
2 Erhöhung der Sachkäufe des Staates
3a Steuerabschlag auf Steuer aus unselbständiger Arbeit
3b Steuerabschlag auf Steuer aus Unternehmertätigkeit und Vermögen
4 Senkung der indirekten Steuer
5 Erhöhung der Beschäftigten beim Staat
6 Senkung des Diskontsatzes
7 Importpreisschock
8 Lohnzurückhaltung
9 Verkürzung der Arbeitszeit

Bei gleich großer Abnahme der Arbeitslosigkeit ist die Zunahme der Produktion mit einer Zinssenkung am höchsten (vgl. Abbildung III.1), so daß die Geldpolitik (6) den Außenhandelssaldo am stärksten schrumpfen läßt. Eine positive Steigung der Zielbeziehungskurve erhält man auch bei einer Veränderung der Importpreise (7). Der Rückgang des Außenhandelssaldos ist bei sinkenden Steigerungsraten der Importpreise allerdings am geringsten, da jetzt die Zunahme der nominalen Importe aufgrund des höheren inländischen Wachstums durch die niedrigeren Importpreise gebremst wird. Die Zielbeziehungskurven 8 und 9 sind negativ geneigt. Geringere Löhne und kürzere Arbeitszeit reduzieren nämlich bei einer Zunahme der Beschäftigung das Wirtschaftswachstum. Die Abnahme der Produktion hat dann die bereits dargestellten Effekte auf Export- und Importwert zur Folge, jetzt aber mit umgekehrten Vorzeichen.

Zieht man die Dosierbarkeit der Instrumente in Betracht, so läßt sich feststellen, daß mit den Maßnahmen 3a und 4 die größten Veränderungen des Außenhandelssaldos herbeigeführt werden können. Die Beeinflußbarkeit des außenwirtschaftlichen Ziels mit den hier berücksichtigten wirtschaftspolitischen Maßnahmen ist aber absolut gesehen gering. Dies ist darauf zurückzuführen, daß alle Instrumente nur indirekt auf den Außenbeitrag einwirken können.

3.4.6 Zusammenfassende Beurteilung

Aus den Steigungen der dargestellten Zielbeziehungskurven 1 - 6 geht hervor, daß die wirtschaftspolitischen Instrumente zwar alle in dieselbe Richtung wirken, d.h. die Zielbeziehungskurven sind entweder alle positiv oder negativ geneigt, die gesamtwirtschaftlichen Zielvariablen aber in unterschiedlichen Verhältnissen verändern. Nur für die Steuer auf das Einkommen aus Unternehmertätigkeit und Vermögen (3b) und die indirekte Steuer (4) sind die Steigungen der Zielbeziehungskurven gleich, was bedeutet, daß von beiden Instrumenten identische Wirkungen auf die Zielvariablen ausgehen und es somit gleichgültig ist, welches Instrument zur Erreichung der

Ziele eingesetzt wird. Zur Bekämpfung der Arbeitslosigkeit eignet sich die Fiskalpolitik, zur Förderung des Wachstums die Geldpolitik am besten. Ein Rückgang der Arbeitslosigkeit erfordert mit allen Instrumenten eine Zunahme des Bruttoinlandsprodukts. Die Inflationsrate steigt dabei kurzfristig nur geringfügig an. Ohne erhebliche Zunahme der Arbeitslosigkeit und die Inkaufnahme von Wachstumsverlusten ist deshalb die Bekämpfung der Inflation mit fiskal- und geldpolitischen Mitteln nicht möglich.

Ein Importpreisschock wird auf Wachstum und Beschäftigung wie eine restriktive Wirtschaftspolitik, erhöht aber gleichzeitig auch von allen exogenen Einflußfaktoren die Inflationsrate am stärksten. Mit einer expansiven Wirtschaftspolitik könnte somit den Mengeneffekten einer Importpreiserhöhung entgegengewirkt werden, nicht aber ihren Preiseffekten. Die Stabilisierung des Preisniveaus wird am besten durch niedrigere Lohnforderungen erreicht, die sich jedoch der staatlichen Einflußnahme entziehen: Der Rückgang der gesamtwirtschaftlichen Nachfrage ist dann bei sogar positivem Beschäftigungseffekt noch am geringsten. Arbeitszeitverkürzung spielt eine wichtige Rolle für die Beschäftigung: Mit ihr läßt sich die Arbeitslosigkeit bei nahezu konstanter Inflationsrate und nur geringem Rückgang der Produktion reduzieren.

Die Realisierbarkeit der Ziele ist bei nur einem Instrument auf jeweils eine der in den Abbildungen III.1 - III.4 eingezeichneten Geraden 1 - 6 begrenzt. Praktisch bedeutet dies, daß mit einem Instrument auch nur ein Ziel angestrebt werden kann. Soll z.B. mit der Geldpolitik die Arbeitslosigkeit um 50 000 Personen reduziert werden, so ist eine Zunahme der Inflation um 0.15 Prozentpunkte hinzunehmen und gleichzeitig eine Steigerung des Bruttoinlandsprodukts um nicht mehr als 1.2 vH erreichbar[1]. Dagegen ist z.B. ein Abbau der Arbeitslosigkeit um diesen Betrag bei gleichzeitiger Preisstabilität und zweiprozentigem Wirtschaftswachstum mit der Geldpolitik allein nicht realisierbar, ebenso nicht eine Reduktion der Arbeitslosen um mehr als 50 000. Um mehrere Ziele gleichzeitig und auch anspruchsvollere Werte für die Zielvariablen zu erreichen, müssen verschiedene Instrumente miteinander kombiniert eingesetzt werden.

---

1 Dies entspricht der Konstellation der Zielwerte in den Endpunkten der Geraden 6 in Abbildung III.1 und III.2, die wir bei einer Reduktion des Zinssatzes um 2 Prozentpunkte erhalten haben.

Graphisch bedeutet die Variation einer bisher konstant gehaltenen Instrumentvariablen, daß sich die dargestellten Zielbeziehungskurven verschieben. Der Bereich möglicher Zielerfüllungsgrade läßt sich dann, wie in Abbildung I.6 bereits dargestellt wurde, auf eine Fläche erweitern. Im folgenden sollen solche Zielerreichungsflächen mit unserem ökonometrischen Modell empirisch bestimmt werden. Dabei müssen jetzt aber auch die Angebotsrestriktionen berücksichtigt werden, um solche Zielkombinationen von vornherein auszuschließen, die mit den verfügbaren Arbeitskräften und vorhandenen Produktionsanlagen nicht realisiert werden können.

4. Stabilisierungspolitik mit differenzierter Globalsteuerung

4.1 Vorbemerkungen

Es soll nun anhand einer Modellrechnung für das Jahr 1974 überprüft werden, ob und in welchem Maße die Effizienz der Stabilisierungspolitik durch eine differenzierte Globalsteuerung hätte gesteigert werden können. Unsere Aufgabe besteht also darin aufzuzeigen, ob eine bessere Erfüllung der gesamtwirtschaftlichen Ziele als die tatsächlich in diesem Jahre realisierten möglich gewesen wäre und wie gegebenenfalls die wirtschaftspolitischen Instrumente unter Beachtung ihrer strukturellen Auswirkungen zur Erreichung der Ziele hätten dosiert werden müssen.

Hierzu wollen wir anhand unseres Modells zunächst zeigen, welche Zielbündel realisiert werden können, wenn mehrere Instrumente gleichzeitig eingesetzt werden. Maßnahmenkombinationen, mit denen eine Nachfrage induziert wird, zu deren Befriedigung die vorhandenen Produktionskapazitäten bzw. das verfügbare Arbeitsangebot nicht ausreichen, sollen von vornherein aus der Betrachtung ausgeschlossen werden. Dies wird durch die Einführung folgender Angebotsrestriktionen gewährleistet:

(1) $X_j \leq XP_j \qquad (j = 1, \ldots, 12)$

(2) $EB_m \leq EBS_m \qquad (m = 1, \ldots, 28)$

Das heißt, es werden nur solche Lösungen zugelassen, in denen die sektoralen Produktionswerte X_j und die Beschäftigung in den einzelnen Berufen EB_m die Kapazitätsgrenzen XP_j und EBS_m nicht überschreiten.

Das zu lösende Problem besteht also darin, Zielkombinationen zu bestimmen, die mit dem gegebenen wirtschaftspolitischen Instrumentarium unter Beachtung der Grenzen für die Variierbarkeit der Instrumentvariablen (vgl. Tabelle III.10) und der Angebotsrestriktionen (1) und (2) erreicht werden können. Dazu folgen wir der in Abschnitt 3.5 des I. Kapitels beschriebenen Vorgehensweise: Wir bestimmen zunächst die Begrenzung des Bereichs, innerhalb dessen die realisierbaren Zielerfüllungsgrade liegen müssen. Diese Begrenzung soll angeben, welcher Wert für eine Zielvariable maximal oder minimal möglich ist, wenn gleichzeitig für die anderen Zielvariablen bestimmte Werte erreicht werden sollen. Sodann soll unter den mit dem vorhandenen wirtschaftspolitischen Instrumentarium grundsätzlich erreichbaren Zielkombinationen die "beste" ausgesucht werden. Für die ausgewählte Zielkombination wird eine Modellösung bestimmt, d.h. die Dosierung der Instrumente und die Werte der Zustandsvariablen ermittelt, die zur Erreichung der Ziele notwendig sind. Das Ausmaß der Effizienzsteigerung läßt sich dann an den Abweichungen der Variablenwerte der Modellösung von der Basislösung ablesen, welche die 1974 tatsächlich realisierte Situation beschreibt.

4.2 Realisierbare Zielerfüllungsgrade

Für jeweils zwei Zielvariablen beschreibt die Umgrenzung des Bereichs realisierbarer Zielerfüllungsgrade den geometrischen Ort der Werte einer Zielvariablen, die für gegebene Werte der anderen Zielvariablen maximal oder minimal möglich sind. Zur Bestimmung einer "Rand"-Lösung ist deshalb der Wert einer Zielvariablen entweder zu maximieren oder minimieren. In unserem Fall bieten sich aber nur folgende Zielfunktionen als sinnvolle Auswahlkriterien an:

- Maximierung des Bruttoinlandsprodukts (des Wirtschaftswachstums),
- Minimierung der Arbeitslosenzahl (der Arbeitslosenquote),
- Minimierung der Preissteigerung (der Inflationsrate).

Die Minimierung oder Maximierung der Außenbeitragsquote halten wir für ein ebenso wenig sinnvolles Auswahlkriterium wie die Minimierung des Bruttoinlandsprodukts, Maximierung der Arbeitslosenquote oder der Inflationsrate. Sie bleiben deshalb außer Betracht.

In Abbildung III.5 ist der Teil ABCD der Umgrenzung des Zielerfüllungsraums in der Weise berechnet worden, daß das Bruttoinlandsprodukt für alternativ vorgegebene Arbeitslosenzahlen maximiert wurde, den Teil AED der Umrandung erhält man, wenn das Bruttoinlandsprodukt sukzessiv verändert und die Zahl der Arbeitslosen minimiert wird[1].

Der Wert der Zielfunktion hängt u.a. davon ab, ob und welche Werte für Zielvariablen vorgegeben werden, die nicht Zielfunktionsvariablen sind. Maximierung des Bruttoinlandsprodukts bei Preisvariabilität führt z.B. zu einem anderen Ergebnis, als wenn gleichzeitig Preisstabilität gefordert wird. Wir haben an den abgegrenzten Bereich realisierbarer Zielkombinationen die Forderung gestellt, daß er nur solche Werte für die Zielvariablen enthalten soll, die nicht als eine Verschlechterung gegenüber der im Jahre 1974 tatsächlich realisierten Situation angesehen werden. Sie wird in den folgenden Darstellungen immer durch den Buchstaben A gekennzeichnet. Als anzustrebende Situation betrachten wir hierbei die von der Bundesregierung in der Jahresprojektion für dieses Jahr festgelegten Zielwerte[2]. Es werden deshalb für das Bruttoinlandsprodukt keine niedrigeren, für die Arbeitslosenquote und die Außenbeitragsquote keine höheren Werte als die im Jahre 1974 realisierten zugelassen und der Anstieg der Inflationsrate auf den oberen Wert der Jahresprojektion begrenzt[3].

Die Inflationsrate und die Außenbeitragsquote wurden bei den Berechnungen der Umgrenzung der Zielerreichungsflächen nicht fixiert, da es nicht möglich ist, wie die Analyse im vorausgegangenen 3. Abschnitt gezeigt hat, mehr Wachstum und/oder Beschäftigung mit dem gegebenen Instrumentarium bei konstantem Preisniveau und Außenbeitrag zu erreichen. M.a.W.: Alternative Zielkombinationen für Wachstum und Beschäftigung, die über den für 1974 realisierten Werten liegen, sind nur für variable Inflationsrate und Außenbeitragsquote erreichbar.

---

1 Dies entspricht der Vorgehensweise einer parametrischen Programmierung. Für eine ausführliche Darstellung dieses Verfahrens vgl. z.B. W. DINKELBACH (1969).

2 Vgl. dazu Tabelle III.9.

3 Vgl. ebenda.

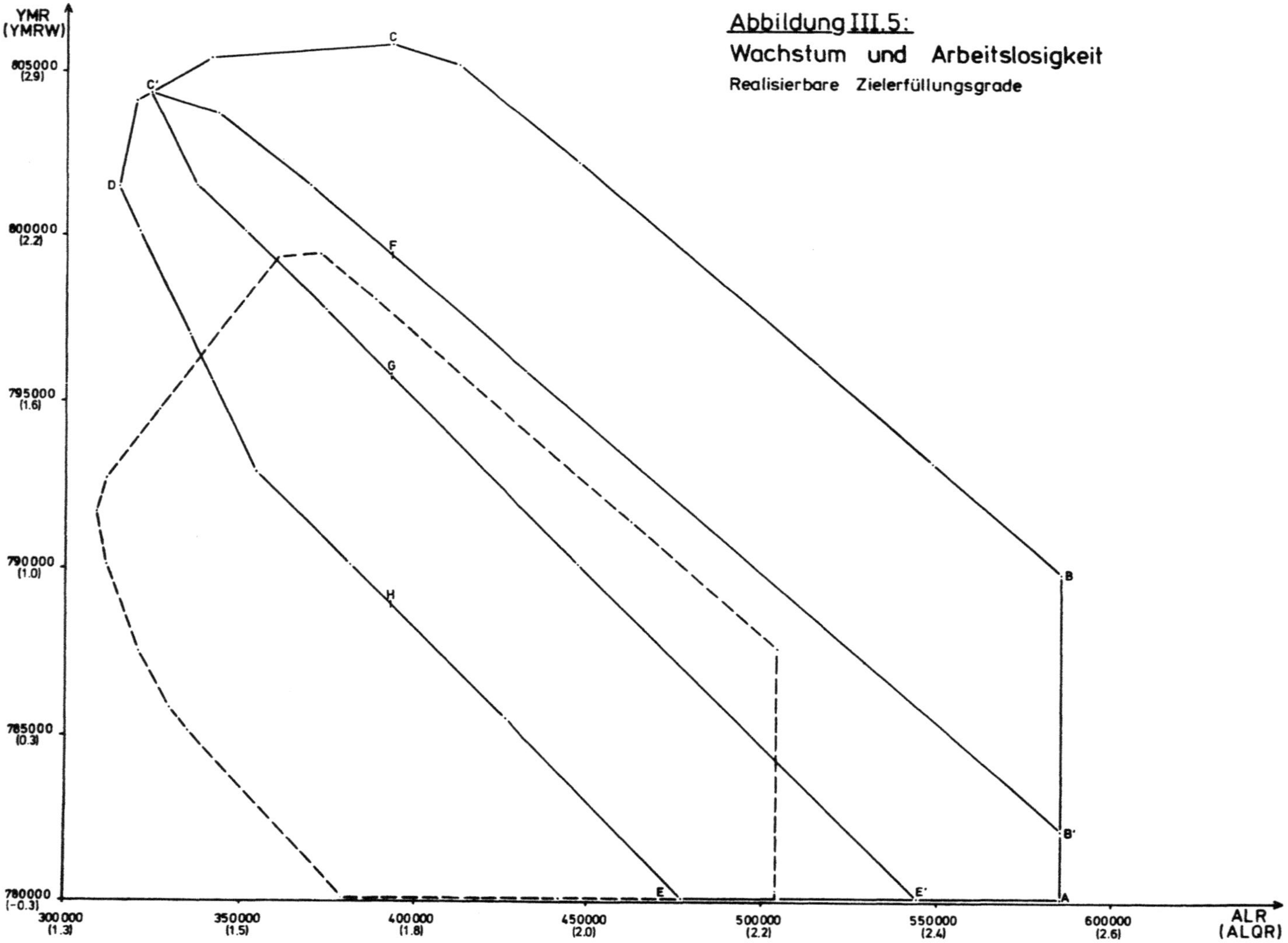

Abbildung III.5:

Wachstum und Arbeitslosigkeit

Realisierbare Zielerfüllungsgrade

Die Möglichkeit zur Realisierung von Zielbündeln hängt außerdem von der Anzahl der Instrumente ab, die zum Einsatz gelangen sollen und den Werten für die Datenvariablen. Es lassen sich mehr und anspruchsvollere Ziele erreichen, wenn z.B. geld- und fiskalpolitische Maßnahmen aufeinander abgestimmt eingesetzt werden. Bei Lohnzurückhaltung können mit demselben wirtschaftspolitischen Instrumentarium andere Werte für die Zielvariablen realisiert werden, z.B. mehr Preisstabilität, als bei hohem Lohndruck. Um den Einfluß dieser Faktoren auf den Bereich möglicher Zielerreichungsgrade aufzuzeigen, wird im folgenden zum einen von der Annahme einer aufeinander abgestimmten gemeinsamen Geld- und Fiskalpolitik ausgegangen (Variante 1) und zum anderen unterstellt, daß die Geldpolitik den diskontsatz konstant hält, gleichgültig, welche Maßnahmen von der Fiskalpolitik ergriffen werden (Variante 2). Die erste Variante soll zusätzlich unter der Voraussetzung von Lohnzurückhaltung einer kurzen Betrachtung unterzogen werden (Variante 3).

Die Zielkombinationen, die man für die Ziele Wachstum und Arbeitslosigkeit im Falle von Variante 1 erhält, sind in Abbildung III.5 durch die Fläche ABCDEA dargestellt. Die Stellen, an denen eine vollständige Lösung des Modells berechnet wurde, sind durch einen Punkt gekennzeichnet. Sie zeigen jeweils eine - in manchen Fällen allerdings nur sehr geringfügige - Richtungsänderung der Umgrenzung an.

Der höchste Wert für das Bruttoinlandsprodukt wird bei einer Arbeitslosenquote von 1.7 vH in C erzielt[1]. Ein weiterer Abbau der Arbeitslosigkeit durch zusätzliches Wirtschaftswachstum ist dann nicht mehr möglich, weil Kapitalengpässe in den Sektoren 11 und 12 verhindern, daß die Produktion in diesen Sektoren und - aufgrund der interindustriellen Verflechtung - in allen anderen Sektoren steigen kann[2]. Diese Kapitalengpässe lassen sich mit den globalpolitischen Instrumenten der Variante 1 nicht beseitigen. Hierzu bedarf es strukturpolitischer Maßnahmen, mit denen gezielt auf die Investitionstätigkeit und damit die Kapitalbildung in den betreffenden Sektoren hingewirkt werden könnte. In C herrscht somit strukturelle Arbeitslosigkeit aufgrund eines Mangels an Kapital[3].

---

1 Tabelle III.11 auf S. 247 enthält weitere numerische Resultate zu den in Abbildung III.5 eingetragenen Punkten.

2 In C sind die Restriktionen (1) für diese beiden Sektoren bindend, d.h. es gilt $XP_j = X_j$ für j = 11,12.

3 Vgl. zu dem hier verwendeten Begriff "strukturelle Arbeitslosigkeit" auch die in Abschnitt 3.5.3.3 im I. Kapitel getroffenen Unterscheidungen.

In D ist die Arbeitslosigkeit mit 315 Tsd. registrierten Arbeitslosen am niedrigsten. Sie ist mit einem gegenüber C geringerem Wirtschaftswachstum verbunden[1]. Maximales Wachstum bedeutet somit nicht unbedingt gleichzeitig auch die kurzfristig mögliche höchste Nutzung der Arbeitskraft. Kapitalengpässe in den Sektoren 11 und 12 und Arbeitskräfteknappheit in den Berufen 8 und 18 verhindern eine weitere Reduzierung der Zahl der Arbeitslosen unter 315 Tsd. durch Maßnahmen der Globalpolitik[2]. Es besteht strukturelle Arbeitslosigkeit aufgrund eines Mangels an Kapital und Arbeitskräften bestimmter fachlicher Eignung. Zur Beseitigung dieser Engpässe müßte mit strukturpolitischen Maßnahmen auf die Veränderung des beruflichen Arbeitsangebots und die Erweiterung der Produktionsanlagen in bestimmten Branchen hingewirkt werden. Auf diese Weise könnte die für die Wirksamkeit der Globalpolitik notwendigen Angebotsspielräume geschaffen werden.

Aus unseren Ausführungen geht hervor, daß die absolute Höhe der als strukturell bezeichneten Arbeitslosigkeit keine fest vorgegebene Größe ist, sondern auch davon abhängt, welche Prioritäten den Zielen Wachstum und Beschäftigung eingeräumt werden. Strukturelle Arbeitslosigkeit ist um so höher, je größere Bedeutung dem Wachstumsziel beigemessen wird. Auf dieses normative Element in der von uns verwendeten Definition der strukturellen Arbeitslosigkeit war bereits an anderer Stelle hingewiesen worden[3].

Die Kurve ABCD bildet die Obergrenze für die Realisation von Zielkombinationen zwischen Wachstum und Arbeitslosigkeit, da es bei gegebenem Beschäftigungsgrad mittels einer geänderten Dosierung der Instrumente nicht mehr möglich ist, ein höheres Einkommen zu erzielen. Der Kurvenabschnitt AED gibt an, welcher Beschäftigungsgrad mit einem bestimmten Wachstum des Bruttoinlandsprodukts maximal erzielt werden kann. Alle Zielkombinationen links von ED sind deshalb nicht realisierbar, wobei vorausgesetzt wird, daß immer nur die zur Erstellung einer bestimmten Produktion benötigten Arbeits-

---

1 Auf die Gründe hierfür wird später noch eingegangen.

2 Praktisch bedeutet dies, daß man für Arbeitslosenzahlen kleiner als 315 Tsd. keine zulässigen Lösungen mehr erhält. Außer den Restriktionen (1) für die Sektoren 11 und 12 binden jetzt auch noch die Restriktionen (2) für die Berufe 8 und 18, d.h. $EB_m = EBS_m$ für m = 8,18. Auch für Kombinationen von YMR und ALR zwischen C und D bilden die Arbeitskräfte einen Engpaß, allerdings nicht immer die Arbeitskräfte mit den Berufen 8 und 18.

3 Vgl. hierzu unsere theoretischen Ausführungen in Abschn. 3.5.3.3 im I. Kapitel.

kräfte beschäftigt werden (können). Realistische Zielformulierungen sind deshalb auf die Fläche ABCDEA begrenzt.

Mit den bei unserem Berechnungsverfahren gleichzeitig anfallenden Lösungswerten für das Preisniveau und den Außenbeitrag können nun auch die Begrenzungen für alle anderen Zielkombinationen abgeleitet werden. Sie werden in Abbildung III.6 nur für die Ziele Inflation und Arbeitslosigkeit graphisch dargestellt. Wie man sieht, enthält keine Zielkombination für die Inflationsrate einen Wert von größer als 9 vH. Dies ist nicht darauf zurückzuführen, daß keine höheren Werte für die Inflationsrate zugelassen worden waren. Vielmehr war die Restriktion für die Preisvariable nie bindend, d.h. das Ergebnis hätte sich auch ohne Beschränkung für die Inflationsrate eingestellt[1].

Aus den Abbildungen III.5 und III.6 geht sehr deutlich hervor, daß sich die Möglichkeiten der Zielerfüllung erweitern, d.h. der Handlungsspielraum der Wirtschaftspolitik vergrößert, wenn die Instrumente des Staates und der Bundesbank gemeinsam eingesetzt werden können: Die Zielerreichungsflächen für die Variante 2, die durch AB'C'E'A gegeben sind, sind kleiner und liegen vollständig innerhalb derjenigen für Variante 1.

Für Variante 3 erhält man die in den beiden Abbildungen gestrichelt eingezeichneten Begrenzungslinien realisierbarer Zielkombinationen. Die Basislösung ist in diesem Fall nicht durch A gegeben, sondern wird mit Hilfe des Modells unter der Annahme eines zweiprozentigen Lohnabschlags (Lohnzurückhaltung) berechnet, wobei alle anderen exogenen Variablen auf die Werte des Basisjahres fixiert werden. Die Basiskombination für YMR und ALR liegt dann unterhalb der Abszisse von Abbildung III.5 und ist nicht eingezeichnet. Die Zielerreichungsflächen sind gegenüber Variante 1 und 2 nach unten verschoben, deren hohen Wachstumsraten für das Bruttoinlandsprodukt bei gegebenem Beschäftigungsgrad nun nicht mehr erreicht werden können. Dafür ist

1 Außer den hier dargestellten wurden auch alle weiteren sinnvollen Kombinationen zwischen Zielfunktionsvariablen und parametrisch zu verändernden Zielvariablen der Ableitung der Begrenzungslinien zugrunde gelegt. Nur in dem Fall, daß die Preise für eine parametrische Veränderung des Bruttoinlandsprodukts minimiert werden, erhält man für die Zielerreichungsflächen ein Ergebnis, das von dem dargestellten geringfügig abweicht, und zwar ergeben sich für dieselben Arbeitslosenzahlen etwas niedrigere Werte für Wachstum und Inflation. Der obere Rand der Flächen in den Abbildungen III.5 und III.6 würde also etwas unterhalb der eingezeichneten Kurven verlaufen. Die dargestellten Flächen beinhalten somit diesen Verlauf als Spezialfall.

Abbildung III.6:

Inflation und Arbeitslosigkeit

Realisierbare Zielerfüllungsgrade

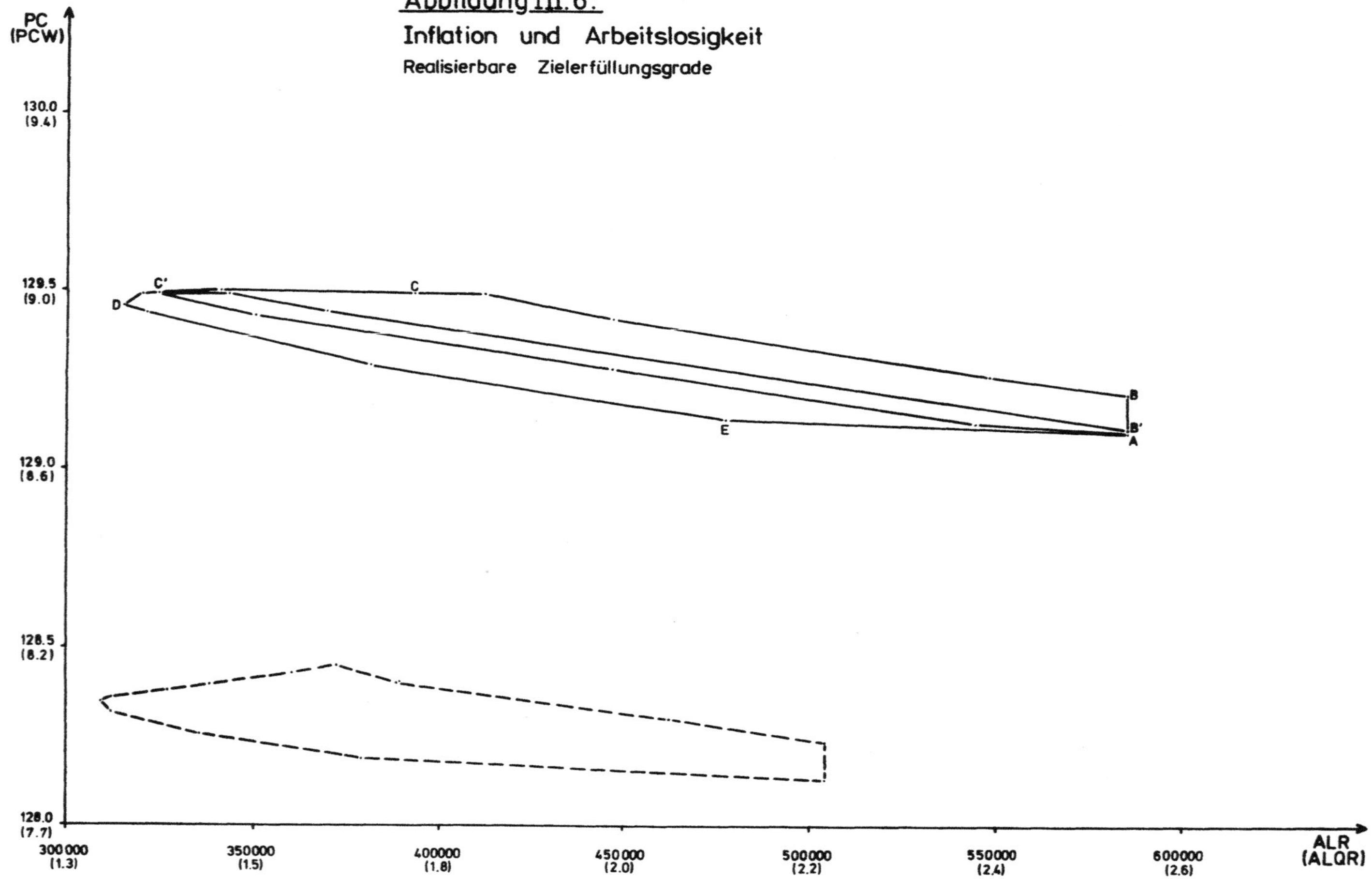

jetzt aber eine wesentlich höhere Preisstabilität möglich. Allerdings sind bei niedrigeren Löhnen keine Zielkombinationen mit Arbeitslosenquoten realisierbar, die nicht auch ohne Lohnzurückhaltung mit den wirtschaftspolitischen Instrumenten der Variante 1 erreicht werden könnten.

4.3 Beurteilung der Zielkombinationen

Welcher der grundsätzlich realisierbaren Zielkombinationen der Vorzug gegeben werden soll, ist eine normative Frage, deren Beantwortung durch das Modell ohne Berücksichtigung der Präferenzen des wirtschaftspolitischen Entscheidungsträgers nicht erfolgen kann. Wir verfügen zwar über keine Präferenzfunktion des Politikers, mit deren Hilfe die Bewertung der Zielkombinationen und die Auswahl einer "besten" vorgenommen werden könnte, dennoch soll versucht werden, unter den realisierbaren Zielkombinationen eine auszuwählen, die mit den Zielvorstellungen der praktischen Wirtschaftspolitik möglichst gut in Einklang steht. Hierzu sollen nicht nur die offiziellen, von der Politik angestrebten Werte für die Zielvariablen herangezogen werden, sondern auch die einiger anderer ökonomischer Variablen, die mit der Realisierung bestimmter Zielwerte verbunden sind und "den Rang mitbestimmen, den eine konkrete Ziel-Mittel-Kombination im Präferenzsystem des Politikers einnimmt"[1].

Jede Zielkombination hat ganz bestimmte Werte für die Zustands- und Instrumentvariablen zur Konsequenz. Einige dieser Konsequenzen haben häufig selbst Zielcharakter, d.h. sie werden als erwünscht oder unerwünscht angesehen. Auf diese Weise erhalten die jeweiligen Zielkombinationen eine indirekte Bewertung durch ihre Konsequenzen. Zum Beispiel wird eine Zielkombination, die ein hohes staatliches Budgetdefizit zur Konsequenz hat, anders beurteilt als eine Zielkombination mit einem ausgeglichenen Budget.

Wir wollen im folgenden einige Implikationen der in Abbildung III.5 durch Buchstaben gekennzeichneten Zielkombinationen aufzeigen. Tabelle III.11 enthält die dazugehörigen numerischen Resultate. Unser hauptsächliches Interesse gilt dabei folgenden Konsequenzen,

1 H. ALBECK (1969), S. 19.

an denen wir die Zielkombinationen zusätzlich messen wollen: die Konsequenzen der Zielkombinationen für

(1) die privaten Investitionen, denen für das langfristige Wachstum und die Schaffung zukünftiger Beschäftigungsmöglichkeiten (Arbeitsplätze) wichtige Bedeutung zukommt. Zielkombinationen mit hohen privaten Investitionen werden deshalb positiv bewertet.

(2) den Finanzierungssaldo des Staates, der als Indikator für die Nettokreditaufnahme bzw. Zunahme der Verschuldung des Staates betrachtet werden kann. Zielkombinationen mit hohen staatlichen Budgetdefiziten werden negativ bewertet. Damit soll erstens der allgemein vorhandenen Abneigung gegenüber staatlichen Defiziten Rechnung getragen werden[1], zweitens der Befürchtung, daß die infolge der Staatsverschuldung steigende Zinsverpflichtung des Staates den Handlungsspielraum der globalen Wirtschaftspolitik in der Zukunft beeinträchtigen könnte[2] und drittens einer Unzulänglichkeit unseres Modells, in dem die negativen Effekte einer starken Zunahme der staatlichen Verschuldung nicht ausreichend erfaßt werden[3].

(3) die strukturellen Veränderungen. Es sollen nach Möglichkeit keine Zielkombinationen angestrebt werden, die zu starke und einseitige Veränderungen der Wirtschaftsstruktur erfordern würden, da sonst die Gefahr besteht, daß durch die Globalpolitik "falsche Signale" für die Entwicklung von Teilbereichen der Wirtschaft gesetzt werden.

Wir betrachten zunächst die in Abbildung III.5 durch B gegebene Zielkombination. Sie stellt insofern eine extreme Situation dar, als bei derselben im Basisjahr herrschenden Arbeitslosigkeit das Bruttoinlandsprodukt um 1.2 Prozentpunkte höher ist. Um diese Steigerung des Bruttoinlandsprodukts bei konstanter gesamtwirtschaftlicher Beschäf-

---

1 Das heißt, daß die Ausgeglichenheit des Budgets Zielcharakter erhält. Indirekt erfahren dadurch alle staatlichen Instrumentvariablen eine normative Bewertung.

2 Vgl. R. THOSS (1981), S. 87.

3 Dies ist darauf zurückzuführen, daß das Budget des Staates im Schätzzeitraum nur geringe Defizite aufwies. Ein starker Einfluß eines Budgetdefizits auf die wirtschaftlichen Verhaltensweisen war somit auch nicht feststellbar. Damit das Modell noch aussagefähig bleibt, sollte deshalb die Zunahme der Staatsverschuldung in unseren Berechnungen beschränkt bleiben.

TABELLE III. 11: KONSEQUENZEN VON ZIELEN

ZIELKOMBI-NATIONEN IN ABBIL-DUNG IV.5 BZW. IV.6	ZUSTANDS- UND ZIELVARIABLEN										INSTRUMENTVARIABLEN[1]					
	YMR[3] (YMRW)	CPR	IPR	CSR	ISR	ER-MR	ALR (ALQR)	PC (PCW)	EN-MN (ABQ)	FS	ISN	ASGN	TDAI (V.H. TDA)	TDUI (V.H. TDU)	ET13	RD
	1	2	3	4	5	6	7	8	9	10	11	12	13	14	15	16
A[2]	780135 (-0.3)	413080	158624	135365	28724	44344	585 (2.6)	129.1 (8.7)	42433 (4.2)	-12617	36997	108640	0	0	3439	6.9
B	789759 (0.9)	407961	174093	135885	30091	41730	585 (2.6)	129.2 (8.8)	40148 (3.9)	7088	38788	109813	23246 (10)	-5109 (-10)	3429	4.9
C	805819 (3.0)	425021	181321	132846	30008	36622	393 (1.7)	129.5 (9.0)	34741 (3.3)	-11026	38788	105190	-9223 (-5)	-5295 (-10)	3459	4.9
D	801464 (2.4)	426191	170007	137346	29908	38013	315 (1.4)	129.5 (9.0)	35898 (3.4)	-22902	38602	111593	-19556 (-10)	-1120 (-2)	3459	7.6
E	780135 (-0.3)	418347	149400	137770	29948	44473	477 (2.1)	129.1 (8.7)	42288 (4.2)	-28136	38457	111593	-19140 (-10)	5881 (10)	3459	8.9
F	799349 (2.2)	418492	174453	137479	30053	38872	393 (1.7)	129.4 (8.9)	37011 (3.5)	-8379	38788	111593	1863 (1)	-5166 (-10)	3459	6.6
G	795774 (1.7)	418635	169580	137531	30094	39945	393 (1.7)	129.3 (8.9)	38013 (3.7)	-12794	38788	111593	-1091 (-1)	-5088 (-10)	3459	7.5
H	788902 (0.8)	422042	157361	137590	30067	41842	393 (1.7)	129.3 (8.8)	39667 (3.9)	-27375	38678	111593	-19342 (-10)	1405 (3)	3459	8.9

1 ES KOENNEN GRUNDSAETZLICH ALLE IN TABELLE III.10 AUFGEFUEHRTEN INSTRUMENTE IN DEN ANGEGEBEN GRENZEN EINGESETZT WERDEN. AUSNAHME: EINE VERRINGERUNG DES INDIREKTEN STEUERSATZES WURDE NICHT ZUGELASSEN, DA DIES IN DER REALITAET AUCH KAUM MOEGLICH SEIN DUERFTE. DA AUF DER ANDEREN SEITE ABER EINE ERHOEHUNG NIE OPTIMAL WAR, FIEL TII ALS INSTRUMENT AUS.

2 BASISLOESUNG, TATSAECHLICH REALISIERTE WERTE FUER 1974.

3 GERINGFUEGIGE DIFFERENZEN ZUR SUMME DER ENDNACHFRAGEKOMPONENTEN AUFGRUND VON RUNDUNGSFEHLERN.

tigung herbeizuführen, ist folgendes notwendig: Erstens müssen durch die auf ein möglichst hohes Wachstum ausgerichtete Wirtschaftspolitik Branchen mit starken (schwachen) Produktionseffekten und hoher (niedriger) Arbeitsproduktivität bevorzugt (benachteiligt) werden. Dadurch kann die gesamtwirtschaftliche Produktion auch bei unverändertem Beschäftigungsgrad steigen. Zweitens muß Arbeit durch Kapital (Investitionen) substituiert werden. Mit den dadurch freigesetzten Arbeitskräften kann dann die Produktion zusätzlich gesteigert werden.

Beides hat zur Konsequenz, daß die gesamtwirtschaftliche Nachfrage erhöht und gleichzeitig umstrukturiert werden muß. Und zwar sollen insbesondere die private (3)[1] und die staatliche Investitionsnachfrage (5 bzw. 11) erhöht und die private Konsumnachfrage (2) zurückgedrängt werden. Hierzu sind (soweit wie möglich) der Diskontsatz (16) und die Steuer auf das Einkommen aus Unternehmertätigkeit und Vermögen (14) zu senken und das zinserhöhende Budgetdefizit des Staates (10) zu vermeiden. Letzteres und die Einschränkung des privaten Konsums wird vor allem durch die Erhöhung der Steuer auf das Einkommen aus unselbständiger Arbeit (13) erreicht.

Die genau entgegengesetzten Konsequenzen hat Zielkombination E. Um die Beschäftigung bei gegebenem Bruttoinlandsprodukt soweit wie möglich zu steigern, muß die Nachfrage nach den Gütern der Sektoren mit hohen (niedrigen) Beschäftigungseffekten gefördert (verringert) und Kapital durch Arbeit substituiert werden. Die wirtschaftspolitischen Maßnahmen, die hierzu ergriffen werden müßten und die Konsequenzen für Höhe und Struktur der Endnachfrage sowie für das Budgetdefizit des Staates sind denen im Falle von Zielkombination B genau entgegengerichtet.

Aufgrund der Verschiebungen zwischen den Endnachfragekomponenten und der Substitution zwischen Arbeits- und Investitionsnachfrage erfordern die Zielkombinationen B und E gegenüber A jeweils starke Veränderungen der Produktions- und Beschäftigungsstrukturen. Bei Variante 2 sind die Strukturveränderungen schwächer, da die Substitution zwischen Arbeit und Kapital wegen des konstant gehaltenen Diskont-

---

1 Die Zahlen in Klammern verweisen im folgenden auf die Spalte der Tabelle III.11, in der die jeweils angesprochene Variable aufgeführt ist.

satzes geringer ist[1]. Aus Abbildung III.5 geht hervor, daß dadurch der Bereich der realisierbaren Zielerfüllungsgrade auf die Fläche AB'C'E'A schrumpft. Daraus kann jetzt gefolgert werden, daß Zielkombinationen innerhalb eines von A ausgehenden etwa in der Mitte der Zielerreichungsfläche nach links oben verlaufenden Korridors keine den Faktor Arbeit oder Kapital einseitig begünstigende strukturelle Veränderungen erfordern. Mit anderen Worten: Eine ausgewogene, am Wachstums- und Beschäftigungsziel gleichermaßen orientierte Wirtschaftspolitik sorgt am ehesten für eine gleichmäßige Entwicklung der Produktions- und Faktornachfragestrukturen[2].

Aus Tabelle III.11 geht hervor, daß die zur Erreichung der Zielkombination D gegenüber C notwendige Veränderung der Produktions- und Faktoranchfragestrukturen hauptsächlich durch die Drosselung der privaten Investitionsnachfrage (3) und die Erhöhung des Staatskonsums (4) bewirkt wird. Hierzu darf die Steuer auf das Einkommen aus Unternehmertätigkeit und Vermögen (14) nicht so stark gesenkt werden, wie es für C erforderlich war, und der Diskontsatz (16) und die Ausgaben des Staates für Sachgüter (12) müssen steigen. Zielkombination E erfordert ähnliche Instrumentendosierungen wie D. Dies ist auf die im Vergleich zum Wachstumsziel hohe Priorität des Beschäftigungsziels in beiden Zielkombinationen zurückzuführen.

Zielkombination D und auch alle anderen dem Beschäftigungsziel hohe Priorität einräumenden Zielkombinationen auf ED (vgl. auch H) haben den Nachteil, daß die private Investitionstätigkeit geringer und das staatliche Budgetdefizit beträchtlich höher sind als in C und den stärker wachstumsorientierten Zielkombinationen zwischen B und C. Sie verlangen jedoch alle zum Teil starke, einseitig entweder auf den Abbau der Arbeitslosigkeit bzw. Forcierung des Wachstums ausgerichtete strukturelle Veränderungen. Eine den Wachstums- und Beschäftigungsaspekt gleichermaßen berücksichtigende Zielkombination wird durch C' repräsentiert. Zur Erreichung dieser Ziel-

1 Vgl. dazu auch die in der Multiplikatoranalyse dargestellten strukturellen Auswirkungen auf die Investitions- und Arbeitsnachfrage.

2 Das muß nicht bedeuten, daß in diesem Fall die strukturellen Veränderungen unerheblich sind. Sie sind allerdings geringer, was sich einmal empirisch belegen läßt, zum anderen aber auch aufgrund der bisherigen Ausführungen unmittelbar einleuchtend sein dürfte.

kombination müßte aber eine erhebliche Zunahme des staatlichen Budgetdefizits in Kauf genommen werden. Allerdings sind auch ausgewogene Zunahmen von Wachstum und Beschäftigung mit relativ niedrigen Budgetdefiziten und hoher privater Investitionsnachfrage möglich, wie z.B. durch Zielkombination F angedeutet wird.

4.4 Auswahl einer Zielkombination

Wäre im Jahre 1974 eine bessere Erfüllung der gesamtwirtschaftlichen Ziele als die tatsächlich in diesem Jahre realisierten möglich gewesen und wie hätten gegebenenfalls die wirtschaftspolitischen Instrumente unter Beachtung ihrer strukturellen Auswirkungen zur Erreichung der Ziele dosiert sein müssen? Zur Beantwortung dieser Fragen gehen wir in der Weise vor, daß unter den in den Abbildungen III.5 und III.6 dargestellten, grundsätzlich realisierbaren Zielkombinationen zunächst eine bestimmte ausgewählt wird, deren Zielerfüllungsgrade nach Möglichkeit mit den von der praktischen Wirtschaftspolitik angestrebten Werten konsistent sind und die außerdem die im vorangegangenen Abschnitt betrachteten wünschenswerten Implikationen hinsichtlich der privaten Investitionstätigkeit, des Finanzierungssaldos des Staates und der Wirtschaftsstruktur aufweist. Aus einem Vergleich der vollständigen Modelllösung für diese Zielkombination mit der 1974 tatsächlich realisierten Situation läßt sich dann erkennen, in welchem Maße die Globalsteuerung durch ihre Differenzierung hätte verbessert werden können und wie ihre Instrumente hätten dosiert werden müssen.

Wir gehen davon aus, daß zur Erreichung der Ziele nur die in Tabelle III.10 aufgeführten Instrumente in den dort angegebenen Grenzen für ihre Dosierung eingesetzt werden können. Da es in der Bundesrepublik Deutschland keine direkte staatliche Einkommenspolitik gibt, sollen ihre Instrumente, z.B. Lohnveränderungen oder Arbeitszeitverkürzung, im folgenden außer Betracht bleiben, d.h. es werden keine Zu- bzw. Abschläge auf die im Modell endogen erklärten Lohnsätze und Arbeitsstunden zugelassen. Der Bereich möglicher Erfüllungsgrade für die gesamtwirtschaftlichen Zielvariablen entspricht somit der durch die bisherige Politikvariante 1 gegebenen Begrenzung.

Zur Auswahl einer Zielkombination gehen wir von den Zielwerten aus, die von der Bundesregierung in der Jahresprojektion 1974 für erreichbar bzw. auf mittlere Frist für optimal gehalten wurden[1]. Es wird zunächst geprüft, inwieweit diese Zielvorstellungen mit den durch Variante 1 beschriebenen Realisationsmöglichkeiten von Zielen konsistent sind.

In den in Abbildung III.6 dargestellten Zielkombinationen der Variante 1 ist die Inflationsrate meistens höher als der im Jahre 1974 tatsächlcih realisierte Wert. Allerdings liegt die Preissteigerungsrate immer innerhalb der in der Jahresprojektion der Bundesregierung angegebenen Bandbreite zwischen 8 und 9 vH[2]. Betrachten wir deshalb die Obergrenze von 9 vH als die kurzfristig von der Wirtschaftspolitik gerade noch tolerierte Inflationsrate, so können wir im folgenden das Ziel Preisstabilität als "immer erfüllt" außer Betracht lassen. Zwar kann bei einer neunprozentigen Inflationsrate von "Preisstabilität" keine Rede sein, die von der Bundesregierung mittelfristig bei Werten zwischen 3 und 4 vH als erreicht betrachtet wird. Kurzfristig hätte jedoch im Jahre 1974 dem Preisanstieg, der zum Teil auch durch die starken Importpreiserhöhungen in diesem Jahr verursacht worden war, ohne Wachstum und Beschäftigung zu beeinträchtigen nur mit Lohnzurückhaltung wirksam begegnet werden können[3]. Da aber Lohnzurückhaltung in Variante 1 ausgeschlossen ist, müssen wir uns hinsichtlich des Ziels Preisstabilität mit weniger anspruchsvollen Erfüllungsgraden zufrieden geben.

Die Außenbeitragsquote verbessert sich zwar immer, wenn Wachstum und Beschäftigung zunehmen[4], jedoch kann nie ein Wert innerhalb des kurzfristig projektierten und gleichzeitig auch mittelfristig

---

1 Vgl. dazu die in Tabelle III.9 auf S. 219 angegebenen Werte.

2 Vgl. Abbildung III.6.

3 Dies wurde in unseren Ausführungen zu den Wirkungen einer Lohnzurückhaltung bereits an verschiedenen Stellen dieser Arbeit belegt; vgl. z.B. die Abschnitte 2.2.4, 3.3.2 und 4.2 in diesem Kapitel.

4 Die Differenz zwischen Export- und Importwert wird kleiner, so daß die Außenbeitragsquote sinkt, was hier eine Verbesserung bedeutet.

als optimal angestrebten Zielkorridors von 1.5 - 2.0 erreicht werden. In Anbetracht des außergewöhnlich hohen, im Basisjahr tatsächlich realisierten Wertes für die Außenbeitragsquote von 4.2 Prozent würde der projektierte Korridor eine sehr anspruchsvolle Zielformulierung darstellen. Da das Modell zudem kein Instrument enthält, das speziell für die Beeinflussung der Außenbeitragsquote eingesetzt werden könnte[1], müssen wir uns mit den jeweils erreichten Werten zufrieden geben und das Außenwirtschaftsziel als weitgehend unerfüllbar betrachten.

Wir können uns deshalb auf die Diskussion des Wachstums- und Beschäftigungsziels beschränken. Für das Wachstum wären von der Bundesregierung kurzfristig 2 vH projektiert worden, ebenfalls für die Arbeitslosenquote. Mit Variante 1 wären dagegen maximal 3 vH Wachstum (Zielkombination C) und minimal 1.4 vH Arbeitslosigkeit (Zielkombination D)[2], also wesentlich höhere Zielerfüllungsgrade, allerdings nicht gleichzeitig, kurzfristig erreichbar gewesen. Schließt man nun solche Zielkombinationen als wirtschaftspolitisch irrelevant aus der Betrachtung aus, die von C bzw. D ausgehend einen geringeren Erfüllungsgrad für beide Zielvariablen bedeuten würden, so verbleibt der in Abbildung III.7 eingezeichnete Bereich realisierbarer Zielkombinationen, bei dem es sich um die vergrößerte Darstellung des oberen linken Teils der Abbildung III.5 handelt. Wir gehen davon aus, daß jede Zielkombination innerhalb eines Bereichs den von der Bundesregierung in ihrer Jahresprojektion für möglich gehaltenen niedrigeren Werten für die Zielvariablen vorgezogen worden wäre.

Jede Zielkombination innerhalb des Bereichs CDO stellt eine Verbesserung gegenüber der tatsächlich realisierten Situation dar. Wir können aber nicht für alle Zielkombinationen eine vollständige Lösung des Modells und die Dosierung der Instrumente bestimmen und müssen deshalb eine Auswahl treffen. Dazu sollen die im vorangegangenen Abschnitt 4.4 dargestellten Konsequenzen bestimmter Zielwerte

---

1 Von nicht-marktkonformen Mitteln abgesehen, verfügt die praktische Wirtschaftspolitik auch kaum über Instrumente, mit denen sie direkt auf die Außenbeitragsquote einwirken könnte.

2 Vgl. Abbildung III.5.

Abbildung III.7:

Auswahl einer Zielkombination

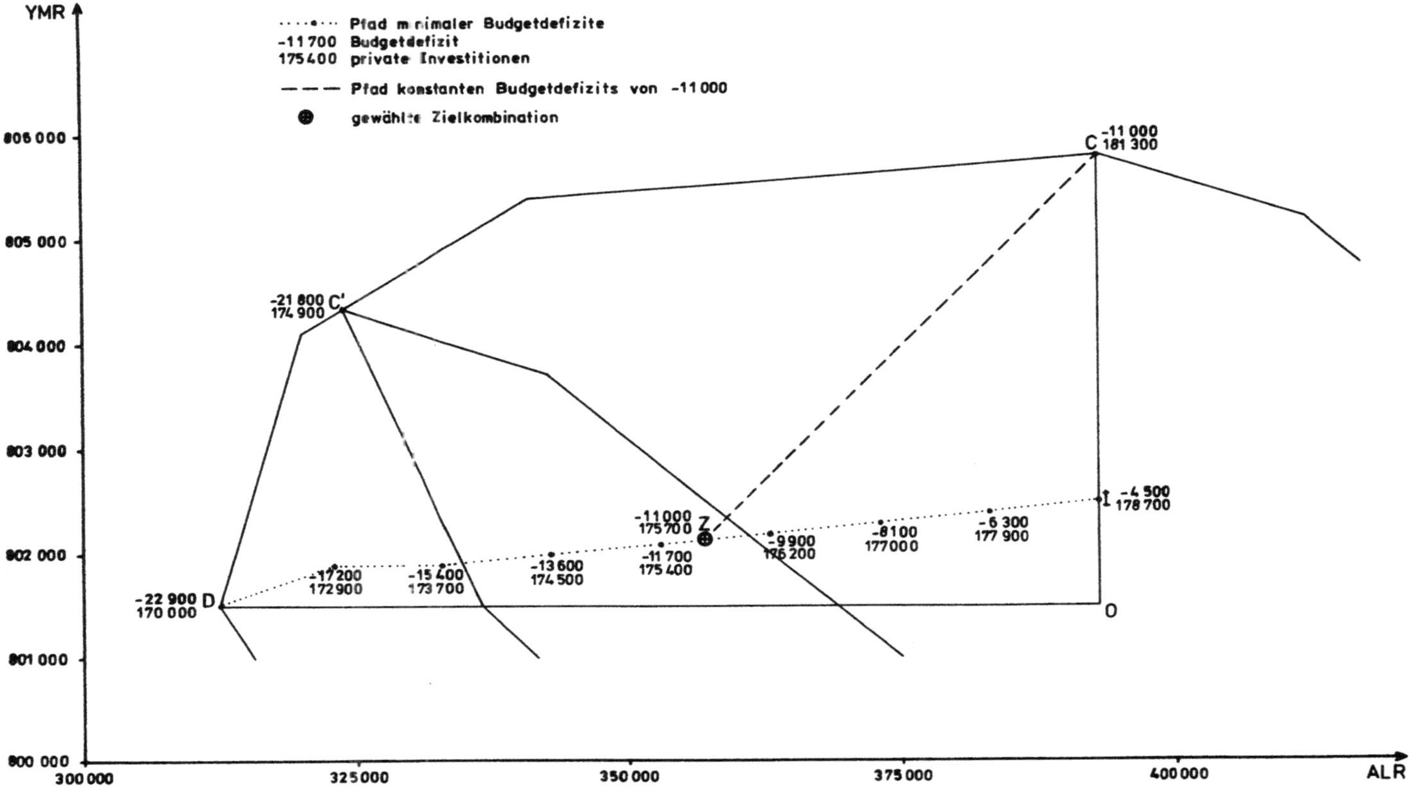

als zusätzliche Kriterien mit herangezogen werden.

Wir gehen von der Zielkombination C aus. Dort sind die Zunahme des Bruttoinlandsprodukts und die privaten Investitionen am höchsten und auch das Budgetdefizit des Staates immerhin noch geringer als in der Basislösung[1]. Unter diesen drei Gesichtspunkten ist Zielkombination C gegenüber D eindeutig vorzuziehen. Allerdings wird der Beschäftigungsaspekt im Vergleich zum Wachstumsaspekt, wie im Abschnitt 4.3 gezeigt worden war, in der Zielkombination C etwas vernachlässigt, was die dargestellten einseitigen strukturellen Verschiebungen zugunsten von Wachstum und privaten Investitionen zur Konsequenz hat. Will man dies vermeiden und wird deshalb eine Zielkombination mit einem höheren Beschäftigungsgrad gewählt, so gehen gegenüber C Bruttoinlandsprodukt und private Investitionen zurück. Wird dabei eine Zielkombination nahe C' gewählt, so steigt außerdem das Budgetdefizit. Wir wollen nun ein geringeres Wachstum im Austausch gegen mehr Beschäftigung in Kauf nehmen. Es sollen aber nur solche Zielkombinationen mit niedrigerer Arbeitslosigkeit akzeptiert werden, die kein größeres staatliches Budgetdefizit erfordern als das der Zielkombination C entsprechende.

Um festzustellen, ob diese Forderung im relevanten Zielbereich überhaupt erfüllt werden kann, haben wir berechnet, welches Budgetdefizit für alternative Beschäftigungsgrade jeweils höchstens toleriert werden müßte. Wir erhalten den in Abbildung III.7 eingezeichneten Pfad minimaler Budgetdefizite[2]. Daraus geht hervor, daß der der Zielkombination C entsprechende Beschäftigungsgrad auch mit einem wesentlich niedrigeren Defizit erzielt werden kann (vgl. I), allerdings unter Inkaufnahme eines Wachstumsverlusts. Geringere Arbeitslosigkeit erfordert dann höhere Defizite mit weiterem Rückgang des Bruttoinlandsprodukts. Bis Zielkombination Z läßt sich aber die Beschäftigung erhöhen, ohne daß das Zielkombination C entsprechende Budgetdefizit des Staates überschritten wird. Unserer oben gestellen Forderung kann somit grundsätzlich entsprochen werden.

---

1 Zur Basislösung für die gesamtwirtschaftlichen Aggregate vgl. Tabelle III.12.

2 Man erhält diesen Pfad, indem für alternativ vorgegebene Arbeitslosigkeit das Budgetdefizit des Staates minimiert wird.

In jeder auf der gestrichelten Linie zwischen C und Z liegenden Zielkombination entspricht das Budgetdefizit dem Wert in C. Man erhält diese Linie, indem von C ausgehend für ein konstantes Budgetdefizit von rd. 11 Mrd. DM die Zahl der Arbeitslosen schrittweise reduziert und das Bruttoinlandsprodukt jeweils maximiert wird. Eine Reduzierung der Arbeitslosen über den in Zielkombination Z entsprechenden Betrag ist dann bei konstantem Budgetdefizit nicht mehr möglich. Der Beschäftigungsgrad in Z entspricht somit dem maximal möglichen, den man mit dem gegebenen Limit für das Budgetdefizit im relevanten Zielbereich erzielen kann. Wird ein höheres Defizit akzeptiert, so kann die Arbeitslosigkeit bis zu maximal einem Wert, der links von Z auf dem ID-Pfad liegt, reduziert werden. Mit dem Defizit des Basisjahres in Höhe von rd. 12.6 Mrd. DM hätte z.B. die Zahl der Arbeitslosen auf 348 Tsd. verringert werden können. Mit einem geringeren Defizit erhält man auch einen niedrigeren, aber für dieses Defizit wiederum maximalen Beschäftigungsgrad rechts von Z auf dem ID-Pfad. Auf ID liegen somit alle Zielkombinationen, für die nicht nur bei gegebener Arbeitslosigkeit das Defizit ein Minimum hat, sondern auch bei gegebenem Budgetdefizit die Beschäftigung maximal ist. Will man deshalb ein bestimmtes Budgetdefizit so weit wie möglich für einen Abbau der Arbeitslosigkeit nutzen, so ist eine Zielkombination auf ID zu wählen.

Wir entscheiden uns für Z, bei der das Defizit des Budgets Zielkombination C entspricht. Diese Zielkombination erfüllt unsere Forderungen recht gut: Wachstums- und Beschäftigungsaspekt werden gleichermaßen berücksichtigt, die privaten Investitionen befinden sich auf einem hohen Niveau, die Ziele werden besser erfüllt als von der Bundesregierung projektiert und das Budgetdefizit des Staates hält sich in Grenzen. Natürlich erfüllen auch noch andere Zielkombinationen mehr oder weniger gut diese Kriterien und hätten deshalb ebensogut gewählt werden <u>können</u>. Mit unserer Auswahl darf deshalb nicht unterstellt werden, daß Z auch unbedingt gewählt werden <u>soll</u>.

4.5 Darstellung der ausgewählten Wirtschaftspolitik und Vergleich mit der tatsächlich realisierten Situation

Um Zielkombination Z unter der Nebenbedingung eines konstanten Budgetdefizits von rd. 11 Mrd. DM zu erreichen, hätten die gesamtwirtschaftlichen Aggregate die in Tabelle III.12 dargestellten Werte annehmen müssen. In Spalte 3 ist angegeben, wie sich die Variablen gegenüber den im Basisjahr tatsächlich realisierten Werten hätten verändern müssen, in Spalte 4 stehen die tatsächlich realisierten Veränderungen zwischen dem Basisjahr (der Basislösung) und dem Jahre 1973. Zeilenweise Addition der Werte in diesen beiden letzten Spalten ergibt somit die Veränderungen der Variablen gegenüber dem Vorjahr, wenn die mit der Modellösung implizierten Maßnahmen, die in Tabelle III.13 aufgeführt sind, ergriffen worden wären.

Zur Erreichung von 2.5 vH Wachstum (30 in Tabelle III.12)[1] und einer Arbeitslosenquote von 1.6 vH (31) hätten alle staatlichen Ausgabenarten (1 - 11 in Tabelle III.13) bis an die in Tabelle III.9 angegebenen Obergrenzen erhöht werden müssen. Dadurch wären rd. 4.7 Mrd. DM nominal zusätzlich verausgabt worden. Auf die Steuer aus Unternehmens- und Vermögenseinkommen (13) hätte ein 10-prozentiger, auf die Steuer aus Arbeitnehmereinkommen (12) nur ein geringfügiger Abschlag gewährt werden sollen. Außerdem hätte der Staat durch Einstellung von zusätzlich 20 Tsd. Arbeitskräften (14) zu einer weiteren Entlastung des Arbeitsmarkts beitragen müssen. Der Diskontsatz (15) hätte mit einem halben Prozentpunkt nur geringfügig weniger erhöht zu werden brauchen, als es der tatsächlichen Entwicklung gegenüber dem Vorjahr entsprach. Die Inflationsrate (32, Tabelle III.12), die im Basisjahr um 1.5 Prozentpunkte zugenommen hat, wäre nochmals um geringfügig 0.3 Prozentpunkte auf insgesamt 9 vH angestiegen. Die Außenbeitragsquote (33), die bereits 1973 einen hohen Wert von 2.7 Prozent hatte, wäre um 0.7 Prozentpunkte höher gewesen, hätte also gegenüber dem Basisjahr um 0.8 Punkte verbessert werden können.

---

1 Die Zahlen in Klammern verweisen im folgenden auf die Zeile der Tabelle , in der die jeweils angesprochene Variable aufgeführt ist.

Tabelle III. 12: Vergleich der Modell- mit der Basislösung
- Gesamtwirtschaftliche Ergebnisse -

Endogene Variablen[1]		Basislösung	Modellösung	Differenz Sp.2-Sp.1	Differenz Sp.1-1973
		1	2	3	4
1	CPR	413080	421032	7952	- 4252
2	IPR	158624	175714	17090	-25621
3	CSR	135365	137403	2038	6803
4	ISR	28724	30038	1314	827
5	ER	215678	214500	- 1178	25091
6	MR	171334	176524	5189	5113
7	YMR	780135	802162	22027	- 2265
8	ASGR	82023	84252	2229	6184
9	QR	494810	510729	15920	- 1882
10	PC	129.1	129.4	0.3	10.3
11	RF	10.2	10.4	0.2	0.9
12	AL	926	565	- 361	
13	ALR	585	357	- 228	312
14	ALQ	4.0	2.5	- 1.5	
15	CPN	533173	543994	10820	37503
16	IPN	200654	221937	21283	-15296
17	CSN	198549	201622	3073	29619
18	EN	283323	282707	- 617	65773
19	MN	240890	246640	5749	48740
20	YMN	1011807	1042408	30601	72127
21	AE	546429	558700	12270	48479
22	UE	234900	250024	15124	6160
23	CF	296813	313786	16973	16883
24	QN	638814	695362	20548	48744
25	TI	114727	117934	3207	4827
26	TDA	208548	211603	3055	23698
27	TDU	53837	51988	- 1849	1937
28	TR	141893	139851	- 2042	18713
29	FS	- 12617	- 11026	1591	-26417
30	YMRW	- 0.3	2.5	2.8	- 5.4
31	ALQR	2.6	1.6	- 1.0	1.8
32	PCW	8.7	9.0	0.3	1.5
33	ABQ	4.2	3.4	- 0.8	1.5

1 Zur Symbolik vgl. Anhang E.

Tabelle III.13: Vergleich der Modell- mit der Basislösung
- Instrumentvariablen -

Instrumentvariablen[1]	Basislösung	Modelllösung	Differenz Sp. 2 - Sp. 1	Differenz Sp. 1 - 1973
	1	2	3	4
1 $ISFN_1$	1003	1025	22	112
2 $ISFN_2$	688	692	4	86
3 $ISFN_3$	14699	15566	867	1163
4 $ISFN_4$	473	499	26	39
5 $ISFN_5$	8597	8881	284	874
6 $ISFN_6$	1012	1068	56	83
7 $ISFN_7$	3355	3497	142	314
8 $ISFN_8$	6418	6762	344	538
9 $ISFN_9$	752	798	46	58
10 1-9=ISN	36997	38788	1791	3267
11 ASGN	108640	111593	2953	17170
12 TDAI	0	- 2772	- 2772	
13 TDUI	0	- 5199	- 5199	
14 ET_{13}	3439	3459	20	111
15 RD	6.9	6.7	- 0.2	0.7

1 Zur Symbolik vgl. Anhang E.

Die Maßnahmen hätten eine Steigerung gerade derjenigen Nachfragekomponenten zur Folge gehabt, die im Basisjahr starke Einbrüche gegenüber dem Vorjahr zu verzeichnen hatten, nämlich der privaten Konsum- und Investitionsnachfrage (1,2 in Tabelle III.12). Allein der Rückgang der privaten Investitionen von 1973 auf 1974 entsprach ungefähr den gesamten staatlichen Investitionsausgaben im Basisjahr und hätte deshalb durch die Erhöhung der staatlichen Ausgaben allein nicht ausgeglichen werden können. Aber auch mit dem hier simulierten Maßnahmenbündel wären die privaten Investitionen um immerhin noch rd. 8.6 Mrd. DM niedriger gewesen als im Vorjahr (Summe der Spalten 3 und 4 in Zeile 2 der Tabelle III.12). Der starke Anstieg der Exporte (5), der einen noch größeren konjunkturellen Einbruch im Basisjahr verhindert hat, wäre durch die günstigere inländische Entwicklung nur wenig gebremst worden. Der gesamtwirtschaftliche Nachfrageausfall (7) hätte dadurch insgesamt um rd. 20 Mrd. DM überkompensiert werden können.

Die Zunahme der registrierten Arbeitslosen (13) hätte sich abbremsen, aber nicht ganz vermeiden lassen. 228 Tsd. Arbeitslose, das sind 73 vH der Zunahme von 1973 auf 1974, wären wieder beschäftigt bzw. nicht entlassen worden. 84 Tds. der zusätzlichen Arbeitslosen wären ohne Beschäftigung geblieben.

Das Einkommen aus Unternehmertätigkeit und Vermögen (22), das sich im Vergleich zum Einkommen aus unselbständiger Arbeit (21) gegenüber dem Vorjahr wesentlich schwächer entwickelt hatte, wäre durch die ergriffenen Maßnahmen begünstigt worden. Dies gilt in noch stärkerem Maße für die Nettogröße, da sich die Steuer auf das Unternehmens- und Vermögenseinkommen (27) aufgrund der Steuersenkung praktisch nicht verändert hätte, während die Steuer auf das Arbeitnehmereinkommen trotz des Steuerabschlags (26) weiter angestiegen wäre.

Diese Entwicklung der gesamtwirtschaftlichen Größen hätte unterschiedliche Veränderungen der sektoralen Teilaggregate zur Konsequenz gehabt. Dies wird in Tabelle III.14 für die Veränderungen der Produkt-, Investitions- und Arbeitsnachfragestrukturen gezeigt. Aus der Tabelle geht hervor, daß bereits die Nachfrageausfälle 1974

TABELLE III.14: VERGLEICH DER MODELL- MIT DER BASISLOESUNG - STRUKTURELLE ERGEBNISSE -

SEKTOR[1]	BRUTTOPRODUKTION				BRUTTOANLAGEINVESTITIONEN DER UNTERNEHMEN				ERWERBSTAETIGE			
	BASIS-LOESUNG	MODELL-LOESUNG	DIFFERENZ SP.2-SP.1	TATS.DIFF 1974-1973	BASIS-LOESUNG	MODELL-LOESUNG	DIFFERENZ SP.6-SP.5	TATS.DIFF 1974-1973	BASIS-LOESUNG	MODELL-LOESUNG	DIFFERENZ SP.10-SP.9	TATS.DIFF 1974-1973
	1	2	3	4	5	6	7	8	9	10	11	12
1	42024	42602	578	2361	5266	5569	303	-529	1881	1876	-5	-73
2	60173	61727	1554	2309	12608	13100	492	-35	482	492	10	-8
3	175434	179879	4445	-231	9094	9637	542	-1382	1449	1464	15	-25
4	85817	87820	2003	2698	2987	3152	165	-1014	853	862	9	-14
5	172421	178813	6392	-8843	5975	6884	909	-795	2625	2662	37	-39
6	128457	132962	4506	3128	3935	4451	516	-1040	1955	1987	32	-18
7	121771	125558	3787	-4757	4000	4477	477	-1710	2020	2048	28	-155
8	122029	123574	1545	2295	4291	4476	185	-853	947	947	0	-16
9	96423	104341	7917	-8721	3140	4456	1316	-2290	1974	2076	102	-181
10	132381	135795	3414	-6158	8711	9259	548	-3492	3280	3302	22	-108
11	77574	79595	2021	2795	17024	19685	2661	-1136	1519	1547	28	0
12	204692	209302	4611	11493	76300	85277	8977	-4637	3061	3101	40	22
13	151735	154192	2457	7663					3439	3459	20	111
14	17488	17854	366	953					665	689	24	5
	1588418	1634013	45595	6967	153333	170423	17090	-18913	26150	26511	361	-499

1 Zur Systematik vgl. Anhang B.

TABELLE III.15: Vergleich von Lösungen für unterschiedliche Zielkombinationen mit der Basislösung

SEKTOR[1]	BRUTTOPRODUKTION						BRUTTOANLAGEINVESTITIONEN DER UNTERNEHMEN						ERWERBSTAETIGE					
	ZIELKOMBINATIONEN IN ABBILDUNG III.7																	
	Z		C		D		Z		C		D		Z		C		D	
	DIFF.	ANTEILE IN V.H.	DIFF.	ANTEILE IN V.H.	DIFF.	ANTEILE IN V.H.	DIFF.	ANTEILE IN V.H.	DIFF.	ANTEILE IN V.H.	DIFF.	ANTEILE IN V.H.	DIFF.	ANTEILE IN V.H.	DIFF.	ANTEILE IN V.H.	DIFF.	ANTEILE IN V.H.
1	578	1.3	679	1.4	797	1.8	303	1.8	356	1.5	418	3.7	-5	-1.4	-6	-2.0	-7	-1.6
2	1554	3.4	1714	3.6	1721	3.9	492	2.9	543	2.3	545	4.8	10	2.8	11	3.6	12	2.8
3	4445	9.7	5011	10.5	4413	10.0	542	3.2	1000	4.2	98	0.9	15	4.2	2	0.7	32	7.5
4	2003	4.4	2497	5.2	1604	3.6	165	1.0	406	1.7	-100	-0.9	9	2.5	-1	-0.3	21	4.9
5	6392	14.0	8235	17.3	4783	10.9	909	5.3	1225	5.2	619	5.4	37	10.2	22	7.2	57	13.3
6	4506	9.9	5669	11.9	3719	8.5	516	3.0	790	3.3	266	2.3	32	8.9	16	5.2	54	12.6
7	3787	8.3	4605	9.7	4490	10.2	477	2.8	1480	6.3	565	5.0	28	7.8	34	11.1	33	7.7
8	1545	3.4	1893	4.0	2195	5.0	185	1.1	346	1.5	152	1.3	0	0.0	0	0.0	0	0.0
9	7917	17.4	9364	19.6	6012	13.7	1316	7.7	1695	7.2	831	7.3	102	28.3	121	39.5	77	18.0
10	3414	7.5	4122	8.6	3804	8.7	548	3.2	856	3.6	404	3.6	22	6.1	27	8.8	25	5.8
11	2021	4.4	2168	4.5	1823	4.1	2661	15.6	3849	16.3	1068	9.4	28	7.8	30	9.8	25	5.8
12	4611	10.1	4295	9.0	5692	12.9	8977	52.5	11055	46.8	6514	57.2	40	11.1	37	12.1	49	11.4
13	2457	5.4	-2447	-5.1	2454	5.6							20	5.5	20	6.5	20	4.7
14	366	0.8	-115	-0.2	454	1.0							24	6.6	-7	-2.3	30	7.0
	45595	100.0	47690	100.0	43961	100.0	17091	100.1	23601	99.9	11380	100.0	361	100.3	306	100.0	428	100.0

1 Zur Systematik vgl. Anhang B.

strukturelle Veränderungen hervorgerufen haben, da hiervon nicht alle Sektoren gleichermaßen und ihren Anteilen an der Gesamtnachfrage entsprechend betroffen wurden. Die Bruttoproduktion stieg sogar in einigen Sektoren noch stark an, während sie in anderen sank (vgl. Spalte 4). Durch die simulierte Wirtschaftspolitik werden nun weitere Strukturverschiebungen hervorgerufen, da die neu geschaffene Nachfrage (vgl. die Spalten 3, 7 und 11) die ausgefallene (vgl. die Spalten 4, 8 und 12) nicht genau ersetzen kann.

Dennoch sind diese Strukturveränderungen für die ausgewählte Zielkombination noch geringer als im Falle von Alternativen, bei denen die Forcierung des Wachstums oder des Abbaus der Arbeitslosigkeit im Vordergrund stehen. Dies geht aus der <u>Tabelle III.15</u> hervor, in der die sektoralen Anteile an der Gesamtveränderung der drei verschiedenen Nachfrageaggregate für die Zielkombinationen Z, C und D dargestellt sind. In den meisten Fällen liegen die Anteilswerte für die einer "ausgewogenen" Wirtschaftspolitik entsprechenden Zielkombination Z zwischen denen einer primär wachstumsorientierten (C) oder beschäftigungsorientierten (D) Wirtschaftspolitik. Mit Zielkombination Z ist somit die Bevorzugung bzw. Benachteiligung bestimmter Sektoren insgesamt geringer.

In <u>Tabelle III.16</u> wird schließlich dargestellt, welche Auswirkungen von der ausgewählten Wirtschaftspolitik auf die nach Berufen differenzierte Arbeitslosigkeit ausgehen. In Spalte 4 sind die prozentualen Veränderungen zwischen Basislösung und Modellösung angegeben, um aufzuzeigen, wie stark die Arbeitslosigkeit in den einzelnen Berufen abgebaut wird und wo evtl. Engpässe auftreten können, wenn eine weitere Erhöhung der Beschäftigung angestrebt werden soll. Aus der Tabelle geht hervor, daß die Arbeitslosigkeit absolut gesehen gerade in denjenigen Berufen am stärksten zurückgeht, in denen sie am höchsten war, nämlich in den Berufen 13 (Bauberufe) und 23. (Org., Verw. und Büroberufe). Auf der anderen Seite ist aber auch der Rückgang der Arbeitslosigkeit in Berufen mit nicht so hohen Arbeitslosenzahlen absolut (8, Schlosser, Mechaniker) oder relativ (18, Maschinisten) stark. Arbeitskräfte in diesen Berufen könnten deshalb für einen weiteren Abbau der Arbeitslosigkeit zu Engpässen werden. Die Unterbeschäftigungsquote, d.h.

TABELLE III.16: VERGLEICH DER MODELL- MIT DER BASISLOESUNG
- registrierte und nicht-registrierte Arbeitslose nach Berufen -

BERUFE[1]	BASISLOESUNG	MODELLOESUNG	DIFFERENZ SP.2-SP.1	
			ABSOLUT	IN V.H.
	1	2	3	4
1	14551	13190	-1362	-9.36
2	3784	828	-2956	-78.12
3	10958	9388	-1570	-14.33
4	15740	12664	-3076	-19.55
5	12006	8924	-3083	-25.68
6	11179	5671	-5509	-49.28
7	17145	7773	-9372	-54.66
8	42128	11799	-30329	-71.99
9	69073	50155	-18917	-27.39
10	48946	41328	-7618	-15.56
11	10285	8614	-1672	-16.25
12	23216	20224	-2993	-12.89
13	86717	42989	-43728	-50.43
14	16106	9115	-6991	-43.41
15	14802	4239	-10564	-71.37
16	27962	23884	-4078	-14.58
17	50590	36272	-14319	-28.30
18	9476	1243	-8233	-86.88
19	34714	14025	-20689	-59.60
20	72271	58295	-13976	-19.34
21	9727	1781	-7946	-81.69
22	79003	53976	-25026	-31.68
23	122219	57363	-64855	-53.06
24	11737	9038	-2698	-22.99
25	13729	3306	-10422	-75.92
26	17182	4070	-13112	-76.31
27	59904	39255	-20649	-34.47
28	20476	15171	-5305	-25.91

1 Zur Systematik vgl. Anhang D.

der Anteil der (registrierten und nicht-registrierten) arbeitslosen Erwerbspersonen an der Gesamtzahl der Erwerbspersonen, ist in diesen beiden Berufen am niedrigsten und beträgt nur noch 0.6 bzw. 0.4 Prozent.

In Zielkombination Z herrscht allerdings noch kein Mangel an Arbeitskräften. Dagegen sind die Produktionskapazitäten in zwei Branchen, den Sektoren 11 und 12, voll ausgelastet. Die noch bestehende Arbeitslosigkeit kann somit als strukturell bedingt aufgrund eines Mangels an Kapital bezeichnet werden. Die Kapitalengpässe lassen sich aber durch den differenzierten Einsatz des globalpolitischen Instrumentariums beseitigen, so daß diese Form der strukturellen Arbeitslosigkeit auch ohne spezifische strukturpolitische Maßnahmen weiter reduziert werden könnte. Die hierzu in Frage kommenden globalpolitischen Maßnahmen müssen jedoch unterbleiben, da die damit verbundene Zunahme des staatlichen Budgetdefizits von uns nicht akzeptiert wird. Würde ein höheres Budgetdefizit hingenommen, könnte auch die Arbeitslosigkeit noch verringert werden.

5. Zusammenfassung der Ergebnisse und abschließende Bemerkungen

Wir haben versucht, in einer empirischen Analyse Antwort auf die in der Einleitung gestellte Frage zu finden, welchen quantitativen Beitrag das von uns vorgeschlagene Steuerungskonzept zu einer Verbesserung der Globalpolitik leisten könnte. Zur Lösung dieser Frage benötigten wir quantitative Angaben über die Effekte der globalpolitischen Instrumente sowohl auf das Niveau als auch die Struktur, d.h. die innere Zusammensetzung, der gesamtwirtschaftlichen Größen. Diese Informationen werden auf der Grundlage eines disaggregierten ökonometrischen Modells gewonnen, das wir speziell für unsere Zwecke erstellt haben.

In einer Multiplikatoranalyse wurde mit dem Modell zunächst untersucht, welche kurzfristigen Effekte von Instrumenten- und Datenänderungen auf die Zustandsvariablen ausgehen. Die gesamtwirtschaftlichen Ergebnisse dieser Analyse zeigten, daß das disaggregierte Modell die Wirkungszusammenhänge zwischen den Instrumenten bzw. Daten und den Niveaus für die Zustandsvariablen sinnvoll beschreibt und auch mit existierenden makroökonometrischen Modellen vergleichbare Eigenschaften aufweist. Die gesamtwirtschaftlichen Wirkungen können aber mit völlig unterschiedlichen Struktureffekten verbunden sein, je nachdem welche Instrumente bzw. Daten geändert werden. Z.B. wird von einer Veränderung der staatlichen Investitionsausgaben, wie erwartet, die Produktion der Bauwirtschaft besonders stark betroffen, während sich die Produktionseffekte steuerpolitischer Instrumente im Vergleich dazu gleichmäßiger auf die Wirtschaftssektoren verteilen. Jedes Instrument kann außerdem die Strukturen verschiedener ökonomischer Variablen ganz unterschiedlich beeinflussen. Z.B. erhöht eine Senkung des Diskontsatzes die Produktion in allen Branchen. Dagegen nimmt die Beschäftigung in einigen Branchen zu und in anderen ab, je nachdem, ob der auf die Arbeitsnachfrage positiv wirkende Produktionseffekt oder der durch die Zinssatzsenkung ausgelöste negative Substitutionseffekt (Arbeit wird durch Kapital substituiert) überwiegt. Weitere Struktureffekte lassen sich erzielen, wenn verschiedene Instrumente miteinander kombiniert und unterschiedlich stark variiert werden.

Die Effizienz der Globalpolitik kann beeinträchtigt werden, wenn diese Sturktureffekte nicht beachtet werden. Ein staatliches Investitionsprogramm zur Belebung der konjunkturellen Entwicklung, zum Beispiel, droht relativ wirkungslos zu bleiben, wenn in der Bauwirtschaft, deren Produkt- und Arbeitsnachfrage durch diese Maßnahme in erster Linie angeregt werden, nicht genügend freie Kapazitäten vorhanden sind. Die Kenntnis der unterschiedlichen Strukturwirkungen kann nun für eine Verbesserung der Globalsteuerung genutzt werden, indem durch eine geeignete Kombination und Dosierung ihrer Instrumente, soweit möglich, den Teilbereichen Nachfrage zugeführt wird, in denen noch freie Kapazitäten vorhanden sind und dort Anreize zu einer Erweiterung der Produktionsanlagen gegeben werden, wo Engpässe bestehen.

Wie stark sich Niveau und Struktur der gesamtwirtschaftlichen Größen (und damit die Niveaus der aus ihnen abgeleiteten gesamtwirtschaftlichen Zielvariablen) durch die Globalpolitik beeinflussen lassen, hängt nicht nur davon ab, welche Instrumente eingesetzt werden, sondern auch von der Höhe der Dosierung der Maßnahmen und den absoluten Werten für die Datenvariblen.

Wir haben deshalb das Modell in einem nächsten Schritt als Politik-Simulations-Modell formuliert und für die Beantwortung der Frage ausgewertet, welche quantitativen Wirkungen von bestimmten Dosierungen der Instrumente und Veränderungen der Daten auf die gesamtwirtschaftlichen Zielvariablen ausgehen. Die Ergebnisse dieser Analyse wurden in Form von Zielbeziehungskurven dargestellt. Daraus läßt sich erkennen, welche Werte für die gesamtwirtschaftlichen Zielvariablen mit den globalpolitischen Instrumenten kurzfristig höchstens erreicht werden können und welche relative Bedeutung Instrumente und Daten für die Erreichung bestimmter Ziele haben. Z.B. eignet sich zur Bekämpfung der Arbeitslosigkeit die Fiskalpolitik am besten, zur Förderung des Wachstums des Einkommens die Geldpolitik. Dagegen ist ohne eine erhebliche Zunahme der Arbeitslosigkeit und Inkaufnahme von Wachstumsverlusten die Bekämpfung der Inflation weder mit fiskal- noch mit geldpolitischen Mitteln möglich. Eine Reduzierung der Inflationsrate wird am besten durch Lohnzurückhaltung erreicht, da dann der Rückgang des Wachstums bei sogar positivem Beschäftigungseffekt noch am geringsten ist. Der "Importpreisschock" von 1974 wirkte auf Wachstum und Beschäftigung wie eine restriktive Wirtschaftspolitik, ließ aber gleichzeitig auch die Inflationsrate stark ansteigen.

Mit einem Instrument sind immer nur ganz bestimmte Zielkombinationen realisierbar. Sollen mehrere und auch anspruchsvoll formulierte Ziele gleichzeitig erreicht werden, müssen verschiedene Instrumente miteinander kombiniert werden. Neben den Grenzen, die sich dabei für die Manipulierbarkeit der Mittel ergeben, sind auch die Beschränkungen zu beachten, die sich für die Veränderung ökonomischer Variablen aufgrund von Engpässen in Teilbereichen der Wirtschaft ergeben können. Da gleichzeitig die strukturellen Wirkungen der globalpolitischen Instrumente zu berücksichtigen sind, wird Globalsteuerung zu einer diffizilen Angelegenheit.

Wir haben versucht, in einer Analyse für 1974 beispielhaft aufzuzeigen, wie dieses Problem auf der Grundlage eines linearen Programmierungsmodells gelöst werden könnte. In einer Modellrechnung wird gezeigt, daß es allein mit einer veränderten Zusammensetzung des Bündels globalpolitischer Maßnahmen möglich gewesen wäre, bessere Erfüllungsgrade für die gesamtwirtschaftlichen Zielvariablen als die im Jahr

1974 tatsächlich realisierten Werte zu erreichen. Diese Verbesserung der Effizienz der Globalpolitik hätte durch einen differenzierten Einsatz ihres Instrumentariums erreicht werden können: Alle verfügbaren Instrumente werden gleichzeitig und aufeinander abgestimmt zur Erreichung der Ziele eingesetzt. Die Dosierung erfolgt unter Berücksichtigung der Auswirkungen auf Niveau und Struktur gesamtwirtschaftlicher Größen. Es werden die Angebotsbeschränkungen beachtet, die in Teilbereichen der Volkswirtschaft zu Engpässen führen und die Wirksamkeit der globalpolitischen Maßnahmen beeinträchtigen können. Jedes Instrument wird dann gerade so stark dosiert, daß es seinen größtmöglichen Beitrag zur Erfüllung der gesamtwirtschaftlichen Ziele leistet und daß gleichzeitig, wie wir zusätzlich gefordert haben, bestimmte Nebenbedingungen hinsichtlich der privaten Investitionstätigkeit, des Finanzierungssaldos des Staates und der Veränderung der Wirtschaftsstruktur eingehalten werden.

Insbesondere für das Wachstums- und Beschäftigungsziel erhalten wir wesentlich bessere Werte als die 1974 tatsächlich realisierten. Dagegen wäre es selbst mit einer differenzierten Steuerung nicht möglich gewesen, eine niedrigere Inflationsrate zu erzielen, ohne Wachstum und Beschäftigung zu beeinträchtigen. Andererseits wären die Preise nur geringfügig angestiegen, wenn expansive Maßnahmen ergriffen worden wären. Die von der Bundesregierung für das Jahr 1974 gerade noch akzeptierte Inflationsrate wäre jedenfalls nicht überschritten worden. Obwohl alle Ausgaben des Staates zur Erreichung der Ziele hätten erhöht werden sollen, wäre die von der Bauwirtschaft zu tragende Anpassungslast nicht zu groß gewesen: In der berechneten "optimalen" Modellösung sind weder ihre Produktionsanlagen voll ausgelastet noch alle Arbeitskräfte mit Bauberufen vollbeschäftigt.

Trotz der verbesserten Effizienz kann die mit der differenzierten Globalsteuerung simulierte wirtschaftliche Situation insgesamt gesehen nicht als sehr befriedigend angesehen werden: Die gesamtwirtschaftliche Inflationsrate wäre immer noch sehr hoch gewesen, der gegenüber 1973 starke Rückgang der privaten Investitionstätigkeit hätte nur etwas gebremst und das hohe Budgetdefizit des Staates ohne Beeinträchtigung des Beschäftigungsziels nicht verringert werden können. Außerdem wäre selbst bei einem günstigen Ergebnis für das Gesamtaggregat nicht unbedingt auch für die jeweiligen Teilaggregate eine Entwicklung gewährleistet gewesen, die in jedem Fall als zufriedenstellend hätte bezeichnet werden können. So ist z.B. in der dargestellten "Optimallösung" die Unterbeschäftigungsquote in den Berufen 10 (Textil- und Bekleidungsberufe), 13 (Bauberufe) und 14 (Bau- und Raumausstatter, Polsterer) mit 6.7, 4.2 und 4.2 vH immer noch sehr hoch und der Auslastungsgrad der Produktionsanlagen in Sektor 5 (Stahl-, Maschinen-, Fahrzeugbau) mit 88 vH relativ niedrig.

Eine weitere Verbesserung der gesamtwirtschaftlichen Ziele ohne unerwünschte Nebenwirkungen auf z.B. die private Investitionstätigkeit oder das Staatsbudget würde die Ergänzung bzw. Erweiterung der Globalsteuerung durch die Strukturpolitik erfordern. Sie müßte gezielt die Engpässe beseitigen helfen, die den Handlungsspielraum der Globalpolitik einengen. Zum Beispiel könnten mit Hilfe arbeitsmarktpolitischer Maßnahmen Erwerbspersonen aus Überschußberufen in Engpaßberufe umgeschult werden und durch verstärkte investitionsfördernde Maßnahmen Kapitalengpässe beseitigt werden. Auf diese Weise ließe sich der Handlungsspielraum der globalen Wirtschaftspolitik erweitern, so daß es evtl. möglich wird, mit einer geänderten Dosierung ihrer Instrumente eine weitere Verbesserung der wirtschaftlichen Situation herbeizuführen.

Abschließend soll noch einmal darauf hingewiesen werden, daß mit der vorgelegten Untersuchung nicht der Zweck verfolgt wird, aus den aufgezeigten Ergebnissen direkte Handlungsanweisungen für die Wirtschaftspolitik abzuleiten. Es ging uns allein um die Vorstellung einer Methode zur Verbesserung der Informationen für die wirtschaftspolitische Steuerung. Schlüsse für direkte Handlungsanweisungen lassen sich aus unseren Ergebnissen schon deshalb nicht ziehen, weil sie sich auf das Jahr 1974 beziehen und nicht ohne weiteres auf die Gegenwart übertragen werden dürfen.

Die Ergebnisse der Arbeit sollten außerdem in Anbetracht einiger berechtigter Einwände, die gegen das den empirischen Analysen zugrunde liegende disaggregierte ökonometrische Modell erhoben werden können, nicht zu unkritisch gesehen werden. Erstens kann die Kritik der Vertreter der Theorie rationaler Erwartungen vorgebracht werden, auf die an anderer Stelle dieser Arbeit bereits ausführlich eingegangen worden ist[1] Zweitens ist zu beachten, daß einige Teilbereiche der Volkswirtschaft - wie z.B. der Außenwirtschaftsteil und der Geldmarkt - in unserem Modell noch sehr vereinfacht spezifiziert bzw. überhaupt nicht erfaßt sind. Drittens läßt sich einwenden, daß die für die ökonometrischen Schätzungen verwendeten Daten, u.a. die Input-Output-Tabellen des Deutschen Instituts für Wirtschaftsforschung Berlin, nicht frei von Fehlern sind[2] und viertens ist der gewählte Disaggregationsgrad für eine strukturelle Analyse sicherlich noch zu hoch.

Diese Einwände schränken die Aussagekraft der durchgeführten empirischen Analysen ein und zwingen zur Bescheidenheit bei der Interpretation der numerischen Resultate. Aus der Untersuchung läßt sich jedoch die tendenzielle Aussage ableiten, daß ein Effizienzgewinn der Globalpolitik möglich ist, wenn sie die strukturellen Wirkungen ihrer Instrumente nicht ignoriert, sondern in das wirtschaftspolitische Kalkül einbezieht. Die Globalsteuerung braucht deshalb, wenn sie "richtig" betrieben werden soll, Informationen über ihre Struktureffekte, die wegen der Komplexität der zu beachtenden Zusammenhänge aus ökonometrisch geschätzten Modellen gewonnen werden müssen. In dieser Arbeit wurde versucht aufzuzeigen, welcher Weg hierbei beschritten und auf welche Weise ein solches Modell für eine bessere Globalpolitik genutzt werden könnte.

---

1 Vgl. dazu unsere Ausführungen in Abschnitt 1.4.3 im I. Kapitel.
2 Vgl. E. HELMSTÄDTER u.a. (1983).

VERZEICHNIS DER ANHÄNGE

Seite

Anhang A

Zusammenstellung der verwendeten statistischen Quellen

Quelle Ia: Baumgart, E.R., R. Stäglin, J.-P. Weiß, H. Wessels und Mitarbeiter (1979)

Jährliche nominale Input-Output-Tabellen, Importmatritzen und Investitionsmatrizen für die Bundesrepublik Deutschland 1960 bis 1974, DIW-Beiträge zur Strukturforschung, H. 54, Berlin.

Quelle Ib: Stäglin, R., J.-P. Weiß, H. Wessels (1979)

Jährliche Input-Output-Tabellen und Importmatrizen zu Preisen von 1970 für die Bundesrepublik Deutschland 1960 - 1974, DIW-Forschungsbericht, Berlin.

Quelle IIa: Leupoldt, R., K. Ermann (1975 und 1978)

Arbeitsmarktpolitische Zahlen in Zeitreihenform. Jahreszahlen für die Bundesrepublik Deutschland - Ausgabe 1975 und 1978, Beiträge zur Arbeitsmarkt- und Berufsforschung 3.1, Nürnberg.

Quelle IIb: Blüm, A., U. Frenzel (1977)

Quantitative und qualitative Vorausschau auf dem Arbeitsmarkt der Bundesrepublik Deutschland - Stufe 3, Teil 2: Tabellenband, Beiträge zur Arbeitsmarkt- und Berufsforschung 8.2, Nürnberg.

Quelle IIc: Bach, H.-U., H. Kohler, L. Reyher, B. Teriet (1978)

Arbeitszeit und Arbeitsvolumen in der Bundesrepublik Deutschland 1960 - 1975, Beiträge zur Arbeitsmarkt- und Berufsforschung 23, Nürnberg.

Quelle III: Karrenberg, H. (1977)

Der Staatssektor in der Input-Output-Rechnung, RWI-Papiere Nr. 5, Essen.

Quelle IVa: Statistisches Bundesamt Wiesbaden (lfd. Jahrgänge)

Fachserie N, Volkswirtschaftliche Gesamtrechnungen, Reihe 1, Konten und Standardtabellen, Stuttgart und Mainz.

Quelle IVb: Statistisches Bundesamt Wiesbaden (lfd. Jahrgänge)

Statistisches Jahrbuch für die Bundesrepublik Deutschland, Stuttgart und Mainz.

Quelle Va: Krengel, R. und Mitarbeiter (1970 und 1976)

Produktionsvolumen und -potential, Produktionsfaktoren der Industrie im Gebiet der Bundesrepublik Deutschland, Statistische Kennziffern, 10. und 18. Folge, Berlin.

Quelle Vb: Görzig, B., W. Kirner (1976)

Anlageinvestitionen und Anlagevermögen in den Wirtschaftsbereichen der Bundesrepublik Deutschland, DIW-Beiträge zur Strukturforschung, H. 41, Berlin.

Quelle Vc: Deutsche Bundesbank Frankfurt (lfd. Jahrgänge)

Monatsberichte der Deutschen Bundesbank, Frankfurt a. Main.

Quelle Vd: Sachverständigenrat zur Begutachtung der gesamtwirtschaftlichen Entwicklung (1982/83)

Jahresgutachten 1982/83, Deutscher Bundestag, 9. Wahlperiode, Drucksache 9/2118 vom 23.11.1982.

Quelle Ve: Statistisches Bundesamt Wiesbaden (lfd. Jahrgänge)

Wirtschaft und Statistik, Ausfuhr nach Ländern, Stuttgart und Mainz.

Quelle Vf: König, H., W. Franz (1978)

Unemployment Compensation and the Rate of Unemployment (vollständiger Titel im Literaturverzeichnis), Appendix B, S. 259.

Anhang B

Systematik der Wirtschaftszweige

Lfd. Nr.	Wirtschaftszweig	Nummer der Grundsystematik
1	Land- und Forstwirtschaft, Fischerei	0
2	Energiewirtschaft und Bergbau	1
3	Chemie, Steine, Erden	20, 21, 22
4	Eisen, Stahl, Ne-Metalle	23
5	Stahl-, Maschinen-, Fahrzeugbau	24
6	Elektrotechnik, EBM	25
7	Holz, Papier, Leder, Textil	26, 27
8	Nahrungs- und Genußmittel	28, 29
9	Baugewerbe	3
10	Handel	4
11	Verkehr, Nachrichtenübermittlung	5
12	Sonstige Dienstleistungen	6, 7
13	Staat	9
14	Private Haushalte, Private Organisationen ohne Erwerbscharakter	8

Anhang C

Systematik der staatlichen Funktionsbereiche

Lfd. Nr.	Funktionsbereich
1	Allgemeine Verwaltung
2	Justiz und Polizei
3	Verkehr und Bauwesen
4	Landwirtschaft und Ernährung
5	Wissenschaft und Bildung
6	Soziale Maßnahmen
7	Öffentliches Gesundheitswesen
8	Kommunale Einrichtungen
9	Sonstige Funktionsbereiche (u.a. Förderung der gewerblichen Wirtschaft)

Anhang D

Klassifizierung der Berufe

Stand: 21.05.1981

Lfd. Nr.	Berufsbezeichnung	Lfd. IAB-Nr.	System StBa 1970
1	Land- und forstwirtschaftliche Berufe u.a.	1, 3	0,43 01-06
2	Bergleute, Mineralgewinner	4	07-09
3	Steinbearbeiter, Baustoffhersteller, Keramiker, Glasmacher	5	10-13
4	Chemiearbeiter, Kunststoffverarbeiter	6, 7	14,15
5	Papierhersteller, -verarbeiter, Drucker	8, 9	16,17
6	Holzaufbereiter, Holzwarenfertiger und verw. Berufe	10,29	
7	Metallerzeuger, -bearbeiter	11	19-24
8	Schlosser, Mechaniker	12,13	25-30
9	Elektriker, Elektrogerätemontierer	14	31,32
10	Textil- und Bekleidungsberufe	15-17	33-36
11	Lederhersteller und -verarbeiter	18	37
12	Ernährungsberufe	19-22	39-43
13	Bauberufe	23-26	44-47
14	Bau- und Raumausstatter, Polsterer	27,28	48,49
15	Maler, Lackierer und verw. Berufe	30	51
16	Warenprüfer u.a.	31	52
17	Hilfsarbeiter o. n. Tät.-angabe	32	53
18	Maschinisten	33	54
19	Technische Berufe	34-37	60-67
20	Warenkaufleute	38	68
21	Dienstleistungskaufleute und zugehörige Berufe	39,40	69,70
22	Verkehrsberufe	41-45	71-74
23	Org.-, Verw.- und Büroberufe	46-49	75-81
24	Schriftst. und künstl. Berufe	50	82,83
25	Gesundheitsdienstberufe	51,52	84,85
26	Sozial- und Erziehungsberufe	53-56	86-89
27	Allgemeine Dienstleistungsberufe	57-59	90-93
28	Sonstige Berufe	2,60	971,98 99

Anhang E

Symbolverzeichnis

Erläuterungen:

Geldgrößen in Mill. DM, nominale Größen in lfd. Preisen, reale Größen in Preisen von 1970.

Erwerbstätige, Arbeitslose, Bevölkerung in Tsd.

Preisindices 1970 = 1

Indices: i,j = Sektoren, i = M für Importe. Bei zeilenweiser Betrachtung wird der Index i, bei spaltenweiser Betrachtung der Index j verwendet, m = Berufe, k = staatliche Funktionsbereiche.

Römische Ziffern in Klammern beziehen sich auf die Datenquellen; vgl. dazu Anhang A.

1. Variablen

ABQ	Außenbeitragsquote
AE_j	Einkommen aus unselbständiger Arbeit im Sektor j (j = 1,...,14) (Ia)
AE	ΣAE_j
AL_m	Arbeitslose mit Beruf m (m = 1,...,28) (IIa)
AL	ΣAL_m
ALQ	Unterbeschäftigungsquote
ALQR	Offizielle Arbeitslosenquote
ALR	Registrierte Arbeitslose
ALTU	Altersruhegeldsatz = Altersruhegeld gemessen am Nettoarbeitsentgelt bei 40 anrechnungsfähigen Versicherungsjahren, in vH (Vd, Tabelle 17, S. 72)
ALU	Unterstützungssatz eines Arbeitslosen = Ø Arbeitslosenunterstützung in DM/Ø Nettolohn Arbeitsloser vor ihrer Arbeitslosigkeit in DM, in vH (Vf)
AN_j	Unselbständig Beschäftigte im Sektor j (j=1,...,14) (IIa)
AN	ΣAN_j
$\widehat{APD}_j$	Durchschnittliche Wachstumsrate der Arbeitsproduktivität im Sektor j (j = 1,...,12)
ASGN	Gesamte Sachkäufe des Staates, nominal (Ia)
ASGR	Gesamte Sachkäufe des Staates, real

B	Bevölkerung (IVb)
CF	"Cash Flow"
CP_i	Private Nachfrage nach Konsumgütern des Sektors i (i = 1,...,14), real (Ib)
CPN	Gesamtwirtschaftlicher privater Konsum, nominal (Ia)
CPR	Gesamtwirtschaftlicher Privater Konsum, real (Ib)
CSN	Staatlicher Konsum, nominal (Ia)
CSR	Staatlicher Konsum, real (Ib)
CU_j	Auslastungsgrad des Produktionspotentials im Sektor j (j = 1,...,12) in vH (eigene Berechnung)
D	Gesamtwirtschaftliche Abschreibungen, nominal (Ia)
DTIS	Abschreibungen und indirekte Steuern des Staates, nominal (Ia)
E_i	Nachfrage nach Exportgütern des Sektors i (i = 1,...,13), real (Ib)
EB_m	ΣET_{mj} (m = 1,..., 28)
EBS_m	Angebot an Arbeitskräften mit Beruf m (m = 1,...,28)
EN	Gesamtwirtschaftliche Exporte, nominal (Ia)
ER	Gesamtwirtschaftliche Exporte, real (Ib)
ET_j	Erwerbstätige im Sektor j (j = 1,...,14) (IIa)
ET_{mj}	Erwerbstätige mit Beruf m im Sektor j (m = 1,...,28; j = 1,...,14) (IIb und eigene Berechnungen)
FS	Finanzierungssaldo des Staates, nominal (IVa)
H_j	Geleistete Arbeitsstunden je unselbständig Beschäftigten im Sektor j (j = 1,...,14), in Tsd. Std. (IIa, Va)
HI_j	Autonome Arbeitszeitveränderung im Sektor j (j = 1,...,14)
I_{ij}	Nachfrage des Sektors j nach Investitionsgütern des Sektors i und des Auslands (i = 1,...,12,M; j = 1,...,12), real (Ib)
IO_i	Nachfrage des Sektors 14 nach Investitionsgütern des Sektors i und des Auslands (i = 1,...,12,M), real (Ib)
IO	Investitionsnachfrage des Sektors 14 $=\Sigma IO_i$
IP_i	Private Nachfrage nach Investitionsgütern des Sektors i (i = 1,...,12), real (Ib)
IPN	Gesamtwirtschaftliche private Investitionen, nominal (Ia)
IPR	Gesamtwirtschaftliche private Investitionen, real (Ib)
IS_i	Staatliche Nachfrage nach Investitionsgütern des Sektors i (i = 1,...,13), real (Ib)

IS_{ik}	Nachfrage des staatlichen Funktionsbereichs k nach Investitionsgütern des Sektors i (i = 1,...,13,M; k = 1,...,9), real (Ib, III)
$ISFN_k$	Investitionsnachfrage des staatlichen Funktionsbereichs k (k = 1,...,9), nominal (Ia, III)
$ISFR_k$	Investitionsnachfrage des staatlichen Funktionsbereichs k $= \Sigma\, IS_{ik}$ (k = 1,...,9), real
ISN	$\Sigma\, ISFN_k$
ISR	$\Sigma\, ISFR_k$
IU_j	Investitionsnachfrage des Sektors j $= \Sigma\, I_{ij}$ (j=1,...,12)
IV_i	Vorratsveränderung des Sektors i (i = 1,...,12), real (Ib)
K_j	Bruttoanlagevermögen des Sektors j (j = 1,...,12), real (Vb)
L_j	Effektiver Stundenlohnsatz im Sektor j (j = 1,...,14), (Ia)
$\hat{L}_j$	Wachstumsrate von L_j
LI_j	Autonomer Zu- bzw. Abschlag auf L_j
M1	Geldmenge M1 (Vc)
MCP	Importierte private Konsumgüter, real (Ib)
ME	Exportierte Importgüter, real (Ib)
MIP	Importierte private Investitionsgüter, real (Ib)
MIS	Importierte staatliche Investitionsgüter, real (Ib)
MN	Gesamtwirtschaftliche Importe, nominal (Ia)
MR	Gesamtwirtschaftliche Importe, real (Ib)
MV	Gesamte importierte Vorleistungen, real (Ib)
P_i	Preisindex für Inlandslieferungen des Sektors i (i = 1,...,14), (Ib)
$\hat{P}_i$	Wachstumsrate von P_i
PA	Gewichteter Erzeuger- bzw. Großhandelspreisindex des Auslands[1] (Vd, S. 236, Ve)
$\widehat{PA}$	Wachstumsrate von PA
PC	Preisindex für CPR (Ib)
$\widehat{PC}$ oder PCW	Wachstumsrate von PC
PE_i	Preisindex für E_i (i = 1,...,13), (Ib)
$\widehat{PE}_i$	Wachstumsrate von PE_i
$PISF_k$	Preisindex für $ISFR_k$ (Ib)
PIU_j	Preisindex für IU_j

1 "Ausland": Frankreich, Niederlande, Belgien, Italien, USA, Großbritannien,
Gewichte: Anteil der deutschen Exporte an den Gesamtexporten in diese Länder

PMCP	Preisindex für MCP (Ib)
PME	Preisindex für ME (Ib)
PMI	Preisindex für MIP und MIS (Ib)
PMV_j	Preisindex für X_{Mj} (j = 1,...,14), (Ib)
$\hat{PMV}_j$	Wachstumsrate von PMV_j
PVO	Preisindex für empfangene Vorleistungen des Sektors 14
$\hat{PVO}$	Wachstumsrate von PVO
PVS	Preisindex für empfangene Sachgüter und Dienstleistungen des Staates
$\hat{PVS}$	Wachstumsrate von PVS
QN	Einkommensgröße in Konsumfunktionen, nominal (Ia, IVa)
QR	Einkommensgröße in Konsumfunktionen, real (I, IVa)
RD	Diskontsatz in vH (Vc)
RENT	Rentenbestand = Rentenfälle (IVb)
RF	Emissionsrendite festverzinslicher Wertpapiere in vH (Vc)
STR	Stille Reserve
TDA	Direkte Steuern plus Sozialversicherung auf Einkommen aus unselbständiger Arbeit (IVa, Tab. B.11 und B.27)
TDAI	Zu- bzw. Abschlag auf Steuern aus Einkommen aus unselbständiger Arbeit
TDU	Direkte Steuern plus Sozialversicherung auf Einkommen aus Unternehmertätigkeit und Vermögen (IVa, Tab. B.12 und B.27)
TDUI	Zu- bzw. Abschlag auf Steuern aus Einkommen aus Unternehmertätigkeit und Vermögen
TI	Indirekte Steuern abzüglich Subventionen (Ia)
TII	Zu- bzw. Abschlag auf indirekte Steuern
TR	Lfd. Übertragungen des Staates an private Haushalte (IVa, Tab. B.24)
UC_j	Kapitalnutzungskosten im Sektor j in DM je Tsd. DM Kapital (j = 1,...,12)
UE	Einkommen aus Unternehmertätigkeit und Vermögen (Ia)
UEB	Saldo der sonstigen Einnahmen und Ausgaben des Staates, (IVa, Tab. B.24)
W_j	Einkommen aus unselbständiger Arbeit im Sektor j in Tsd. DM je unselbst. Beschäftigten (j = 1,...,14)
WM	Welthandel (Importe), real (IVb, 1980, S. 643)
X_i	Bruttoproduktionswert des Sektors i (i = 1,...,12,14), real (Ib)

X_{ij}	Nachfrage des Sektors j nach Vorleistungsgütern des Sektors i und des Auslands (i = 1,...,14,M; j = 1,...,14)
XN	Bruttoproduktionswert der gesamten Volkswirtschaft, nominal (Ia)
XN_{13}	Bruttoproduktionswert des Staates, nominal (Ia)
XP_j	Produktionspotential des Sektors j (j = 1,...,12) real, (eigene Berechnung)
XR_{13}	Bruttoproduktionswert des Staates, real (Ib)
XU	Bruttoproduktionswert der Unternehmen
YMN	Bruttoinlandsprodukt, nominal (Ia)
YMR	Bruttoinlandsprodukt, real (Ib)
YMRW	Wachstumsrate von YMR

2. Koeffizienten

a_{ij}	Inputkoeffizient für die Nachfrage des Sektors j nach Vorleistungsgütern des Sektors i und des Auslands = X_{ij}/X_j (i = 1,...,13,M; j = 1,...,14)
$\hat{a}_{ij}$	Anteil der Nachfrage des Sektors j nach Vorleistungsgütern des Sektors i und des Auslands an den gesamten Sachausgaben = $X_{ij}/\sum_i X_{ij}$ (i = 1,...,14,M; j = 13,14)
α	Mit ökonometrischen Verfahren geschätzte Koeffizienten
b_{ij}	Investitionskoeffizient für die Nachfrage des Sektors j nach Investitionsgütern des Sektors i und des Auslands = I_{ij}/IU_j (i = 1,...,12,M; j = 1,...,12)
b_{io}	Investitionskoeffizient für die Nachfrage des Sektors 14 nach Investitionsgütern des Sektors i und des Auslands (i = 1,...,12,M)
c_M	Anteil der importierten privaten Konsumgüter am gesamten privaten Konsum = MCP/CPR
δ_j	Abschreibungssatz im Sektor j (j = 1,...,12) = Abschreibungen in vH des Kapitalbestands
e_M	Anteil der importierten und wieder exportierten Güter an den gesamten Exporten = ME/ER
g_{ik}	Investitionskoeffizient für die Nachfrage des staatlichen Funktionsbereichs k nach Investitionsgütern des Sektors i und des Auslands = $IS_{ik}/ISFR_k$ (i = 1,...,13,M; k = 1,...,9)
$1-\lambda_j$	Anpassungskoeffizient im Sektor j (j = 1,...,12)
n_j	Unselbständigenquote im Sektor j = AN_j/ET_j (j = 1,...,14)
z_{mj}	Berufsstrukturkoeffizient für Beruf m im Sektor j = ET_{mj}/ET_j (m = 1,...,28; j = 1,...,14)

Anhang F

Ökonometrische Schätzergebnisse

Tabelle 1: Konsumfunktionen

Regressionsansatz: $\frac{CP_i}{B} = \alpha_{o,i} + \alpha_{1,i} \left(\frac{QR}{B} + 0.8 \frac{QR_{-1}}{B_{-1}}\right) + \alpha_{2,i} \frac{P_i}{PC}$

$QR = \{ (AE-TDA) + 0.8 (UE-TDU) + 1.1\ TR \} / PC$

Sektor	α_0	α_1	$\alpha_2/100$	ρ	$\bar{R}^2$	DW	SER
1		0.01089 (11.9)		0.8210 (5.2)		1.813	0.00836
2		0.01858 (4.8)	- 43.831 (1.4)	0.7596 (4.2)		1.192	0.00793
3		0.03992 (43.0)	-103.923 (17.3)			1.914	0.01091
4		0.003544 (5.2)	- 12.868 (2.1)	0.8151 (5.1)		1.041	0.00150
5		0.02032 (35.2)		0.543 (2.3)		1.416	0.01195
6		0.03104 (5.5)	-147.724 (1.9)	0.9280 (9.0)		1.348	0.00651
7		0.08038 (16.2)		1.0970 (-)*		1.807	0.01321
8		0.04716 (6.5)		0.9930 (31.4)		1.729	0.01484
9		0.001115 (13.6)		0.8480 (5.8)		1.843	0.00066
10		0.07566 (31.9)	- 33.035 (2.0)	0.3289 (1.3)		1.948	0.01482
11	0.24495 (6.2)	0.005856 (6.2)	- 89.639 (3.0)		0.778	1.420	0.00433
12		0.10714 (52.9)		0.6480 (3.1)		1.235	0.03295
13	0.05016 (4.0)	0.004143 (2.8)	- 34.038 (1.8)		0.765	1.424	0.00172
14		0.008607 (11.9)		0.920 (8.5)		1.942	0.00370

* Ein t-Wert für den Autokorrelationskoeffizienten wird im Fall $\rho>1$ nicht berechnet, da die Varianz von $\rho = 1/(1-\rho^2)$ negativ und für Werte $\rho \geq 1$ nicht definiert ist.

Tabelle 2: Investitionsfunktionen (Bruttoanlageinvestitionen)

Regressionsansatz: $IU_j = \alpha_{o,j} + \alpha_{1,j} X_j + \alpha_{2,j} V_j + \alpha_{3,j} CF + \alpha_{4,j} K_{j,-1}$

$V_j = (W_j/UC_j)$ oder (UC_j/P_j)

Sektor	α_o	α_1	(W/UC) 100	UC/P	α_3	α_4	ρ	$\bar{R}^2$	DW	SER
1		0.5243 (4.7)				-0.1392 (3.2)			1.572	905.0
2		0.3167 (2.8)				-0.03983 (1.0)	0.5412 (2.3)		1.261	662.8
3		0.1411 (2.4)	8589.62 (4.3)			-0.1839 (2.1)			1.125	1318.1
4		0.0969 (2.2)	4383.63 (2.4)			-0.1561 (2.7)			1.147	819.0
5		0.1419 (8.5)	1025.04 (0.9)			-0.1679 (8.1)			2.115	578.6
6		0.1175 (5.7)	3332.27 (3.3)			-0.2259 (4.7)	0.3663 (1.4)		1.664	346.0
7		0.1260 (8.4)				-0.1227 (5.2)			1.451	448.0
8		0.1487 (8.6)		-2.0620 (2.3)		-0.1182 (7.2)			1.525	251.5
9		0.1704 (6.4)		-2.6274 (3.1)		-0.1809 (5.1)	0.4487 (1.8)		1.544	412.7
10	-2653.16 (1.8)	0.1725 (7.2)	3447.34 (2.0)			-0.08825 (4.9)	-0.5286 (2.2)	0.886	2.073	558.7
11		0.3826 (2.6)	10438.0 (3.5)		0.1179 (6.0)	-0.2784 (3.5)			1.816	855.4
12		0.6956 (2.0)	15358.1 (1.9)		0.3493 (3.2)	-0.1572 (2.0)	0.3709 (1.4)		1.622	2595.6

Tabelle 3: Exportfunktionen

Regressionsansatz: $E_i = \alpha_{o,i} + \alpha_{1,i}\ WM + \alpha_{2,i}\ \frac{PE_i}{PA} + \alpha_{3,i}\ CUI_i$

$CUI_i = \{ (X_i - E_i) / XP_i \}\ 100$

Sektor	α_o	α_1	α_2	α_3	ρ	$\bar{R}^2$	DW	SER
1	10218.8 (2.2)	0.9798 (2.2)	-64.4718 (2.2)	- 37.2438 (2.2)	-0.3551 (1.4)	0.865	2.044	178.237
2		2.9481 (5.1)		- 11.2174 (1.3)	0.9062 (8.0)		1.629	188.823
3	29288.2 (3.4)	26.1750 (10.6)	-76.7385 (1.4)	-301.985 (6.0)	0.7602 (4.4)	0.994	1.909	683.196
4		18.0372 (8.0)	-97.9202 (2.6)		0.6351 (3.1)		1.674	1035.180
5		51.6248 (30.0)		-146.697 (8.1)			1.585	1743.950
6	21778.3 (2.4)	17.8311 (6.9)		-232.100 (3.5)	0.4022 (1.6)	0.981	1.776	821.058
7	23336.2 (4.5)	6.0092 (4.5)		-208.804 (5.7)		0.987	1.916	372.649
8	12935.6 (2.6)	5.0939 (4.3)	-114.973 (3.0)	- 38.9351 (2.0)	0.7494 (4.2)	0.985	1.699	217.950
9	280.661 (11.0)	0.1792 (7.4)				0.794	1.529	22.206
10	13751.1 (2.3)	8.4583 (4.3)	- 58.6817 (2.0)	-114.122 (3.1)	0.7266 (4.0)	0.978	1.849	392.547
11	8964.28 (4.5)	2.9391 (3.0)		- 44.6223 (3.6)		0.962	1.698	229.329
12	1542.65 (3.9)	4.5710 (12.2)				0.913	1.311	344.565

E_{13} = 0.00127 ER

Tabelle 4: Funktionen für das Produktionspotential

Regressionsansatz: $X_j = \alpha_{o,j} + \alpha_{1,j} \left(\frac{K_j + K_{j,-1}}{2}\right)$

LP-Ansatz: $X_j \leq \alpha_{o,j} + \alpha_{1,j} \left(\frac{K_j + K_{j,-1}}{2}\right)$

Sektor	Regressionsanalyse		LP-Schätzung	
	α_o	α_1	α_o	α_1
1	9718.6 (5.6)	0.2687 (15.1)	9708.5	0.2818
2		0.3403 (90.3)		0.3608
3		1.1048 (53.8)		1.1784
4		1.2595 (42.9)	9048.2	1.2836
5	18713.0 (2.5)	1.2857 (15.0)	10243.0	1.5360
6		1.8420 (65.5)	5326.5	1.8731
7	21730.1 (4.1)	1.1503 (15.0)	22300.1	1.2143
8	21748.7 (10.6)	1.1131 (37.0)	17485.9	1.2143
9	48719.2 (17.2)	1.0872 (13.3)	49384.1	1.2017
10	32709.2 (7.1)	0.6036 (16.2)	35768.0	0.6337
11	15730.5 (7.4)	0.2580 (21.9)	19540.4	0.2479
12	14737.2 (7.4)	0.1488 (68.2)	19950.5	0.1456

Tabelle 5: Preisfunktionen für Inlandslieferungen

Regressionsansatz: $\hat{P}_i = \alpha_{o,i} + \alpha_{1,i} (\hat{L}_i - \hat{APD}_i) + \alpha_{2,i} \hat{PMV}_i + \alpha_{3,i} CU_i + \alpha_{4,i} \hat{P}_{i,-1}$

Sektor	α_o	α_1	α_2	α_3	α_4	ρ	$\bar{R}^2$	DW	SER
1	exogen								
2		0.2021 (4.9)	0.05986 (3.2)	0.01262 (5.7)	0.6100 (6.9)	-0.7965 (4.6)		2.293	0.952
3		0.2581 (6.2)	0.2844 (22.6)					2.114	0.916
4	-19.2409 (6.8)	0.1786 (4.5)	0.6257 (21.9)	0.2306 (6.7)			0.983	1.496	0.795
5	-13.7962 (2.1)	0.4148 (5.3)		0.1813 (2.5)		0.7914 (4.7)	0.822	1.571	1.370
6	-16.1932 (3.1)	0.2930 (4.7)	0.1456 (2.2)	0.1881 (3.3)			0.808	1.729	1.157
7		0.2098 (3.3)	0.4527 (8.0)	0.01250 (3.0)				2.138	1.074
8		0.3432 (7.5)	0.1964 (4.6)					1.964	0.902
9		0.6795 (6.0)		0.01966 (1.9)		0.3174 (1.2)		1.795	1.875
10	-25.9652 (3.6)	0.2718 (3.7)	0.3875 (2.9)	0.2893 (3.6)			0.805	2.358	1.239
11		0.3431 (2.6)		0.02587 (2.7)				1.511	2.077
12		0.2532 (1.9)		0.04059 (4.4)				1.550	1.204

$\hat{P}_{13} = \underset{(8.6)}{0.4291}\, \hat{L}_{13} + \underset{(5.8)}{0.5945}\, \hat{PVS}$ DW = 1.780, SER = 0.542

$\hat{P}_{14} = \underset{(7.2)}{0.4160}\, \hat{L}_{14} + \underset{(2.2)}{0.3584}\, \hat{PVS}$ DW = 1.921, SER = 0.999

Tabelle 6: Preisfunktionen für Auslandslieferungen (Exporte)

Regressionsansatz: $\widehat{PE}_i = \alpha_{o,i} + \alpha_{1,i}\ \widehat{P}_i + \alpha_{2,i}\ \widehat{PA}$

Sektor	α_o	α_1	α_2	ρ	$\bar{R}^2$	DW	SER
1		0.9031 (6.8)	0.3753 (4.8)	-0.5303 (2.3)		1.789	2.563
2		1.7795 (6.4)				1.796	4.377
3	-2.6052 (1.8)	1.0650 (5.0)	0.4159 (1.7)	0.3970 (1.6)	0.934	1.927	2.516
4	-2.1082 (1.5)	0.9032 (2.3)	0.7134 (1.9)		0.849	1.435	3.988
5	0.6067 (2.6)	0.6165 (9.0)	0.1237 (3.4)	-0.5097 (2.1)	o.917	1.843	0.765
6		0.6431 (4.8)	0.1582 (2.6)			2.175	0.927
7	-0.4172 (1.2)	0.3674 (1.7)	0.3352 (3.1)		0.938	2.301	0.826
8		0.9429 (2.3)	0.1771 (1.0)			1.787	2.657
9	$\widehat{PE}_i$ identisch mit $\widehat{P}_i$						
10		0.9230 (15.4)	0.08457 (2.5)	-0.3649 (1.4)		2.253	0.720
11		1.1560 (10.4)		-0.3890 (1.5)		1.918	2.783
12	-1.6417 (2.2)	1.3146 (9.9)			0.882	2.212	0.645

Tabelle 7: Lohnfunktionen

Regressionsansatz: $\hat{L}_j = \alpha_{1,i}\, CU_j + \alpha_{2,i}\, \widehat{PC}$

Sektor	α_1	α_2	ρ	DW	SER
1	0.06974 (5.8)	1.0061 (3.7)		1.599	2.284
2	0.04997 (3.0)	1.3959 (3.8)		2.313	2.973
3	0.05896 (5.5)	1.1925 (6.4)	0.4826 (2.0)	2.663	1.071
4	0.06580 (2.4)	1.2920 (2.4)		1.993	4.327
5	0.08053 (7.1)	1.0100 (4.2)		1.889	2.036
6	0.06113 (6.5)	1.3044 (6.5)		2.548	1.603
7	0.06890 (2.7)	1.3073 (2.3)		1.610	4.750
8	0.06830 (5.3)	0.9220 (3.1)		1.249	2.501
9	0.08814 (3.7)	0.5043 (0.9)		1.392	4.467
10	0.09259 (7.6)	0.7212 (2.7)		1.462	2.212
11	0.06553 (5.1)	1.0640 (3.6)		1.667	2.447
12	0.06454 (4.2)	1.0503 (3.0)		1.095	2.935
13		0.5177 (1.3)		2.578	2.148

$\hat{L}_{14} = 0.7161\, \hat{L}_{13}$
(6.9)

DW = 2.139
SER = 0.1195

Tabelle 8: Arbeitsnachfragefunktionen

Regressionsansatz: $ET_j = \alpha_{o,j} + \alpha_{1,j} X_j + \alpha_{2,j} V_j + \alpha_{3,j} ET_{j,-1}$

$V_j = (W_j/UC_j)$ oder (W_j/P_j) oder (L_j/P_j)

Sektor	α_o	α_1	(W/UC)100	(W/P)	(L/P)	α_3	ρ	$\bar{R}^2$	DW	SER
1	1765.9 (6.1)			-29.097 (2.2)			0.9056 (7.7)	0.996	1.437	29.985
2		0.007546 (2.9)			-33.546 (2.7)	0.8609 (25.8)			1.589	10.645
3	1490.9 (17.2)	0.002608 (6.4)	-334.5 (3.3)				0.4069 (1.7)	0.929	1.107	18.776
4	769.8 (2.7)	0.003426 (2.4)	-258.5 (1.8)				0.9528 (11.7)	0.885	1.188	25.313
5	1785.4 (9.9)	0.005917 (8.3)	-497.6 (4.2)			0.1851 (2.0)		0.975	1.849	24.760
6	1919.6 (20.2)	0.006451 (7.8)	-664.8 (4.3)				0.3848 (1.6)	0.932	1.077	26.400
7		0.008742 (4.6)		-59.977 (4.9)		0.8998 (34.9)			1.319	30.952
8	1120.0 (80.5)				-14.380 (9.2)		0.2862 (1.1)	0.931	1.665	8.670
9	1556.8 (6.8)	0.01718 (6.8)		-121.26 (8.0)		0.4359 (4.4)		0.905	2.457	31.289
10		0.006441 (3.6)		- 50.876 (3.8)		0.9702 (63.1)			2.095	29.535
11		0.01386 (11.8)					0.9538 (11.4)		1.977	23.714
12	2596.2 (19.8)	0.01264 (13.4)		-148.47 (6.5)				0.985	1.593	26.264
13	exogen									
14	281.1 (5.1)	0.06599 (4.6)			-85.890 (4.5)	0.2477 (2.4)		0.907	1.762	6.810

Tabelle 9: Funktionen für geleistete Arbeitsstunden

Regressionsansatz: $H_j \; 1000 = \alpha_{0,j} + \alpha_{1,j} \, CU_j + \alpha_{2,j} \, V_j$

$V_j = (L_j/P_j)$ oder (L_j/UC_j)

Sektor	α_0	α_1	(L/P)	(L/UC)100	ρ	$\bar{R}^2$	DW	SER
1		24.1120 (42.8)	-53.08 (4.9)				1.848	67.676
2	2066.81 (14.2)	1.5098 (0.9)	-34.00 (8.3)		0.4422 (1.8)	0.939	1.431	17.958
3	2127.34 (12.4)	1.9248 (1.1)		-352.13 (1.6)	0.6925 (3.6)	0.830	2.184	26.103
4	1907.32 (12.2)	5.0189 (2.7)	-29.97 (2.9)		0.5279 (2.3)	0.651	1.780	39.897
5	1379.62 (18.9)	7.3280 (10.3)	-19.80 (10.0)			0.964	2.136	14.579
6	1779.56 (18.6)	3.5738 (3.4)	-26.61 (4.4)		0.6215 (3.0)	0.939	2.165	18.895
7	2042.76 (9.3)	1.5077 (0.7)	-46.76 (7.2)		0.3789 (1.5)	0.896	1.740	31.329
8		15.6290 (28.4)		- 86.56 (1.1)			1.224	35.536
9	1826.70 (6.5)	4.0262 (1.5)	-39.39 (5.1)			0.688	1.754	39.961
10	2073.41 (22.1)	2.0786 (2.1)	-58.38 (27.2)			0.982	1.391	16.472
11	1863.79 (15.2)	5.0758 (4.0)	-41.70 (19.6)		0.3715 (1.5)	0.986	1.708	8.265
12	1745.12 (5.6)	6.8873 (2.2)	-81.21 (9.4)		0.6539 (3.2)	0.980	2.701	12.745
13	2568.18 (54.8)		-65.36 (14.7)		0.7079 (3.8)	0.992	0.872	6.751
14	2416.07 (165.7)		-66.34 (2.0)			0.990	1.955	11.516

Tabelle 10: Gesamtwirtschaftliche Funktionen

1) Zinsgleichung

$$RF = \underset{(9.7)}{0.5498}\,(XN + MN - EN)/M1 + \underset{(3.1)}{0.3124}\,RD - \underset{(2.4)}{0.00003247}\,FS$$

$\rho = 0.7494$ (4.2)

DW = 1.031

SER = 0.4027

2) Steuerfunktionen

a) Steuern auf Einkommen aus unselbständiger Arbeit

$$TDA = \underset{(6.9)}{-52710.8} + \underset{(28.1)}{0.4749}\,AE$$

$\rho = 0.7959$ (4.9)

DW = 2.038

$\bar{R}^2 = 0.998$

SER = 2342.6

b) Steuern auf Einkommen aus Unternehmertätigkeit und Vermögen

$$TDU = \underset{(20.2)}{0.2215}\,UE$$

$\rho = 0.6785$ (3.5)

DW = 1.663

SER = 2447.99

c) Indirekte Steuern abzüglich Subventionen

$$TI = \underset{(11.7)}{11201.7} + \underset{(67.9)}{0.1048}\,YMN$$

$\rho = -0.5427$ (2.4)

DW = 2.241

$\bar{R}^2 = 0.994$

SER = 1834.43

3) Funktionen für die Transferausgaben des Staates

$$TR = \underset{(2.5)}{-13909.7} + \underset{(15.5)}{0.1944}\ AE + \underset{(3.1)}{0.09525}\ (ALTU \cdot RENT) + \underset{(5.2)}{0.3997}\ (ALU \cdot ALR)$$

$\rho = \underset{(1.1)}{0.2836}$

$DW = 1.940$

$\bar{R}^2 = 0.998$

$SER = 1368.06$

Anhang G

Das Modell

A) Zustandsvariablen

1. Bestimmungsgleichungen für die realen Größen

a) Input-Output-Gleichungssystem

(1)-(12)	$X_i = \sum_{\substack{j=1 \\ j \neq 13}}^{14} a_{ij} X_j + \hat{a}_{i,13}\ ASGR + CP_i + IP_i + IS_i + E_i$
(13)	$XR_{13} = \sum_{\substack{j=1 \\ j \neq 13}}^{14} a_{13,j} X_j + \hat{a}_{13,13}\ ASGR + CP_{13} + IS_{13} + E_{13} + CSR$
(14)	$X_{14} = \hat{a}_{14,13}\ ASGR + CP_{14}$
(15)-(26)	$IP_i = \sum_{j=1}^{12} b_{ij}\ IU_j + b_{io}\ IO + IV_i$
(27)-(39)	$IS_i = \sum_{k=1}^{9} g_{ik}\ ISFR_k$
(40)	$MV = \sum_{\substack{j=1 \\ j \neq 13}}^{14} a_{Mj} X_j + \hat{a}_{M,13}\ ASGR$
(41)	$MCP = c_M\ CPR$
(42)	$MIP = \sum_{j=1}^{12} b_{Mj}\ IU_j + b_{Mo}\ IO$
(43)	$MIS = \sum_{k=1}^{9} g_{Mk}\ ISFR_k$
(44)	$ME = e_M\ ER$

b) Verhaltensgleichungen

(45)-(58)	$CP_i/B = {}_1\alpha_{0,i} + {}_1\alpha_{1,i}\,(QR/B + 0.8\,QR_{-1}/B_{-1})$ $+ {}_1\alpha_{2,i}\,(P_i/PC)$
(59)-(70)	$IU_j = {}_2\alpha_{0,j} + {}_2\alpha_{1,j}\,X_j + {}_2\alpha_{2,j}\,V_j + {}_2\alpha_{3,j}\,CF$ $+ {}_2\alpha_{4,j}\,K_{j,-1}$ mit $V_j = (W_j/UC_j)$ oder (UC_j/P_j)
(71)-(83)	$E_i = {}_3\alpha_{0,i} + {}_3\alpha_{1,i}\,WM + {}_3\alpha_{2,i}\,(PE_i/PA)$ $+ {}_3\alpha_{3,i}\,\{(X_i - E_i)/XP_i\}\,100$
(84)-(95)	$XP_j = {}_4\alpha_{0,j} + {}_4\alpha_{1,j}\,(K_j + K_{j,-1})/2$

c) Definitionsgleichungen

(96)	$CPR = \sum_{i=1}^{14} CP_i + MCP$
(97)	$IPR = \sum_{i=1}^{12} IP_i + MIP$
(98)	$ISR = \sum_{i=1}^{13} IS_i + MIS$
(99)	$ER = \sum_{i=1}^{13} E_i + ME$
(100)	$MR = MV + MCP + MIP + MIS + ME$
(101)	$YMR = CPR + IPR + CSR + ISR + ER - MR$
(102)	$XR_{13} = (XN_{13}/P_{13})$
(103)	$QR = (QN/PC)$
(104)-(115)	$CU_j = (X_j/XP_j)\ 100$
(116)-(127)	$K_j = IU_j + (1 - \delta_j)\ K_{j,-1}$

2. Bestimmungsgleichungen für Güter- und Faktorpreise

a) Verhaltensgleichungen

(128)-(138)	$\hat{P}_i = {}_5\alpha_{0,i} + {}_5\alpha_{1,i}\,(\hat{L}_i - \widehat{APD}_i) + {}_5\alpha_{2,i}\,\widehat{PMV}_i + {}_5\alpha_{3,i}\,CU_i + {}_5\alpha_{4,1}\,\hat{P}_{i,-1}$
(139)	$\hat{P}_{13} = {}_5\alpha_{0,13} + {}_5\alpha_{1,13}\,\hat{L}_{13} + {}_5\alpha_{5,13}\,\widehat{PVS}$
(140)	$\hat{P}_{14} = {}_5\alpha_{0,14} + {}_5\alpha_{1,14}\,\hat{L}_{14} + {}_5\alpha_{6,14}\,\widehat{PVO}$
(141)-(151)	$\widehat{PE}_i = {}_6\alpha_{0,i} + {}_6\alpha_{1,i}\,\hat{P}_i + {}_6\alpha_{2,i}\,\widehat{PA}$
(152)-(165)	$\hat{L}_j = {}_7\alpha_{0,j} + {}_7\alpha_{1,j}\,CU_j + {}_7\alpha_{2,j}\,\widehat{PC}$
(166)	$RF = {}_8\alpha_{0,j} + {}_8\alpha_{1,j}\,(XN + MN - EN)/M1 + {}_8\alpha_{2,j}\,RD + {}_8\alpha_{3,j}\,FS$

b) Definitionsgleichungen[1]

(167)-(178)	$PIU_j = \sum_{i=1}^{12} b_{ij} P_i + b_{Mj} PMI$
(179)	$PVS = \sum_{i=1}^{14} \hat{a}_{i,13} P_i + \hat{a}_{M,13} PMV_{13}$
(180)	$PVO = \sum_{i=1}^{14} \hat{a}_{i,14} P_i + \hat{a}_{M,14} PMV_{14}$
(181)-(192)	$UC_j = PIU_j (RF + \delta_j)$
(193)-(206)	$W_j = L_j H_j$
(207)	$PC = (CPN/CPR)$

[1] Die Definitionsgleichungen für die unter 2. a) aufgeführten Wachstumsraten bzw. die daraus abzuleitenden Indices werden nicht dargestellt.

3. Bestimmungsgleichungen für die nominalen Größen

a) Verhaltensgleichungen

(208) $TDA = {}_9\alpha_0 + {}_9\alpha_1\, AE + TDAI$

(209) $TDU = {}_{10}\alpha_0 + {}_{10}\alpha_1\, UE + TDUI$

(210) $TI = {}_{11}\alpha_0 + {}_{11}\alpha_1\, YMN + TII$

(211) $TR = {}_{12}\alpha_0 + {}_{12}\alpha_1\, AE + {}_{12}\alpha_2\, (ALTU \cdot RENT) + {}_{12}\alpha_3\, (ALU \cdot ALR)$

b) Definitionsgleichungen

(212) $CPN = \sum_{i=1}^{14} CP_i \cdot P_i + MCP \cdot PMCP$

(213) $IPN = \sum_{i=1}^{12} IP_i \cdot P_i + MIP \cdot PMI$

(214) $CSN = CSR \cdot P_{13}$

(215) $ISN = \sum_{k=1}^{9} ISFN_k$

(216) $EN = \sum_{i=1}^{13} E_i \cdot PE_i + ME \cdot PME$

(217)	$MN = \sum_{\substack{j=1 \\ j \neq 13}}^{14} a_{Mj} X_j \cdot PMV_j + \hat{a}_{M13} ASGR \cdot PMV_{13} + MCP \cdot PMCP + (MIP + MIS) PMI + ME \cdot PME$
(218)	$YMN = CPN + IPN + CSN + ISN + EN - MN$
(219)-(232)	$AE_j = W_j \cdot AN_j$
(233)	$AE = \sum_{j=1}^{14} AE_j$
(234)	$UE = YMN - AE - TI - D$
(235)	$CF = UE + D - TDU$
(236)	$QN = (AE - TDA) + 0.8 (UE - TDU) + 1.1 TR$
(237)	$XN_{13} = AE_{13} + ASGN + DTIS$
(238)	$ASGN = ASGR \cdot PVS$
(239)	$FS = TDA + TDU + TI - CSN - ISN - TR - UEB$
(240)-(248)	$ISFN_k = ISFR_k \left(\sum_{i=1}^{13} g_{ik} \cdot P_i + g_{Mk} \cdot PMI \right)$
(249)	$XN = \sum_{i=1}^{14} (X_i - E_i) \cdot P_i + \sum_{i=1}^{13} E_i \cdot PE_i$

4. Bestimmungsgleichungen für den Arbeitsmarkt

a) Verhaltensgleichungen

(250)-(262) $ET_j = {}_{13}\alpha_{0,j} + {}_{13}\alpha_{1,j}\, X_j + {}_{13}\alpha_{2,j}\, V_j + {}_{13}\alpha_{3,j}\, ET_{j-1}$

mit $V_j = (W_j/UC_j)$ oder (W_j/P_j) oder (L_j/P_j)

(263)-(290) $EB_m = \sum_{j=1}^{14} z_{mj}\, ET_j$

(291)-(304) $H_j\ 1000 = {}_{14}\alpha_{0,j} + {}_{14}\alpha_{1,j}\, CU_j + {}_{14}\alpha_{2,j}\, V_j$

mit $V_j = (L_j/P_j)$ oder (L_j/UC_j)

b) Definitionsgleichungen

(305)-(318) $AN_j = n_j\, ET_j$

(319)-(346) $AL_m = EBS_m - EB_m$

(347) $AL = \sum_{m=1}^{28} AL_m$

(348) $ALR = 0.63 \cdot AL$

B) Zielvariablen

(349) $PCW = (\frac{PC}{PC_{-1}} - 1)\ 100$

(350) $ALQR = \frac{ALR}{AN + ALR}\ 100$

(351) $ABQ = \frac{EN - MN}{YMN}\ 100$

(352) $YMRW = (\frac{YMR}{YMR_{-1}} - 1)\ 100$

C) Variablenrestriktionen

1. Instrumentvariablen

(353) - (361)	1.065	$ISFN_{k,-1}$	≦	$ISFN_k$	≦ 1.150	$ISFN_{k,-1}$
(362)	1.15	$ASGN_{-1}$	≦	ASGN	≦ 1.22	$ASGN_{-1}$
(363)	- 0.1	TDA	≦	TDAI	≦ 0.1	TDA
(364)	- 0.1	TDU	≦	TDUI	≦ 0.1	TDU
(365)	- 0.01	YMN	≦	TII	≦ 0.01	YMN
(366)		3429	≦	ET_{13}	≦ 3459	
(367)		4.9	≦	RD	≦ 8.9	

2. Bruttoproduktion

(368) - (381) $X_j \leqq XP_j$

3. Erwerbspersonen(Berufe)

(382) -(409) $EB_m \leqq EBS_m$

LITERATURVERZEICHNIS

Aigner, D. (1971), Basic Econometrics, Englewood Cliffs.

Aigner, D.J., S.F. Chu (1968), On Estimation the Industry Production Function, in: The American Economic Review 58, S. 826 - 839.

Albeck, H. (1969), Stabilisierungspolitik mit Entscheidungsmodellen, Tübingen.

Allen, R.G.D. (1967), Macroeconomic Activity, London.

Ando, A., F. Modigliani (1963), The 'Life Cycle' Hypothesis of Saving: Aggregate Implications and Tests, in: The American Economic Review 53, S. 55 - 84.

Bach, H.-U., H. Kohler, L. Reyher, B. Terriet (1878), Arbeitszeit und Arbeitsvolumen in der Bundesrepublik Deutschland 1960 - 1975, Beiträge zur Arbeitsmarkt- und Berufsforschung 23, Nürnberg.

Baum, D., B. Görzig, W. Kirner (1971), Ein vintage-capital-Produktionsmodell für die Bundesrepublik Deutschland, in: Vierteljahreshefte zur Wirtschaftsforschung, H. 4, Berlin.

Baumgart, E.R., R. Stäglin, J.-P. Weiß, H. Wessels u.M. (1979), Jährliche nominale Input-Output-Tabellen, Importmatrizen und Investitionsmatrizen für die Bundesrepublik Deutschland 1960 bis 1974, DIW-Beiträge zur Strukturforschung, H. 54, Berlin.

Berman, B.R. (1965), An Approach to an Absolute Measure of Structural Unemployment, in: A.M. Ross (Hrsg.), Employment Policy and the Labor Market, Berkeley, S. 256 - 268.

Besters, H. (1979), Neue Wirtschaftspolitik durch Angebotslenkung, Baden-Baden.

BGBl. I (1967), Gesetz zur Förderung der Stabilität und des Wachstums der Wirtschaft vom 8.6.1967, S. 581 ff.

Blüm, A., U. Frenzel (1977), Quantitative und qualitative Vorausschau auf dem Arbeitsmarkt der Bundesrepublik Deutschland - Stufe 3, Teil 2: Tabellenband, Beiträge zur Arbeitsmarkt- und Berufsforschung 8.2, Nürnberg.

Böttcher, E. (1974), Wachstum in der Wirtschaft, in: Politische Bildung, Stuttgart, S. 3 - 79.

Bombach, G. (1967), Taktik und Strategie in der Wirtschaftspolitik, in: Kyklos 20, S. 103 - 118.

Bombach, G. (1976), Keynesianische Ökonomie und die Ökonomie von Keynes, in: Wirtschaftsdienst 56, S. 329 - 332.

Boneß, A. (1979), Das Arbeitspotential, die Besetzung mit Arbeitskräften und deren Anspannung im Konjunkturverlauf, DIW-Beiträge zur Strukturforschung, H. 53, Berlin.

Boneß, A., R. Pischner (1980), Auswirkungen unterschiedlicher Nutzungsdauer der Investitionen auf das Produktionspotential, in: J. Frohn, R. Stäglin (Hrsg.), Empirische Wirtschaftsforschung, Konzeption, Verfahren, Ergebnisse, Berlin, S. 61 - 75.

Borchert, M. (1973), Die Zinsabhängigkeit der Geldnachfrage, Göttingen.

Borchert, M. (1982), Geld und Kredit, Stuttgart.

Bordo, M.D. (1980), The Effects of Monetary Change on Relative Commodity Prices and the Role of Long-Term Contracts, in: Journal of Political Economy 88, S. 1088 - 1109.

Brechling, F. (1974), Monetary Policy and Neoclassical Investment Analysis, in: H.G. Johnson, A.R. Nobay (Hrsg.), Issues in Monetary Economics, London, S. 454 - 483.

Brechling, F. (1975), Investment and Employment Decisions, Manchester University Press.

Brockhoff, K. (1970), Zur Quantifizierung der Produktivität industrieller Forschung durch Schätzung einer einzelwirtschaftlichen Produktionsfunktion - Erste Ergebnisse, in: Jahrbücher für Nationalökonomie und Statistik 184, S. 248 - 276.

Brösse, U. (1980), Die Wechselwirkungen zwischen Globalsteuerung und Strukturpolitik und ihre Bedeutung für den Wettbewerb, in: W. Hamm, R. Schmidt (Hrsg.), Wettbewerb und Fortschritt, Baden-Baden, S. 101 - 119.

Brown, T.M. (1952), Habit Persistence and Lags in Consumer Behavior, Econometrica 20, S. 355 - 371.

Bundesanstalt für Arbeit (1976), Amtliche Nachrichten der Bundesanstalt für Arbeit, H. 12, Nürnberg.

Caspers, A. (1979), Rationale Lösung von Zielkonflikten in der Regionalpolitik, Beiträge zum Siedlungs- und Wohnungswesen und zur Raumplanung, Bd. 55, Münster.

Cass, D., L.W. McKenzie (1974), Selected Readings in Macroecnomics and Capitol Theory, Cambridge (Mass.).

Chow, G.C. (1975), Analysis and Control of Dynamic Economic Systems, New York.

Cochrane, D., G.H. Orcutt (1949), Application of Least Squares Regressions to Relationships Containing Autocorrelated Error Terms, in: Journal of the American Statistical Association 44, S. 32 - 61.

Coen, R.M. (1968), Effects of Tax Policy on Investment in Manufacturing, in: The American Economic Review, (Papers and Proceedings) 58, S. 200 - 211.

Coen, R.M. (1971), The Effect of Cash Flow on the Speed of Adjustment, in: G. Fromm (Hrsg.), Tax Incentives and Capital Spending, Amsterdam, S. 131 - 196.

Darby, M.R. (1974), The Permanent Income Theory of Consumption, in: The Quarterly Journal of Economics 88, S. 228 - 250.

Dernburg, Th. F., D.M. McDougall (1972),Lehrbuch der Makroökonomischen Theorie, Stuttgart.

Dernburg, Th. F., D.M. McDougall (1981), Lehrbuch der Makroökonomischen Theorie, 3. neubearb. deutsche Aufl., Stuttgart.

Deutsche Bundesbank (1973), Das Produktionspotential in der Bundesrepublik Deutschland, in: Monatsberichte der Deutschen Bundesbank 25, Nr. 10, S. 28 - 34.

Deutsche Bundesbank (1981), Neuberechnung des Produktionspotentials für die Bundesrepublik Deutschland, in: Monatsberichte der Deutschen Bundesbank 33, Nr. 10, S. 32 - 38.

Deutscher Bundestag (1974), Jahreswirtschaftsbericht 1974 der Bundesregierung, Drucksache 7/1646 v. 6.2.1974, Bonn - Bad Godesberg.

Dieckheuer, G. (1974/75), Eine dynamische Analyse des "Crowding-out"-Effektes zusätzlicher Staatsausgaben, in: Finanzarchiv, N.F., 33, S. 387 - 417.

Dieckheuer, G. (1975), Die gesamtwirtschaftliche Preisfunktion - Modelltheoretische und empirische Untersuchungen für die Bundesrepublik Deutschland, in: Zeitschrift für die gesamte Staatswissenschaft 131, S. 385 - 415.

Dieckheuer, G. (1976), Realeinkommens-, Preis- und Zinseffekte der Fiskalpolitik, untersucht mit einem ökonometrischen Modell für die BRD, in: Zeitschrift für die gesamte Staatswissenschaft 132, S. 422 - 470.

Dieckheuer, G. (1977), Staatsverschuldung und wirtschaftliche Stabilisierung - Eine theoretische Analyse und eine ökonometrische Studie für die Bundesrepublik Deutschland, Baden-Baden.

Dieckheuer, G., U. Meyer, J. Schumann (1978), Die Auslandsabhängigkeit der Produktions- und Preisentwicklung in der Bundesrepublik Deutschland 1954 bis 1967, in: Zeitschrift für Wirtschafts- und Sozialwissenschaften 134, S. 387 - 424.

Dieckheuer, G., U. Meyer, J. Schumann (1979), Ein dynamisches Input-Output-Modell zur simultanen Erklärung der Entwicklung von Mengen und Preisen - Angewendet auf die Bundesrepublik Deutschland 1954 - 1967, in: J. Seetzen, R. Krengel, G.v. Kortzfleisch (Hrsg.), Makroökonomische Input-Output-Analysen und dynamische Modelle zur Erfassung technischer Entwicklungen, Basel, S. 73 - 104.

Dieckheuer, G., U. Müller, H. Nödinger (1981), Importpreise, sektorale Preisstrukturen und internationaler Preiszusammenhang, Lehrstuhl für Allgemeine Volkswirtschaftslehre, Universität Bamberg, Beitrag Nr. 7, unveröffentlicht.

Dinkelbach, W. (1969), Sensitivitätsanalysen und parametrische Programmierung, Berlin.

DIW-Arbeitskreis Arbeitsmarktperspektiven (1978), Gefahr steigender Arbeitslosigkeit durch die bisherigen Konjunkturprogramme nicht gebannt, in: Wochenbericht des DIW, Nr. 2.

Domar, E.D. (1946), Capital Expansion, Rate of Growth, and Employment, in: Econometrica, 14, S. 137 - 147.

Dorfman, R., P.A. Samuelson, R.M. Solow (1968), Linear Programming and Economic Analysis, New York.

Dornbusch, R., S. Fischer (1978), Macroeconomics, New York.

Eckstein, O., A.T. Wilson (1974), Der Einfluß institutioneller Faktoren auf die Entwicklung der Geldlöhne, in: E. Nowotny (Hrsg.), Löhne, Preise, Beschäftigung, Frankfurt a.M., S. 128 - 140.

Eisenhammer, D. (1974), Motorische Produktions-Sektoren im Rahmen regionaler und nationaler Input-Output-Tabellen, Würzburg.

Evans, M.K. (1969), Macroeconomic Activity, New York.

Feldstein, M.S., D.K. Foot (1971), The other Half of Gross Investment: Replacement and Modernization Expenditures, in: The Review of Economics and Statistics 53, S. 49 - 58.

Feldstein, M.S., M. Rothschild (1974), Towards an Economic Theory of Replacement Investment, in: Econometrica 42, S. 393 - 424.

Fischer, S. (1975), Recent Developments in Monetary Theory, in: The American Economic Review, (Papers and Proceedings) 65, S. 157 - 166.

Fischer, S. (1980), Rational Expectations and Economic Policy, Chicago.

Franz, W. (1974), Ein makroökonometrisches Vierteljahresmodell des Arbeitsmarktes der Bundesrepublik Deutschland 1960 - 1971, Dissertation, Mannheim.

Franz, W. (1976), Die Lebenszyklus-Hypothese der Konsumfunktion: Eine empirische Überprüfung für die Bundesrepublik Deutschland, in: Jahrbücher für Nationalökonomie und Statistik 191, S. 97 - 116.

Franz, W. (1978), Eine empirische Überprüfung des Konzepts der "natürlichen Arbeitslosenquote" für die Bundesrepublik Deutschland, in: Zeitschrift für die gesamte Staatswissenschaft 134, S. 442 - 463.

Franz, W. (1982), The Past Decade's Natural Rate and the Dynamics of German Unemployment: A Case Against Demand-Policy? Paper to be presented at the International Seminar on Macroeconomics, June 20-22, 1982 at Mannheim.

Franz, W. (1983), Wohin treibt die Phillipskurve? Theoretische und empirische Untersuchungen zur inflationsstabilen Arbeitslosenquote in der Bundesrepublik Deutschland, Discussion-Paper No. 249-83, Mannheim.

Franz, W., H. König (1980), Ökonomische und technische Bestimmungsgründe der Ersatznachfrage nach Automobilen: eine empirische Untersuchung für die Bundesrepublik Deutschland, in: Jahrbücher für Nationalökonomie und Statistik 195, S. 243 - 259.

Franz, W., H.J. Schalk (1982), Investitionsfördernde Maßnahmen als Mittel der Regionalpolitik: Eine ökonometrische Analyse, in: Jahrbuch für Regionalwissenschaft 3, S. 5 - 35.

Frerichs, W. (1975), Ein disaggregiertes Prognosesystem für die Wirtschaft der Bundesrepublik Deutschland, 1. Die Staatssektoren, Meisenheim am Glan.

Frerichs, W., W. Naujoks (1976), Quantitative Struktureffekte der Wirtschafts- und Finanzpolitik, Göttingen.

Frerichs, W., K. Kübler (1977), Input-Output-Prognosemodelle für die Bundesrepublik Deutschland, in: Zeitschrift für die gesamte Staatswissenschaft 133, S. 276 - 286.

Frerichs, W., K. Kübler (1980), Gesamtwirtschaftliche Prognoseverfahren, München.

Friedman, M. (1957), A Theory of the Consumption Function, Princeton.

Friedrich, D. (1974), Schätzprobleme sowie Verfahren und Möglichkeiten der Analyse ökonometrischer Modelle, Tübingen.

Frisch, R. (1955), From National Accounts to Macro-economic Decision Models, in: M. Gilbert, R. Stone (Hrsg.), Income and Wealth, Series IV, London, S. 1 - 26.

Frisch, R. (1956), Macroeconomics and Linear Programming, Memorandum from Institute of Economics, University of Oslo, 10 January 1956.

Fromm, G., L.R. Klein (1973), A Comparison of Eleven Econometric Models of the United States, in: The American Economic Review, (Papers and Proceedings) 63, S. 385 - 393.

Gäfgen, G. (1968), Theorie der wirtschaftlichen Entscheidungen, 2. Aufl., Tübingen.

Galler, H.-P. (1976), Optimale Wirtschaftspolitik mit nichtlinearen ökonometrischen Modellen, Frankfurt a.M.

Gehrig, G., K.C. Kuhlo (1961), Ökonometrische Analyse des Produktionsprozesses, in: Ifo-Studien 7, S. 175 - 237.

Gerfin, H. (1979), Ist das Nachfragemanagement überholt?, in: H. Seidel, F. Butschek (Hrsg.), Ist Arbeitslosigkeit unvermeidlich?, Stuttgart, S. 85 - 98.

Gerfin, H., W. Kirner, J. Wulf (1972), Entwürfe für disaggregierte Modelle zur Arbeitsmarktprognose für die Bundesrepublik Deutschland, DIW-Sonderheft 90, Berlin.

Goldberger, A.S. (1970), Impact Multipliers and Dynamic Properties of the Klein-Goldberger Model, Amsterdam.

Gollnik, H. (1968), Einführung in die Ökonometrie, Stuttgart.

Gordon, R. (1975), The Impact of Aggregate Demand on Prices, in: Brookings Papers of Economic Activity 3, S. 613 - 662.

Gordon, R.J. (1981), Inflation, Flexible Exchange Rates and the Natural Rate of Unemployment, National Bureau of Economic Research, Working Paper No. 708 (July 1981), Cambridge (Mass.).

Görzig, B., W. Kirner (1976), Anlageinvestitionen und Anlagevermögen in den Wirtschaftsbereichen der Bundesrepublik Deutschland, DIW-Beiträge zur Strukturforschung, H. 41, Berlin.

Hamm, W. (1977), Sektorale Strukturpolitik, in: Handwörterbuch der Wirtschaftswissenschaften, Bd. 7, Stuttgart, S. 479 - 491.

Hansen, G. (1967), Ein ökonometrisches Modell für die Bundesrepublik 1951 - 1964, Göttingen.

Heilemann, U. (1983), Common sense made difficult - Zur Diskussion um den "Einstieg in die 35-Stunden-Woche", in: Mitteilungen des Rheinisch-Westfälischen Instituts für Wirtschaftsforschung 34, S. 91 - 102.

Helmstädter, E. (1978), Strukturlenkung - bedarf der Markt der staatlichen Voraussicht?, in: H. Besters (Hrsg.), Strukturpolitik - wozu?, Baden-Baden, S. 11 - 24.

Helmstädter, E. (1981), Wirtschaftstheorie II, Makroökonomische Theorie, München.

Helmstädter, E., B. Meyer, E. Kleine, J. Richtering (1983), Die Input-Output-Analyse als Instrument der Strukturforschung, Tübingen.

Hermann, A. (1981), Der Arbeitsmarkt in regionaler, beruflicher und sektoraler Gliederung, Beiträge zum Siedlungs- und Wohnungswesen und zur Raumplanung, Bd. 69, Münster.

Hermann, A., F. Plogmann, H.J. Schalk (1979), Möglichkeiten zur Verminderung der Arbeitslosigkeit bei limitationalen Berufsqualifikationen - Ein lineares Programmierungsmodell, in: Strategien der Beschäftigungspolitik, Materialien zum Siedlungs- und Wohnungswesen, Bd. 22, Münster, S. 9 - 45.

Hesse, H., B. Gahlen (1965), Das Wachstum des Nettoinlandsprodukts in Deutschland, 1850 - 1913, in: Zeitschrift für die gesamte Staatswissenschaft 121, S. 452 - 497.

Intriligator, M.D. (1978), Econometric Models, Techniques and Applications, Amsterdam.

Jäger, W. (1980), Die Struktur des Arbeitsmarktes in der Bundesrepublik Deutschland, ein nach Berufsgruppen und Wirtschaftssektoren disaggregiertes Prognosemodell, Dissertation, Düsseldorf.

Jahnke, W. (1971), Zur Frage der Bewertung von wirtschaftspolitischen Zielkombinationen, in: Zeitschrift für die gesamte Staatswissenschaft 127, S. 296 - 310.

Jens, U. (1975), Grenzen der Globalsteuerung, in: G. Fleischle, M. Krüper (Hrsg.), Investitionslenkung - Überwindung oder Ergänzung oder Marktwirtschaft?, Frankfurt a.M., S. 107 - 115.

Jensen, R.C., G.R. West (1980), The Effects of Relative Coefficient Size on Input-Output-Multipliers, in: Environment and Planning A, 12, S. 659 - 670.

Johansen, L. (1959), Substitution Versus Fixed Production Coefficients in the Theory of Economic Growth: A Synthesis, in: Econometrica 27, S. 157 - 176.

Johansen, L. (1972), Production Functions, Amsterdam.

Johansen, L. (1974), A Multi-Sectoral Study of Economic Growth, 2. erw. Aufl., Amsterdam.

Johnston, J. (1972), Econometric Methods, 2nd ed., New York.

Jones, F.S., A.A. Kubursi (1973), A Programming Model of Government Expenditures, in: Public Finance 28, S. 84 - 93.

Jorgenson, D.W. (1963), Capital Theory and Investment Behavior, in: The American Economic Review 52, S. 247 - 260.

Karrenberg, H. (1977), Der Staatssektor in der Input-Output-Rechnung, RWI-Papiere Nr. 5, Essen.

Keinath, K. (1978), Regionale Aspekte der Konjunkturpolitik, Tübingen.

Ketterer, K.-H., R. Vollmer (1981), Bestimmungsgründe des Realzinsniveaus. Eine empirische Untersuchung für die Bundesrepublik Deutschland, in: W. Ehrlicher (Hrsg.), Geldpolitik, Zins und Staatsverschuldung, Schriften des Vereins für Socialpolitik, N.F., Bd. 111, S. 55 - 102.

Keynes, J.M. (1966), Allgemeine Theorie der Beschäftigung, des Zinses und des Geldes, 3. Aufl., Berlin.

Kirchgässner, G. (1980), Investitionen, Kapitalstock und erwarteter Output in den 16 Nicht-Energie Sektoren des ZENCAP-Modells, in: R. Codoni, B. Fritsch (Hrsg.), Capital Requirements of Alternative Energy Strategies, A Techno-Economic Assessment, Institut für Wirtschaftsforschung, ETH-Zürich.

Kirner, W. (1980), Strukturpolitik in der Marktwirtschaft, in: J. Frohn, R. Stäglin (Hrsg.), Empirische Wirtschaftsforschung, Konzeption, Verfahren, Ergebnisse, Berlin, S. 291 - 303.

Kiy, M. (1981), Das disaggregierte Bonner Prognosemodell II, Dokumentation (Stand: Mai 1981), Institut für Gesellschafts- und Wirtschaftswissenschaften, Universität Bonn.

Klein, L.R. (1962), An Introduction to Econometrics, Englewood Cliffs.

Klein, L.R., A.S. Goldberger (1955), An Econometric Model of the United States 1929 - 1952, Amsterdam.

Kleinewefers, H., A. Jans (1983), Einführung in die volkswirtschaftliche und wirtschaftspolitische Modellbildung, München.

Klemmer, P., R. Thoss, H. Mentrup, F. Plogmann (1978), Zur Konsistenz von Agrar-, Energie- und Verkehrspolitik mit der regionalen Wirtschaftspolitik, Band I, Beiträge zum Siedlungs- und Wohnungswesen und zur Raumplanung, Bd. 49, Münster.

Knorring, E.v. (1978), Lohn- und Beschäftigtenstruktur, Berlin.

Kock, H., E. Leifert, A. Schmid, L. Stirnberg (1976), Stabilitätspolitik, Schriften der Kommission für wirtschaftlichen und sozialen Wandel, Bd. 99, Göttingen.

Kock, H., E. Leifert, A. Schmid, L. Stirnberg (1977), Konzepte der Konjunktursteuerung. Von der globalen zur strukturellen Orientierung, Köln.

König, H. (Hrsg.) (1968), Wachstum und Entwicklung der Wirtschaft, Köln.

König, H. (1976), Neoklassische Investitionstheorie und Investorenverhalten in der Bundesrepublik Deutschland, in: Jahrbücher für Nationalökonomie und Statistik 190, S. 316 - 348.

König, H. (1977), Permanentes Einkommen, dauerhafte Konsumgüter und die makroökonomische Konsumfunktion, in: H. Albach, E. Helmstädter, R. Henn (Hrsg.), Quantitative Wirtschaftsforschung, Tübingen, S. 421 - 439.

König, H. (1978 a), Konsumfunktionen, in: Handwörterbuch der Wirtschaftswissenschaft, Bd. 4, Stuttgart, S. 513 - 528.

König, H. (1978 b), Ein monetaristisches Modell zur Erklärung von Arbeitslosigkeit und Inflation: Modellprobleme und -implikationen für die BRD, in: Zeitschrift für Nationalökonomie 38, S. 85 - 104.

König, H., V. Timmermann (1962), Ein ökonometrisches Modell für die Bundesrepublik Deutschland 1950 - 1960, in: Zeitschrift für die gesamte Staatswissenschaft 118, S. 598 - 652.

König, H., W. Franz (1978), Unemployment Compensation and the Rate of Unemployment in the Federal Republic of Germany, in: H.G. Grubel, M.A. Walker (Hrsg.), Unemployment Insurance-Global Evidence of its Effects on Unemployment, Vancouver, S. 236 - 266.

Koning, J. de (1979), On Putty-Clay Models, Netherlands Economic Institute, Series: Foundations of Empirical Economic Research 10, Rotterdam.

Krelle, W. (1974 a), Erfahrungen mit einem ökonometrischen Prognosemodell für die Bundesrepublik Deutschland, in: Allgemeines Statistisches Archiv 58, S. 53 - 70.

Krelle, W. (1974 b), Erfahrungen mit einem ökonometrischen Prognosemodell für die Bundesrepublik Deutschland, in: Operations Research Verfahren, XVIII, S. 191 - 218.

Krelle, W. (1975), Neue Hilfen der Wirtschaftstheorie und Ökonometrie für die Wirtschaftspolitik: Ökonometrische Prognosesysteme, in: S. Klatt, M. Willms (Hrsg.), Strukturwandel und makroökonomische Steuerung, Berlin, S. 39 - 79.

Krelle, W. (1978), Investitionsfunktionen, in: Handwörterbuch der Wirtschaftswissenschaften, Bd. 4, Stuttgart, S. 275 - 293.

Krelle, W. (1980), Experimente mit Bonner Prognosemodellen, in: J. Frohn, R. Stäglin (Hrsg.), Empirische Wirtschaftsforschung, Berlin, S. 189 - 211.

Krelle, W., D. Beckerhoff, H.G. Langer, H. Fuß (1969), Ein Prognosesystem für die wirtschaftliche Entwicklung der Bundesrepublik Deutschland, Meisenheim am Glan.

Krelle, W., W. Frerichs, K. Kübler (1979), Ökonometrische Input-Output-Modellanalysen und -prognosen, in: J. Seetzen, R. Krengel, G.v. Kortzfleisch (Hrsg.), Makroökonomische Input-Output-Analysen und dynamische Modelle zur Erfassung technischer Entwicklungen, Basel, Boston, Stuttgart, S. 35 - 54.

Krengel, R. und Mitarbeiter (1970 und 1976), Produktionsvolumen und -potential, Produktionsfaktoren der Industrie im Gebiet der Bundesrepublik Deutschland, Statistische Kennziffern, 10. und 18. Folge, Berlin.

Kromphardt, J. (1982), Aktuelle stabilitätspolitische Strategien und ihre theoretische Fundierung, in: Wirtschaftsdienst 62, S. 72 - 77.

Kucera, G. (1975), Zur wirtschaftspolitischen Interpretation der "Phillips-Kurve", in: E. Dürr, W.A. Jöhr, K.W. Rothschild (Hrsg.), Beiträge zur Wirtschafts- und Gesellschaftspolitik, Berlin, S. 101 - 116.

Kübler, K. (1977), Ein disaggregiertes Prognosesystem für die BRD, 2. Die Unternehmenssektoren, Meisenheim am Glan.

Kuh, E. (1974), Eine Produktivitätstheorie des Lohnniveaus - Eine Alternative zur Phillips-Kurve, in: E. Nowotny (Hrsg.), Löhne, Preise, Beschäftigung, Frankfurt a.M., S. 159 - 171.

Kuhbier, P. (1981), Grundlagen der quantitativen Wirtschaftspolitik, Berlin.

Kydland, F.E., E.C. Prescott (1977), Rules Rather than Discretion: The Inconsistency of Optimal Plans, in: Journal of Political Economy 85, S. 473 - 491.

Leupoldt, R., K. Ermann (1975 und 1978), Arbeitmarktstatistische Zahlen in Zeitreihenform. Jahreszahlen für die Bundesrepublik Deutschland - Ausgabe 1975 und 1978, Beiträge zur Arbeitsmarkt- und Berufsforschung 3.1, Nürnberg.

Lindbeck, A. (1970), Fiscal Policy as a Tool of Economic Stabilization - Comments to an OECD Report, in: Kyklos 23, S. 7 -32.

Lipsey, R.G. (1965), Structural and Deficient - Demand Unemployment Reconsidered, in: A.M. Ross (Hrsg.), Employment Policy and the Labor Market, Berkeley, S. 210 - 255.

Lucas, R.E., T.J. Sargent (1981), After Keynesian Macroeconomics, in: R.E. Lucas, T.J. Sargent (Hrsg.), Rational Expectations and Econometric Practice, Vol. 1, University of Minnesota Press, S. 295 - 319.

Lüdeke, D. (1969), Ein ökonometrisches Vierteljahresmodell für die Bundesrepublik Deutschland, Tübingen.

Lüdeke, D. (1980), Zur empirischen Relevanz der Lohn-Preis-Spirale und der Lohn-Investitionsaversion, in: J. Frohn, R. Stäglin (Hrsg.), Empirische Wirtschaftsforschung, Konzeption, Verfahren, Ergebnisse, Berlin, S. 213 - 235.

Lützel, H. (1971), Das reproduzierbare Anlagevermögen in Preisen von 1962, in: Wirtschaft und Statistik 25, H. 10, Wiesbaden, S. 593 - 604.

Mammen, G. (1978), Grundzüge differenzierter Stabilisierungspolitik in der Bundesrepublik Deutschland, Göttingen.

Mansfeld, W. (1980), Globale Wirtschaftssteuerung, Handwörterbuch der Volkswirtschaft, 2. verb. Aufl., Wiesbaden, S. 505 - 508.

McCallum, B.T. (1980), The Significance of Rational Expectations Theory, Challenge, The Magazine of Economic Affairs, Jan./Febr. 1980, S. 37 - 43.

Meissner, W. (1974), Investitionslenkung, Frankfurt a.M.

Meissner, W. (1980), Globalsteuerung und Wachstumspolitik - Anmerkungen zur wirtschaftspolitischen Lage 1979 -, in: M. Lahnstein (Hrsg.), Konjunktursteuerung - eine Illusion? Möglichkeiten und Grenzen der Konjunkturpolitik, Wiesbaden.

Menges, G. (1969), Grundmodelle wirtschaftlicher Entscheidungen, Köln.

Meyer, B. (1981), Relative Preise, Produktionsstruktur und Konjunktur, Tübingen.

Meyer, U., N. Pinno, J. Schumann (1981), An Input-Output-Model for Development of Sectoral Output and Prices in the Federal Republic of Germany 1960 - 1974, Paper presented to the Third Hungarian Conference on Input-Output-Techniques, 3. - 5. Nov., Heviz/Hungary.

Modigliani, F. (1977), The Monetarist Controversy or, Should We Forsake Stabilization Policies, in: The American Economic Review 67, S. 1 - 19.

Modigliani, F., L. Papademos (1975), Targets for Monetary Policy in the Coming Year, in: Brookings Papers of Economic Activity 1, S. 141 - 165.

Münnich, F.E. (1977), Einführung in die empirische Makroökonomik, Berlin.

Niehans, J. (1964), Strukturwandlungen als Wachstumsproblem, in: F. Neumark (Hrsg.), Strukturwandlungen einer wachsenden Wirtschaft, Schriften des Vereins für Socialpolitik, NF, Bd. 30/I, Berlin, S. 18 - 45.

Neumann, M.J.M. (1977), Price Expectations and the Interest Rate in an Open Economy: Germany, 1960 - 1972, in: Journal of Money, Credit and Banking 9, S. 206 - 227.

Ocker, A. (1977), Überlegungen zu einer Theorie der Stabilitätspolitik, in: Zeitschrift für die gesamte Staatswissenschaft 133, S. 521 - 541.

Okun, A. (1973), Upward Mobility in a High-Pressure Economy, in: Brookings Papers of Economic Activity 1, S. 207 - 252.

Ott, A.E. (1976), Konjunkturpolitik im Umbruch?, in: Konjunkturpolitik 22, S. 349 - 363.

Ott, A.E. (1979), Angebotsreduktion als Mittel der Arbeitsmarktpolitik? in: H. Seidel, F. Butschek (Hrsg.), Ist Arbeitslosigkeit unvermeidlich?, Österreichisches Institut für Wirtschaftsforschung, Wien, S. 65 - 78.

Perry, G.L. (1974), Ein aggregiertes Modell der Lohnbildung, in: E. Nowotny (Hrsg.), Löhne, Preise, Beschäftigung, Frankfurt a.M., S. 111 - 127.

Perry, G.L. (1975), Determinants of Wage Inflation around the World, in: Brookings Papers of Economic Activity 2, S. 403 - 447.

Peters, H.-R. (1974), Stabilisierungspolitische Gefahren protektionistischer sektoraler Strukturpolitik, in: H.K. Schneider, W. Wittmann, H. Würgler (Hrsg.), Stabilisierungspolitik in der Marktwirtschaft, Schriften des Vereins für Socialpolitik, NF, Bd. 85/II, Berlin, S. 1341 - 1363.

Pierce, J.L., J.J. Enzler (1974), The Effects of External Inflationary Shocks, in: Brookings Papers of Economic Activity 1, S. 13 - 54.

Pindyck, R.S. (1973), Optimal Planning for Economic Stabilization, Amsterdam.

Pindyck, R.S., D.L. Rubinfeld (1976), Econometric Models and Economic Forecasts, New York,.

Pütz, T. (1979), Grundlagen der theoretischen Wirtschaftspolitik, 4. neubearb. und erw. Auflage, Stuttgart.

Reining, A. (1980), Stabilitäts- und Wachstumsgesetz, in: Handwörterbuch der Volkswirtschaftslehre, 2. verb. Aufl., Wiesbaden, S. 1199 - 1222.

Rettig, R. (1982), Ein disaggregiertes Prognosemodell für die Bundesrepublik Deutschland, Rheinisch-Westfälisches Institut für Wirtschaftsforschung, Essen, RWI-Papiere Nr. 14.

Rotemberg, J.J. (1982), Sticky Prices in the United States, in: Journal of Political Economy 90, S. 1187 - 1211.

Rothschild, K.W. (1980), Kritische Darstellung der theoretischen Grundlagen der Vollbeschäftigungspolitik, DIW-Vierteljahreshefte zur Wirtschaftsforschung, H. 1, Berlin, S. 10 - 17.

Rothschild, K.W. (1983), Vollbeschäftigung - eine Ausnahmesituation, in: Aus Politik und Zeitgeschichte, Beilage zur Wochenzeitung "Das Parlament", B31/83, S. 25 - 31.

RWI (1983), Rheinisch-Westfälisches Institut für Wirtschaftsforschung Essen, Analyse der strukturellen Entwicklung der deutschen Wirtschaft, Essen.

Sachverständigenrat (1974), Jahresgutachten 1974/75, Bundestagsdrucksache 7/2848, Bonn.

Sachverständigenrat (1976), Jharesgutachten 1976/77, Bundestagsdrucksache 7/5902, Bonn.

Sachverständigenrat (1982), Jahresgutachten 1982/83, Bundestagsdrucksache 9/2118, Bonn.

Sachverständigenrat (1983),Jahresgutachten 1983/84, Bundestagsdrucksache 10/669, Bonn.

Schalk, H.J. (1976), Die Bestimmung regionaler und sektoraler Produktivitätsunterschiede durch die Schätzung von Produktionsfunktionen, Beiträge zum Siedlungs- und Wohnungswesen und zur Raumplanung, Bd. 32, Münster.

Schelbert, H., M. Chassot, M. Granziol (1981), Stabilisierungspolitik in kleinen offenen Volkswirtschaften am Beispiel der Schweiz empirisch illustriert, in: Zeitschrift für Wirtschafts- und Sozialwissenschaften 101, S. 379 - 416.

Schlesinger, H. (1977), Beschäftigungs- und Konjunkturpolitik in der Bundesrepublik Deutschland, in: Handwörterbuch der Wirtschaftswissenschaft, Bd. 1, Stuttgart, S. 499 - 513.

Schlesinger, H. (1980), Globalsteuerung der Wirtschaft versus sektoral und regional differenzierte Konjunkturpolitik, in: D. Duwendag, H. Siebert (Hrsg.) Politik und Markt: wirtschaftspolitische Probleme der 80er Jahre, Stuttgart, S. 39 - 51.

Schloenbach, K. (1972, Ökonometrische Analyse der Lohn- und Arbeitsmarktentwicklung in der Bundesrepublik Deutschland 1957 - 1968, Meisenheim am Glan.

Schmahl, H.-J. (1973), Globalsteuerung des Wirtschaftsablaufs, in: Wirtschaftswissenschaftliches Studium (WiSt) 2, S. 216 - 222.

Schmidt, J. (1977), Zur Bedeutung der Staatsausgaben für die Beschäftigung, DIW-Beiträge zur Strukturforschung, H. 46, Berlin.

Schneeweiß, H. (1978), Ökonometrie, 3. Aufl., Würzburg.

Schneider, E. (1964), Planung, Programmierung und Koordinierung in der Europäischen Wirtschaftsgemeinschaft, in: Weltwirtschaftliches Archiv 93, S. 1 - 21.

Schneider, E. (1973), Einführung in die Wirtschaftstheorie, III. Teil, 12. Aufl., Tübingen.

Schröder, W. (1981), Theories of Inflation and their Recent Empirical Evidence in the Federal Republic of Germany, in: Zeitschrift für Wirtschafts- und Sozialwissenschaften 101, S. 25 - 44.

Schumann, J. (1968 a), An Input-Output Model with CES Production Functions, in: Zeitschrift für die gesamte Staatswissenschaft 124, S. 417 - 429.

Schumann, J. (1968 b), Input-Output-Analyse, Berlin.

Schumann, J. (1975), Möglichkeiten und Bedeutung einer teilweise endogenen Erklärung des privaten Konsums und der privaten Investitionen im statischen offenen Input-Output-Modell, in: Jahrbücher für Nationalökonomie und Statistik 189, S. 378 - 410.

Seidenfus, H.S. (1972), Sektorale Wirtschaftspolitik, in: W. Ehrlicher u.a. (Hrsg.), Kompendium der Volkswirtschaftslehre, Bd. 2, 3. Aufl., Göttingen, S. 206 - 271.

Solow, R.M. (1964), The Short-Run Relation of Employment and Output, unveröffentlichtes Manuskript.

Sims, C.A. (1982), Policy Analysis with Econometric Models, in: Brookings Papers of Economic Activity 1, S. 107 - 152.

Stäglin, R. (1972), MODOP - Ein Verfahren zur Erstellung empirischer Transaktionsmatrizen, in: H. Münzer, W. Wetzel (Hrsg.), Anwendungen statistischer und mathematischer Methoden auf sozialwissenschaftliche Probleme, Würzburg, S. 69 - 81.

Stäglin, R., R. Pischner unter Mitarbeit von R. Mehl und B. Weiser (1976), Weiterentwicklung der Input-Output-Rechnung als Instrument der Arbeitsmarktanalyse, Beiträge zur Arbeitsmarkt- und Berufsforschung 13, Nürnberg.

Stäglin, R., J.-P. Weiß, H. Wessels (1979), Jährliche Input-Output-Tabellen und Importmatrizen zu Preisen von 1970 für die Bundesrepublik Deutschland 1960 bis 1974, DIW-Forschungsbericht, Berlin.

Statistisches Bundesamt Wiesbaden (lfd. Jahrgänge), Fachserie N, Volkswirtschaftliche Gesamtrechnungen, Reihe 1, Konten und Standardtabellen, Stuttgart und Mainz.

Statistisches Bundesamt Wiesbaden (lfd. Jahrgänge), Statistisches Jahrbuch für die Bundesrepublik Deutschland, Stuttgart und Mainz.

Stiglitz, J.E. (1979), Equilibrium in Product Markets with Imperfect Information, in: The American Economic Review, (Papers and Proceedings) 69, S. 339 - 345.

Stobbe, A. (1974), Gesamtwirtschaftliche Theorie, Berlin.

Stöppler, S., C. Deissenberg (1977), Quantitative Bestimmung und dynamische Bewertung optimaler wirtschaftspolitischer Entscheidungen, in: Zeitschrift für die gesamte Staatswissenschaft 133, S. 189 - 223.

Theil, H. (1970), Economic Forecasts and Policy, Amsterdam.

Theil, H., J.C.G. Boot (1962), The Final Form of Econometric Equation Systems, in: Review of the International Statistical Institute 30, S. 136 - 152.

Thoss, R. (1970), Angebot und Nachfrage in einem System fachlicher und räumlicher Arbeitsmärkte, Beiträge zur Arbeitsmarktforschung, Diskussionsunterlagen aus dem Arbeitskreis "Arbeitswirtschaftliche Strukturprobleme" des Rationalisierungs-Kuratoriums der Deutschen Wirtschaft (RKW) e.V. und der Bundesanstalt für Arbeit, Frankfurt/Erlangen.

Thoss, R. (1975), Zur Weiterentwicklung der Globalsteuerung: Integration von Konjunktur- und Strukturpolitik, in: G. Fleischle, M. Krüper (Hrsg.), Investitionslenkung - Überwindung oder Ergänzung der Marktwirtschaft?, Frankfurt a.M., S. 31 - 44.

Thoss, R. (1978), Von der globalen zur strukturellen Steuerung des Wirtschaftskreislaufs, in: H. Markmann, D.B. Simmert (Hrsg.), Krise der Wirtschaftspolitik, Köln, S. 321 - 350.

Thoss, R. (1981), Notwendigkeiten und Möglichkeiten steigender Staatsverschuldung, in: C. Schäfer, H. Tofaute (Hrsg.), Beschäftigungssichernde Finanzpolitik: Eine Chance für Vollbeschäftigung, Frankfurt a.M., S. 79 - 89.

Thoss, R., H. Kleinschneider (1982), Arbeitsmarktanalyse und -prognose für den Kreis Borken/Westfalen, Beiträge zum Siedlungs- und Wohnungswesen und zur Raumplanung, Bd. 81, Münster.

Tiegel, D. (1980), Wirtschaftspolitik durch Investitionslenkung. Neuere Modelle in der Diskussion, München.

Timmermann, V. (1977), Möglichkeiten differenzierter Nachfragebeeinflussung unter Verwendung der Input-Output-Technik, in: G. Bombach, B. Gahlen, A.E. Ott (Hrsg.), Probleme des Strukturwandels und der Strukturpolitik, Tübingen, S. 281 - 301.

Tinbergen, J. (1952), Einführung in die Ökonometrie, Wien.

Tinbergen, J. (1954), Centralization and Decentralization in Economic Policy, Amsterdam.

Tinbergen, J. (1968), Wirtschaftspolitik, Freiburg.

Tinbergen, J. (1975), On the Theory of Economic Policy, 6th printing, Amsterdam.

Trapp, P. (1976), Geldmenge, Ausgaben und Preisanstieg in der Bundesrepublik Deutschland, Tübingen.

Tuchtfeldt, E. (1964), Engpässe und Überkapazitäten als Probleme der Strukturpolitik, in: H. Ohm (Hrsg.), Methoden und Probleme der Wirtschaftspolitik, Berlin, S. 101 - 122.

Tuchtfeldt, E. (1973), Soziale Marktwirtschaft und Globalsteuerung, in: E. Tuchtfeldt (Hrsg.), Soziale Marktwirtschaft im Wandel, Freiburg, S. 159 - 188.

Tuchtfeld, E. (1975), Zielbeziehungen in der Wirtschaftspolitik, in: Wirtschaftswissenschaftliches Studium (WIST) 4, S. 471 - 478.

Wilhelm, H. (1975), Regionalpolitik als Kompensation der Globalsteuerung, in: S. Klatt, M. Willms (Hrsg.), Strukturwandel und makroökonomische Steuerung, Berlin, S. 507 - 536.

Willke, G. (1978), Globalsteuerung und gespaltene Konjunktur, Florenz.

Winckler, G. (1979), Arbeitslosigkeit und Lohnhöhe, in: H. Seidel, F. Butschek (Hrsg.), Ist Arbeitslosigkeit unvermeidlich?, Stuttgart, S. 27 - 36.

GPSR Compliance

The European Union's (EU) General Product Safety Regulation (GPSR) is a set of rules that requires consumer products to be safe and our obligations to ensure this.

If you have any concerns about our products, you can contact us on ProductSafety@springernature.com

In case Publisher is established outside the EU, the EU authorized representative is:

Springer Nature Customer Service Center GmbH
Europaplatz 3
69115 Heidelberg, Germany

Batch number: 10844827

Printed by Printforce, the Netherlands